2015 개정 교육과정에 따른

초등수학 내용지도법

최창우 지음

KM 경문사

머리말

서술형 평가, 내신 절대평가, 스토리텔링형 수학, 수학교육 선진화, STEAM 교육, 수학 교과 역량 함양 등 이러한 말들이 요즘 들어 수학교육의 변화를 주도하는 키워드라 해도 과언이 아니다. 실제로 최근의 수학교육은 입시 일변도에서 벗어나 창의성·사고력에 기반을 두고 과정을 평가하며 실생활에서 그 의미와 중요성을 일깨우는 방향으로 빠르게 변화하고 있다.

1990년대 후반 이후 수학교육의 세계적 흐름은 정보 기술의 발달에 따라 급속하게 변화하는 미래 사회에 필요한 수학적 소양을 쌓는 데에 초점을 두고 있다. 이러한 배경에서 제7차 수학과 교육과정에서는 '수학적 힘의 신장'을, 2007 개정 수학과 교육과정은 '수학적 사고력과 의사소통 능력 신장'을 강조하였으며, 2009 개정 수학과 교육과정에서는 미래의 인재 개념의 핵심을 창의성으로 보고 창의적 인재 육성을 위한 방안으로 '수학적 과정'을 강조하였다. 2015 개정 수학과 교육과정은 이와 같은 정신을 더욱 발전시키려고 하였으며 수학 교과를 통해 신장하려고 하는 '수학 교과 역량'을 구체화하여 제시하고 있다.

2017년부터 2015 개정 교육과정에 따른 초등수학 교과서가 단계적으로 보급되지만 교육과정과 수학 교과의 지도내용이 아무리 시대의 요청에 부응하는 훌륭한 것이라 해도 일선 현장을 책임지고 있는 교사가 적절한 교수 및 학습 활동을 설계하여 학생들에게 잘 이해될 수 있는 형태로 변형시켜 지도할 수 있는 능력을 가지지 못한다면 이러한 노력은 소기의 성과를 거둘 수 없을 것이다.

이 책은 이와 같은 변화에 부응하여 교육대학교에서 다년간 수학교육을 담당해온 필자의 강의 경험을 바탕으로 초등수학에서 기본적으로 필요한 교과 내용 지식(SMK; Subject Matter Knowledge)과 교수학적 내용 지식(PCK; Pedagogical Content Knowledge)을 제공할 목적으로 집필된 교재이다.

제1장에서는 초등수학 교재연구의 의의, 교재연구와 교사의 역할, 수업모형 및 방법과 교재연구에 대해 논의하였고, 제2장에서는 2015 개정 수학과 교육과정의

개정 방향과 변화를, 제3장에서는 수학교육에서 교구의 활용, 제4장에서는 최근의 이슈로 부상하고 있는 초등수학에서의 STEAM, 제5장부터 9장까지는 2015 개정 교육과정의 각 영역 곧, 수와 연산, 도형, 측정, 규칙성, 자료와 가능성 영역에 대해 교육과정, 이론적 배경, 지도의 실제 등을 다루었다. 각 장의 끝에는 그 장에서 다루었던 내용을 근간으로 한 교재 연구문제를 제시하여 학습한 내용을 확인하도록 하였다.

그러므로 이 책은 예비교사, 현직교사는 물론이고 초등학교 교원 양성을 위한 수학교육의 강의서 및 임용고사 대비 수험교재는 물론이고 수학교육을 연구하는 모든 분들에게 지침서 역할을 할 수 있을 것으로 믿어 의심치 않는다. 미흡한 점은 독자 여러분의 아낌없는 지적과 지도 조언에 따라 꾸준히 수정·보완해 나갈 것임을 밝혀둔다.

끝으로 최근 출판업계의 여러 가지 어려움에도 불구하고 이 책의 출판을 위해 물심양면으로 지원을 해준 경문사의 관계자 여러분과 편집 과정에서 많은 도움을 준 분들에게 깊은 감사의 뜻을 전하고자 한다.

2018년을 보내며
상록동산에서 최 창 우

차례

4장 초등수학에서의 STEAM

5장 수와 연산

6장 도형

7장 측정

8장 규칙성

9장 자료와 가능성

1장 초등수학 교재연구

초등수학도 시대의 흐름에 따라 지도 방법적인 측면에서 많은 변화를 보여주고 있다. 제7차 교육과정을 기점으로 하여 교과서가 활동 중심으로 바뀌었고, 그 이후 2009 개정 교육과정에서는 토리텔링, 2015 개정 교육과정에서는 교과역량, 융합수학 등이 그 대표적인 예이다.

그런데 곰곰이 생각해보면 초등학교에서 배우는 수학은 중등학교에서 배우는 수학과는 공통점도 있지만 상당한 차이점이 있다. 그 차이점이 무엇인가를 한마디로 요약하기는 어렵겠지만 중등학교에서 배우는 수학이 연역적이라면 초등학교에서의 기술방식이나 지도 방법은 오히려 정 반대인 귀납적이라 할 수 있다. 이 외에도 수학적인 내용이나 지도소재를 실생활에서 도입한다거나 구체적인 상황에서 활동을 통하여 점진적으로 추상화 과정으로 나아가는 사고를 할 수 있다는 점 등을 들 수 있다. 이 장에서는 초등수학 교재연구의 의의, 교재연구와 교사의 역할, 수업모형 및 방법과 교재연구 등을 중심으로 알아보기로 한다.

1.1 수학이란 무엇인가?

철학을 전공한 어느 한 교수가 이런 말을 하는 것을 들은 적이 있다. "누군가 나에게 '철학이 무엇인가?'라고 묻는데 내겐 가장 어려운 질문이다. 마찬가지로 누군가 나에게 '수학이 무엇인가?', '수학은 왜 가르치는가?' 또는 '학생들이 왜 수학을 알아야 하는가?'라고 물으면 이러한 질문들에 대한 해답은 한마디로 말하기가 어렵다." 하지만 일선 현장에서 수학을 가르치는 교사들의 대부분은 후자의 두 가지 질문에 대한 답으로 "수학을 학습하면 논리적으로 사고할 수 있고 실생활에서 합리적으로 문제를 해결할 수 있는 능력을 기를 수 있다."와 같은 대답이 주를 이룬다. 수학을 가르치는 교사는 수학의 내용적인 해박한 지식을 갖추는 일도 중요하지만, 수학이 갖는 가치에 대하여도 교육적인 입장에서의 가치관을 갖추는 것 또한 전자 못지않게 중요한 일일 것이다.

여러분은 아래와 같은 여러 가지 관점에서 수학을 볼 수 있어야 한다.

① 수학은 규칙과 관계에 대한 연구이다.

아동들은 반복적으로 일어나는 규칙을 찾아내고 수학적 아이디어 간의 관계를 이해할 필요가 있다. 왜냐하면 이러한 아이디어와 관계들은 교육과정 전반에 걸쳐 어떠한 주제들을 다른 주제들과 연결해주는 역할을 하기 때문이다. 이를테면, 초등수학의 도형 영역에서 평면도형의 둘레의 변화가 넓이와는 어떤 관련성을 가지는지를 이해할 수 있어야 한다.

② 수학은 사고하는 방법이다.

수학은 단지 수적인 것은 물론이고 정보를 조직하고, 분석하며, 종합하기 위한 전략을 다룬다. 이를테면, 우리는 일상생활의 문제를 해결하기 위해 식을 활용하기도 하고, 또 어떤 사람은 정보를 기록하기 위해 아니면 몇 가지의 서로 관련된 항목을 가지고 유추를 하기 위해 표를 작성함으로써 문제를 해결하기도 한다.

③ 수학은 질서와 내적 일관성을 특징으로 하는 예술이다.

수학을 학습하면서 많은 아동들은 수학이 암기하지 않으면 안 되는 독립된 사실과 기능들로 이루어진 교과라고 생각한다. 왜냐하면, 교사들은 수학을 '행하기' 위한 기능을 개발하는데 초점을 두어 지도하는 경향이 있기 때문에, 아동들이 수학을 이해할 때 수학에 숨어 있는 질서와 일관성을 인식할 수 있도록 교사들의 안내가 필요하다는 것을 종종 간과하는 경향이 있다.

④ 수학은 신중하게 정의된 용어와 기호를 사용하는 언어이다.

초등수학에서의 학습 내용은 대부분 수에 관한 비교적 구체적인 내용을 다루지만 중학교로 올라가면 상대적으로 신중하게 정의된 용어나 기호를 사용하여 수의 관계, 수의 성질, 수 계산의 법칙 등을 다루게 된다. 그렇게 함으로써 수학 자체는 물론이고 기타 일상생활의 여러 가지 현상에 대해 의사소통하는 능력을 향상시킬 수 있다.

⑤ 수학은 도구 교과이다.

수학은 수학자들만 사용하는 것이 아니라 일상생활을 영위하는 모든 사람들이 사용한다. 수학이 다른 어떤 현상을 이해하는 도구로 사용됨을 아동들이 인식함으로써, 수학을 학습하는 이유를 이해할 수 있다.

1.2 수학을 가르치는 이유?

① 실용적 가치

수학을 배우면 사회생활을 하고 다른 학문을 하는데 유용하게 활용할 수 있다.

② 도야적 가치

수학을 배우면 논리적 사고력, 추상화 능력, 창의성, 비판적 사고 능력이 길러진다.

③ 문화적 가치

수학이라는 지적 문화유산을 수용하고 다음 세대에 잘 전달할 수 있다.

1.3 초등수학 교재연구의 의의

수학의 교수・학습에서 중요한 두 가지 요인은 학생들에게 '무엇을 가르칠 것인가'와 그것을 '어떻게 가르칠 것인가'의 문제이다. 이 중에서 전자의 경우는 교육과정에서 그 해답을 찾을 수 있다.

수학교육과정에 영향을 주는 일반적인 요소로는 교과의 요구, 아동의 요구, 사회의 요구(강완 외, 1999)를 들 수 있으며, 이 요소들은 수학교육과정의 발전에 중요한 역할을 한다.

(1) 교과의 요구

수학의 본질은 초등학교에서 무엇을, 언제, 어떻게 가르쳐야 할 것인가를 결정하는 데 있다. 시대가 변천하면서 교육과정도 따라서 변하지만 교육과정에 제시된 수학적 내용의 순서나 체계는 나름대로 오랜 기간 동안 반복과 수정을 거쳐 발전되어온 결과의 산물이다.

하지만 교육과정은 때로는 사회의 큰 사건에 의해서도 영향을 받게 되는데 그 대표적인 사례가 1957년 소련이 발사한 인공위성 스푸트니크 사건이다. 이의 영향으로 미국의 교육과정은 빠르게 변화되었으며 1960년대의 이른바 새 수학(New Math) 운동의 기폭제가 되었다. 우리나라도 예외는 아니어서 1970년대 초반에 미국에서 일기 시작한 '새 수학'의 영향을 받아 제3차 교육과정이 공포되었다(강완 외, 1999).

이와 같이 수학은 끊임없이 변화와 창조를 거듭하면서 발전하게 되고 또한 학습자의 측면에서 실생활은 물론이고 사회의 다양한 상황에서 수학적으로 사고하고 추론하고 의사소통하는 총체적인 수학적 힘(mathematical power)을 길러야 할 필요성이 요구되는 것은 부인할 수 없다.

(2) 아동의 요구

수학교육과정은 아동들의 학습 방법에 대한 신념에 의해 영향을 받는다. 과거의 수학은 아동들이 수학을 학습하는 가운데 스스로 정신이 연마되고 사고를 효율적으로 하는데 도움을 주는 이른바 정신도야적 성격에 초점을 두고 수학을 가르쳤다.

하지만 20세기 초에 들어서서 수학의 초점은 미국의 교육심리학자 손다이크(E. L. Thorndike, 1874~1949)가 주장한 학습이론인 결합이론으로 옮겨가게 되었다.

심리학자로서의 손다이크는 엄격하게 심리학적 실험주의의 전통에 뿌리를 두고 있으나, 동시에 그는 실험실의 결과를 교실 수업을 위한 안내 역할을 하도록 전환시키는 일도 하였다. 결합주의자 또는 연합주의자라고 하는 그 당시의 많은 다른 심리학자들과 마찬가지로, 손다이크는 모든 인간의 행동뿐만 아니라 사고도 두 가지의 간단한 요소, 즉 인간에게 외적인 사건인 자극과 그러한 외적인 사건에 대해 인간이 대응하는 반응 사이의 긴밀한 결합을 중요시하였다. 이 자극-반응 이론은 속도와 정확성을 강조하며, 반복된 훈련에 의해 습득된다고 주장하였다.

그리고 1930년대에는 윌리엄 브라우넬(William Brownell)에 의해 의미와 이해에 관심을 갖게 되었으며 이는 곧 학습은 의미에 충실한 과정으로 받아들여지게 되어 앞서 손다이크가 주장한 반복적 훈련의 가치는 인정하였으나 의미의 이해를 더욱 중요시하게 되었다. 그 결과 반복 학습은 더 이상 교육방법을 제공하는 수단이 되지 못하였다.

시간이 흐르면서 심리학의 사조도 계속 변화를 거듭하였으며 아동의 발달 단계도 교육과정의 순서를 결정하는 하나의 요소로 교육자들은 생각하게 되었다.

그 이후 1980년대에 들어서 네덜란드의 수학교육자인 반 힐(van Hiele) 부부의 수학 학습 수준 이론(Level theory)이 크게 각광을 받았으며 1990년대에 들어서는 구성주의(constructivism)라는 수학교육철학이 큰 이슈로 대두하게 되었다. 이러한 것들이 오늘날의 교육과정의 변천에 많은 영향을 미치게 되었다.

(3) 사회의 요구

불과 얼마 전까지만 해도 학교 수학은 주로 지필계산 중심의 기능을 습득하는데 학습의 초점이 주어져 있었다. 우리 사회에서 다양한 직업이 존재하지만 실제로 수학이 필요한 직업은 그다지 많지 않았으며 설령 수학이 필요하다고 해도 대부분 간단한 계산이 필요한 기능 중심이었다.

그러나 일상생활이나 경제의 모든 면에서 양적인 정보가 중요한 역할을 하고 있는 현대 사회에서 수학은 없어서는 안 될 필수 불가결한 도구가 되고 있다. 따라서 이렇게 변화하는 사회에서 요구되는 수학적인 사고도 당연히 지금까지 중요시해왔던 기능 중심이라고는 말할 수 없을 것이다. 그 결과 최근의 초등수학에서는 과거에는 볼 수 없었든 다양한 양상들이 나타나고 있는데 이를테면, 수 감각(number sense), 공간 감각(spatial sense), 의사소통(communication), 추론(reasoning) 등이 강조되고 있고 나아가 계산기나 컴퓨터와 같은 각종 공학적 도구, 즉 테크놀로지의 활용을 적극 권장하고 있는 실정이다. 이러한 능력들은 오늘날 사회에서 요구하는 기본적인 기능들이다.

후자의 경우, 즉 학생들에게 어떻게 가르칠 것인가의 문제는 교육과정에 따라 집필된 교과서의 수학내용을 학생들에게 어떻게 전달할 것인가의 방법적인 차원의 문제로 자신이 가르치고자 하는 내용을 교사 나름대로 좀 더 정교화시키는 이른바 교수학적 변환이 요구된다. 그러기 위해서는 아래와 같은 사항들을 염두에 둘 필요가 있다(강완 외, 1999).

- 교사가 지도하고자 하는 학생들은 학기가 시작될 때 각자 어떤 수학적 지식을 가지고 있는가?
- 학생이 학습하기 위해 필요한 수학적 아이디어는 무엇인가?
- 어떤 내용을 가르칠 것인가?
- 저마다 개인차가 다른 학생들을 어떻게 지도할 것인가?

이러한 요인들을 근거로 하여 교사가 수학 교과서의 내용을 학습자의 눈높이에서 이해가 용이하도록 연구하는 것을 수학과 교재연구라고 말할 수 있다.

1.4 교재연구와 교사의 역할

한 사람의 건축가가 집을 지으려고 할 때 무엇에 근거하여 어떻게 집을 지을 것인가는 설계도에 따라가면 되듯이 오늘날의 학교 교육에 있어서 무엇을 가르칠 것인가는 앞서 언급한 바와 같이 교육과정에 달려 있다고 볼 수 있다. 이것은 곧 운전을 하려면 운전면허증이 있어야 하듯(Centre for Mathematics Education, 2003, p. 2)이 교사로서 어떤 교과든 자신이 담당하는 과목을 훌륭히 지도하기 위해서는 교사 자신이 교육과정을 잘 숙지하고 있어야 한다는 말과도 일맥상통한다 할 수 있겠다(최창우, 2004).

이러한 맥락에서 여기에 우리의 교과서를 대신하여 뉴질랜드 초등학교 수학수업에서 이루어지고 있었던 포트폴리오의 한 사례[1]를 제시하면 아래와 같다. 뉴질랜드에서는 어떤 내용을 지도하기에 앞서 이 내용이 교육과정과 어떻게 관련되는지를 분명히 제시하고 있다.

- 수학 : 수와 연산, 규칙성
- 교육과정 : 수학
- 학년 : Year 6
- 수준(level) : 3

1 여기에 제시한 사례들은 뉴질랜드 오클랜드 시에 있는 Kohia Terrace Primary School Year 6(우리나라의 5학년)에서 이루어진 학생들의 포트폴리오의 실제 사례를 우리나라의 현장 교사들이 이해하기 쉽게 적절히 주석을 달고 재구성한 것으로, 주제에 따라 어떻게 세부적으로 포트폴리오가 수업 중에 이루어지고 있는가를 보여주고 있다.

(1) 7, 8, 9를 인수로 갖는 아래의 수 패턴을 완성해 보시오.

×	2	5	0	7	3
7					
8					
9					

×	4	1	6	8	5
7					
8					
9					

(2) 아래 문장이 참이 되게 < , > 혹은 = 를 ○에 넣으시오.

① 6×8 ○ 5×9 ② 8×7 ○ 9×6

③ 8×0 ○ 7×0 ④ 7×8 ○ 8×6

(3) 아래 각각에 대하여 올바른 연산기호를 넣어보시오.

① $6 \square 4 = 2$ ② $8 \square 5 = 40$

③ $8 \square 9 = 17$ ④ $30 \square 6 = 5$

(4) 아래 수 패턴을 완성해 보시오.

① 1, 1, 2, 3, 5, 8, ____, ____, ____

② 1, 4, 2, 4, 3, 4, ____, ____, ____

(5) 곱셈에 관한 지식을 사용하여 아래 빈칸을 채워 보시오.

① $42 \times 1 = 2 \times$ ____

② $9 \times 8 =$ ____ $\times 6$

③ $10 \times$ ____ $= 4 \times 20$

④ $2 \times 12 = 4 \times$ ____

위의 내용은 우리나라 교육과정의 수와 연산, 규칙성 영역에 해당하는 내용으로 Year 6는 우리나라의 5학년에 해당하지만 우리나라보다 다소 수준이 낮은 문제를 다루고 있다. 그러나 연산기호를 넣어보는 문제나 수 패턴을 완성하는 문제에서처럼 우리나라에서는 주로 식을 주고 답을 쓰는 문제나 숫자나 사물을 나열해 놓고 패턴을 찾는 형태인데 반해 제시되는 문제 상황이 약간의 차이를 보인다. 우리나라에서는 수학이라면 아직도 일반 대부분의 사람들의 생각에는 얼마나 빨리 틀리지 않고 답을 내는데 목적이 있는 반면에, 뉴질랜드에서는 전체적으로 볼 때 수업의 진행 과정에서 학습자가 어떻게 참여하고 무엇을 해결할 수 있는 능력이 있는가에 초점이 주어져 있다.

(6) 수학 속에 숨겨진 메시지 찾기

멜라니는 동굴의 벽면에 그려져 있는 아래와 같은 숫자코드를 발견했다.

0	16	18	24	30	32	35	36	40	42
A	B	E	F	H	I	L	M	N	O
45	48	49	54	56	64	72	81		
P	R	S	T	U	W	Y	Z		

이 숫자코드를 사용하여 아래 메시지를 읽어 보시오.

4×8	6×4		9×8	6×7	7×8		
6×6	8×7	7×5	9×6	8×4	9×5	5×7	8×9
3×0		8×5	8×7	9×4	4×4	9×2	8×6
8×2	9×8		9×9	2×9	6×8	7×6	
6×9	5×6	6×3					
0×9	5×8	7×7	8×8	3×6	8×6		
8×8	8×4	7×5	5×7		2×8	9×2	
9×9	3×6	8×6	6×7				

이 소재는 우리나라에서 초등수학의 정규 교육과정에서는 다루지 않고 있으나 영재교육의 수학퍼즐 등에서 문자 또는 기호가 나타내는 암호 찾기 형태의 문제와 유사하다. 하지만 뉴질랜드의 초등수학에서는 이를 정규 수업에서 취급하고 있었으며, 단순히 곱셈을 하여 답을 찾는데 그치는 것이 아니라 메시지를 읽어보도록 하여 학습자의 호기심을 불러일으키고 있다.

(7) 시간표를 활용한 수학 공부

아래의 시간표를 보고 물음에 답하여 보시오

표 1.1 앨런의 하루 일과

〈앨런의 학교생활〉

오전		오후	
7.15	기상	12.15	점심시간
8.00	학교로 출발	1.15	수업 시작
8.13	학교 도착	2.15	오후 휴식
8.55	휴식	2.30	수업
9.00	수업 시작	3.30	퇴교
10.30	오전 휴식	3.50	집에 도착
10.45	수업	9.15	취침

① 점심시간은 _____분간이다.
② 아침 휴식 시간은 _____분간이다.
③ 아침 조회 시간은 _____분간 주어진다.
④ 오후 수업은 총 _____시간이다.
⑤ 오전 수업은 총 _____시간이다.
⑥ 앨런은 오후에 집에 도착하는 시간보다 아침에 학교에 도착하는 시간이 _____분 덜 걸렸다.
⑦ 그는 수업이 시작되기 _____분 전 학교에 도착했다.
⑧ 시간표에서 세 번의 휴식시간은 총 _____분이다.
⑨ 시간표에서 총 수업 시간은 _____분이다.
⑩ 앨런은 _____시간 잠을 잤다.

우리나라의 현행 초등수학 교과서에도 1학년에서 시각 읽기, 2학년에서 시각과 시간, 3학년에서 시간의 덧셈과 뺄셈 등을 다루고 있다. 이를테면, 1학년의 시각 읽기에서는 주로 몇 시와 몇 시 30분에 대한 시각을 지도하고 있으며, 지도 방법은 시계를 보고 시각을 말하거나 학습자가 시각을 모형시계에 나타내어 보는 활동을 통하여 지도하고 있다. 뉴질랜드의 포트폴리오에서는 몇 시와 몇 시 30분에 대한 시각은 물론이고 자연스런 하루의 일과를 보여주는 시간표를 활용한 시간의 개념에 초점이 주어져 있다. 우리나라에서는 저학년에서 이 내용을 다루는데 반해 뉴질랜드는 우리의 5학년에 해당하는 Year 6에서 다루고 있다는 점에서 상당한 차이가 있다. 이는 우리나라에서는 국정교과서에 따라 체계적으로 지도되고 있지만 뉴질랜드는 교과서가 별도로 주어져 있지 않다는 점에 기인하는 것으로 여겨진다(최창우,

2012).

최근의 신문이나 방송과 같은 여러 가지 매스컴을 통해서 우리는 공교육의 위기라는 말을 많이 들어오고 있다. 이것은 과밀학급, 교사, 열악한 재정 등 아직도 해결되지 못한 산적한 현안 속에 학교 교육을 정상화할 수 있는 훌륭한 교육 프로그램이나 학습자의 입장에 서서 교육과정의 설계에 대해 곰곰이 생각해 볼 여유를 갖지 못했음을 의미한다고 볼 수 있다(최창우, 2004).

많은 현장교사들은 학교에서 수학이 별다른 수업 준비 없이 제일 가르치기 쉬운 과목이라고 말하기도 한다. 어떤 의미에서 단지 규칙을 시범 보이고 연습하도록 시키는 것이 수학을 가르치는 것으로 생각한다면 수학을 가르치기는 쉽다고 볼 수 있다. 그러나 학생들이 교사가 행하는 것을 단순히 따라하고 기계적으로 익히는 수학이 아니라 학생들 스스로 하는 교실 문화와 환경을 만들어 내는 일은 결코 쉬운 일이 아니다.

교재연구를 하는 궁극적인 이유는 좋은 수업을 하기 위한 것이다. 하지만 좋은 수업에 대한 관점이나 기준은 한마디로 이야기하기가 어렵다. 왜냐하면 어떠한 수업이 좋은 수업인가에 대한 생각은 보는 사람이나 관점에 따라 다르기 때문이다. 다양한 관점에서 접근할 수 있겠지만 좋은 수업의 핵심은 학습자에게 '어떤 내용을 가르칠 것인가?'와 '어떻게 가르칠 것인가?'의 문제가 교사에게는 최대의 관심사일 것이다.

'어떤 내용을 가르칠 것인가?'의 문제는 교육과정에 따라 전적으로 교사에게 달려 있으며, 교사는 가르칠 내용에 대하여 충분한 전문적 지식과 이해의 바탕위에서 분명한 목표를 가지고 수업에 임해야 할 것이다.

'어떻게 가르칠 것인가?'의 문제는 학습자의 다양한 상황과 요구에 만족을 주는 수업으로 학습자 모두가 능동적 주체로서 스스로 탐구하며 깨달음을 얻을 수 있도록 교사가 도와주는 역할의 수업이어야 할 것이다. 그렇게 하기 위해서는 수업의 절차와 기법, 교사와 학생들 간의 상호작용, 교수매체 및 환경조성 등을 포함한 다양한 요소들을 고려하여 논의하여야 할 것이다(이인환, 2010).

최근 미국수학교사협의회에서 주장하고 있는 교수·학습의 방법적인 측면에서 좋은 수업은 수업의 과정에서 모든 사람이 소외됨이 없이 골고루 기회가 돌아가는 수업이어야 함을 언급하고 있다. 또한 수업의 과정은 학습자 서로 간에 의사소통을 통해 결론을 도출해 가는 수업이어야 하며, 학생들의 지속적인 흥미를 유발하고 지적 탐구 활동이 이루어지는 수업이어야 함을 강조하고 있다. 이러한 것들을 바탕으로 좋은 수업은 대체적으로 아래와 같은 수업으로 요약될 수 있다(이인환, 2010).

- 목표에 도달하는 최적화된 수업
- 학생 개개인을 수업의 능동적 주체로 이끌 수 있는 수업
- 학생들의 흥미를 지속적으로 유발하여 적극적인 참여가 이루어지는 수업

- 학생들이 열심히 노력하여 스스로 해결하도록 도와주는 수업
- 학생들로 하여금 사고하도록 하는 수업(다양한 생각을 할 수 있는 기회를 많이 주는 수업)
- 학생들 모두가 각각 그들의 특성에 맞는 대우(개성, 존중, 개별 학습, …)를 받을 수 있도록 배려하는 수업
- 지적 호기심을 가지고 탐구가 이루어지는 수업
- 아하! 깨달음의 기쁨이 있는 수업

1.5 초등수학교육의 방법

① 학생들의 동기 유발, 활동 등을 반성함으로써 수학적 의미를 도출할 수 있는 구체적인 조작 활동에 기초하여야 한다.
② 학생들이 가지고 있는 관념에 기초한 비형식적인 정의에서 시작하고 출발하여야 한다.
③ 학습자의 현실 상황(학생들의 주변, 학생들이 이해할 수 있는 상황 등)을 반영하여야 한다.
④ 학습자의 심리와 개념분석에 기초한 관계적 이해의 관점에서 지도하여야 한다.
⑤ 학생들이 문제를 해결하는 것은 가능하지만 직관적으로 공감을 하지 못하는 경우가 있기 때문에 학생들의 직관적 사고 수준을 고려하여야 한다.
⑥ 다양한(시각적, 운동적, 언어적)표현을 활용하여야 한다.
⑦ 추론(관찰, 귀납, 추측, 유추 등)이 강조되어야 한다.
⑧ 학습자의 흥미(놀이, 게임 등)를 고려한 수업이 되어야 한다.

1.6 수업모형 및 방법과 교재연구

교재연구의 다른 한 가지 측면으로 좋은 수업이 이루어지기 위해서는 교과서의 차시 수업에 적합한 수업모형과 방법이 있기 마련이며 대체적으로 수학과에서 활용되고 있는 수업모형과 방법은 아래와 같다.

(1) 수학과의 수업모형

개념형성 수업모형	• 개념 형성 준비 활동	▷	• 학습할 수학적 개념의 도입	▷	• 개념이 적용되는 전형적인 예와 반례 들기	▷	• 개념 익히기	▷	• 학습한 개념을 새로운 상황에 적용하기

원리탐구 수업모형	• 자유 탐구 활동	▷	• 이미 학습한 수학적 원리로부터 유추	▷	• 학습할 원리와 관련한 조작 활동	▷	• 탐구한 수학적 원리의 형식화	▷	• 익히기 및 적용하기

문제해결 수업모형	문제의 해결	▷	계획 수립	▷	계획의 실행	▷	반성
	• 미지수 • 자료 • 기호화 • 도식화 • 조건 등		• 자료와 미지인 것의 관계 규명	▷	• 계획 실행 및 단계 확인	▷	• 얻은 풀이 확인

(2) 최근의 공개수업에서 활용되고 있는 수업 방법(이런 수업 어때요, 2005)

① 동화책의 활용

교과부에서 연구한 자료에 의하면 우리나라 학교 현장에서 이루어지는 독서지도 유형은 재량활동 66%, 특별활동 17%, 교과학습 17%이다. 독서지도가 가장 활발하게 이루어지는 내용교과는 사회로 59%를 차지하며, 도덕 38%, 과학 3%, 수학은 0%이다. 특히 1학년의 경우는 국어과 위주로만 독서 교육이 이루어지는 경향이 있어 어린이들은 독서를 단순한 재미와 이야기를 즐기는 것으로만 인식하기 쉽다. 따라서 입문기 아동들에게 독서를 통하여 새로운 지식과 세계를 알아가고, 무한한 상상력과 풍부한 창의력을 펼쳐가며, 나아가 올바른 가치관과 인격을 형성해 갈 수 있도록 내용교과에서 고루 동화책을 활용한다면 폭넓고 심도 있는 학습을 할 수 있을 것이다.

② 수준별 놀이 활동의 활용

수준별 놀이는 아동들의 자발적인 참여를 유도하므로 한 가지 활동에도 다양한 자료를 투여하여 아동들이 스스로 선택하여 학습할 수 있다.

③ 활동중심의 수업

논리의 엄밀성과 형식성을 강조하고 있는 추상적인 수학적 지식을 이해시키는 데는 경험을 바탕으로 하는 활동 중심의 학습이 필요하다. 스캠프(Skemp)는 학습자가 학습에 흥미를 느끼게 되면 교사가 시키지 않더라도 스스로 학습을 하게 되는데 이를 위해서는 활동 중심의 학습이 강조되어야 한다고 하였다.

④ 탐구학습 방법의 활용

현재 우리의 수학교육은 수학적으로 사고하는 방법을 길러주기보다는 수학적 사실의 단순한 암기, 이미 습득되고 암기된 풀이 방법에 따라 기능의 숙달, 교사 설명 위주의 수동적인 수업으로 이루어지고 있다. 따라서 학생과 교사 모두 끊임없이 질문하고, 생각하고, 의심하고, 탐색하는 그리하여 교사는 교실에서 학생들이 탐구의 과정을 겪게 할 수 있는 탐구학습을 활용할 수 있다.

⑤ 사이버 가정학습

학교에서의 학습을 복습하고 발전시키도록 하기 위해 교사는 온라인을 통해 조력활동을 하여 가정에서 예습과 복습이 이루어짐으로써 학습의 장을 학교뿐만 아니라 가정에서도 할 수 있는 장점이 있다.

⑥ 독서 활동의 활용

단위시간과 관련된 수학에 대한 재미와 역사를 소개하는 책, 학년별로 원리와 문제 해결력을 길러주는 내용의 동화책 등의 도서를 과제 형태로 제시하여 교수학습에 필요한 정보를 얻게 하거나 교수학습의 한 단계 또는 전 단계에 직접 활용하는 방법이다.

⑦ 조작 자료 활용을 통한 원리발견

수학 학습 과정상의 비약에서 야기되는 문제를 해소하고 학습자의 자연스러운 발달을 도모하기 위해서는 무엇보다 추상화, 형식화를 서두르지 않고 적절한 단계에서 효율적인 학습자료(조작 도구)를 사용하여 구체와 추상 사이의 가교 역할을 하는 활동이 이루어지도록 해야 한다.

⑧ 생활경험 중심의 수학적 체험학습을 통한 문제 해결 학습

학교의 실정, 학생의 능력에 따라 실생활 체험을 할 수 있도록 하여 현재의 여건에서 최대한 학생에게 의미 있는 수학 학습이 되도록 하는 방법이다.

연습문제

1. 수학과에서 활용되고 있는 수업모형을 논해 보시오.

2. 최근의 공개수업에서 활용되고 있는 여러 가지 수업 방법 중에 동화책을 활용하는 방안에 대하여 실제 초등학교 수학 교과서의 한 차시를 선정하여 어떻게 동화책을 활용할 수 있는지를 구체적으로 밝혀보시오.

3. 수학을 왜 도구교과라고 하는지 그 이유를 말해 보시오.

2장 2015 수학과 교육과정의 개정 방향과 변화

2.1 개정의 방향

2015 개정 초등학교 수학과 교육과정은 교육과정 총론이 추구하는 방향성을 반영하고, 수학과 교육과정의 구체적 동향을 반영하여 개정의 방향을 수학 교과 역량의 구현, 학습 부담 경감 추구, 학습자의 정의적 측면 강조, 실생활 중심의 통계 내용 재구성, 공학적 도구의 활용 강조의 다섯 가지로 선정하였다.

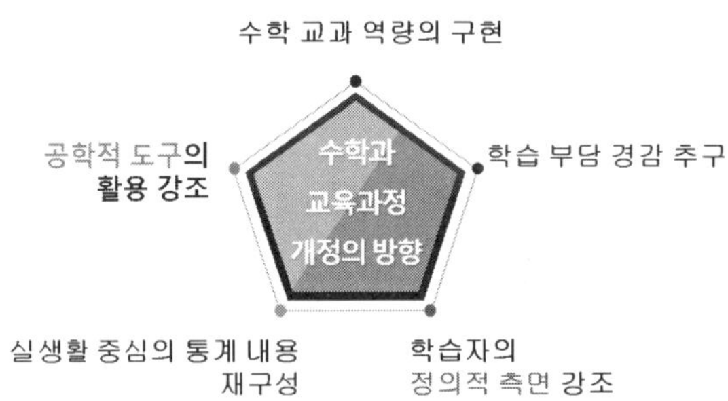

그림 2.1 2015 수학과 교육과정의 개정방향

(1) 수학 교과 역량

먼저 2015 수학과 교육과정의 수학 교과 역량은 2009 개정 교육과정에서 강조한 수학적 과정[1]의 하위 요소인 문제 해결, 추론, 의사소통의 3가지에 아래 그림 2.2와 같이 창의·융합, 정보 처리, 태도 및 실천을 추가하여 6가지 하위요소로 규정하고 있다. 이들 6가지를 살펴보면 아래와 같다.

문제 해결은 해결 방법을 알고 있지 않은 문제 상황에서 수학의 지식과 기능을 활용하여 해결 전략을 탐색하고 최적의 해결 방안을 선택하여 주어진 문제를 해결하는 능력을 말한다.

학교에서 수학을 지도하는 이유로 수학 그 자체를 계승 발전시키기 위한 것과 수학을 활용하여 생활에서 일어나는 여러 가지 문제를 해결하기 위한 것을 들 수 있다. 후자를 문제 해결이라는 용어로 표현할 수 있는데, 문제 해결은 학교 수학에서 중요한 위치를 차지하고 있으며, 최근에는 수학 자체를 문제 해결이라고 생각하는 경향도 있다.

---

1 수학적 과정은 수와 연산, 도형 등과 같은 내용 영역에서 다루는 수학적 주제를 이해하고 습득하는 데에서, 그리고 그러한 수학적 주제를 활용하여 다양한 현상을 이해하고 문제를 해결하고 의사소통하는 데에서 활성화되어야 하는 능력을 의미한다. 다시 말해서, 수학적 과정은 다양한 현상을 수학과 연결하고 다양한 상황에서 발생하는 문제를 해결할 때 활성화되어야 하는 수학적 능력을 의미하며, 수학적 문제 해결, 수학적 추론, 수학적 의사소통을 그 구성 요소로 포함하는 개념이라고 할 수 있다.

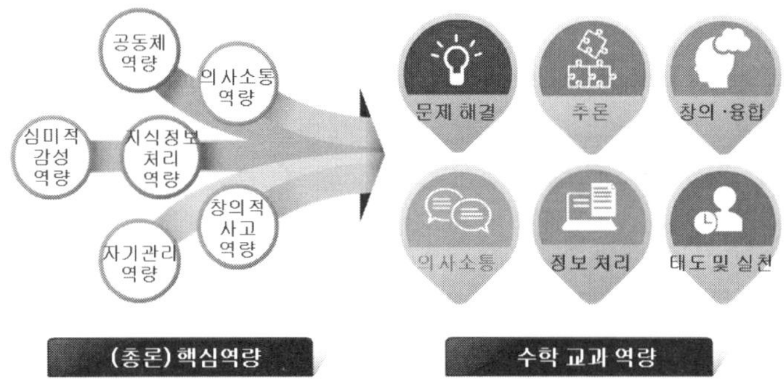

그림 2.2 수학 교과 역량의 구현

문제 해결은 문제 상황을 이해하고, 여러 가지 해결 전략을 활용하여 해결 방법을 모색하고, 그 문제를 해결해 나가는 일련의 과정으로 볼 수 있다. 문제 해결은 생활 속에서의 수학적 문제를 해결하는 능력이 중요함을 인식하고, 그 능력을 기르기 위한 훈련의 일환으로 강조되어야 한다.

수학에서의 문제 해결을 지도하는 것은 장차 겪게 될 실세계의 문제 해결에 필요한 역동적인 사고력을 기르게 하려는 것이다. 따라서 학생들은 문제에 직면하여 연역적으로 문제를 분석·종합하여 거기에 내재된 수량관계를 파악해서 문제를 해결하거나, 귀납적인 시행착오에 의해 문제를 해결하거나, 또는 순수 논리적인 추론에 의해서 결과에 이르는 등의 수리적인 사고력을 신장하도록 해야 한다.

우리나라에서 문제 해결 교육은 제4차 수학과 교육과정 이래로 지속적으로 강조되어 왔다. 문제 해결에 대한 관심은 그 동안 학교 수학에서 강조되어 온 학습 내용이나 방법에 대한 반성에서 출발한다. 즉 학교에서 강조되어 온 수학 내용이 개념이나 기능에 한정되어 있다는 점, 수학교육이 학교에서 배우는 수많은 지식과 기능을 연결시켜 주지 못하고 있다는 점, 수학의 내용이 학생들에게 별로 매력적이지 못하다는 점 등이 문제 해결에 관심을 가지게 하였다.

학교 수학에서 문제 해결에 관심을 가지게 된 주된 이유는 학교 수학이 개념이나 기능의 숙달을 지나치게 강조하고 있고, 학교에서 배우는 수많은 수학적 지식과 기능들이 서로 연결 · 통합되어 있지 않으며, 교육과정 및 교과서의 내용이 수학교육의 궁극적인 목적을 충분히 반영하고 있지 못하기 때문이다. 아울러 많은 학생들은 학교 수학의 내용에 대해 두려움과 부정적인 태도를 가지고 있으며, 교사 및 학생들이 문제 해결의 본질과 의미를 잘못 이해하고 있다는 것이다.

An Agenda for Action(NCTM, 1980)에서 '문제 해결이 1980년대 학교 수학의 초점이 되어야 함'을 선언한 이래 1980년대에는 문제 해결의 시대라고 할 만큼 다양하고 활발한 논의가 이루어졌다. 문제 해결이 1980년대 학교 수학의 중심이 되어야 한다는 주장은 문제 해결에 대한 수학교육자들의 태도와 세계의 수학교육에 지대한 영향을 주었다.

문제 해결 교육의 효과적인 실현을 위해서는 문제 해결의 지도에 적합한 다양한 문제나 문제 상황을 개발하고, 문제 해결식의 교수·학습 방법을 알고, 학생들이 문제를 창의적으로 해결할 수 있도록 훈련할 기회를 제공하도록 해야 한다. 특히 문제 해결 교육에서는 문제 해결 결과의 옳고 그름만이 중요한 것이 아니라, 문제를 풀어가는 과정, 방법, 다양한 전략의 활용까지도 중요하다는 점을 중시해야 한다. 이를 위한 교수·학습 방법은 아래와 같다.

① 문제를 해결할 때에는 문제를 이해하고 해결 전략을 탐색하며 해결 과정을 실행하고 반드시 검증 및 반성하는 단계를 거치도록 한다.

② 협력적 문제 해결 과제에서는 각자의 역할을 분담하여 서로간의 상호작용을 통해 동료들과 협력하여 문제를 해결하도록 한다.

③ 수학적 모델링 능력을 신장하기 위해 생활 주변이나 사회 및 자연 현상 등 다양한 맥락에서 파악된 문제를 해결하면서 수학적 개념, 원리, 법칙을 탐구하고 이를 일반화 하게 한다.

④ 문제 해결력을 높이기 위해 주어진 문제를 변형하거나 새로운 문제를 만들어 해결하고 그 과정을 검증하는 문제 만들기 활동을 장려한다.

추론은 수학적 사실을 추측하고 논리적으로 분석하고 정당화하며 그 과정을 반성하는 능력을 말한다. 이러한 추론의 지도는 다음과 같은 이유로 초등학교 수학에서 필수적인 요소가 되어야 한다(권성룡 외 2005).

첫째, 추론을 중요하게 여기는 것은 수학이 논리적이고 합당하다는 것을 학생들이 이해하도록 도와줌으로써 수학의 힘을 증진시킬 수 있기 때문이다. 규칙을 찾고 가설을 세우고 평가하는 실질적인 경험은 수학의 탐구적인 측면 뿐 아니라, 논리적인 측면의 중요성과 기교를 학생들이 더 잘 이해하도록 도울 수 있다.

둘째, 추론은 학교와 일상생활의 중요한 도구이다. 규칙을 찾고 '~이면, ~이다(연역적)' 추론을 이용하는 것이 과학과 다른 내용 영역에서 중요하다. 법률가, 광고자, 정치가, 언론인, 그리고 타인들의 주장을 비판적으로 평가하는 것은 일상의 많은 의사결정을 하고 속는 것을 피하는데 필수적이다.

Polya(1954)는 수학적 추론을 크게 일반적인 전제에서 개별적인 또는 보다 덜 일반적인 결론을 이끌어 내는 연역적 추론과 구체적인 사례에서 일반적인 결론을 이끌어 내는 개연적 추론으로 나누어 귀납적인 추론과 유비적인 추론을 개연적 추론의 범주 안에 넣었으며 연역적 추론은 완전한 것으로 추론 결과에 대해 시비의 여지가 없으며 최종적인 것인데 비해 개연적 추론은 위태롭고 논쟁의 여지가 있으며 잠정적인 것이라고 주장한다. 또한 폴리아는 수학은 분명히 논증적 과학이며 수학자의 창조적인 활동의 산물은 연역적 추론에 의존하지만 이는 개연적 추론 능력이 뒷받침되어야 한다고 주장하고 이 두 가지 추론이 상보적인 관계를 유지할 때 수학 학습이 의미와 가치가 있다고 말한다. 이를 위한 교수 · 학습 방법은 아래와 같다.

① 관찰과 탐구 상황에서 귀납, 유추 등의 개연적 추론을 사용하여 학생 스스로 수학적 사실을 추측하고 적절한 근거에 기초하여 이를 정당화할 수 있게 한다.

② 수학의 개념, 원리, 법칙을 도출하는 과정과 수학적 절차를 논리적으로 수행하게 한다.

③ 추론 과정이 옳은지 비판적으로 평가하고 반성하도록 한다.

창의 · 융합은 수학적 지식과 기능을 토대로 새롭고 의미 있는 아이디어를 다양하고 풍부하게 산출하고 정교화하며, 여러 수학적 지식, 기능, 경험을 연결하거나 타 교과나 실생활의 지식, 기능, 경험을 수학과 연결 · 융합하여 새로운 지식, 기능, 경험을 생성하고 문제를 해결하는 능력을 말한다.

의사소통은 수학 지식이나 아이디어, 수학적 활동의 결과, 문제 해결 과정, 신념과 태도 등을 말이나 글, 그림, 기호로 표현하고 다른 사람의 아이디어를 이해하는 능력을 말한다. 수학 수업에서 수학적 의사소통이라고 하는 것은 듣고 말하기의 구어적 표현과 읽고 쓰기의 문어적 표현, 그리고 신체적 표현이나 조작 활동을 통한 수학적 내용 표현 등을 모두 포함한다고 볼 수 있는데, 교사용 지도서에는 "수학수업에서 학생은 역동적으로 주어진 수학적 문제 상황에 대해 탐구, 토의, 묘사, 설명함으로써, 자신의 수학적 지식을 발전시키는데 능동적으로 참여하여야 한다. 이러한 사회적 과정을 수학적 의사소통이라 할 수 있다"라고 기술하고 있다(교육과학기술부, 2011).

우리나라의 경우, 2007 개정 수학과 교육과정에서부터 수학적 의사소통이 명시적으로 제시하고 있으며, 2015 수학과 교육과정의 경우 '수학 교과 역량'을 통해 더욱 강조하고 있다. 이를 위한 교수 · 학습 방법은 아래와 같다.

① 수학 용어, 기호, 표, 그래프 등의 수학적 표현을 이해하고 정확하게 사용하며, 수학적 표현을 만들거나 변환하는 활동을 하게 한다.

② 수학적 아이디어 또는 수학 학습 과정과 결과를 말, 그림, 기호, 표, 그래프 등을 사용하여 다른 사람과 효율적으로 의사소통할 수 있게 한다.

③ 다양한 관점을 존중하면서 다른 사람의 생각을 이해하고 수학적 아이디어를 표현하며 토론하게 한다.

정보 · 처리는 다양한 자료와 정보를 수집, 정리, 분석, 활용하고 적절한 공학적 도구나 교구를 선택, 이용하여 자료와 정보를 효과적으로 처리하는 능력을 말한다. 이를 위한 교수 · 학습 방법은 아래와 같다.

① 실생활 및 수학적 문제 상황에서 적절한 자료를 탐색하여 수집하고, 목적에 맞게 정리, 분석, 평가하며, 분석한 정보를 문제 상황에 적합하게 활용할 수 있게 한다.
② 교수·학습 과정에서 적절한 교구를 활용한 조작 및 탐구 활동을 통해 수학의 개념과 원리를 이해하도록 한다.
③ 계산 능력 배양을 목표로 하지 않는 교수·학습 상황에서의 복잡한 계산 수행, 수학의 개념, 원리, 법칙의 이해, 문제 해결력 향상 등을 위하여 계산기, 컴퓨터, 교육용 소프트웨어 등의 공학적 도구를 이용할 수 있게 한다.

태도 및 실천은 수학의 가치를 인식하고 자주적 수학 학습 태도와 민주 시민 의식을 갖추어 실천하는 능력을 말한다. 이를 위한 교수·학습 방법은 아래와 같다.
① 수학을 생활 주변과 사회 및 자연 현상과 관련지어 지도하여 수학의 필요성과 유용성을 알게 하고, 수학의 역할과 가치를 인식할 수 있게 한다.
② 수학에 대한 관심과 흥미, 호기심과 자신감을 갖고 수학 학습에 적극적으로 참여하게 하며, 끈기 있게 도전하도록 격려하고 학습 동기와 의욕을 유발한다.
③ 학생 스스로 목표를 설정하고 학습을 수행하며 학습 결과를 평가하는 자주적 학습 습관과 태도를 갖게 한다.
④ 수학적 활동을 통하여 정직하고 공정하며 책임감 있게 행동하고 어려움을 극복하기 위해 도전하는 용기 있는 태도, 타인을 배려하고 존중하며 협력하는 태도, 논리적 근거를 토대로 의견을 제시하고 합리적으로 의사를 결정하는 태도를 갖고 이를 실천하게 한다.

(2) 학습 부담 경감 추구

수학 학습 부담 경감은 최근 수학과 교육과정 개정의 중요한 방향 중 하나가 되었다. 이를 위한 구체적인 실천 방안은 아래와 같이 3가지로 요약할 수 있다.
① 내용 감축 차원에서 각 학교급에서 내용의 삭제 및 기존에 학습하던 내용을 약화 또는 내용을 상향 이동시켰다. 구체적인 내용은 다음 절에서 소개한다.
② 평가 문항의 난이도가 학생들의 학습 부담을 가중시키는 측면을 고려하여, 교육과정의 각 학년별, 영역별로 평가 방법 및 유의 사항을 신설하여 교육과정에서 벗어난 심화된 내용을 평가하지 않도록 하였다.

이를테면, 초등학교 1~2학년의 수와 연산 영역의 평가 방법 및 유의사항은 덧셈과 뺄셈을 여러 가지 방법으로 계산하는 활동을 평가할 때에는 학생들이 자유롭게 계산하도록 하는 데 초점을 두고 이를 지나치게 형식화하지 않도록 관찰, 면담 등의 다양한 방법을 이용하도록 하고 있다.

③ 조작 · 체험 · 탐구 활동 중심으로 교실 수업의 변화를 도모할 수 있는 방향으로 교육과정의 각 학년별, 영역별로 교수 · 학습 방법 및 유의사항을 이전 교육과정보다 상세하게 진술하였다.

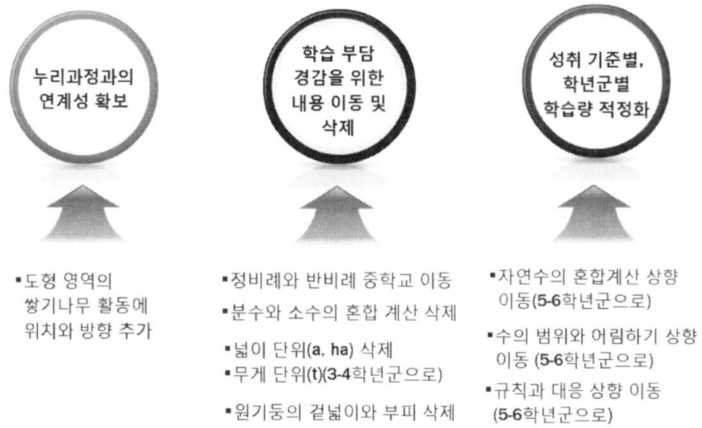

그림 2.3 학습 부담 경감 추구

(3) 학습자의 정의적 측면의 강조

학습자의 정의적 측면의 강조 및 실현은 교수 · 학습 방법 및 유의사항에 구체화 시키고자 노력하였다.

(4) 실생활 중심의 통계내용 재구성

실생활 중심의 통계내용 재구성은 실생활 맥락에서 주어진 자료의 수동적인 처리에서 머무르지 않고, 자료의 수집, 분석, 해석 등 일련의 과정을 다루는 것을 강조하였다.

(5) 공학적 도구의 활용

매체 및 도구 활용 학습은 학생의 수준과 학습 내용에 적합한 매체와 도구를 활용하여 흥미를 유발하고 학습의 효율성과 다양성을 도모하는 교수 · 학습 방법으로, 시청각 자료, 멀티미디어나 인터넷 등의 컴퓨터 활용 매체와 교구, 계산기, 교육용 소프트웨어 등의 도구를 이용하도록 하고 있으며, 교육과정의 성취기준으로 진술함으로써 교과서와 수업에 적극 활용하도록 강조하였다.

2.2 수학과 문서 체제 및 내용의 변화

(1) 개정 교육과정의 수학과문서 체제

2015 교육과정의 문서는 아래와 같이 1. 성격, 2. 목표, 3. 내용체계 및 성취기준, 4. 교수·학습 및 평가의 방향으로 구성 되어 있다.

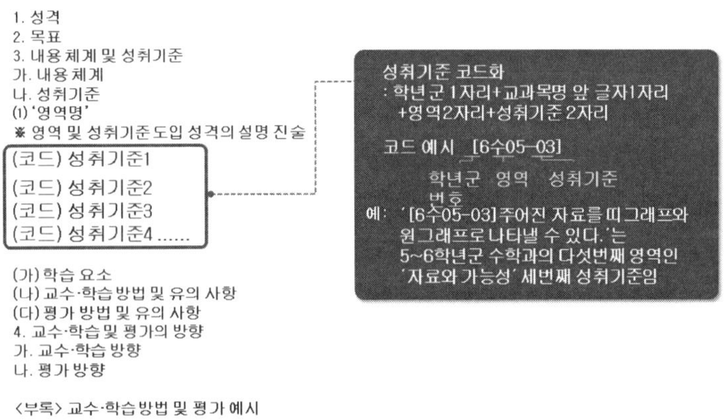

그림 2.4 2015 교육과정의 문서 체제

(2) 내용의 변화

2015 개정 교육과정의 내용과 관련하여 특징적인 부분 중의 하나는 초등학교, 중학교, 고등학교를 관통하는 내용체계 표[2]를 작성하고, 여기에는 이전 교육과정의 내용체계 표에는 없었던 핵심개념, 일반화된 지식, 기능을 새로이 추가하였다.

핵심개념은 여러 개념을 아우르는, 교과가 기반으로 하는 학문의 가장 기초적인 개념이나 원리를 말하는 것으로, 학생들이 학습한 내용의 세부사항을 잊어버린 후에도 지속되어야 할 큰 개념(big idea)를 말한다.

일반화된 지식은 학년 및 학교 급을 통해 학생들이 알아야 할 일반화된 지식을 말하는 것이며, 명제적 지식의 형태로 진술된다. 일반화된 지식은 왼쪽의 핵심개념과 오른쪽의 학년군의 내용 요소를 연결시켜 주는 다리 역할을 하는 것으로, 학년과 학교 급을 관통하는 중심축의 역할을 한다.

기능은 수학 교과 고유의 탐구기능 및 사고방식을 반영하는 것으로, 학생들이 내용을 가지

2 2015 초등수학의 수와 연산, 도형, 측정, 규칙성, 자료와 가능성의 내용체계 표는 뒤에서 다루는 각 장의 영역별 지도 방법의 맨 앞부분에 제시하였다.

고 할 수 있어야 하거나 혹은 할 수 있기를 기대하는 것을 나타낸다. 학년군별 내용 요소는 교과 및 영역을 구성하는 지식이고, 기능은 이러한 지식을 경험할 수 있도록 하는 것으로, 교과 핵심역량이 구체화되는 것이라고 할 수 있다.

2009 개정 수학과 교육과정의 영역명은 수와 연산, 도형, 측정, 규칙성, 확률과 통계의 5가지였다. 2015 교육과정도 마찬가지로 5가지 영역이지만, 다만 확률과 통계의 영역명이 자료와 가능성으로 바뀌었다. 그 이유는 초등학교에서 확률 개념을 다루지 않는다는 점에 근거하여 확률을 가능성으로 바꾸었고 실생활 중심의 통계 내용 재구성을 요구하는 수학과 개정 방향에 발맞추어 초등학교에 적합한 자료의 수집, 분류, 정리, 해석 활동을 강조하며 영역명이 자료와 가능성으로 바뀌게 되었다.

2009 개정 수학과 교육과정에 비해 2015 수학과 교육과정에서의 큰 변화는 대부분이 학생들의 학습부담 경감을 위한 것이라고 해도 과언이 아니다. 각 영역별 주요내용의 변화를 살펴보면, 수와 연산 영역에서는 자연수의 혼합계산이 3~4학년군에서 5~6학년군으로 이동하였고, 분수와 소수의 혼합계산은 삭제되었다. 측정 영역에서는 원기둥의 겉넓이와 부피가 초등학교에서 중학교로 이동되었고, 수의 범위와 어림하기가 3~4학년군에서 5~6학년군으로 이동하였다. 그리고 5~6학년군에서 넓이의 큰 단위로 다루어졌던 a, ha의 삭제로 인해 넓이 단위인 km^2는 5~6학년군의 평면도형의 둘레와 넓이에서, 무게 단위인 t은 3~4 학년군의 다른 무게 단위인 g, kg과 함께 다루게 되었다. 규칙성 영역에서는 정비례와 반비례를 초등학교에서 중학교로 이동하였고 규칙과 대응을 3~4학년군에서 5~6학년군으로 이동하였다.

이상의 사실들을 중학교를 추가하여 표로 나타내면 아래와 같다.

표 2.1 2009 개정과 2015 개정 교육과정의 주요 변화 내용

구분	학년	2009 개정 교육과정	2015 개정 교육과정	비고
초등	1~2	• (추가)	• (추가) 물체의 위치와 방향, 규칙 찾기 활동 강화	• 누리과정 연계
	3~4	• 자연수의 혼합계산 • 규칙과 대응 • 수의 범위와 어림하기	• (상향이동) 5~6학년군으로 이동 • (상향이동) 5~6학년군으로 이동 • (상향이동) 5~6학년군으로 이동	• 발달단계 고려
	5~6	• 무게 단위 톤(t) • 분수와 소수의 혼합계산 • 정비례와 반비례 • 아르(a), 헥타르(ha)단위	• (하향이동) 3~4학년군으로 이동 • (삭제) 중학교로 통합 • (상향이동) 중학교로 이동 • (삭제)	• 실생활 활용도 높음 • 실생활 활용도 낮음 • 실생활 활용도 낮음 • 현장교사 의견 반영

2.3 수학 교과서 단원의 내용 전개 방식

우리나라의 2015 개정 초등수학 교과서는 1~2학년군, 3~4학년군, 5~6학년군으로 구분되어 각 학년군별로 4권씩 총 12권으로 구성되어 있으며 그 중 저학년 교과서의 단원은 1~2학년군의 수학 1-1을 제외[3]하고는 대체로 6단원으로 구성되어 있고 여기에 각 학년군별 익힘책 4권, 교사용 지도서 4권이 주어져 있다.

각 단원의 내용 전개 방식은 학년과 때로는 단원에 따라 집필진이 다르지만 전체적인 큰 틀은 대략 아래와 같다.

구분	단계		내용
	단원 도입	⇒	단원명과 함께 단원의 전반적인 맥락을 암시하는 삽화를 제시하였고 삽화를 활용한 스토리텔링을 통해 재미있는 수학 학습이 구현될 수 있도록 구성하였으며 단원 학습과 관련된 핵심 발문을 단원명 하단에 제시하였다.
본 차시	차시 제목	⇒	교과서 왼쪽 상단에 '~일까요?, ~해 볼까요?'와 같이 핵심 발문의 형태로 진술하였다.
본 차시	첫째활동	⇒	동기 유발, 학습 주제와 관련한 사고 활동이나 조작 활동, 전재 활동과 연결하여 지도 할 수 있다.
본 차시	중간활동	⇒	구체적인 물건이나 모형을 조작하는 활동, 직관적인 경험 활동, 공통인 속성이나 관계를 찾는 추상 활동, 개념을 적용하는 놀이 활동, 교과 역량을 강화하는 융합 활동 등 학생 참여 중심의 활동
본 차시	마지막 활동	⇒	학습한 모든 내용들을 익히거나 적용, 차시 학습정리
	놀이수학	⇒	차시 주제를 학생들이 좋아하는 놀이로 구성하여 제시하였으며, 놀이는 교과 역량을 고려하여 구성
	얼마나 알고 있나요	⇒	한 단원의 학습을 평가하고 피드백할 수 있도록 구성
	탐구수학[4]	⇒	단원의 주제와 관련된 탐구 활동을 제시하여 학습한 내용을 다양하고 깊게 생각해 볼 수 있도록 구성

그림 2.5 우리나라 수학 교과서의 단원 전개 방식

3 1~2학년군의 수학 1-1은 학생들의 입문의 시기를 고려하여 문제 해결을 제외한 5단원으로 구성되어 있다.
4 탐구수학은 '얼마나 알고 있나요'이후에 제시되는데 이는 탐구수학의 활동이 본 차시 활동보다 심화되거나 깊이 있는 수학적 사고를 요구하기 때문이다.

우리나라는 단원도입에서 공부할 내용이나 그림(삽화)을 제시하고, 제시된 삽화를 바탕으로 스토리텔링을 활용하여 공부할 문제를 찾고 활동으로 본 차시를 전개한 다음, 놀이수학, 단원평가, 탐구수학 순으로 나아가도록 하고 있다. 여기서 한 가지 주목할 점은 우리나라의 경우 이전 학년이나 단원에서 배운 내용이 다음 학년이나 단원에서 반복되지는 않으며 다음 학년이나 단원에서는 심화된 내용의 블록학습 형태를 띤다는 점이다. 그러나 핀란드, 싱가포르와 같은 국제 학업성취도 평가에서 우수한 성적을 거두고 있는 교과서의 경우 대부분 이전에 배운 내용이 그다음 학년이나 단원에서 다시 반복하여 다루고 있다는데 차이가 있다.

2.4 수학 교과 교수 · 학습의 재구성 사례[5]

현 시대가 요구하는 창의 · 융합형 인재를 양성하고 학생들에게 더욱 유의미한 학생 중심의 학습 경험을 제공하기 위해 2015 개정 교육과정 방향에 따른 수학과 교육과정 구현에 대한 이해는 중요하다. 이 절에서는 초등학교 수학과 교육과정 중 측정 영역의 성취기준을 기반으로 교수 · 학습을 재구성한 사례를 살펴본다. 이를 통해 학교 현장에서 **교육과정-수업-평가-기록의 일관성 있는 연계, 수학 교과 역량의 신장** 등을 구현하기 위한 수학수업 현장 적용 방안을 함께 모색해 보고자 한다.

1. 2015 개정 수학과 교육과정 중 초등학교 수학 측정 영역

1) 내용체계

영역	핵심 개념	일반화된 지식	학년(군)별 내용 요소			기능
			1～2학년	3～4학년	5～6학년	
측정	양의 측정	생활 주변에는 시간, 길이, 들이, 무게, 각도, 넓이, 부피 등 다양한 속성이 존재하며, 측정은 속성에 따른 단위를 이용하여 양을 수치화하는 것이다.	• 양의 비교 • 시각과 시간 • 길이(cm, m)	• 시간, 길이 (mm, km), 들이, 무게, 각도	• 원주율 • 평면도형의 둘레, 넓이 • 입체도형의 겉넓이, 부피	비교하기 구별하기 (시각) 읽기 표현하기 이해하기 계산하기

5 이 절은 2017년 6월 8일 대구교육대학교 초등수학교육전공 및 대구시 초등수학교육연구회 합동 세미나에서 초등수학 1~2학년군 측정 영역을 중심으로 대구사월초등학교 김민정 선생님이 발표한 내용을 수정 · 요약한 것이다.

영역	핵심 개념	일반화된 지식	학년(군)별 내용 요소			기능
			1～2학년	3～4학년	5～6학년	
	어림하기	어림을 통해 양을 단순화하여 표현한다.			• 수의 범위 • 어림하기 (올림, 버림, 반올림)	측정하기 어림하기 그리기 추론하기 설명하기 활용하기 문제 해결하기

2) 1~2학년군 성취기준

1 양의 비교

[2수03-01] 구체물의 길이, 들이, 무게, 넓이를 비교하여 각각 '길다, 짧다', '많다, 적다', '무겁다, 가볍다', '넓다, 좁다' 등을 구별하여 말할 수 있다.

2 시각과 시간

[2수03-02] 시계를 보고 시각을 '몇 시 몇 분'까지 읽을 수 있다.

[2수03-03] 1시간은 60분임을 알고, 시간을 '시간', '분'으로 표현할 수 있다.

[2수03-04] 1분, 1시간, 1일, 1주일, 1개월, 1년 사이의 관계를 이해한다.

3 길이

[2수03-05] 길이를 나타내는 표준 단위의 필요성을 인식하고, 1 cm와 1 m의 단위를 알며, 상황에 따라 적절한 단위를 사용하여 길이를 측정할 수 있다.

[2수03-06] 1 m가 100 cm임을 알고, 길이를 단명수와 복명수로 표현할 수 있다.

[2수03-07] 여러 가지 물건의 길이를 어림하여 보고, 길이에 대한 양감을 기른다.

[2수03-08] 구체물의 길이를 재는 과정에서 자의 눈금과 일치하지 않는 길이의 측정값을 '약'으로 표현할 수 있다.

[2수03-09] 실생활 문제 상황을 통하여 길이의 덧셈과 뺄셈을 이해한다.

[교수 · 학습 방법 및 유의 사항]

- 양의 비교는 직관적인 비교, 직접 비교, 간접 비교 등을 상황에 따라 알맞게 다룬다.
- 시각 읽기는 학생의 경험을 소재로 하고, 학생들이 모형 시계를 조작하며 '몇 시', '몇 시 30분', '몇 시 몇 분', '몇 시 몇 분 전' 등의 시각을 읽게 한다.

- 시간의 여러 가지 단위를 지도할 때 단위 사이의 관계를 이해하는 데 중점을 두고, 지나친 단위 환산은 다루지 않는다.
- 표준 단위를 도입하기 전에 여러 가지 임의 단위를 사용하여 구체물의 길이를 재어보게 한다.
- 측정 영역의 문제 상황에 적합한 문제 해결 전략을 지도하여 문제 해결 능력을 기르게 한다.

[평가 방법 및 유의 사항]

- '몇 시 몇 분 전'의 시각 읽기를 평가할 때 '5분 전', '10분 전', '15분 전' 등과 같이 실생활에서 자주 사용되는 경우를 다루고, '2시 48분'을 '3시 12분 전'으로 나타내는 것과 같이 복잡한 경우는 다루지 않는다.
- 1일, 1주일, 1개월, 1년 사이의 관계를 평가할 때에는 달력을 이용하여 그 관계를 이해하는지 파악하는 데 중점을 둔다.

2. 측정 영역 단원 재구성 - [1] 양의 비교

1) 주제의 개관

구체물의 길이, 들이, 무게, 넓이 등의 속성을 비교하는 활동은 어린 학생들이 초등학교 수학 교육과정을 통하여 처음 경험하는 측정의 가장 기초적인 활동이라는 점에서 중요하다. 이때 측정은 실생활과 밀접한 활동이기 때문에 직접 구체물을 가지고 측정해 보는 활동이 필수적이며, 추론 활동이 병행될 때 더 의미가 있다.

2) 교육과정의 성취기준 및 중점 수학 교과역량

성취기준	[2수03-01] 구체물의 길이, 들이, 무게, 넓이를 비교하여 각각 '길다, 짧다', '많다, 적다', '무겁다, 가볍다', '넓다, 좁다' 등을 구별하여 말할 수 있다
교수 · 중점학습 / 평가 방법 및 유의 사항	• 양의 비교는 직관적인 비교, 직접 비교, 간접 비교 등을 상황에 따라 알맞게 다룬다.
중점 수학 교과역량	• 추론 능력(논리적 사실 분석 : 수학적 절차와 수학적 사실 도출 과정을 논리적으로 수행하는 능력) • 의사소통 능력(수학적 표현의 이해 : 수학적 표현의 의미를 이해하고 정확하게 사용하는 능력)

3) 성취기준 기반 교과서 단원 재구성 사례

1-1-4. 비교하기 단원 전개 계획			성취기준을 고려한 단원 전개 재구성	
차시	주제		차시	주제
1	어느 것이 더 길까요		1	속성 탐색 (다양한 상황 중 길이, 들이, 무게, 넓이 탐색)
2	[놀이 수학] 비교하기 놀이를 해요(길이)		2	길이 비교
3	어느 것이 더 무거울까요?	⇒	3	들이 비교
4	어느 쪽이 더 넓을까요?		4	무게 비교
5	어느 것에 더 많이 담을 수 있을까요		5	넓이 비교
6	[얼마나 알고 있나요]		6	[놀이 수학] 비교하기 놀이 (길이, 들이, 무게, 넓이)
7	[탐구수학] 어떻게 비교할까요?		7	[탐구수학] 어림 활동

4) 단원평가 기준 예시[평가기준 개발 연구(권점례 외, 2016)]

교육과정 성취기준	평가준거 성취기준	평가기준	
[2수03-1] 구체물의 길이, 들이, 무게, 넓이를 비교하여 각각 '길다, 짧다', '많다, 적다', '무겁다, 가볍다', '넓다, 좁다' 등을 구별하여 말할 수 있다.	[2수03-01-00] 구체물의 길이, 들이, 무게, 넓이를 비교하여 각각 '길다, 짧다', '많다, 적다', '무겁다, 가볍다', '넓다, 좁다' 등을 구별하여 말할 수 있다.	상	세 개 이상의 구체물의 길이, 들이, 무게, 넓이를 비교하여 각각 '길다, 짧다', '많다, 적다', '무겁다, 가볍다', '넓다, 좁다' 등을 구별하여 말할 수 있다.
		중	두 개의 구체물의 길이, 들이, 무게 넓이를 비교하여 각각 '길다, 짧다', '많다, 적다', '무겁다, 가볍다', '넓다, 좁다' 등을 구별하여 말할 수 있다.
		하	안내된 절차에 따라 구체물의 길이, 들이, 무게, 넓이를 비교하고, 어느 것이 더 긴지, 더 많은지, 더 무거운지, 더 넓은지를 구별할 수 있다.

3. 차시 재구성 - [1] 양의 비교

1) 들이 비교 차시를 재구성할 때 고려할 내용

- 들이의 개념
- 수학 교과 역량
- 학생 수준
- 평가 기준
- 들이 비교에 필요한 용기(개수, 크기, 모양 등)
- 학습 형태 등

2) '어느 것이 더 많이 담을 수 있을까요' 차시의 실제 교과서 탐색

3) 들이 비교 차시 재구성 사례

(활동 1) 들이의 직관적인 비교를 통해 '많다, 적다' 구분하며 들이 개념 정립
(활동 2) 두 개의 용기를 직접 비교를 통해 들이 비교 후 설명
(활동 3) 세 개의 용기를 직접 비교를 통해 들이 비교 후 설명
(활동 4) 구분이 어려운 두 개의 용기를 간접 비교를 통해 들이 비교 후 설명

연습문제

1. 2015 개정 초등수학 교육과정에서 초등수학에 새로 도입되거나 삭제 또는 상향, 하향 이동된 내용들은 어떤 것이 있는지를 조사해 보시오.

2. 2015 개정 교육과정의 초등수학 내용체계 표에는 '일반화된 지식'이라는 용어가 있다. 이것이 무엇을 말하는지를 설명하고 어떤 형태로 진술되는지를 말해 보시오.

3. 수학 교과에 대한 학생들의 다양한 수준에 어떻게 대응 할 수 있는지를 말해보시오.

4. 수학 교과에 어려움을 겪는 학생들에 대한 대안을 말하여 보시오.

3장 수학교육에서 교구의 활용

중국속담에 '말로 들은 것은 쉽게 잊어버리고, 자신이 눈으로 본 것은 기억하고, 실제로 행하고 (doing)나면 이해한다.'는 말이 있다. 이것은 학습자가 자신의 수학적 의미를 구성하는 데 있어서의 기본 바탕은 학습에 적극적인 참여를 통해서 이루어질 수 있다는 의미로 해석될 수 있다. 특히 추상적이고 논리적인 수학적 지식을 이해시키는 데는 학습자의 경험을 바탕으로 한 체험학습이 절실히 요구되어진다고 볼 수 있다. 아동이 자신의 손을 직접 움직여서 한 행동을 통해서, 즉 수학을 행하여 (doing mathematics) 이해된 지식은 오래 기억될 수 있다.

이 장에서는 교육과정과 교구, 수학교구의 개념, 수학교구 활용의 필요성, 수학교구 활용 시 고려할 사항, 수학교구 활용 수업에서 교사의 역할, 우리나라 수학수업에서 교구 활용의 실태 등에 대해 살펴보고자 한다.

3.1 교육과정과 교구

2015년 9월에 고시된 2015 개정 교육과정(교육과학기술부 고시 제2015-74호)의 기본 방향은 2장에서 언급한 바와 같이 교육과정 총론이 추구하는 방향성을 반영하고, 수학과 교육과정의 구체적 동향을 반영하여 개정의 방향을 수학 교과 역량의 구현, 학습 부담 경감 추구, 학습자의 정의적 측면 강조, 실생활 중심의 통계 내용 재구성, 공학적 도구의 활용 강조의 다섯 가지로 선정하였다.

이 가운데 교구와 관련한 내용은 수학 교과 역량의 6개 하위요소인 문제 해결, 추론, 창의·융합, 의사소통, 정보 처리, 태도 및 실천 가운데 정보처리에서 다양한 정보를 수집, 정리, 분석, 활용하고 적절한 공학적 도구나 교구를 선택, 이용하여 자료와 정보를 효과적으로 처리하는 능력으로 규정하고 있다.

또한 1~2학년군의 도형 영역의 교수·학습 방법 및 유의사항에서

- 쌓기 나무를 이용한 모양 만들기, 칠교판을 이용한 모양 채우기나 꾸미기를 통하여 도형에 대한 공간 감각을 기르게 한다.
- 쌓기 나무로 만든 입체도형의 모양에 대해서 '~의 앞', '~의 오른쪽', '~의 위', '2층' 등을 사용하여 말하게 한다.

3~4학년군의 수와 연산 영역의 교수·학습 방법 및 유의사항에서

- 자연수의 사칙계산에서 계산 원리를 이해하거나 계산 기능을 숙달하는 것이 목적이 아닌 경우에는 계산기를 사용하게 할 수 있다.

3~4학년군의 도형 영역의 교수·학습 방법 및 유의사항에서

- 여러 가지 사각형의 성질은 구체적인 조작 활동을 통하여 간단한 것만 다루고, 여러 가지 사각형 사이의 관계는 다루지 않는다.

3~4학년 규칙성 영역의 교수·학습 방법 및 유의사항에서

- 규칙적인 계산식의 배열에서 계산 결과의 규칙을 찾는 활동을 할 때 계산기를 사용하게 할 수 있다. 등으로 나타나고 있다.

3.2 활동주의 수학교육과 교구[1]

교구를 통하여 활동주의적 수학교육을 실현하려 했던 딘즈(J. P. Dienes)는 수학 학습을 어린이의 내발적 동기에 근거한 학습, 수학적 장면(situation)에서의 '놀이'로써 조직된 수학 학습, 수학적 구조를 내포한 학습 장면에서의 수학적 구조의 구성 및 그 응용 학습을 통해서 통합된 인격 형성에 기여하는 학습으로 보았다. 딘즈는 어린이가 본래 궁극적으로 분석적이기보다는 구성적이라고 믿었다. 어린이는 실제세계에서 사물들을 가지고 그들이 할 수 있는 경험으로부터 실제의 윤곽을 조금씩 모은다. 수학적 패턴과 관계가 어린이의 일상적인 환경에서는 분명하지 않기 때문에 이 과정은 피아제가 강조했던 것처럼 활동적인 탐색에 의존할 수밖에 없다. 딘즈는 이러한 구조를 구체화하고 구체적인 경험의 영역 내에서 그것들을 가져오도록 교구의 창안을 제안하고 다진(多進)산술블록(multibase arithemetic blocks), 즉 Dienes 블록을 그 자신의 교구로 고안하였다(유현주, 1991: 49-50).

활동주의적 입장에서는 수학은 말 그대로 활동으로부터 생긴 '활동' 그 자체이다. 수학적 활동은 발달의 초기에는 감각·운동적인 것으로 관찰 가능한 것이나 점차 내면화된 활동으로 된다. 따라서 적어도 교육의 초기에는 구체적 활동을 위한 교구가 필요하며, 그것을 어떤 관점에서 어떻게 고안하여 사용할 것인가 하는 문제가 제기된다. 수학을 그 완성된 산물로서가 아니라 형성된 그 과정을 따라서 어린이에게 학습시키고자 한다면 그러한 활동을 유발시킬 수 있는 구체적 상황을 어린이에게 제공할 필요가 있다. 이를 위해 교사는 어린이에게 적절한 학습의 '장', 즉 듀이가 말하는 'situation'을 마련해 주어야만 한다(유현주, 1991 : 49).

다시 말해, 수학을 발생적으로 어린이에게 학습시키려고 하면 그에 이어지는 일련의 활동을 하도록 해야 하며, 그렇게 하기 위해서는 그러한 활동을 유발시킬 수 있는 구체적 상황에

1 초등학교 수학수업에서 지오보드 활용 방안 연구(신경순, 2001)

어린이가 직면하도록 할 필요가 있다. 수학의 학습 활동을 유발시키기 위한 현실의 한 단편이 다름 아닌 교구인 것이다.

교육학 용어 사전에는 '교재가 교수·학습 과정을 성립시키는 직접적인 매개물인데 대해 교구는 간접적인 매개물이라 할 수 있고, 교재가 그 자신 안에 교육적 가치를 내포하고 있는 데 반해 교구는 교재와 결부됨으로써 비로소 교육적 가치를 갖게 된다.'고 하여 교재와 교구를 구별하고 있다.

교구란 학습을 용이하게, 또 능률적으로 진행시키기 위해 사용하는 교수 자료로서 교과서, 사전, 신문, 잡지 등과 같은 문헌 정보 자료와 괘도, 표본, 모형, 사진, 환등기, 레코드, 라디오 등과 같은 시청각 자료로 구분할 수 있는, 그리고 이들은 모두 수학의 교수·학습의 내용이 되는 교재와 밀접한 관계가 있고, 또 교재의 이해를 돕기 위한 소재라는 점에서는 문헌 정보 자료와 시청각 자료까지도 넓은 의미에서 모두 교구가 되지만, 좁은 의미에서는 학습을 구체적으로 도와주는 시청각 자료만을 학습 자료로 받아들이는 경우도 있다(현종익, 1991 : 62-3).

교구의 질을 결정하는 것은 그 대상 자체의 질이 아니라 그것이 어떻게 사용되는가 하는, 즉 그에 대한 어린이의 활동이다. 책상 위의 종이 한 조각, 실 한 오라기라도 그것이 어린이의 수학적 활동을 위해 사용된다면 훌륭한 수학교구가 될 수 있으며, 반대로 수학교구라 불리는 시중의 값비싼 어떤 기구라도 그것을 잘못 사용한다든지 바람직한 수학적 활동을 유발시키지 못할 때에는 수학교구의 역할을 못하는 것이 되고 만다. 교구를 문자 그대로 '가르치는 도구'라든가 '가르치기 위한 기구' 따위로 안이하게 해석할 수는 없다.

브루너는 교구의 개념을 매우 넓게 파악하여, '간접적 경험을 위한 교구', '모형교구', '극화 교구', '자동화 교구' 등으로 분류하고 있다. 이러한 입장에 따르면 영화·텔레비전·마이크로필름·줄 필름·녹음기·책·시범실험·도해·삽화·모형·계열화된 학습프로그램·역사적 사실에 충실한 역사소설·동물의 생태 기록영화·위대한 인물의 일대기·교사의 극적 수업·티칭 머신 등 교구의 범위는 실로 넓고 다양하다.

새로운 수학관·수학교육관은 언제나 새로운 수학교구를 요구하며, 그러한 교구의 사용을 통해 교육현장에서 그 사상이 구체화되게 된다. 오늘날 세계적으로 사용되고 있는 교구를 살펴보면 현대 수학교육의 동향을 명확히 파악할 수 있을 것이다. 최근의 수학교구의 특징으로서 우리는 무엇보다도 그 다가성(多價性, multi-valence)을 들 수 있다. 하나의 교구로써 일단의 수학적 개념이나 구조를 표현하기도 하고, 때로는 서로 전연 관계가 없는 이론의 지도에도 사용할 수 있는 특성을 지니고 있다.

현대 수학교구의 또 다른 특징으로 교구의 장르가 매우 광범위하게 되었다는 점이다. 현대 활동주의적 입장에서 볼 때 주체의 활동이야말로 수학의 본질이라고 하면 활동의 대상은 그것이 어떤 것이든 간에 수학교구가 될 수 있으므로 그 장르가 필연적으로 확대되지 않을 수 없는 것이다(김응태 외, 1989 : 241-2).

교구에 대한 관련 용어가 다양하고 학자들 간에도 관점의 차가 있어서 수학 학습 교구의 의미를 한마디로 규정하기는 어렵지만, 수학교육의 목표를 효율적으로 달성하기 위해 수학의 교수·학습 활동에 직접적으로 활용하는 구체물을 총칭하는 것으로 볼 수 있다.

초등학교 수학과 학습 활동의 경우 학습 교구가 차지하는 비중은 매우 크다고 할 수 있다. 효과적인 학습 교구의 활용은 어린이에게 흥미와 학습 동기를 유발시키고, 폭넓은 경험을 제공하며 탐구 능력을 신장시키는 등 어린이의 교육력 증진에 이바지하게 된다.

수학교구로서 다음과 같은 것을 상정할 수 있다. 첫째, 어린이에게 구구를 암기시키기 위한, 소위 'flash card'나 계산 연습을 위한 학습프로그램과 같은 기계적 훈련을 위한 교구가 있다. 둘째, 어떤 특정한 수학적 개념이나 원리 등을 이해시키기 위한 모형, 예컨대 평행사변형의 넓이, 각뿔의 부피, 피타고라스 정리, 투영도 등을 설명하기 위한 모형이나 입체모형 등을 생각해볼 수 있다. 흔히 수학 자료실 등에 보관되어 있는 교구는 대부분 이런 유형의 것이다. 그런데 이러한 교구를 교사의 일방적인 설명에 이용하는 데 그침으로써 그 소기의 목적을 달성하지 못하는 경우가 많다. 이러한 교구는 어린이에게 스스로 다루어 보도록 함으로써, 말하자면 교구 자체가 어린이에게 말을 걸고 설명을 하는 형태로 이용되어야 할 것이다. 셋째로 수학적 구조, 특히 수 구조를 구체화한 퀴즈네어 색 막대(cuisenaire color rods)나 논리 개념 또는 부울 대수(Boolian algebra) 지도를 위한 딘즈의 속성 블록(Dienes attribute blocks) 등을 생각해 볼 수 있다(김응태 외, 1989 : 241).

초등학교 어린이의 경우 추상적·형식적인 사고 이전의 단계로서 구체적 조작기에 해당함은 주지의 사실이다. 따라서 다양한 학습 경험을 통하여 스스로 생각하고 조작하여 문제를 해결할 수 있는 능력을 신장시키도록 학습 여건을 충분히 마련하고 도와주어야 한다. 이러한 점에서 볼 때 수학과 학습 교구의 적극적인 활용이 절실히 요구된다.

이에 대한 근거로 여러 수학 학습 심리 학자들의 견해를 레이즈(Robert. E. Reys)는 다음과 같이 제시하고 있다(Reys, R. E., 1971 : 6).

- 개념 형성은 수학 학습의 핵심이다.
- 학습은 경험을 토대로 한다.
- 감각학습은 모든 경험의 기초이며 학습의 핵심이다.
- 학습은 성장과정이고 자연적인 발달이다.
- 학습은 발달단계를 뚜렷이 구분한다.
- 학습은 동기 유발에 의해 향상된다.
- 학습은 구체적인 것에서 추상적인 것으로 발달한다.
- 학습은 학습자의 적극적인 참여를 요구한다.
- 수학적 추상화의 형성은 장기적 과정이다.

이러한 진술들은 개별적인 것이 아니라 밀접하게 연관되어 있다. 이는 수학 학습에서 조작 도구 사용에 대한 이론의 기초가 되는 기본 근거를 제공해 주는 것들이다. 많은 수학교육 자들은 수학 교실에서 더 좋은 조작 도구의 사용을 강조하고 있다.

조작 자료(manipulative materials)란 학생들이 느낄 수 있는, 만질 수 있는, 다룰 수 있는, 움직일 수 있는 물체나 물건을 말한다. 조작 도구는 일상생활에서 사회적 응용을 갖는 실물이라 할 수 있으며, 또는 생각을 표현하는 데 유용한 물체라 할 수 있다. 수업의 보충자료나 교육적 도구 모두가 조작 도구는 물론 아니다. 조작 도구는 여러 감각기관을 사용하고 학습 활동에서 학생들을 자연스럽게 집중시키는 특징이 있는 것을 뜻한다(Reys, Robert E. 1971 : 5).

레이즈는 또 조작 도구의 가장 보편적인 사용에 대하여 다음과 같은 목록을 제시하고 있다(Reys, R. E., 1971 : 9).

- 다양한 교수 활동을 위해 사용된다.
- 문제 해결의 실제 상황에서 경험을 제공하기 위해 사용된다.
- 추상적 아이디어에 대한 구체적 표현을 제공하기 위해 사용된다.
- 개념 형성에서 필요하게 될 감각적 자료 분석의 기초를 제공하기 위해 사용된다.
- 학생들의 관계를 일반화할 수 있는 기회를 제공하기 위해 사용된다.
- 학생들이 적극적으로 참여하기 위해 사용된다.
- 개인차에 상응하도록 하기 위해 사용된다.
- 단 하나의 수학적 주제가 아닌 일반적 학습에 관련된 동기 증대를 위해 사용된다.

이 목록을 살펴볼 때 지오보드는 유용한 조작 도구로서의 여러 가지 요건을 갖추고 있음을 감지할 수 있다. 그러나 조작 도구의 단순한 사용만으로는 그 사용의 적절성을 보장받지 못한다는 점에 주목해야 한다. 조작 도구의 사용이 효과적이기 위해서는 적절한 시기에 알맞은 방법으로 사용되어야 하며, 조작 도구의 부적절한 선택과 사용상의 실패는 이의 효과를 소멸시킬 수도 있다(정동권, 2000 : 16).

3.3 수학교구의 개념과 활용의 필요성

1) 수학교구의 개념 및 특성

수학교구는 학생의 지각적 감각에 자극을 주고, 학생이 만질 수 있으며 이동과 재배열이 가능해야 하며 수학적 아이디어를 표현한 것으로 볼 수 있다.

김응태 외(2007)는 교구를 아동에게 구구법을 암기시키기 위한 '플래시 카드'나 계산 연습을 위한 학습 프로그램과 같은 기계적 훈련을 위한 교구, 어떤 특정한 수학적 개념이나 원리 등을 이해시키기 위한 모형, 수학적 구조, 특히 수 구조를 구체화한 퀴즈네어 색막대와 논리 개념 지도를 위한 딘즈블록 등으로 구분하고 있다.

교수 매체로서 교구라 불리기 위해서는 다음과 같은 몇 가지 특성을 지니고 있어야 한다(김수미, 2000).

첫째, 교구는 학생의 지각적 감각에 자극을 주어야 한다. 여러 가지 다양한 색상으로, 혹은 여러 가지 기하학적 도형으로 되어 있어 학생의 시각을 자극하거나, 길이가 늘어났다 줄어들었다, 혹은 빼었다 끼었다를 할 수 있게 하여 학생의 촉각을 자극하는 것이어야 한다.

둘째, 학생이 만질 수 있어야 한다. 너무 크기가 작거나, 깨지기 쉬운 유리 등의 재질로 되어 있다면 학생들이 수업의 교구로 활용하기 힘들다.

셋째, 이동과 재배열이 가능해야 한다. 교구는 아동들이 사용하는 것이므로 이 위치에서 저 위치로 가능한 자유롭게 옮겨질 수 있어야 한다. 예컨대 덧셈 혹은 뺄셈의 지도 시 셈 도움물의 이동과 재배열은 연산의 과정을 역동적으로 이해하는 데 도움이 될 것이다.

넷째, 수학적 아이디어를 표현해야 한다. 예컨대 십진블록으로는 자리 값 개념이 표현가능하며, 기하판으로는 여러 가지 도형의 기하학적 모양뿐만 아니라 도형의 넓이 개념이 지도 가능하다.

2) 수학교구 활용의 필요성

현대 활동주의 수학교육의 기원이 되는 Dewey의 이념은 실용적인 수준에서의 계산 기술의 학습, 기계적인 반응의 훈련이 아니라 아동의 주체적인 지적 활동으로서의 수의 재구성이며, 이는 단지 수뿐만 아니라 모든 이론·수학적인 개념의 형성에 일반적으로 통용될 수 있다는 것이다. 이같이 어린이의 주체적인 지적 활동에 의한 개념 형성이야말로 진정한 교육적 활동이라고 여겼는데 교구를 활용한 수업은 아동이 주체적으로 학습하기에 알맞은 수업이라 할 수 있다.

Piaget는 수학적 개념의 발달은 아동의 실제적인 행동의 조정을 바탕으로 한 반영적 추상화에 의한 연속적인 구성과정이므로, 조작기의 문턱에 와있는 유치원과 초등학교 입학 초기의 아동의 수학교육에서는 구체물을 다루는 아동 자신의 행동과 그 조정의 결과를 경험하는 논리-수학적 경험을 강조함으로써 기초를 다져야 하고, 모든 지적 조작의 본질은 조작이며, 조작은 행동의 조정과 내면화의 산물이므로 구체적 조작단계에 있는 초등학교 아동에 대한 수학교육은 활동적 교수법에 의한 것이어야 한다고 주장하였다(우정호, 2000 재인용).

또 Dienes는 수학 학습을 어린이의 내발적 동기에 근거한 학습, 수학적 장면에서의 놀이로써 조작된 수학 학습, 수학적 구조를 내포한 학습 장면에서의 수학적 구조의 구성 및 그 응용 학습을 통해서 통합된 인격 형성에 기여하는 학습으로 보았다. Dienes는 이렇듯 아동의 조작 교구 사용을 절대적으로 옹호하여, 아동의 수 개념 형성을 위한 다진수 블록 등의 교구를 개발하였다. 위의 여러 수학자들의 공통된 주장은 아동의 주체적인 지적 활동을 통하여 자신의 행동을 조정하여 내면화가 가능하며 이러한 주체적인 활동으로 교구의 조작이 매우 유용하다는 것이다.

이 밖에도 정부용(2003)은 다음과 같이 교구의 역할을 말하며 교구의 필요성을 언급했다. 먼저, 아동에게 제시된 공간 과제에 좀 더 쉽게 안내하고 혼자서도 문제 해결을 가능하도록 지원하는 교구는 아동이 이를 직접 조작할 때 비로소 학습의 효과는 형성된다. 단순한 흥미 위주의 놀이 활동으로 그칠 것이 아니라 학습지원자로서의 교구와 친숙해질 수 있는 시간적 여유가 주어져야 한다. 교구의 특성이 파악되고 오랜 시간에 걸쳐 교구를 조작하는 과정 속에서 어떤 변화가 나타나는지를 관찰하고, 이를 통해 교구의 도움 없이도 마음속에서의 시각화가 가능할 수 있도록 조작의 의미를 구조화해야 한다. 이러한 과정은 더 많은 관찰력과 인내력을 요구한다. Fuson(1992)은 교구는 사고를 돕기 위한 보조물로서 문제와 의사소통할 수 있도록 하며, 또 다른 의미로 교구는 공간 시각화의 형성을 지원하는 본질적인 공급처이고, 학생이 사용하는 교구는 그들이 개발하는 이해력의 종류에 영향을 끼친다고 하였다(Hiebert et al, 1997).

다음으로, 교구의 의미를 계발하는 매개적 역할을 한다. 교구의 용도를 폭넓게 사용하기 위해서는 교구에 대한 다양한 의미 개발이 필요하다. 교구의 의미는 교구 본래에 내재한 것이 아니라 아동들이 교구를 가지고 활동할 때 비로소 그 의미가 구조화되는 것이다(Kamii, 1985). 아동은 사용하는 교구를 주의 깊게 관찰하고, 다른 상황에서 발생되는 그 효과를 테스트해 보고, 다른 사람들에게는 그 효과가 무엇을 의미하는지 귀 기울일 때, 의미는 발생하는 것이다. 그러나 동일한 교구의 허용이 모든 아동들에게 동일한 의미의 개발을 보장하지는 않는다. 개개인의 능력에 따라 그 역할은 다를 수 있다. 문제 해결 도중에 문제의 답을 구하기 위한 보조로서 계산기 같은 물리적 교재로 사용할 수도 있고, 또 다른 의미에서는 학생들이 어떻게 그리고 왜 그것이 작동하였는지를 반성하기 위해 교구를 사용할 수 있기 때문이다.

3.4 수학교구 활용의 장점

교구는 문제 해결을 위한 안내자로서 학습을 이끌어 나가는 것 이외에도 교구활용 시, 교구가 문제 해결에 적합한 지의 여부를 판정하여 교구의 의미를 개발하는데, 이 역시 학습자의 활동에 의해 형성되는 것이다. 교구를 사용함으로써 학습자에게 이로움을 가져다주는 것들은 다음과 같다(Hiebert et al, 1997).

첫째, 교구 사용은 기억을 오랫동안 유지시켜 준다. 교구의 사용은 직접적인 지식의 획득보다는 수학적 상황이 발생한 환경을 통해 흡수한 인상이나 수학적 활동에 대한 정보를 안전하게 유지되도록 도와준다. 예를 들면, 문제 해결 도중의 부분적인 결과를 기억하고, 예전에 풀었던 문제를 상기시켜 그것이 어디에 남겨져 있는지를 찾아 적용할 수 있도록 한다.

둘째, 교구 사용은 의사소통을 촉진한다. 의사소통의 표현 방식을 추적하면 아동이 학습하고 있는 내용을 판단할 수 있다. 좌뇌와 우뇌의 활동을 자극할 수 있도록 언어로 상황을 설명하거나 감각적인 교구를 이용하여 질문에 답하고 그것들로 이해한 내용의 설명을 대신함은 아동에게는 자신의 해를 반성하는 계기가 되고 더 명료한 생각의 구체화를 돕는다. 또한 수업을 진행하는 교사에게는 아동이 어떻게 개념을 이해해 나가고 있으며, 또 다른 방법을 활용하여 개념적인 발달을 어떻게 전개하고 있는지에 대한 사고의 흐름을 파악할 수 있는 중요한 관점을 제공한다. 교사는 아동들의 의사소통을 향상시키기 위하여 교구가 어떻게 사용되어져야 하는지를 알고 있어야 한다. 교구마다 서로 다른 형태와 전달하고자 하는 메시지가 다르기 때문에 아동들이 이들 형태간의 유사성과 차이점을 인정한다는 것은 모방의 단계를 벗어나 새로운 규칙을 발견한 창조적인 측면을 측정해낼 수도 있으므로 이는 교사에게 있어서 의사소통을 통해 표현될 수 있는 중요하고 도전적인 과제인 것이다.

셋째, 교구 사용은 사고하도록 돕는다. Vygotsky(1962, 1978)는 아동의 사고는 아동이 사용한 교구의 종류에 의해 영향을 받는다고 지속적으로 주장했다. 마치 이를 닦고 관리하는 것과 같이 물리적인 과제를 수행할 때 과제를 어떻게 다루고 사용한 교구가 양쪽에 어떤 영향을 주어 성공하는지의 여부를 알 수 있다. 그러나 교구가 정신적 과제를 수행하는 데 있어서 어떻게 사고하고 어떤 영향을 끼쳐 과제를 성공적으로 완성하고 있는지의 여부를 항시 인정하는 것은 아니다(Hiebert et al, 1997).

3.5 수학교구 활용 시 고려할 사항

교구를 조작하는 과정에서 학습자 스스로 행동과 사고를 조절하면서 나름대로의 수학적 내용이나 원리·법칙을 터득해 갈 수 있지만 무턱대고 교구만 사용한다고 해서 좋은 학습효과를 기대하기는 어렵다. 따라서 교사는 수업에서 교구를 활용할 때 사전에 다음과 같은 사항을 염두에 둘 필요가 있다.

첫째, 교구는 학습의 대상이나 학습을 대신해주는 것이 아닌 학습의 효과를 높이기 위한 도구이므로 교구에 대해 과신해서는 안 된다. 따라서 교구를 조작해 보는 경험을 통해 수학적 개념과 원리·법칙으로 추상화가 일어나도록 해야 한다.

둘째, 수학 학습과 관련된 가장 효과적이고 적절한 교구를 선택하여 활용해야 한다. 수학 학습을 도울 수 있는 교구는 많이 있지만 교육적 효과는 제각기 다르다. 그러므로 교사는 수학적 개념과 원리·법칙을 효과적·효율적으로 지도할 수 있도록 수학 학습과 관련된 가장 효과적이고 적절한 교구를 선택하여 활용하도록 해야 한다.

셋째, 교사 자신이 교구의 교육적 효과를 확인하고 인정해야 한다. 학생들이 교구를 사용하기 이전에 교사가 그 교구를 직접 조작해 봄으로써 학생들이 수업에서 교구를 활용하면서 느끼고 생각하게 되는 것들을 미리 예견할 수 있다.

넷째, 새로운 교구의 기능과 특성을 알고 교구의 활용 시기와 방법에 대해 면밀한 계획이 설정되어야 한다. 즉 어떤 교육적 효과를 얻기 위해 제작된 교구인지를 명확히 알고 언제, 어떻게 활용하는 것이 효과적인지에 대한 연구가 선행되어야 한다.

다섯째, 대안적인 교구의 활용에 대한 소양이 있어야겠다. 현재 개발·활용되고 있는 교구에 대한 정보와 함께 유사한 효율성을 제공할 수 있는 대안적인 교구에 대한 정보도 갖고 있어야 할 것이다.

3.6 수학교구 활용 수업에서 교사의 역할

수학교구를 활용한 수업이 성공적으로 이루어지기 위해서는 수학 학습에 적절한 수학교구를 선택하는 것도 중요하지만 선택한 수학교구를 어느 시기에 투입하고 어떻게 활용할 것인지 결정할 것인지에 대한 교사의 판단이 매우 중요하다.

손숙현(2002)은 교구 활용 수업에서 효과적인 학습이 되기 위해 교사가 지녀야 할 자세에 대하여 다음과 같이 언급하고 있다.

첫째, 교사는 학생들이 교구를 사용할 기회를 가능한 많이 가질 수 있도록 해야 한다. 학생들은 다양한 단원과 개념의 학습에서 다양한 구체적 조작물을 직접 조작하는 가운데 비로소 구체적인 대상과 추상적인 개념 사이의 구조의 유사성을 발견할 수 있을 것이다.

둘째, 교사는 학생들이 교구나 조작물을 사용하여 다양한 문제 해결 전략을 사용할 수 있게 해 주어야 한다. 또한 학생들이 구한 답에 대해 검산하는 도구로 사용할 수 있도록 유도해 주어야 한다.

셋째, 교사는 교구 사용의 효과에 대해 열린 마음과 긍정적인 사고를 가지고 있어야 한다. 수학을 학습하는 방법에는 개인차가 있기 때문에 모든 학생에게 똑같은 효과를 기대하는 것은 옳지 못하다. 교사는 교구의 사용에 대한 학생들의 다양한 요구를 받아들이고, 더 효율적인 학습이 될 수 있는 환경을 조성할 수 있도록 노력해야 한다.

넷째, 교사는 수업을 진행하면서 적절한 발문을 함으로써, 학습자가 학습의 방향을 잃지 않고, 수업의 목표를 도달할 수 있도록 도와주는 역할을 해야 할 것이다.

3.7 우리나라 수학수업에서 교구 활용의 실태

현재 우리나라 학교현장에서 수학수업시간에 활용되고 있는 교구의 종류는 기하판, 탱그램, 십진블록, 쌓기 나무, 퀴즈네어 색막대, 도미노 정도이다. 초등수학의 영역별 측면에서 보면 기하판, 탱그램, 쌓기나무 등의 교구들은 대체로 학습자들에게 도형 영역의 공간감각을 발달시키는 데 주로 활용되고 있으며 또한 쌓기나무는 측정 영역의 들이나 부피 지도에도 활용되고 있다. 이 이외에도 십진블록, 패턴블록, 퀴즈네어 색막대 등은 수와 연산 영역에서 주로 많이 활용되고 있다.

위에 소개한 교구 이외에도 최근에는 4D 프레임, 조노돔, 소마큐브 등의 교구로 3차원의 입체도형에 대한 지도를 할 수 있는 교구들이 나와 있고, 폴리오미노(도미노, 펜토미노 등)와 대수타일, 지오픽스 등의 교구들도 소개되어 있으나 실제 교과서의 수학 내용에 어떻게 활용할 수 있는가에 대한 연구가 미흡할 뿐만 아니라 막상 구입하여 수업에 활용하기에는 재정적인 지원도 턱없이 부족한 것이 우리의 현실이다.

1) 퀴즈네어 색막대

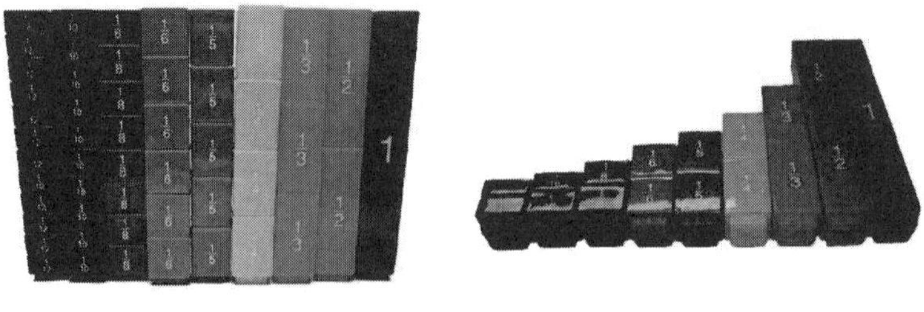

그림 3.1 퀴즈네어 색막대

(1) 퀴즈네어 색막대는 어떤 교구인가?

이 색막대(colored rods)는 벨기에의 수학교육자 퀴즈네어(G. Cuisenaire)가 악보에서 음의 높낮이에 힌트를 착안하여 수들의 관계를 서로 다른 높낮이와 길이, 색깔로 나타낸 수학 학습 교구로서 현재 세계적으로 널리 사용되고 있다. 이것은 한 변이 1 cm인 정사각형이고 길이가 1 cm에서 10 cm까지의 10종류의 직육면체 막대로서 그 구성은 주황색, 파란색, 갈색, 검은색, 녹색, 노란색이 각각 4개씩 있고, 보라색 6개, 연두색이 10개, 빨간색 12개, 흰색 22개 등 모두 74개로 구성되어 있다(최창우, 2010).

이들 색막대는 아래 그림과 같이 길이별로 배열했을 때 '계단' 모양으로 만들어지며 각 막대는 1 cm씩 차이가 난다. 그러나 색막대에 눈금이나 길이가 주어지지 않는데 그 이유는 색막대를 이용함에 있어서 지도 내용에 따라 임의로 길이를 정하여 활용할 수 있도록 하기 위함이다. 퀴즈네어 색막대는 기본적인 수 개념 및 수 감각을 형성·개발하기 위한 모델이다.

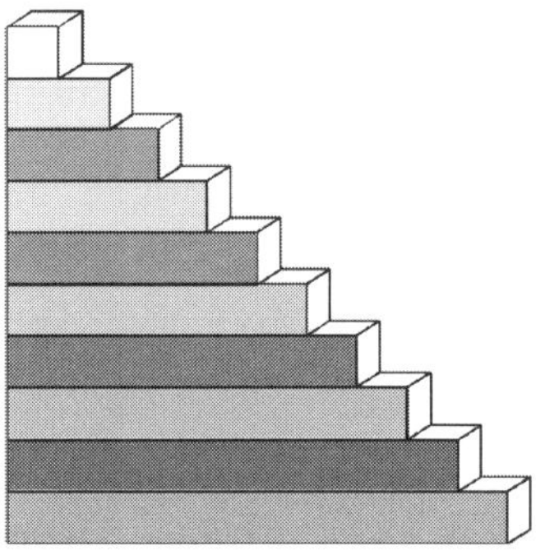

색	길이	개수
흰 색	1 cm	22개
빨간색	2 cm	12개
연두색	3 cm	10개
보라색	4 cm	6개
노란색	5 cm	4개
녹 색	6 cm	4개
검은색	7 cm	4개
갈 색	8 cm	4개
파란색	9 cm	4개
주황색	10 cm	4개

이를테면, 흰색 막대의 길이가 1이라면 빨간색 막대는 흰색 막대 2개를 연결한 것과 같으므로 빨간색 막대의 길이는 2이고, 연두색 막대는 흰색 막대 3개를 연결한 것과 같으므로 연두색 막대의 길이는 3이 된다. 이와 같은 방법으로 수 사이의 관계를 알 수 있다. 또한 퀴즈네어

색막대는 자연수의 사칙연산뿐만 아니라, 수의 합성과 분해, 약수와 배수를 구할 수 있고, 분수의 덧셈과 뺄셈을 할 수 있다. 또한 길이, 넓이, 부피 측정과 2 ~ 3차 도형 영역 및 논리적인 추론 능력을 형성시키는 데에도 활용된다.

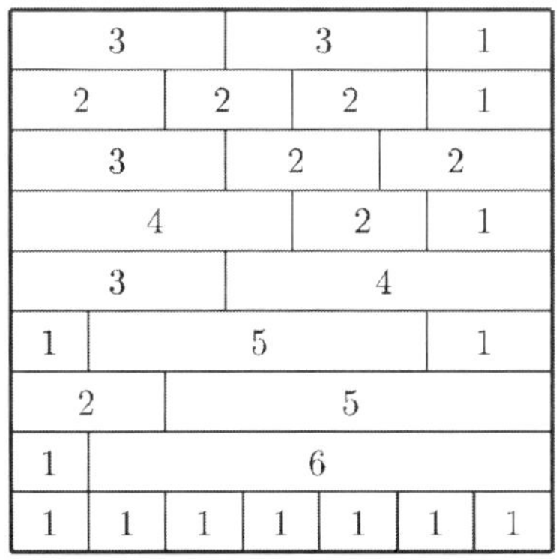

그림 3.2 수의 합성과 분해

결과적으로 볼 때, 퀴즈네어 색막대의 수학교구로서의 우수성은 수 계산의 기본적인 개념이 시각과 손의 촉각을 통해서 충분히 감성적으로 지도될 수 있다는 데 있다.

(2) 퀴즈네어 색막대를 활용할 수 있는 초등수학의 내용

퀴즈네어 색막대를 활용할 수 있는 초등수학의 내용	교육과정 영역	해당학년
막대(임의의 측정단위)를 이용한 길이 측정 및 길이 어림	측정	1~2학년군
(한 자리 수)자연수의 덧셈, 뺄셈	수와 연산	1~2학년군
막대를 이용한 주어진 공간 채우기	도형	1~2학년군
자릿값 및 십진수의 지도	수와 연산	2 ~ 3학년
분수로 나타내기	수와 연산	3~4학년군
자연수의 곱셈과 나눗셈, 곱셈의 교환법칙의 표현	수와 연산	3~4학년군
막대그래프로 나타내기	확률과 통계	3~4학년군
패턴 익히기(증가, 반복, …)	규칙성	1 ~ 4학년
분수의 의미, 분수의 크기 비교	수와 연산	3~4학년군
동치분수 찾기	수와 연산	3~4학년군
회전이동, 대칭이동	도형	3 ~ 6학년
분수의 덧셈, 뺄셈	수와 연산	5~6학년군
선대칭 익히기	도형	5~6학년군

퀴즈네어 색막대를 활용할 수 있는 초등수학의 내용	교육과정 영역	해당학년
흰 막대를 단위 부피로 생각하여 직육면체의 부피 구하기	측정	5~6학년군
약수와 배수, 공약수와 공배수, 최대공약수와 최소공배수	수와 연산	5~6학년군
평균 구하기	확률과 통계	5~6학년군
비와 비율(비의 표현 및 비례식)	규칙성	5~6학년군
쌓기로 모양 만들기	도형	5~6학년군

(3) 퀴즈네어 색막대의 활용

탐구 1 퀴즈네어 색막대의 특성 알아보기

퀴즈네어 색막대를 수업에 활용하기 위해서는 사전에 색막대의 특성과 색막대들 사이의 관계를 알아야 한다. 이는 색막대의 특성을 충분히 이해함으로써 친숙하면서도 다양하게 활용하기 위함이다. 따라서 색막대를 가지고 놀이를 할 기회를 제공해야 한다. 이러한 활동의 기회로써 다음 몇 가지를 생각해 볼 수 있다.

활동 1 계단 만들기

목표 | 색막대 사이의 길이의 차를 알아보게 한다.

방법 |

- 흰색 막대부터 주황색 막대까지 길이를 차례로 눕혀서 나열한다.
- 흰색 막대부터 주황색 막대까지 길이를 차례로 세워서 나열한다.
- 길이를 알아보게 하기 위해 흰색 막대만으로 처음에 만든 계단과 똑같이 만들어 본다.
- 색막대 사이의 길이의 차를 알아보기 위해 다른 색막대끼리 연결하여 길이가 같도록 한다.

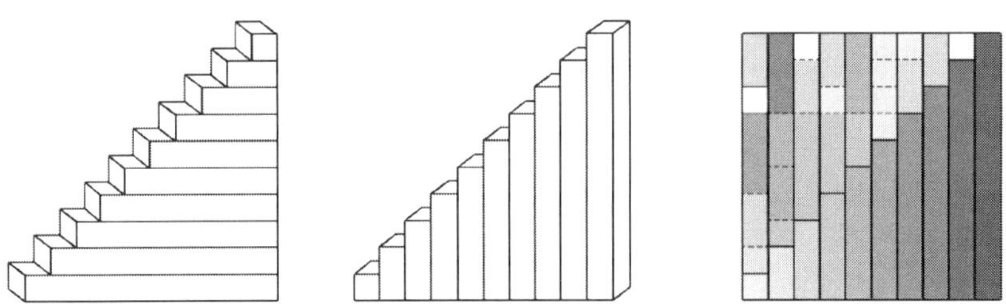

활동 2 시각에 의한 양감 기르기

목표 | 시각을 이용하여 색막대의 길이 맞추기

방법 | 짝과 함께 게임을 한다.

- 상자나 주머니 등 보이지 않는 곳에 퀴즈네어 색막대를 담아둔다.
- 10개의 색막대를 길이 순으로 책상 위에 배열한 다음 보이지 않게 종이로 덮어둔다.

- 상자 속에서 임의로 1개의 막대를 꺼내어 종이로 덮힌 색막대와 비교하여 길이를 말한다.
- 길이를 바르게 말하면 1점을 얻는다.
- 위와 같은 게임을 교대로 2~4회 진행하여 많은 점수를 얻는 사람이 이긴다.

활동 3 촉각에 의한 양감 기르기

목표 | 촉각을 이용하여 색막대의 길이 맞추기

방법 | 짝과 함께 게임을 한다.

- 상자나 주머니 등 보이지 않는 곳에 퀴즈네어 색막대를 담아둔다.
- 퀴즈네어 색막대 10개를 책상 위에 나란히 배열한다.
- 상대방이 임의로 하나의 색막대를 선택하게 한다.
- 상대방이 선택한 색막대와 길이가 같은 색막대를 손으로 만져보고 상자 속에서 꺼낸다.
- 같은 길이의 색막대를 꺼내면 1점을 얻는다.
- 위와 같은 게임을 교대로 2~4회 진행하여 많은 점수를 얻는 사람이 이긴다.

탐구 2 수 개념 및 수 감각 기르기

활동 1 집합수와 순서수의 개념 지도

목표 | 집합수와 순서수의 개념을 지도한다.

방법 |

- 수 1~4까지는 낱개(=1)를 나타내는 흰 막대의 수를 세는 활동을 한다.
- 5~10까지의 수는 흰 막대를 더하는 활동을 통하여 지도한다.

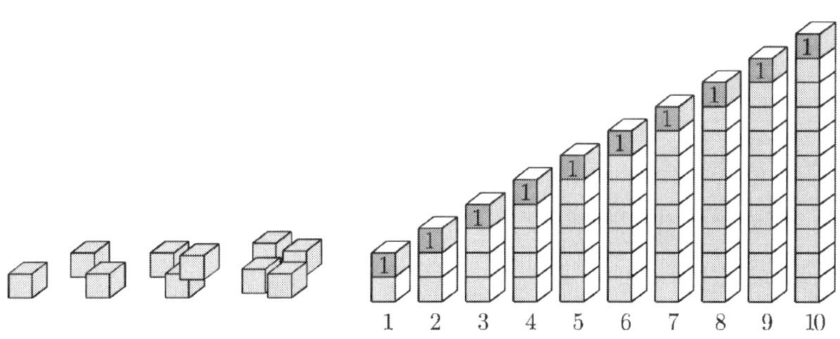

활동 2 수 감각 기르기

목표 | 조작을 통한 수 감각 기르기

방법 | 막대를 이용한 수의 합성과 분해를 통하여 수 감각과 합·차의 의미를 느끼게 한다.

- 짝과 함께 게임을 한다.

- 10개의 퀴즈네어 색막대를 책상 위에 나란히 배열한다.
- 상대방이 임의로 하나의 색막대를 선택하게 한다.
- 나머지 색막대 중 몇 개를 연결하거나 길이의 차를 이용하여 상대방이 선택한 막대와 길이가 같도록 한다.

〈보기〉

1단계. 흰색 막대를 갈라놓는다. 오른쪽 □안에 알맞은 숫자 카드를 놓는다.

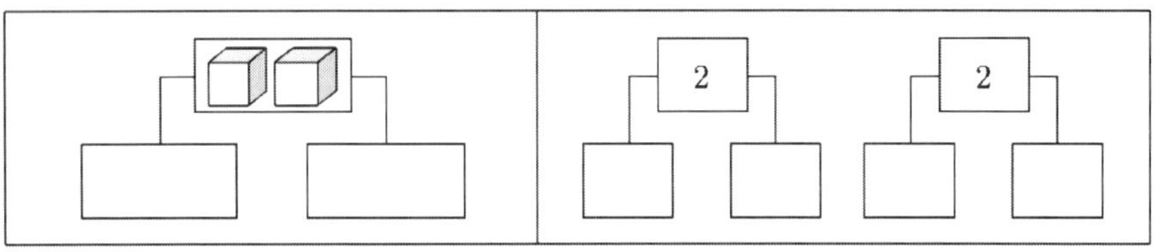

2단계. 흰색 막대를 모아 본다. 오른쪽 □안에 알맞은 숫자 카드를 놓는다.

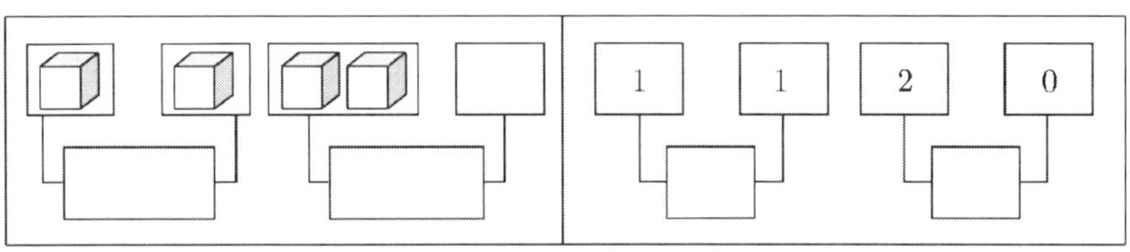

3단계. 모은 흰색 막대와 길이가 같은 막대를 찾아 길이를 맞추어 놓아본다.

[발전] 한 수를 둘, 또는 그 이상의 수의 곱과 몫으로 나타내기

활동 3 분수의 개념 지도

목표 | 단위 색막대를 기준으로 색막대 사이의 크기 관계를 분수로 나타내기

방법 |

- 어느 한 색막대를 단위 색막대로 지정한 다음 다른 색막대의 길이를 분수로 나타낸다.
- 어느 한 색막대를 분모로 하고 다른 색막대를 분자로 나타낸다.

〈보기〉

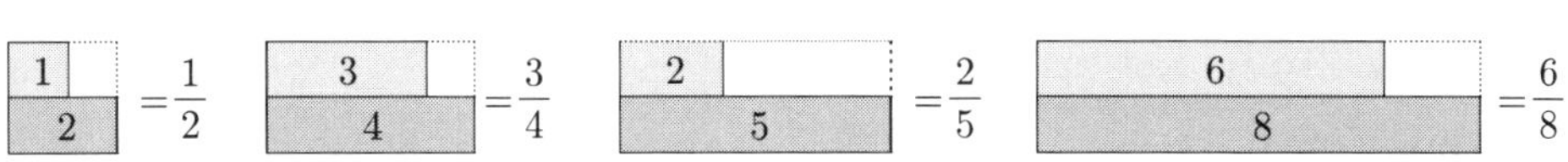

활동 4 분수의 종류 알기

목표 | 단위분수, 진분수, 가분수의 개념을 알도록 한다.

방법 |

- 길이가 다른 두 색막대를 아래, 위에 붙여서 왼쪽 끝을 맞추어 놓은 다음, 그 크기의 비교를 통하여 단위분수, 진분수, 가분수로 이름 붙인다.

〈보기〉

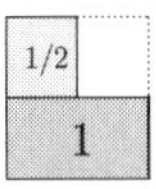

$=\frac{1}{2}$: 단위분수

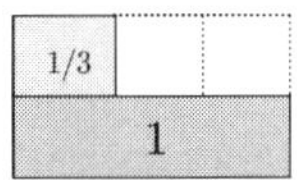

$=\frac{1}{3}$: 단위분수

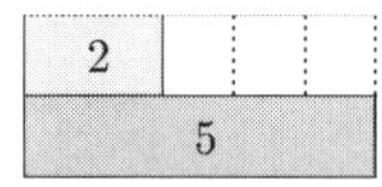

$=\frac{2}{5}$: 진분수

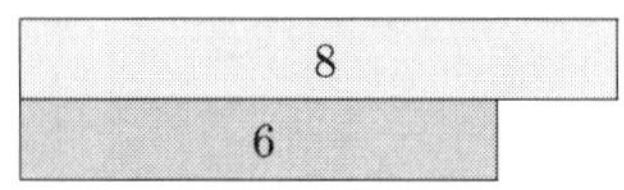

$=\frac{8}{6}$: 가분수

활동 5 동치분수 구하기

목표 | 동치분수의 개념을 안다.

방법 | 한 색막대, 또는 몇 개의 색막대를 연결한 길이를 단위(=1)로 정한 후, 같은 색끼리 연결한 전체 색막대의 길이가 단위길이(=1)와 같을 경우 동치분수를 구할 수 있다.

- 한 색막대, 또는 몇 개의 색막대를 연결하여 단위길이를 정한다.
- 몇 개의 같은 색 막대를 연결하여 단위길이와 같도록 한다.
- 연결부분이 일치하는 곳을 선택한다.
- 각 색깔별 전체 수량에 대한 연결부분이 일치하는 곳까지의 길이를 분수로 나타낸다.

〈보기〉

$\frac{2}{3}$의 동치분수 구하기

$=1$

$=\frac{2}{3}$

$=\frac{4}{6}$

$=\frac{8}{12}$

(활동 6) 분수의 크기 비교

목표 | 분수의 크기를 비교할 수 있다.

방법 |

- 어느 한 색막대를 단위로 정한 다음 다른 색막대의 길이를 분수로 나타내고 상대적인 크기를 비교한다.

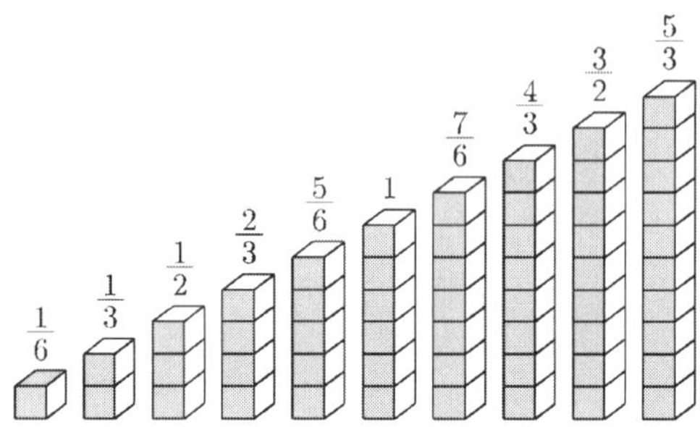

① 분수 $\frac{1}{2}$ 찾기

- 전체가 보라색 막대(=1)라면 $\frac{1}{2}$에 해당하는 색막대는 어느 것인가? 그 이유도 적어 보자.

- 전체가 주황색 막대라면 $\frac{1}{2}$에 해당하는 색막대는 어느 것인가? 그 이유도 적어 보자.

- 전체가 갈색 막대라면 $\frac{1}{2}$에 해당하는 색막대는 어느 것인가? 그 이유도 적어 보자.

② 분수 $\frac{3}{4}$ 찾기

- 1단계 : 기준(전체의 크기)이 되는 막대를 결정한다.

〈보기〉

갈색 막대가 기준 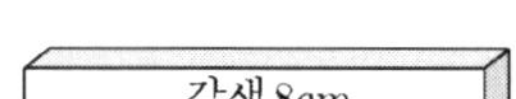

• 2단계: 기준 막대를 똑같이 4부분으로 나누는 막대를 찾는다. 이 때 빨간색 막대(2 cm)를 바로 찾아내는 학생도 있겠지만 어떤 학생들은 흰색 막대(1cm)나 연두색 막대(3 cm)를 올려 보는 등의 시행착오를 거친 후에 빨간색 막대를 찾을 수도 있을 것이다.
기준 막대를 4부분으로 분할

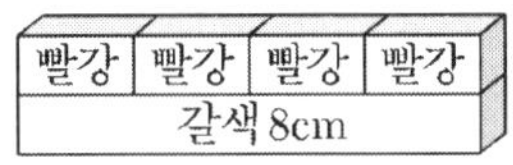

• 3단계 : 갈색 막대(8 cm)를 똑같이 분할하는 4개의 막대 중에서 3개의 막대만을 연결한 길이에 해당하는 막대 찾기: 초록색 막대(6 cm)를 찾을 것이다.
$\frac{3}{4}$의 크기를 갖는 막대 찾기
• 4단계 : 위의 활동에서 분수 $\frac{3}{4}$을 인식한다.

③ 퀴즈네어 색막대를 이용하여 $\frac{1}{2}$과 $\frac{1}{5}$을 비교해 보자[2]

• 전체가 주황색 막대라면 $\frac{1}{2}$에 해당하는 색막대는 어느 것인가? 그 이유도 적어 보자.

• 전체가 주황색 막대라면 $\frac{1}{5}$에 해당하는 색막대는 어느 것인가? 그 이유도 적어 보자.

• 위 활동을 바탕으로 $\frac{1}{2}$과 $\frac{1}{5}$을 비교하여 설명해 보자.

활동 7 약수와 배수의 이해

목표 | 약수와 배수 사이의 관계를 알 수 있다.

방법 | 몇 개의 색막대를 연결하여 하나의 색막대를 만든 후, 그것과 같도록 같은 색의 막대끼리 연결하여 처음 막대 길이와 각 색깔별 막대 수 사이의 관계를 살펴본다.

• 한 색막대, 또는 몇 개의 색막대를 연결한다.

2 3학년 수학영재 프로그램, 대구광역시 교육청(2010).

• 처음 만든 색막대의 길이와 같도록 같은 색의 막대끼리 연결한다.
• 전체의 길이와 각 색막대의 길이 및 연결한 색막대 수 사이에 어떤 관계가 있는지 알아 본다.

〈보기〉

8의 약수 구하기

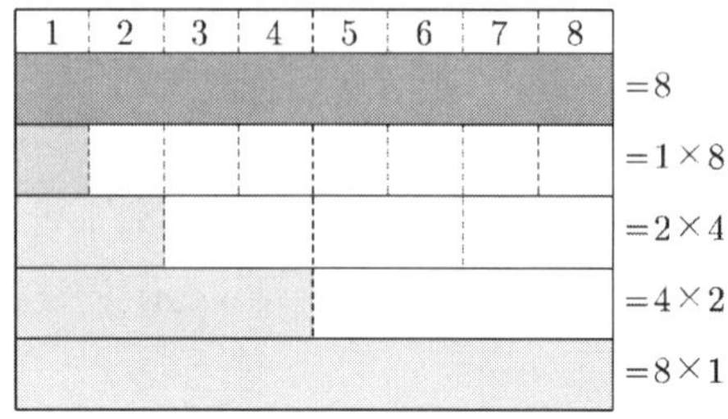

활동 8 공배수와 최소공배수의 이해

목표 | 공배수와 최소공배수를 찾을 수 있다.

방법 | 몇 개의 색막대를 연결하여 하나의 색막대를 만든 후, 그것과 같도록 같은 색의 막대끼리 연결하여 처음 색막대 길이와 각 색깔별 막대 수 사이의 관계를 살펴본다.

• 한 색막대, 또는 몇 개의 색막대를 연결한다.
• 처음 만든 색막대의 길이와 같도록 같은 색의 막대끼리 연결한다.
• 전체의 길이와 각 색막대의 길이 및 연결한 색막대 수 사이에 어떤 관계가 있는지 알아 본다.
• 둘 또는 그 이상의 색막대의 연결 부분이 서로 겹치는 부분과 그들 사이의 관계를 알아 본다.

〈보기〉

6은 2와 3의 공배수인 동시에 최소공배수이다. 8은 2와 4의 공배수, 12는 2, 3, 4, 6의 공배수인 동시에 최소공배수이다.

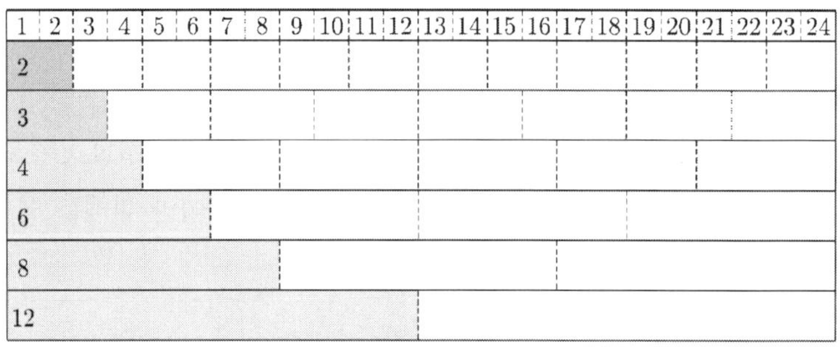

탐구 3 연산의 지도

활동 1 한 자리 수의 덧셈과 뺄셈

목표 | 색막대를 이용하여 한 자리 수의 덧셈과 뺄셈을 할 수 있다.

방법 | 흰색 막대를 1이라고 생각하고 10개의 막대 중에서 어느 둘 이상의 색막대를 연결한 후 그와 길이가 같은 색막대의 길이의 합과 차를 이용하여 아래와 같이 덧셈과 뺄셈을 할 수 있다.

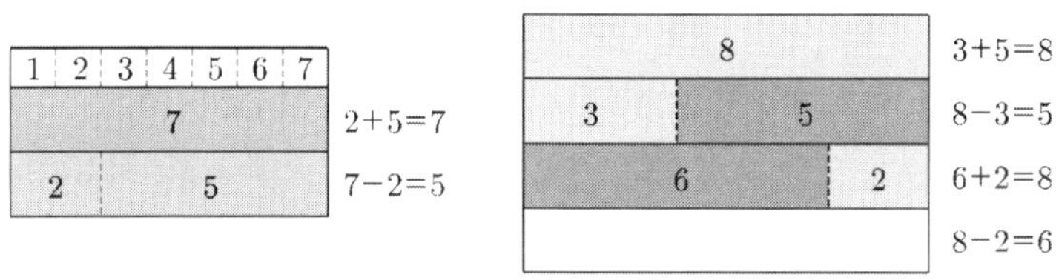

활동 2 한 자리 수의 곱셈과 나눗셈

목표 | 색막대를 이용하여 한 자리 수의 곱셈과 나눗셈을 할 수 있다.

방법 | 흰색 막대를 1이라고 생각하고 10개의 색막대 중에서 어느 한 색막대를 몇 개씩 연결한 전체 길이와 이에 대응하는 한, 두 색막대의 길이를 비교하는 과정에서 곱셈의 의미와 곱을 구할 수 있으며, 나눗셈은 곱셈의 역으로 생각한다.

〈보기〉

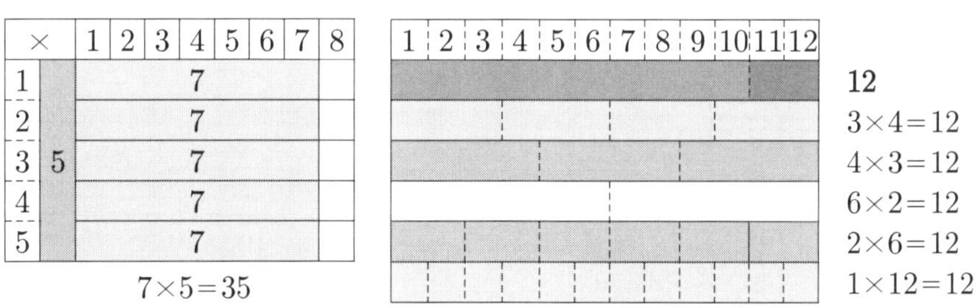

활동 3 교환법칙과 결합법칙

목표 | 색막대를 이용하여 교환법칙과 결합법칙에 대해 이해한다.

방법 |

- 흰색 막대를 1이라고 생각하고 어느 2~3개의 색막대를 연결하는 순서를 바꾸어도 그 합은 같다는 성질을 이용하여 덧셈에서의 교환법칙과 결합법칙을 이해한다.
- 흰색 막대를 1이라고 생각하고 어느 2~3개의 색막대를 연결하는 순서를 바꾸어도 그 합은 같다는 성질을 이용하여 곱셈에서의 교환법칙과 결합법칙을 이해한다.

〈보기〉

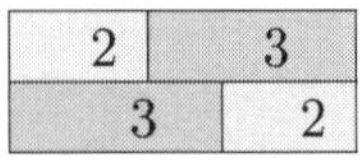

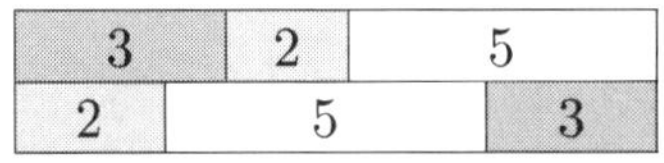

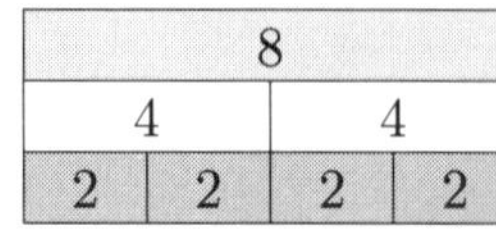

8

$4\times2=8$

$2\times4=8$

$2+3=5 \leftrightarrow 3+2=5$ $3+2+5=10 \leftrightarrow 2+5+3=10$

활동 4 분수의 덧셈과 뺄셈

목표 | 색막대를 이용하여 분수의 덧셈과 뺄셈을 할 수 있다.

방법 |

- 주어진 분수의 단위길이(=단위분수, $\frac{3}{4}=\frac{1}{4}\times3$)를 지정한다.
- 흰색 막대(=1)의 수를 공통분모(최소공배수 또는 공배수)로 지정한다.
- 동치분수의 개념을 이용하여 흰색 막대 수로 분자의 크기를 나타낸다.
- 흰색 막대의 수를 분자로 하여 합과 차를 구한다.

〈보기〉

- $\frac{2}{3}+\frac{1}{4}=\frac{8}{12}+\frac{3}{12}=\frac{3+8}{12}=\frac{11}{12}$

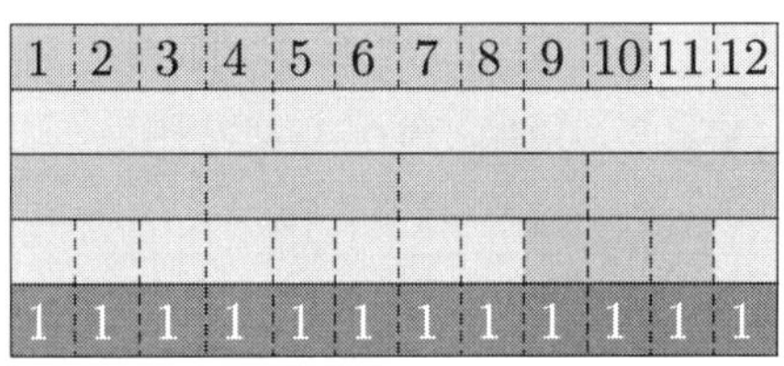

$\frac{2}{3}=\frac{8}{12}$

$\frac{1}{4}=\frac{3}{12}$

$\frac{2}{3}+\frac{1}{4}=\frac{8}{12}+\frac{3}{12}=\frac{3+8}{12}=\frac{11}{12}$

- $\frac{1}{2}-\frac{2}{5}=\frac{5}{10}-\frac{4}{10}=\frac{5-4}{10}=\frac{1}{10}$

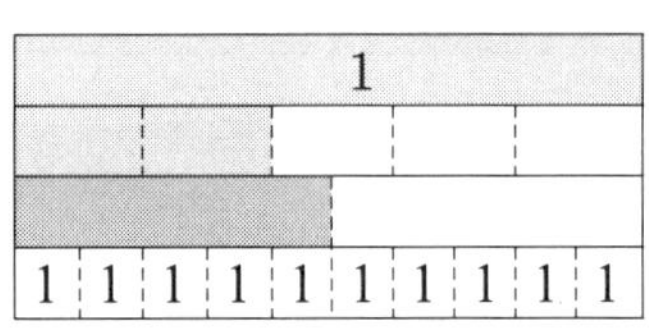

$\frac{1}{2}-\frac{2}{5}=\frac{5}{10}-\frac{4}{10}$

$=\frac{5-4}{10}=\frac{1}{10}$

탐구 4 측정의 지도[3]

활동 1 길이의 어림

목표 |

- 어림의 소양을 기른다.

3 활동주의에 입각한 수학교구·학습방법, 대구교육대학교 초등교육연구원 과학교육연구소의 제16회 과학교육연구소 워크숍 보고서(2004).

• 단위길이가 작을수록 정확한 값을 측정할 수 있음을 안다.

방법 |

• 주어진 물체의 길이를 여러 색막대의 몇 배인가를 어림한다.
• 물체의 길이를 선택한 색막대 길이의 약 몇 배로 나타낸다.
• 어떤 색막대로 측정하는 것이 가장 정밀한지를 알아본다.

〈보기〉

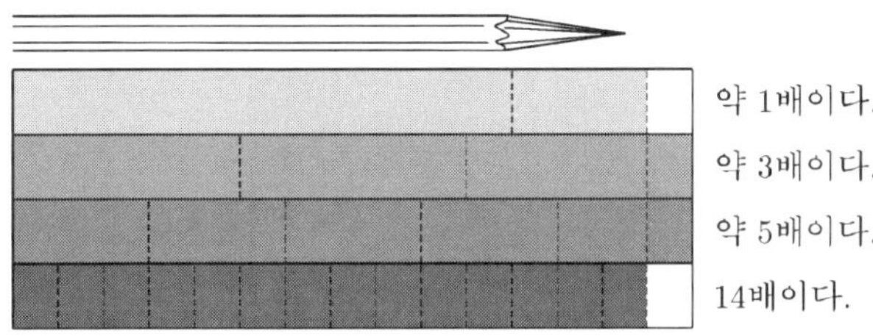

활동 2 표준 단위의 필요성 알기

목표 | 측정하는 단위길이에 따라 주어진 물체의 길이를 여러 가지로 표현할 수 있음을 안다.

방법 | 여러 색막대로 주어진 물체의 길이를 측정한다.

〈보기〉

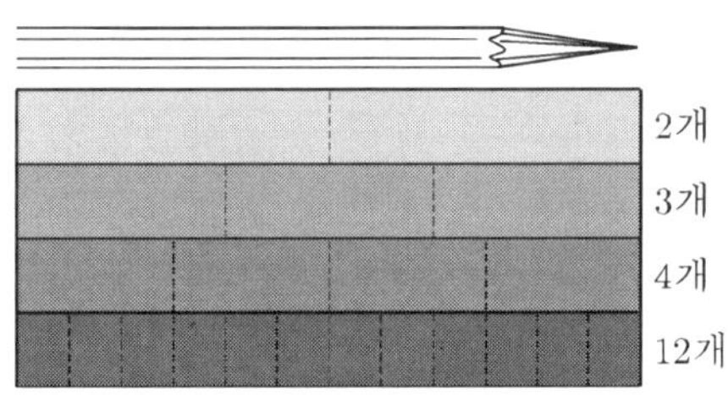

활동 3 직사각형 넓이 구하기

목표 | 직사각형의 넓이 구하는 공식을 이해한다.

방법 |

• 변의 길이가 자연수인 직사각형을 단위막대인 흰색 막대(=1)로 채워본다.
• 여러 크기의 직사각형에서 각각의 직사각형을 채우는 흰색 막대의 수를 세는 귀납적인 탐구 활동을 통하여 직사각형의 넓이를 구하는 공식을 이해한다.

〈보기〉

- 각 직사각형에서 흰색 막대는 가로, 세로로 각각 몇 개씩 놓여있는가?
- 직사각형 전체를 채우고 있는 흰색 막대 수는 각각 몇 개인가?
- 직사각형의 넓이는 가로와 세로로 놓여있는 흰색 막대 수와 어떤 관계가 있는가?

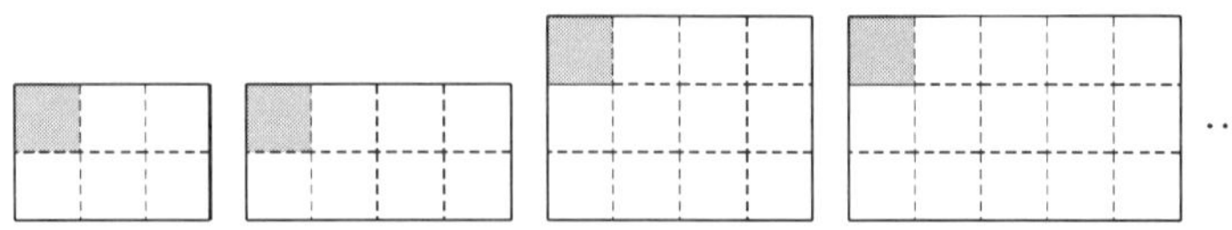

활동 4 직육면체의 부피 구하기

목표 | 직육면체의 부피 구하는 공식을 이해한다.

방법 |

- 주어진 직육면체는 단위막대인 흰색 막대(=1) 몇 개로 쌓았는지 알아본다.
- 여러 직육면체는 흰색 막대가 가로, 세로, 높이로 각각 몇 개씩 쌓여있는지를 세어보는 귀납적인 탐구 활동을 통하여 직육면체의 부피를 구하는 공식을 이해한다.

〈보기〉

- 각 직육면체에서 흰색 막대는 가로, 세로, 높이에 각각 몇 개씩 쌓여있는가?
- 직육면체는 흰색 막대 몇 개로 쌓았는가?
- 직육면체의 부피는 가로, 세로, 높이에 놓여있는 흰색 막대 수와 어떤 관계가 있는가?

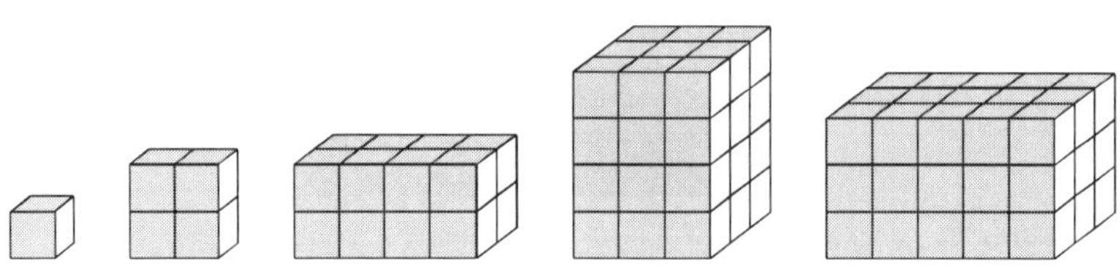

탐구 4 평균, 공간지각력 및 창의적 사고력 기르기[4]

활동 1 평균의 의미와 평균 구하기

목표 | 평균의 의미를 알고, 평균 구하는 방법을 안다.

4 활동주의에 입각한 수학교구·학습방법, 대구교육대학교 초등교육연구원 과학교육연구소의 제16회 과학교육연구소 워크숍 보고서(2004).

방법 |

- 길이가 서로 다른 막대를 나란히 세운다.
- 색막대의 높이를 모두 같게 하려면 어떻게 해야 할지를 생각한다.
- 흰색 막대를 이용하여 낮은 것은 높이고 높은 것은 낮추어 높이를 모두 같게 한다.
- 평균의 의미를 이해한다.
- 몇 가지 색막대가 세워졌는지 세어본다.
- 각각의 색막대는 몇 개의 단위막대(흰색)가 쌓인 것인지 세어본다.
- 전체 색막대 수의 합을 구한다.
- 전체 색막대 수를 색막대의 종류로 나누어 본다.
- 높이를 모두 같게 만들었을 때, 나란히 놓은 색막대 수와 쌓은 전체 색막대 수를 알아본다.
- 전체 색막대 수를 색막대의 종류로 나누어 본다.

〈보기〉

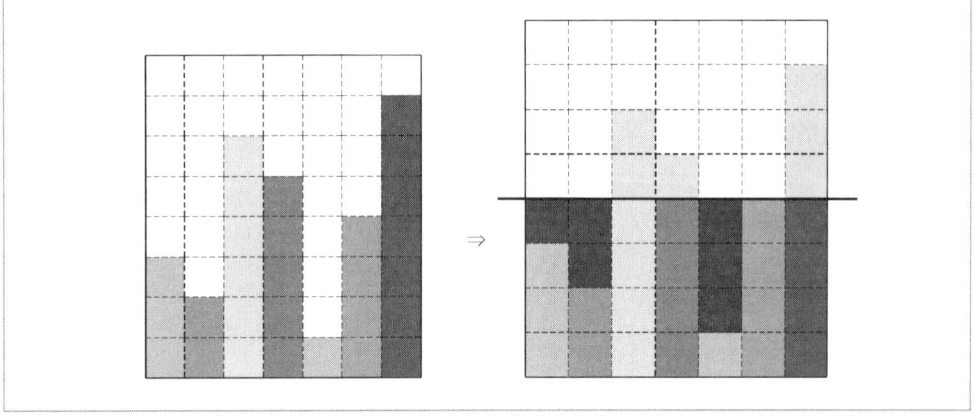

활동 2 공간지각력 및 창의적 사고력 기르기

목표 | 입체도형을 앞, 옆, 위에서 본 모양을 평면에 나타내는 활동을 통하여 공간적 지각력을 기른다.

방법 |

- 여러 색막대를 이용하여 입체도형을 만든다.
- 앞, 옆, 위에서 본 모양을 평면에 나타낸다.

〈보기〉

1. 다음 입체도형은 몇 개의 정육면체로 쌓았는지 숫자로 나타내어보자.

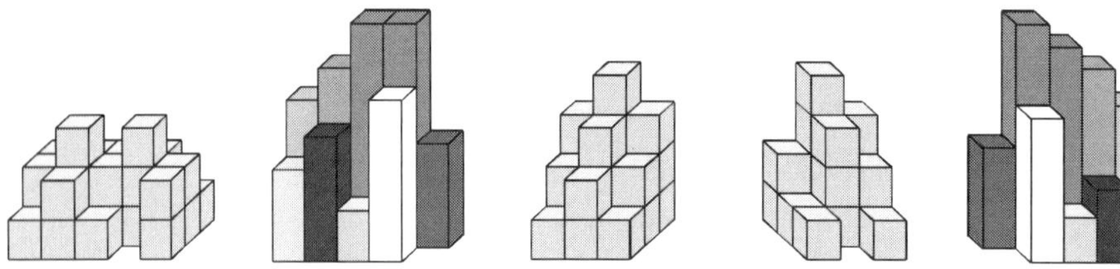

◇앞에서 본 모양 ◇옆에서 본 모양 ◇위에서 본 모양

2. 다음은 퀴즈네어 색막대로 만든 입체도형을 앞, 옆, 위에서 본 모양을 그린 것이다. 그림을 바탕으로 퀴즈네어 색막대를 이용하여 쌓아보자.

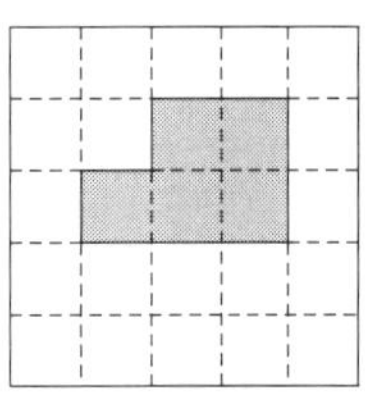

◇앞에서 본 모양

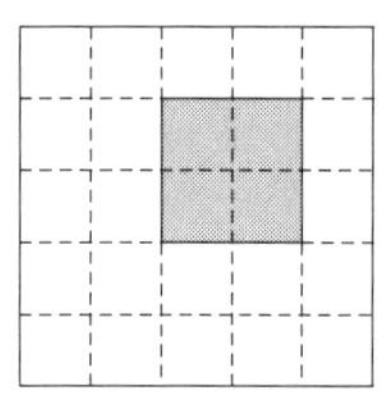

◇옆에서 본 모양

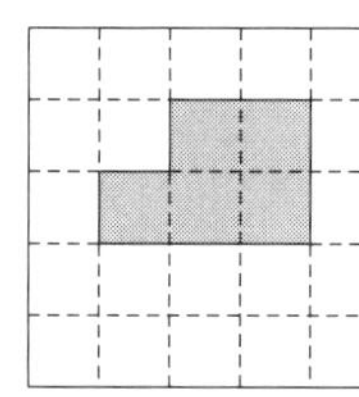

◇위에서 본 모양

[심화] 위와 같은 입체도형을 쌓으려면 어떤 색막대를 몇 개 이용하였겠는가?

(활동 3) 공간지각력 및 수학적 추상화 능력 기르기

목표 | 입체도형을 위에서 본 모양을 숫자로 나타내는 활동을 통하여 공간적 지각력과 수학적 추상화 능력을 기른다.

방법 |

- 여러 색막대를 이용하여 입체도형을 만든다.
- 앞, 옆, 위에서 보고 쌓인 색막대의 수를 숫자로 나타낸다.
- 쌓은 색막대의 위에서 본 모양을 나타낸 숫자를 보고, 입체도형을 구성할 수 있다.

• 다음 <보기 1>처럼 입체도형은 몇 개의 정육면체로 쌓였는지 숫자로 나타내어보자.

〈보기 1〉

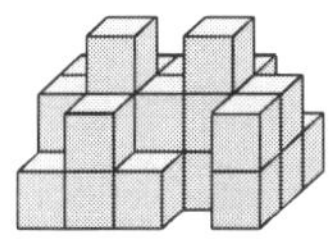

2	2	2	2	1
2	3	2	3	2
1	2	1	0	2

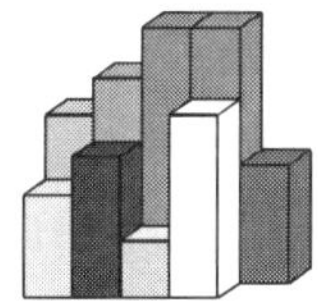

• 다음 <보기 2>는 색막대를 이용하여 만든 입체도형을 숫자로 나타낸 것이다. 거꾸로 오른쪽에 주어진 숫자판을 보고 입체도형을 만들어 보자.

〈보기 1〉

2	2	2	1
2	3	0	0
1	1	2	0

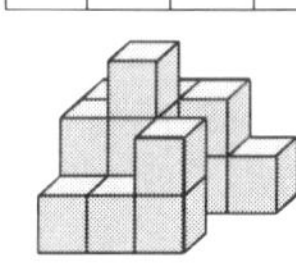

2	4	1
5	3	6
0	3	4

7	6	5	4	1
3	5	7	0	2
2	4	6	1	0
0	3	5	2	7

2) 도미노

그림 3.3 도미노

(1) 도미노는 어떤 교구인가?

도미노는 18세기 이탈리아에서 유래한 놀이의 일종이다. 오늘날 흔히 말하는 조그만 조각들을 연달아 늘어놓았다 한 번에 넘어뜨리는 놀이는 이 도미노 놀이의 변형이다. 도미노는 작은 직육면체 조각 위에 정사각형 두 개가 그려져 있고, 그 위에 주사위의 눈금과 같은 모양의 눈금이 그려져 있다. 정사각형 안의 눈금의 모양에 따라 6-6 도미노, 9-9 도미노, 그림-그림 도미노 등의 여러 가지가 있으나 일반적으로는 주사위 모양의 눈금이 그려진 6-6 도미노가 가장 많이 이용된다. 단, 주사위 눈금과의 다른 점은 눈금이 없는 경우(0)도 생각한다는 것이다.

① 6-6 도미노를 찾아보자. 모두 몇 가지가 있을까? 아래의 네모 칸 안에 직접 그려가며 찾아보자. 단, 정사각형 안에 최대 6개의 점이 들어 있다.

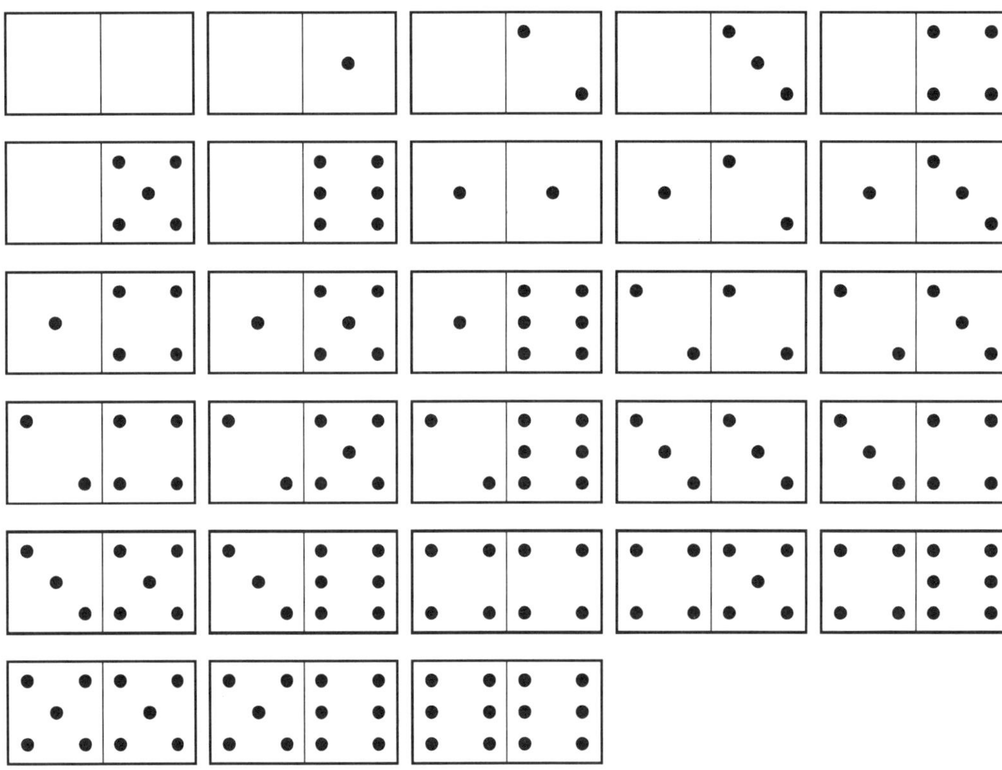

> **참고** 위의 그림에서 알 수 있는 것처럼 예를 들어 2-6 도미노와 6-2 도미노는 같은 모양으로 취급하여 중복되는 도미노가 없도록 하면 총 28개의 6-6 도미노를 찾을 수 있음을 알 수 있다.

② 9-9 도미노를 찾아보자. 모두 몇 가지가 있을까? 아래의 네모 칸 안에 직접 그려가며 찾아보자. 단, 정사각형 안에 최대 9개의 점이 들어 있다.

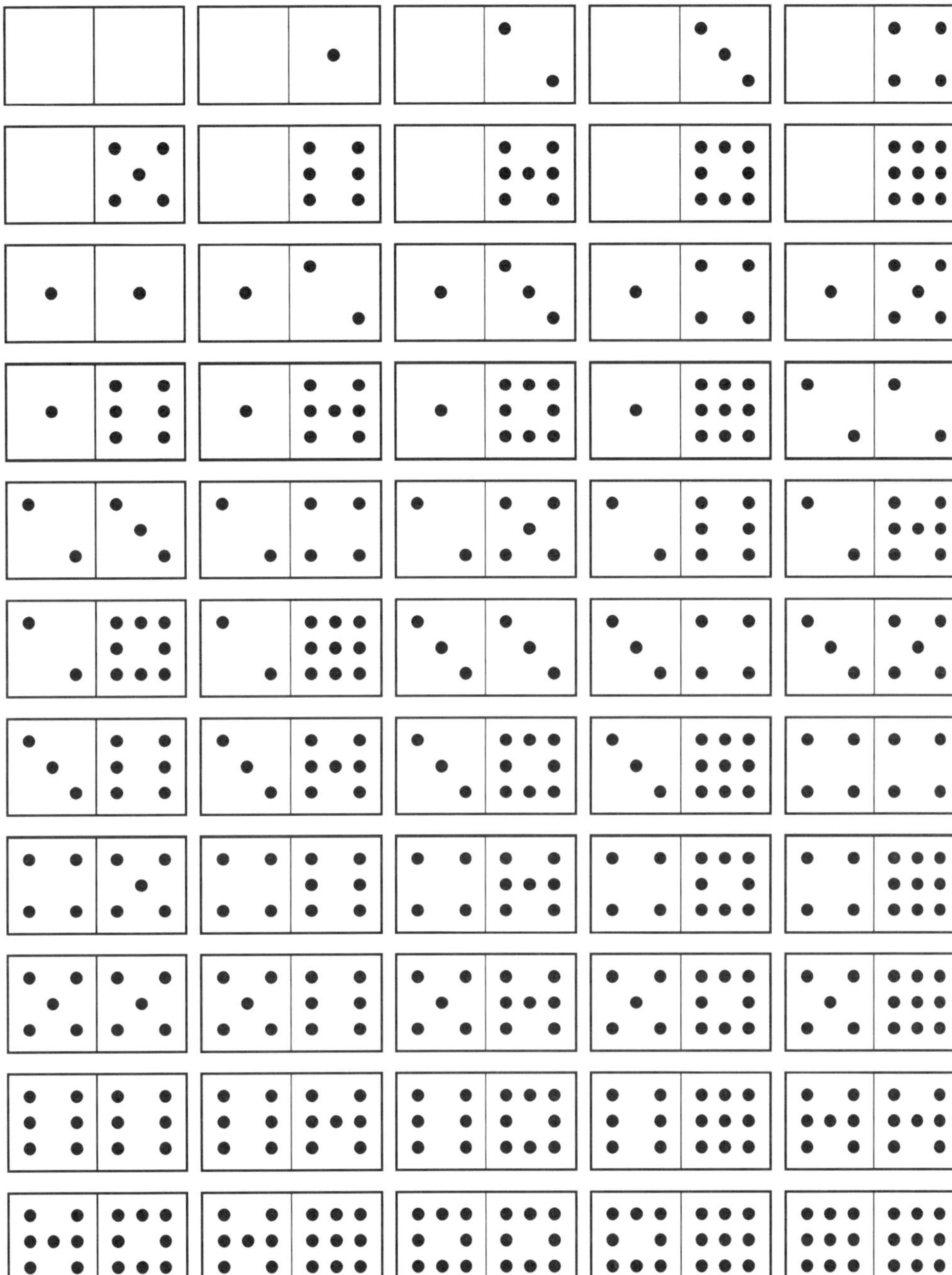

참고 위의 그림에서와 같이 총 55개의 9-9 도미노를 찾을 수 있음을 알 수 있다.

(2) 도미노를 활용한 수업에서의 유의점

① 수업 방법

도미노를 활용할 시에는 사전에 아이들에게 0-0(합0)부터 6-6(합12)의 순서로 도미노를 배열시키는 활동을 먼저 해 봄으로써 도미노를 활용한 각 활동에서 특정한 도미노를 빠르고 쉽게 찾을 수 있게 된다.

도미노의 원리를 파악하는 활동을 하기 위하여 초등학교에서는 쉽게 접근할 수 있는 6-6 도미노를 활용하는 것이 편리하다. 그리고 도미노로 간단하게 의미를 부여하여 수학적 계산이 가능하다는 것을 보여주도록 한다.

② 수업의 주안점

도미노 실물 자료를 비치하여 실제로 사용하면서 문제를 해결해 보는 활동이 바람직하나 여건이 여의치 않을 때는 다른 자료에 첨부되어 있는 도미노를 잘라서 활용할 수도 있다. 도미노를 사용하여 능숙하게 문제 해결이 가능하면 실물자료를 사용하지 않고도 문제를 해결할 수 있도록 하는 것도 좋은 방법이 된다.

③ 교사의 역할

학생들이 스스로 도미노의 원리를 파악하여 활동적인 수업이 되도록 해야 한다. 혹시 교사가 도미노를 사용한 문제 해결 방법에 적극적으로 참여하여 활동에 방해가 되지 않도록 해야 할 것이다. 먼저 도미노를 관찰할 수 있는 시간적인 여유를 제공하고 원리를 스스로 파악할 수 있도록 한다.

(3) 도미노의 활용

① 도미노의 점을 그려 넣어 한 자리 수의 덧셈식과 뺄셈식을 완성해보자.

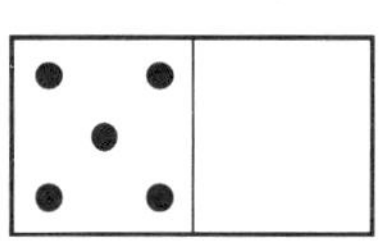

5 − 3 =(　　)

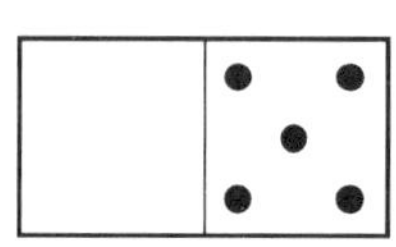

2 + 5 =(　　)

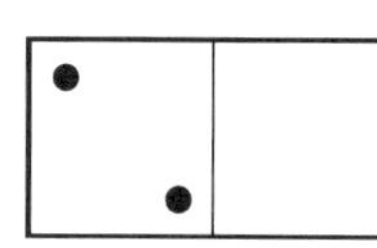

2 + 4 =(　　)

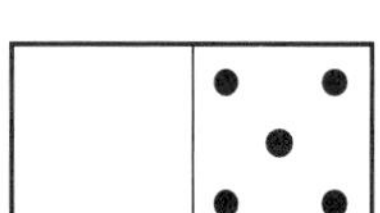

3 +(　　) =(　　)

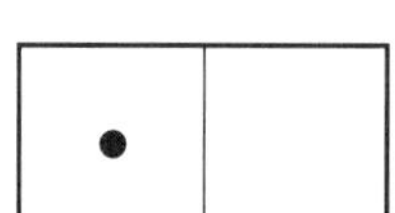

(　　) + 6 =(　　)

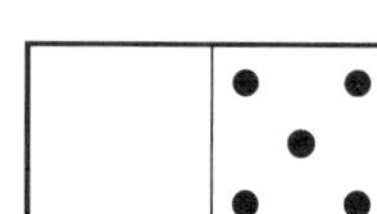

4 +(　　) =(　　)

② 차가 4인 도미노 그리기

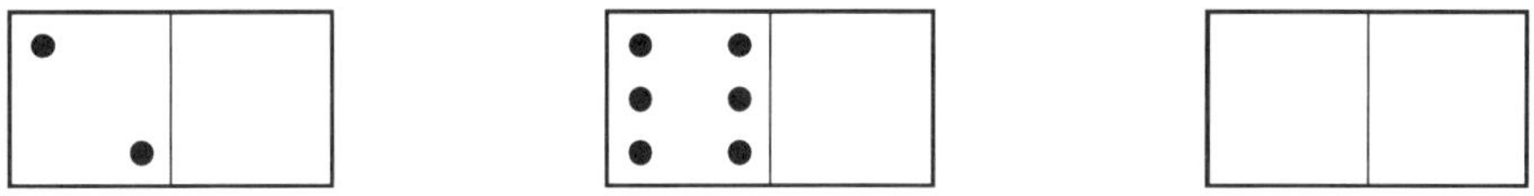

③ 두 자리 수의 자릿값 지도와 덧셈 뺄셈

• 6-6 도미노에서 두 자리 수의 자릿값 지도

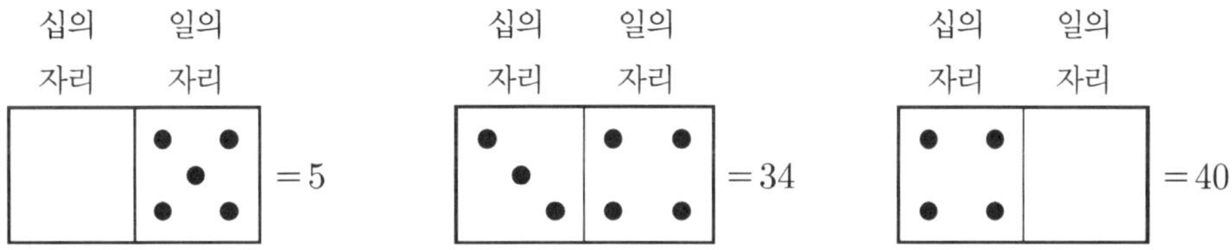

• 세로셈 식에서의 덧셈, 뺄셈

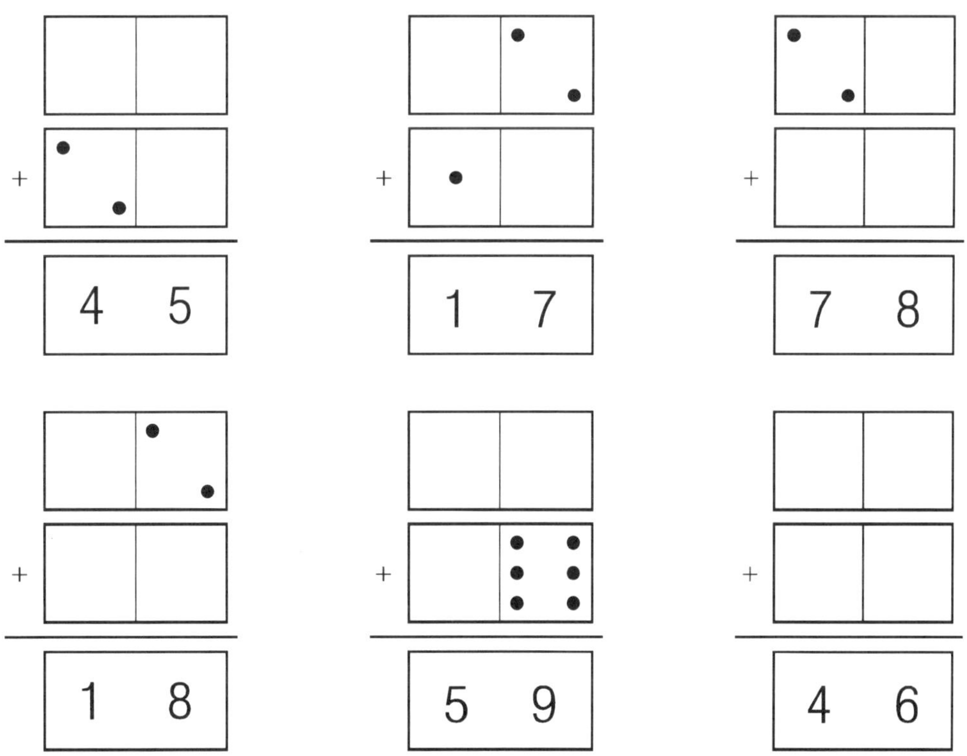

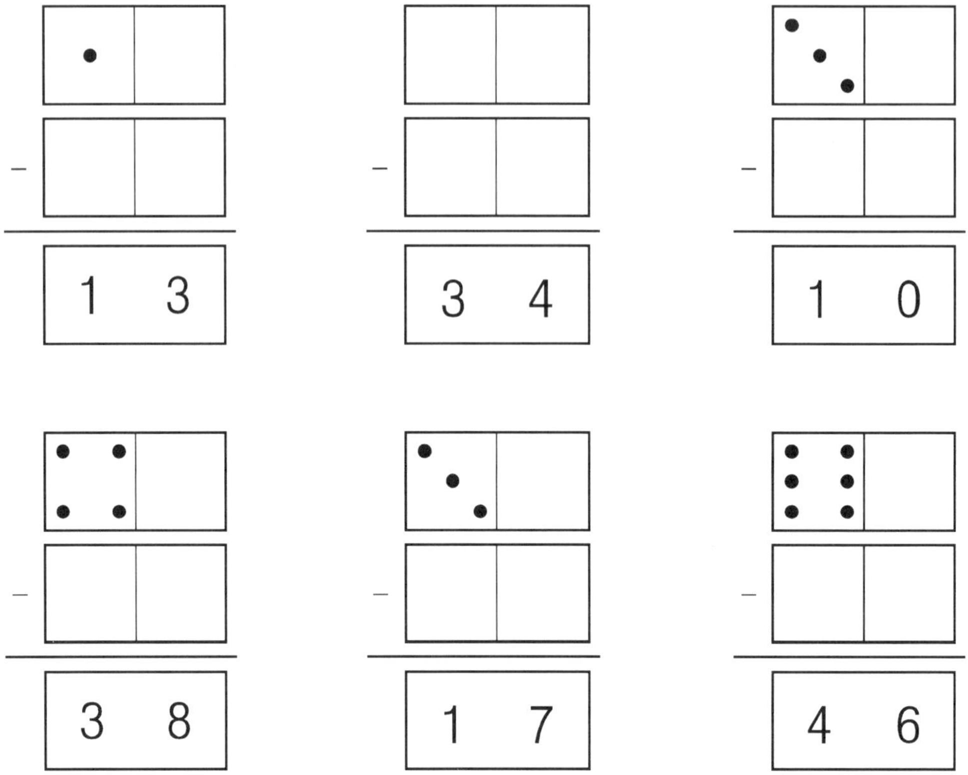

④ 이상, 이하, 초과, 미만

다음 문제에 적합한 도미노를 찾아 점을 그려 넣고, 식을 완성해보자.

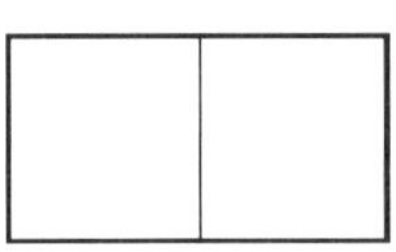

___ + ___ < 1

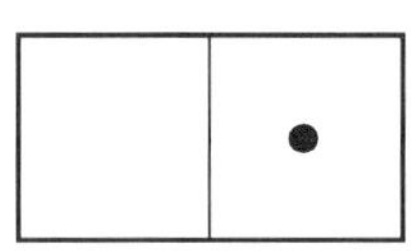

___ + ___ ≤ 1

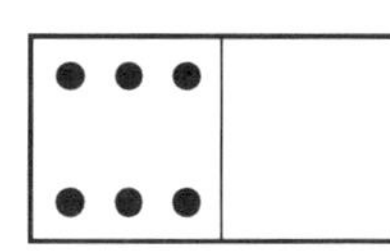

___ + ___ > 8

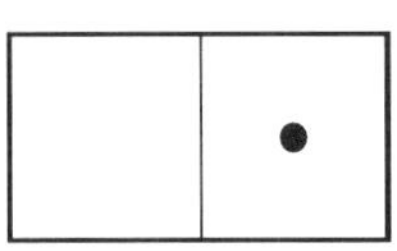

___ + ___ < 5

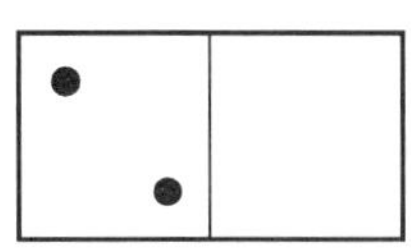

___ + ___ < 3

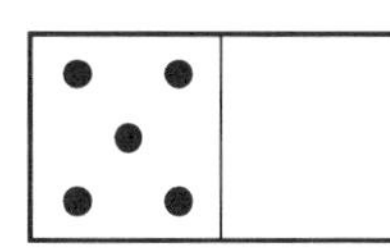

___ + ___ ≥ 7

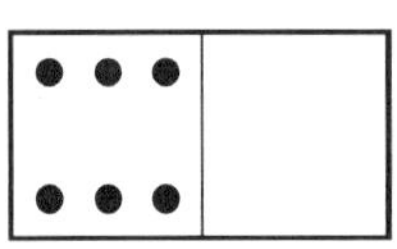

___ + ___ ≥ 11

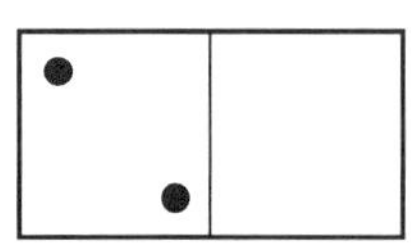

___ + ___ < 4

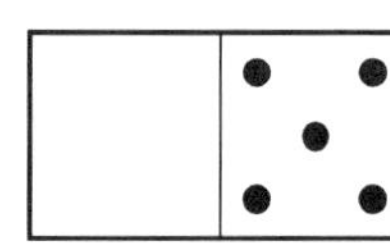

___ + ___ > 9

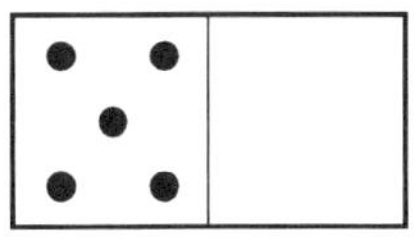

$4 < \_\_\_ + \_\_\_ < 6$

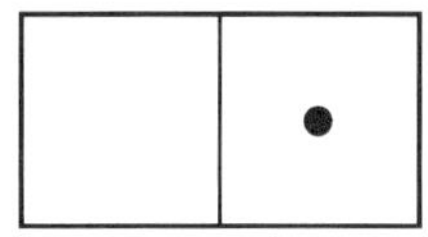

$4 < \_\_\_ + \_\_\_ < 7$

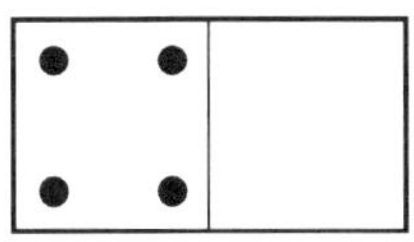

$7 < \_\_\_ + \_\_\_ < 10$

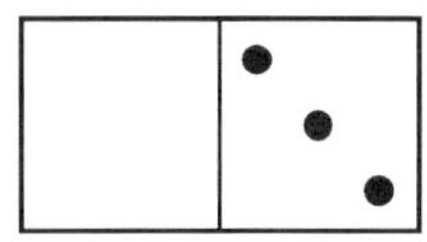

$6 < \_\_\_ + \_\_\_ < 9$

⑤ 분수에의 활용

도미노를 이용하여 분수 읽기, 분수의 크기 비교, 분수의 사칙연산을 할 수도 있다. 이 경우 도미노를 이용하여 어떻게 분수를 나타낼 것인가가 문제이다. 도미노를 가지고 분수를 표현하는 방법은 여러 가지로 생각할 수 있는데 도미노를 세로로 놓고 아래 부분이 분모, 윗부분이 분자가 되게 읽을 수 있다. 또한 도미노를 아래위로 가로로 두 개를 놓고 그 합을 구하여 아래의 합을 분모로 위의 합을 분자로 하여 분수를 표현하거나 도미노 하나를 두 자리 수로 보고 분수를 표현할 수도 있다.

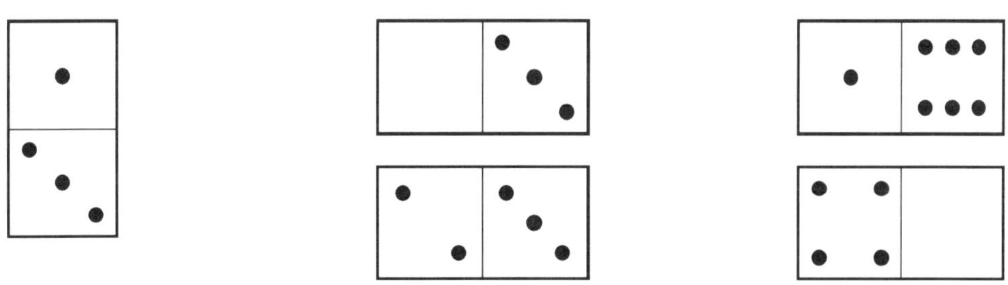

$\frac{1}{3}$ $\frac{3}{5}$ $\frac{16}{40}$

그림 3.4 도미노의 분수 표시

• 동치분수 찾기

$\frac{1}{2}$과 크기가 같은 분수를 나타내는 도미노를 3개 찾고 그 도미노가 나타내는 분수를 써보자.

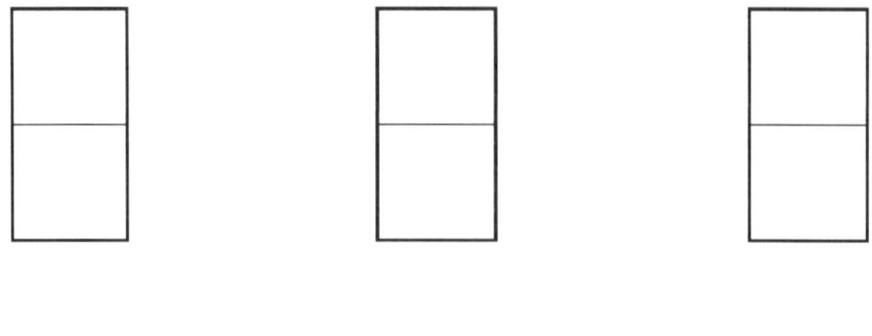

• 분수의 크기 비교

$\frac{1}{4}$과 크거나 같고 $\frac{3}{4}$보다 작은 분수를 나타내는 도미노 6개를 찾아보자.

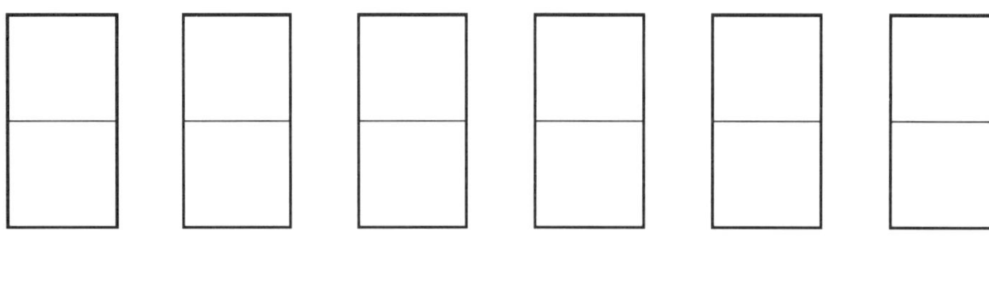

• 분수의 사칙연산

도미노를 이용한 분수의 사칙연산은 아이들이 분수의 덧셈, 뺄셈, 곱셈, 나눗셈 알고리즘을 학습한 후에 가능하다. 이를테면, 도미노를 3개 주고 아이들에게 이 3개의 도미노로 문제와 계산결과가 나올 수 있는 분수의 덧셈, 뺄셈, 곱셈, 나눗셈을 만들고 식을 세우게 한다. 이때 도미노를 이용하여 계산결과를 나타내는 경우에는 가분수가 나오는 경우도 있음을 사전에 알려준다.

(예) 아래의 3개의 도미노를 사용하여 등식이 성립하도록 만들어 보자.

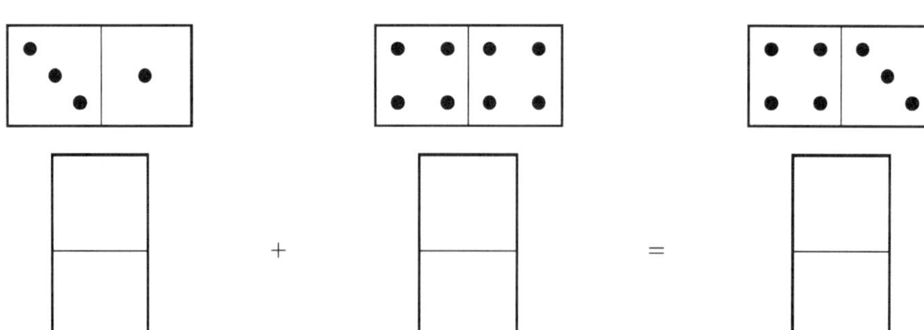

⑥ 도미노 배열하기를 통한 문제 해결[5]

도미노를 사용하여 주어진 모양에 가로와 세로 방향의 합이 같도록 배열하여 합을 찾아보자. 아래 그림의 예는 가로, 세로의 합이 22임을 나타낸다. 단, 정답은 여러 가지가 있다.

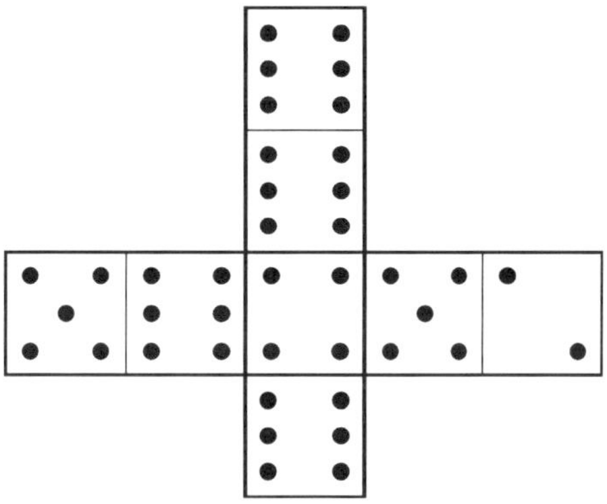

㉠

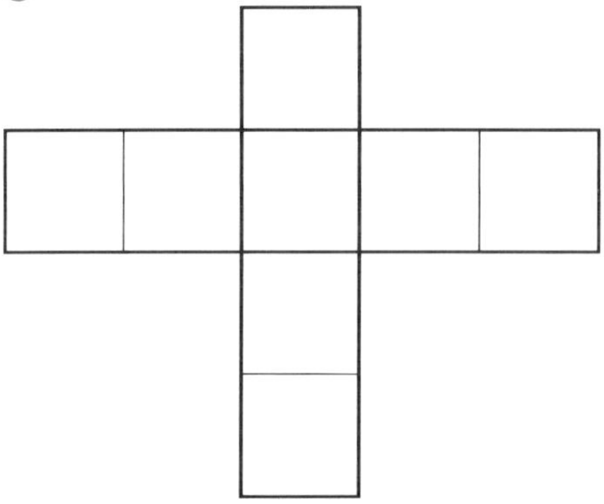

㉡

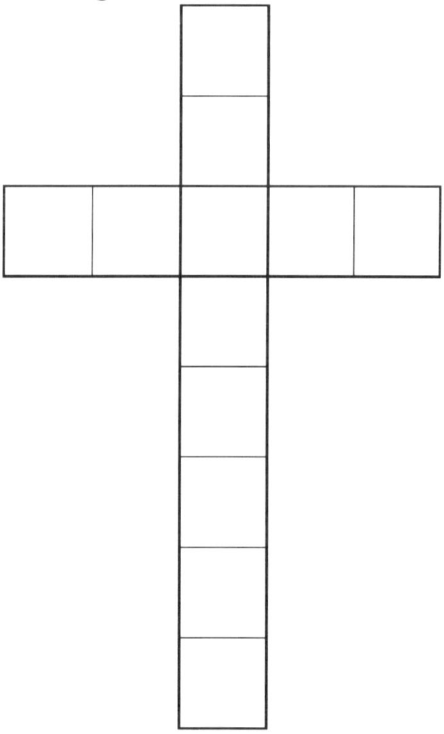

참고 여러 가지 배열이 나올 수 있으므로 문제 해결 후 발표를 통하여 사고를 확장시킬 수 있도록 한다.

5 4학년 수학영재 프로그램, 대구광역시 교육청(2010).

㉢ 아래 주어진 도미노의 배열과 같이 10개의 도미노를 사용하여 점의 합이 72가 되도록 배열하여 보자.

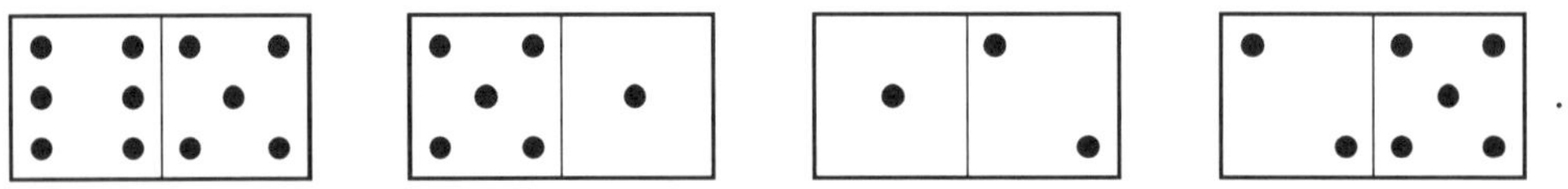

단, 바로 옆에 붙어 있는 도미노의 정사각형 안의 점의 수와 같도록 붙여나가야 한다. 그리고 정답은 여러 가지가 있다.

㉣ 10개의 도미노를 사용하여 점의 합이 66이 되도록 배열하여 보자.

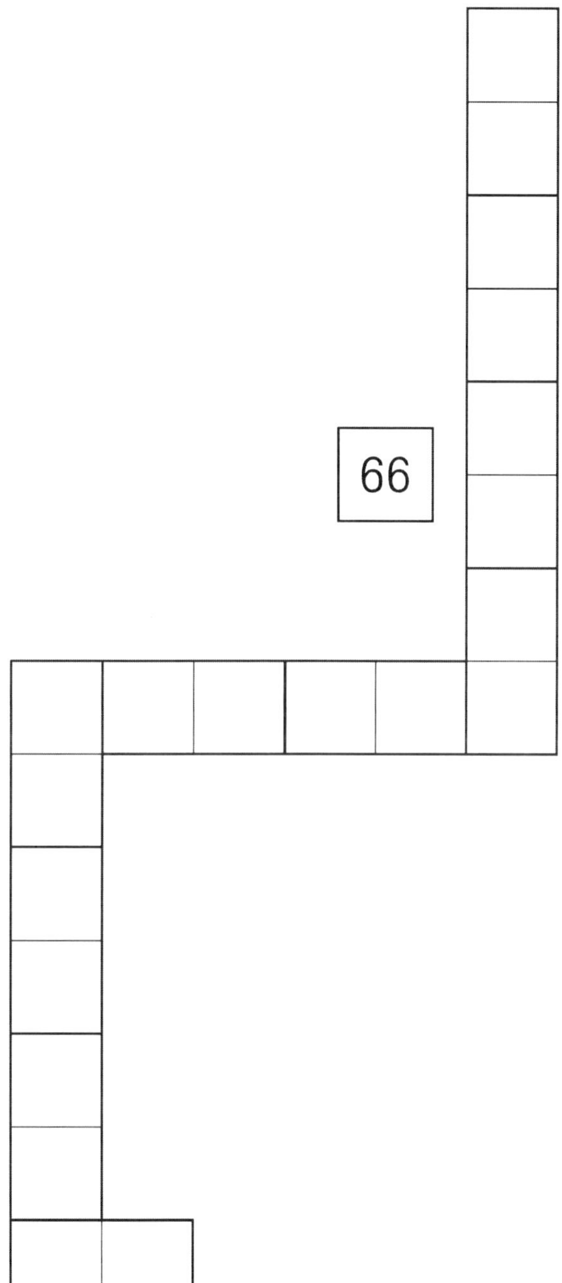

㉤ 28개의 도미노를 모두 사용하여 도미노를 배열하여 보자. 단, 바로 옆에 위치한 도미노 정사각형 점의 수와 같도록 놓아야 한다.

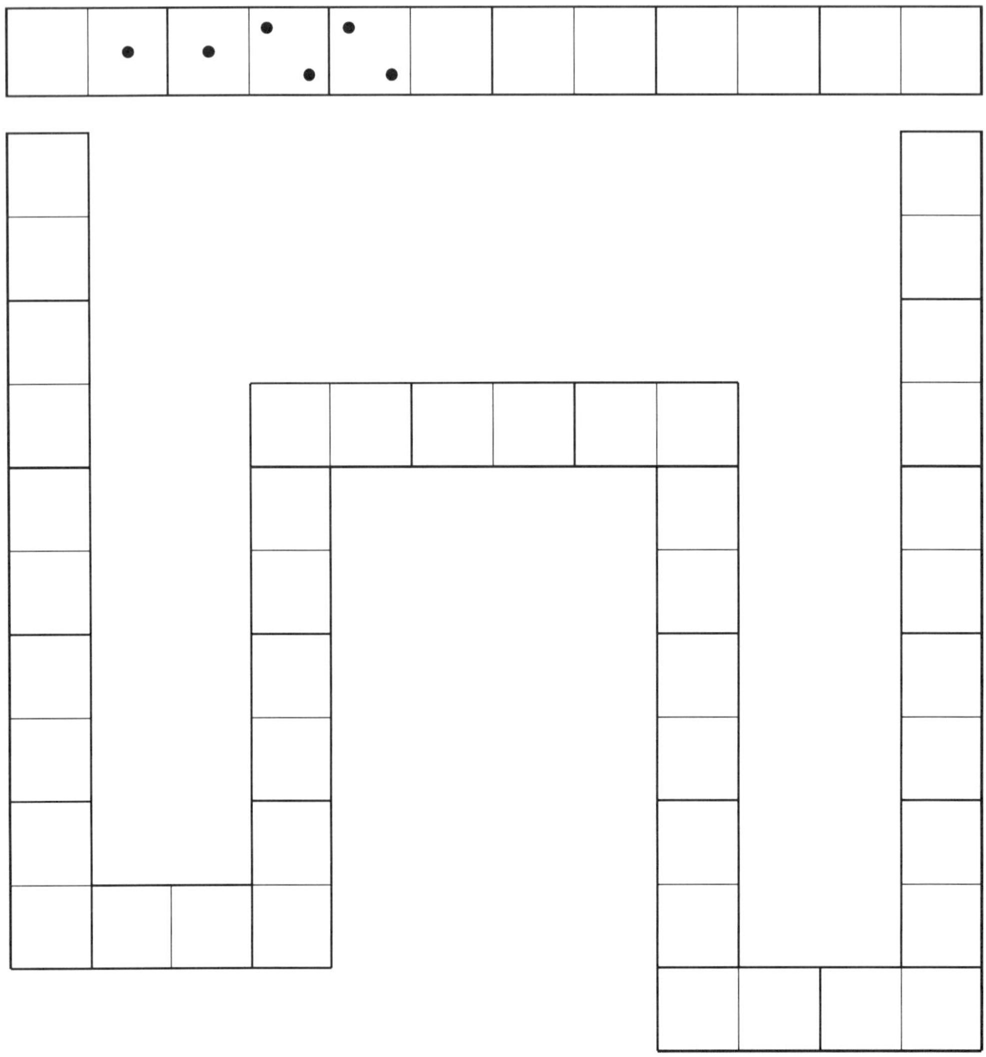

ⓑ 도미노 피자 만들기

아래 그림의 도미노 12개를 이용하여 그 합이 피자 모양의 원 안의 수가 되도록 만들어 보자.

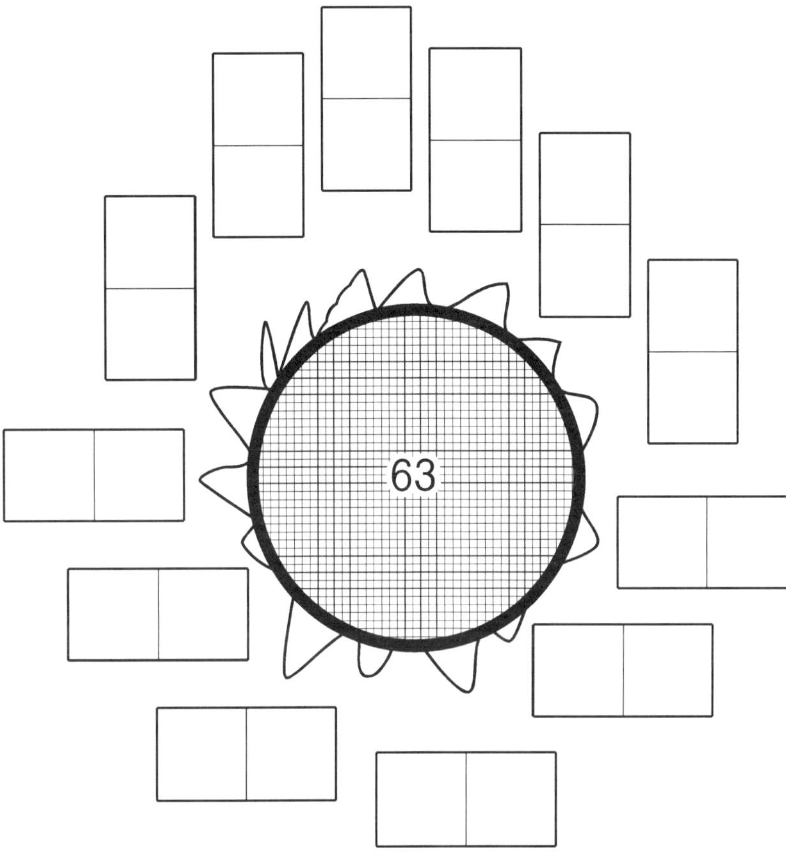

⑦ 도미노 퍼즐을 활용한 문제 해결[6]

도미노를 활용하여 가로, 세로의 눈의 합이 주어진 수가 되도록 도미노를 놓아보자. 단, 28개의 도미노 중 각 1개씩만 사용할 수 있다.

6 4학년 수학영재 프로그램, 대구광역시 교육청(2010).

①

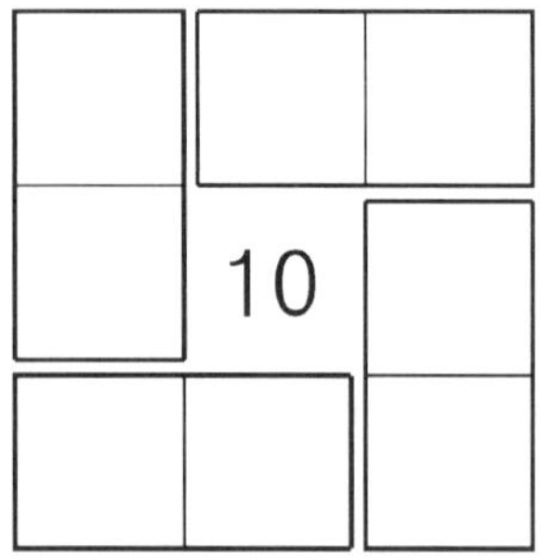

②

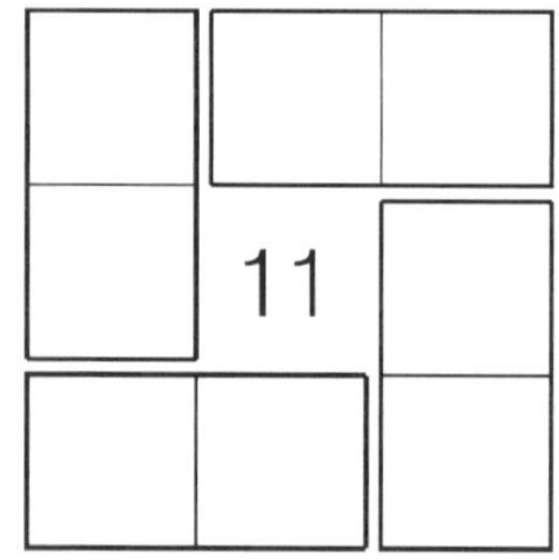

③

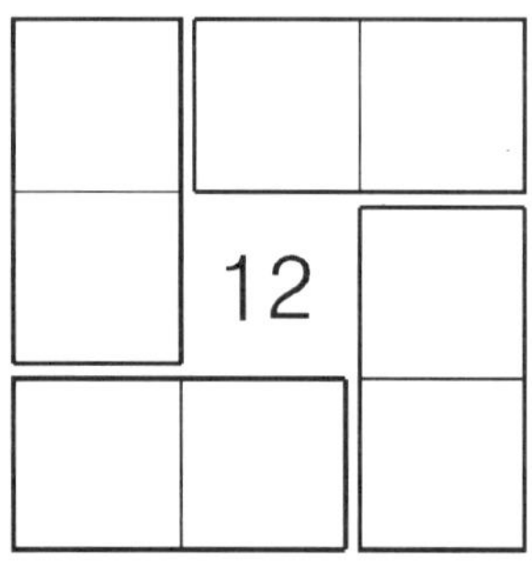

④

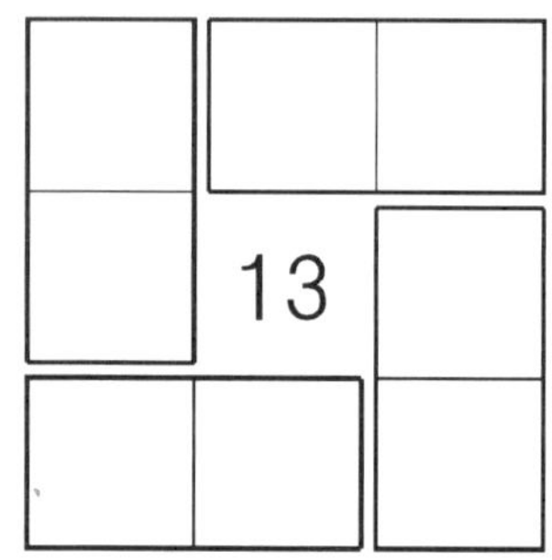

⑧ 도미노 마방진[7]

마방진이란 아래 그림과 같이 가로, 세로, 대각선 어느 방향으로 더해도 합이 같은 사각형을 말한다. 가로, 세로의 칸수에 따라 '?차 방진'이라고 부른다. 각 방진의 빈칸 안에 알맞은 도미노를 그려 넣자. 단, 28개의 도미노를 사용할 수 있고 각 1번씩 사용해야 한다.

4	9	2
3	5	7
8	1	6

7 4학년 수학영재 프로그램, 대구광역시 교육청(2010).

• 합이 15인 3차(3×3) 방진을 해결하여 보자. 단, 도미노 1개를 하나의 숫자로 계산한다.

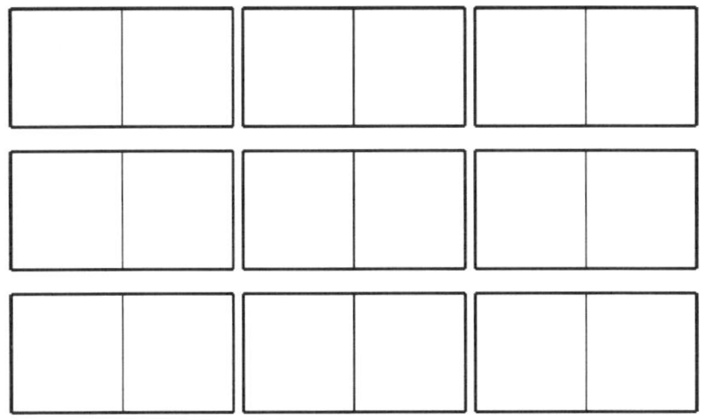

• 합이 18인 3차(3×3) 방진을 해결하여 보자. 단, 도미노 1개를 하나의 숫자로 계산한다.

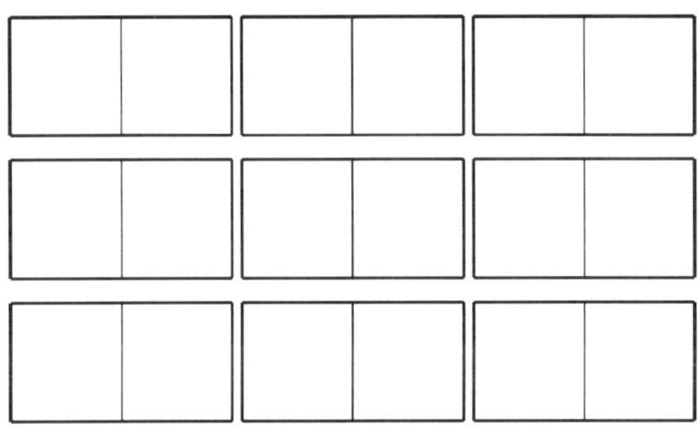

보충자료

도미노 도안

- 아래의 도미노 도안을 마분지에 붙인 후 오려내어 사용하면 된다.
- 더 큰 도미노가 필요하면 확대 복사하여 만들어 쓰면 된다.

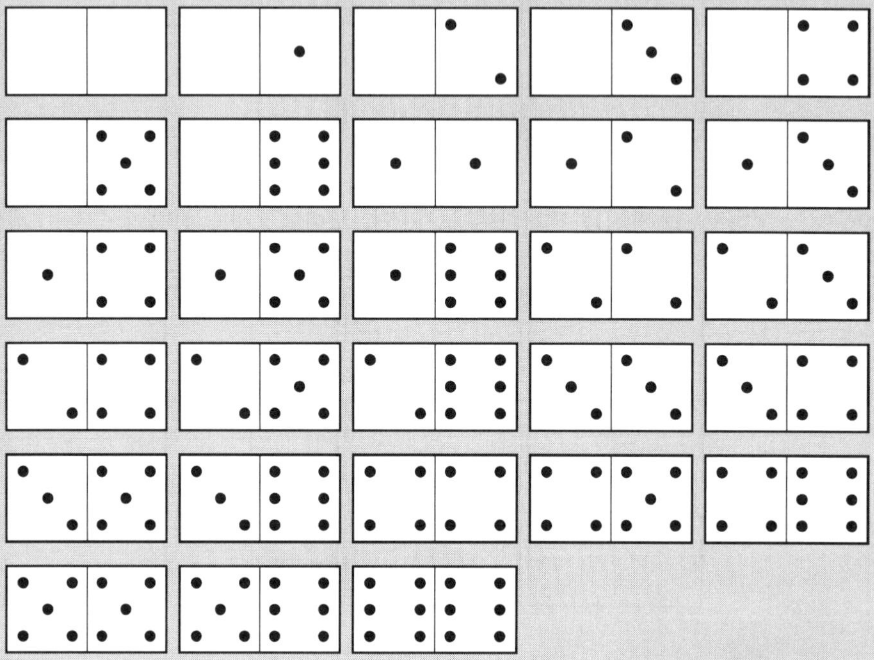

연습문제

1. 2015 개정 초등수학 교육과정에서 수학교구와 관련하여 언급한 내용에는 어떤 것이 있는지를 조사해 보시오.

2. 2015 개정 초등수학 교육과정에서 퀴즈네어 색막대를 활용할 수 있는 내용에는 어떤 것이 있는지를 말하여 보시오.

3. 2015 개정 초등수학 교육과정에서 도미노를 활용할 수 있는 내용에는 어떤 것이 있는지를 말하여 보시오.

4. 수학수업에서 교구를 활용하면 어떠한 장점이 있는지를 말하여 보시오.

4장 초등수학에서의 STEAM

지금까지 수학 교과에 대한 대부분 사람들의 인식은 주로 지식과 기능의 숙달, 즉 얼마나 많은 지식을 정확하게 틀리지 않고 학습하였는가 혹은 답을 내는가에 강조점이 주어져 있었다 해도 과언이 아니다. 또한 학습자의 입장에서는 교과서의 내용을 배우면서도 이것을 왜 배우는지, 우리 실생활의 어디에 사용되는지, 계산에서의 순서는 왜 이렇게 해야 하는지, 이들 개념의 차이는 무엇인지, 이렇게 할 수 없는 이유는 등과 같은 많은 의문을 가질 수 있다. 만약 이와 같은 의문들을 학생들이 이해할 수 있도록 교사가 분명하게 지도하지 못한다면 학습의욕은 그만큼 줄어들 수밖에 없다.

이에 대한 대안[1]으로 등장한 것이 융합인재교육이며 그 시작은 1990년대 초로 거슬러 올라가 지금까지의 세분화된 학문을 융합하여 서로간의 경계를 무너뜨리고 융합하고자 하는 미국의 과학 교육에서의 STEM으로부터 출발하였다. 이러한 미국의 STEM 교육 정책의 영향으로 우리나라 교육과학기술부에서도 2011년에 초·중등교육을 위한 STEAM 교육 정책을 도입하게 되었다.

미국의 STEM 교육을 분석한 이효녕(2011)의 연구보고서에 따르면 우리나라에서 STEAM 교육은 초등학교 3학년부터 실시하는 것이 중요하다고 하였으며 이를 위하여 교육과정에 STEAM 교과를 신설하여 과학 또는 실과 교과에서 주도적으로 STEAM 교육을 시키도록 권고하고 있다(김진수, 2012에서 재인용). 그러나 일선 현장에서 수학 교과에서의 융합인재교육을 어떻게 실천할 것인지에 대한 이론이나 접근방법은 아직도 구체화되지 않은 상황이며 융합인재교육에 대한 논의 역시 범교과적인 차원의 일천한 수준에 머물러있는 것이 사실이다.

따라서 이 장에서는 융합인재교육의 초등학교 적용방안 중 수학 교과를 중심으로 교육과정 재구조화를 통한 융합 수학수업의 주제를 개발하고, 이를 실제 수학수업에 적용할 수 있는 방안을 알아본다.

4.1 STEAM 교육

1) STEAM 교육의 의미

STEAM의 뜻은 과학의 Science, 기술의 Technology, 공학의 Engineering, 예술의 Arts, 그리고 수학의 Mathematics의 각 첫머리 글자를 의미하는 것으로 미래의 유능한 인재를 양성하기 위해서는 과학, 기술, 공학, 예술 및 수학이 융합한 형태의 교육, 즉 STEAM 교육이

---

1 여기서 대안이라는 말 속에 함축된 의미는 지금까지의 교육이 지식과 개념을 위계에 따라 순서대로 원리 및 개념 중심으로 진행되는 학교의 수학수업이 왜 배우는지, 실생활에 어디에 사용되는지에 대한 교육이 부족하다.

다시 말해 실생활과 연계한 자연스러운 과정을 통해 학습한다면 학생들의 이와 같은 의문은 풀린다는 것이다. 이는 곧 최근 창의적인 사고력과 문제 해결능력을 키우는 것을 목표로 하는 우리나라의 수학교육 선진화 방안과 NCTM의 수학과 교수·학습의 과정규준 가운데 연결성과도 일맥상통한다고 볼 수 있다.

이루어져야 한다는 것이다. 여기서 말하는 '융합'의 의미는 7차 개정 교육과정에서 제시한 '연결성', 또는 미국수학교사협의회(NCTM)에서 제시한 과정규준의 '연결성'과 같은 의미로 해석할 수 있다. 따라서 STEAM 교사는 융합 접근 방법으로 다섯 과목을 역동적이며 연계된 형태로 가르치게 된다.

만일 STEAM 교육 아래에서 과학, 기술, 공학, 예술, 수학이 각각 따로따로 분리되어 가르쳐지고 있다면 STEAM 교육은 새로운 개념이 아니다. STEAM 교육은 다섯 개의 과목 중에서 적어도 두 개 이상의 과목과 융합으로 가르쳐지는 것을 말한다(배종수, 2011). 이는 기존의 학문 분야라는 틀에서 완전히 탈피하여 모든 예술과 인문사회 학문 영역을 과학·기술·공학의 시각과 관점에서 접목된 일종의 통합교육 방식이 실행되어야 한다는 뜻으로 해석할 수 있다.

결론적으로 STEAM 교육이란 과학, 기술, 공학, 예술, 수학의 과목 또는 내용을 통합하여 가르침으로써, 과학기술에 대한 학생들의 흥미와 이해력을 높이고 창의적 문제 해결력을 기를 수 있는 융합교육이라고 말할 수 있다.

2) STEAM 교육의 필요성

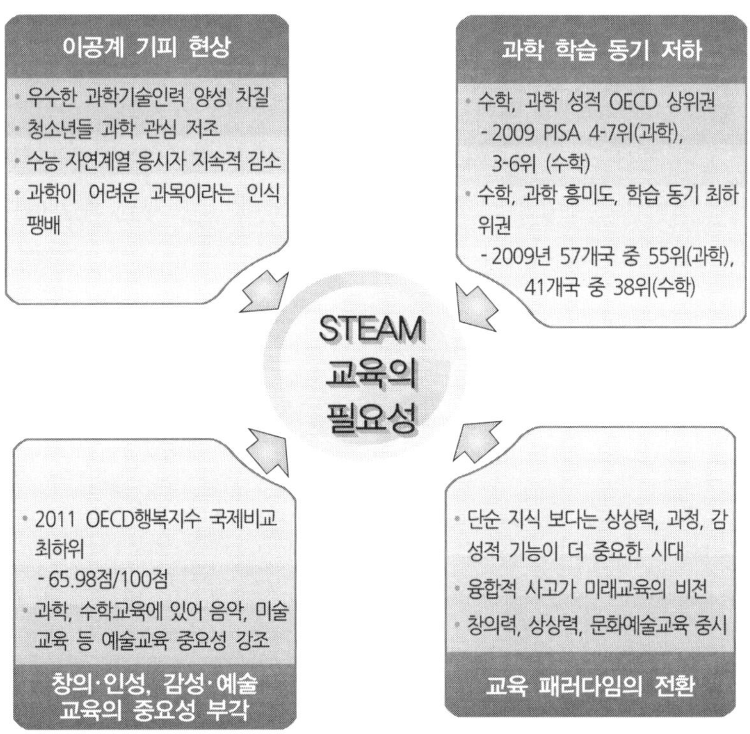

그림 4.1 STEAM 교육의 필요성(2011,대구부설초등 융합인재교육 시범학교 운영보고서)

STEAM 교육의 필요성을 몇 가지 측면에서 위의 그림 4.1과 같이 나타낼 수 있으나 지금까지의 관련 문헌이나 선행연구 등을 통해 아래와 같이 그 필요성을 요약할 수 있다.

① 21세기는 융합적 지식과 사고를 기반으로 해결해야 하는 문제들, 이를테면 지구온난화, 자원부족 등이 곳곳에 산재해 있다.

② 종합적인 문제 해결력을 갖춘 인재양성을 필요로 한다.

③ 실생활과의 관련성을 더욱 높일 수 있고 학생들의 흥미도를 높일 수 있는 수업이 절실히 요구된다.

④ 통합적이고 전체적으로 보는 능력을 배양하는 교육, 즉 나무와 숲을 함께 볼 수 있는 능력을 키우기 위해 필요하다.

⑤ 융합기술에서는 10년 전의 과학, 기술, 공학은 아무런 의미가 없는 지식이 될 수 있으므로 최신의 급변하는 융합기술 변화에 빠르게 대처하는 교육이 필요하다.

3) 현행 교과서와 융합적인 사고의 고찰

현행 교과서에서는 학습자로 하여금 생활 속에서 수학 개념을 생각하도록 하기 위해 발생 가능한 상황을 제시하고 있으나, 대부분의 상황이 학생의 입장에서 보면 현실적이지 못하고 단편적이거나 인위적인 경우가 많다. 아래 그림은 4학년 2학기의 '사각형과 다각형' 단원에서 제시한 상황으로, 정사각형의 넓이를 구하는 상황에서 선물 상자와 달력의 넓이를 구하도록 하고 있다. 둘의 연관관계는 없으며, 선물의 경우는 실제 발생 가능하나 달력의 넓이는 선물포장과도 관계가 없으며 넓이를 알아야 하는 필요성도 없다. 문제를 해결해야 하는 필요성에 대한 이해가 부족하며 한 차시의 도입문제 하나에 불과하다.

1 모양이 정사각형인 물건의 넓이를 구하시오.

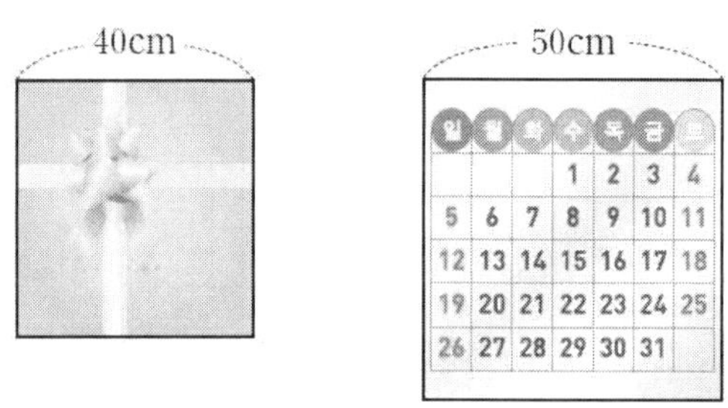

또한 아래 제시된 교과서의 도입과 전개를 보면 실제 학생들이 활동하고 그 과정 경험을 통해 학습하는 것이 아니라 단순한 문제를 푸는 활동으로 느껴지게 만들어 흥미를 느끼기 어렵다. 도입부에서 제시되는 상황은 유목적적이고 이 목적은 수학 활동을 통하여 효과적으로 해결하여야 한다.

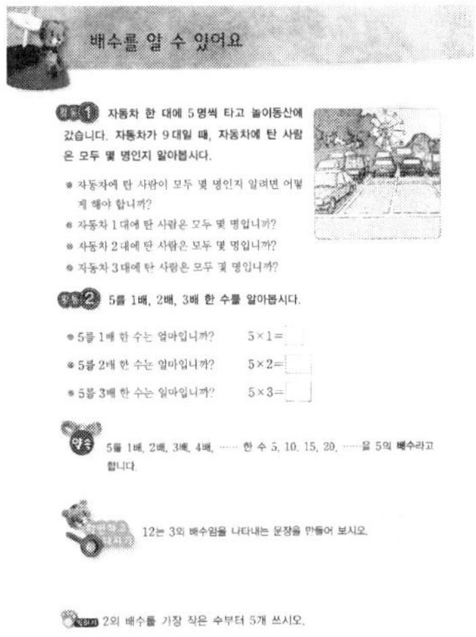

배수를 알 수 있어요

활동 1 자동차 한 대에 5 명씩 타고 놀이동산에 갔습니다. 자동차가 9 대일 때, 자동차에 탄 사람은 모두 몇 명인지 알아봅시다.

- 자동차에 탄 사람이 모두 몇 명인지 알려면 어떻게 해야 합니까?
- 자동차 1 대에 탄 사람은 모두 몇 명입니까?
- 자동차 2 대에 탄 사람은 모두 몇 명입니까?
- 자동차 3 대에 탄 사람은 모두 몇 명입니까?

활동 2 5를 1배, 2배, 3배 한 수를 알아봅시다.

- 5를 1배 한 수는 얼마입니까? $5\times1=\square$
- 5를 2배 한 수는 얼마입니까? $5\times2=\square$
- 5를 3배 한 수는 얼마입니까? $5\times3=\square$

약속 5를 1배, 2배, 3배, 4배, …… 한 수 5, 10, 15, 20, ……을 5의 배수라고 합니다.

12는 3의 배수임을 나타내는 문장을 만들어 보시오.

익히기 2의 배수를 가장 작은 수부터 5개 쓰시오.

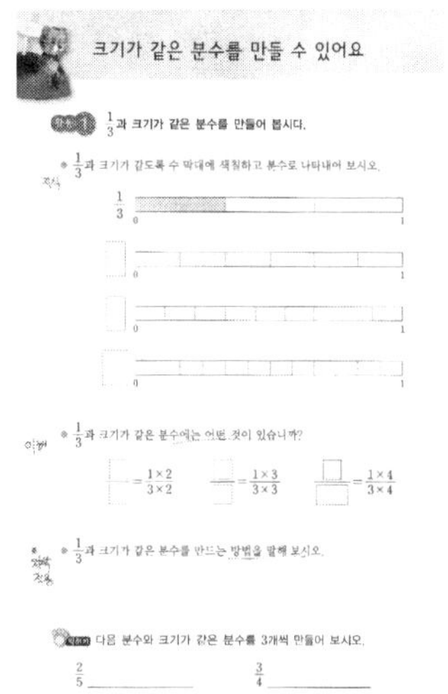

크기가 같은 분수를 만들 수 있어요

활동 1 $\frac{1}{3}$과 크기가 같은 분수를 만들어 봅시다.

- $\frac{1}{3}$과 크기가 같도록 수 막대에 색칠하고 분수로 나타내어 보시오.

$\frac{1}{3}$

- $\frac{1}{3}$과 크기가 같은 분수에는 어떤 것이 있습니까?

$\square=\frac{1\times2}{3\times2}$ $\square=\frac{1\times3}{3\times3}$ $\square=\frac{1\times4}{3\times4}$

- $\frac{1}{3}$과 크기가 같은 분수를 만드는 방법을 말해 보시오.

익히기 다음 분수와 크기가 같은 분수를 3개씩 만들어 보시오.

$\frac{2}{5}$ ______ $\frac{3}{4}$ ______

비율그래프를 알아보는 활동에서 학교 전체의 선호도를 실제 조사해보거나 조사한 결과에 따라 반 대항 운동 경기를 실시해 보는 것이다. 교실에서 배운 수학적 사실을 실제적으로 쓰도록 하는 기회를 제공하는 것으로 이러한 방향은 2009 개정 교육과정 적용 교과서 개발과정에서 고려되고 있는 중요한 부분이다.

4) 융합인재교육 교과중심 프로그램 개발절차

융합인재교육 교과중심 프로그램에는 반드시 정해진 것은 아니지만 주로 프로그램 개요, 주제개요, 학습목표, STEAM 과목요소, STEAM 단계 요소, 프로그램 제작 의도, 차시별 계획 총괄 표, 평가 계획, 차시별 교수·학습 과정안, 교사용 참고자료 등이 들어갈 수 있으며 대체적으로 아래와 같은 절차를 거쳐 개발된다.

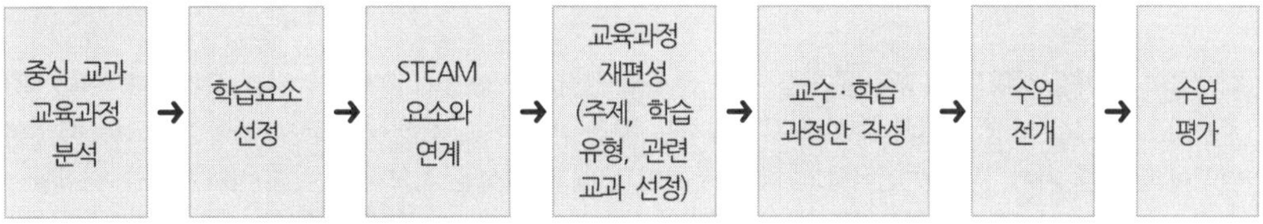

그림 4.2 융합인재교육 교과중심 프로그램 개발절차

5) 융합인재교육 교과중심 프로그램 구성 요소

(1) 프로그램 개요

- 주제명
- 적용 학년 및 시기

- 적용 모형: 주제 중심형, 프로젝트형, 문제 해결형
- 차시별 단계: 주제 확인 단계, 탐색 및 탐구 활동 단계, 탐구결과 처리 단계
- 소주제 및 주요 내용
- 관련 교과: STEAM 관련 교과

(2) 주제 개요

(3) 학습 목표

- 중심 교과 교육과정 목표+관련 교과 교육과정 목표
- 내용 목표+과정 목표로 제시

(4) STEAM 과목 요소

(5) STEAM 단계 요소

- 상황 제시[2], 창의적 설계[3], 감성적 체험[4]

(6) 프로그램 제작 의도

(7) 차시별 계획 총괄 표

(8) 평가 계획

(9) 차시별 교수·학습과정 안

(10) 교사용 참고자료

6) STEAM 교육 체크리스트

기본적인 STEAM 교육의 개념과 핵심 요소만을 가지고 학교에서 운영되는 다양한 교육 프로그램이 STEAM 교육에 부합하는지를 판단하는 데는 어려움이 따른다. 이혜원(2012)은 보다 세부적으로 융합인재교육(STEAM)의 요소는 아래의 표 4.1과 같이 몇 가지 기준을 가지고 구분할 수 있다고 하였다.

2 학생들이 주어진 상황의 실생활 문제를 자기 문제로 인식하도록 동기부여하기 위한 장치이다. 이는 교사 주도의 수업에서 학생 중심의 수업으로 전환하는 것을 의미하고, 학생들이 문제에 몰입하도록 해 준다. 학생이 문제를 자기 문제로 인식하고 학습 주제에 관해 관련성을 확보하기 위해서는 수업을 시작할 때 훨씬 정교한 시나리오 제시나 발문이 필요하다.

3 주어진 상황에서 문제를 해결하기 위하여 창의적으로 설계를 하는 과정을 의미한다. 실생활 문제에서 나타나는 여러 가지 제약 조건 속에서, 문제를 정의하고 최선의 해결책을 만들어 나가는 과정이 바로 창의적 설계 과정이다. 설계 과정에는 여러 학문의 지식이 필요하고, 모둠 활동의 경우 구성원들 간의 협동이 문제 해결에 중요한 열쇠를 제공할 수 있다. 창의적 설계는 학생들의 문제 정의 능력과 문제 해결 능력을 증진시키는데 그 목적이 있다.

4 감성적 체험은 학생의 흥미와 동기부여를 위한 요소이다. 학습에 대한 성공을 경험하면, 새로운 문제에 도전할 수 있는 용기가 자라게 된다. 이를 통해 문제에 몰입하는 능력도 자란다. 학생들의 활동에 대한 피드백과 성과에 대하여 보상이나 격려를 통해 학생들의 감성적 체험을 강화할 수 있다.

표 4.1 STEAM 교육 체크리스트

구분		세부요소	설명
STEAM 교육 목적		융합인재양성	융합형 인재 양성 목적에 부합하는가?
STEAM 교육 개념		학생흥미증진	학생의 과학기술에 대한 흥미를 높이도록 설계되었는가?
		실생활 연계	실생활속의 과학기술과 연관된 주제인가?
		융합적 사고력 배양	학생의 융합적 사고력을 배양하도록 프로그램이 설계되었는가?
STEAM 교육 활동 준거	상황 제시	상황 제시	전체 프로그램을 아우르는 상황을 제시하였는가?
		자연스러운 융합	과학과, 수학, 기술, 공학, 예술 교과가 자연스럽게 융합되도록 설계되었는가?
	창의적 설계	학생 중심	교사 중심에서 벗어나 학생이 주도적으로 참여하는 학생 중심으로 프로그램이 설계되었는가?
		아이디어 실현	프로그램에 학생이 자신의 아이디어와 발상을 반영할 수 있도록 설계 되었는가?
		자기 문제화	학습자가 학습 주제를 자기 문제로 인식하도록 수업이 구성되었는가?
		학습 방법	개념을 교사가 직접 설명하지 않고 활동을 통해 학생이 깨우치도록 설계되었는가?
		과정, 활동 중심	결과보다 과정이, 지식보다는 활동이 강조되었는가?
		다양한 산출물	프로그램의 결과물이 모둠별 또는 개인별로 다르게 산출되도록 설계되었는가?
		협력 학습	동료, 교사, 다양한 도구와의 협력 학습이 이루어 질 수 있도록 설계되었는가?
	감성적 체험	Hands-on	학생들이 직접적인 체험(Hands-on)을 통하여 열정을 가지고 참여할 수 있도록 하는가?
		성공의 경험	학습자가 성공을 경험하도록 설계되었는가?
		새로운 도전 요소	연계된 활동에 새로운 도전을 하도록 설계되었는가?
		자기 평가	학습자가 스스로 활동을 평가할 수 있는 기회를 제공하였는가?

7) 융합인재교육 수업유형

교과내 수업형	교과 연계 수업형	교육과정 재구성 창의적 체험활동 방과후학교 활용형
하나의 중심 교과에 과학, 기술, 공학, 예술, 수학 요소 연계	주제 중심으로 관련된 여러 교과를 연계	주제 중심으로 전체 교육과정 재구성하거나 별도의 프로그램 개발

그림 4.3 융합인재교육 수업유형

이를테면, 수학 교과의 STEAM유형은 아래 그림과 같이 수학 교과 중심의 STEAM 자료이고 수학교사가 수학수업에 적용할 수 있는 STEAM 프로그램이다. 수학교사는 수학 시간에 STEAM 수업을 통하여 과학, 기술, 공학, 예술의 내용을 연계하여 가르칠 수 있다.

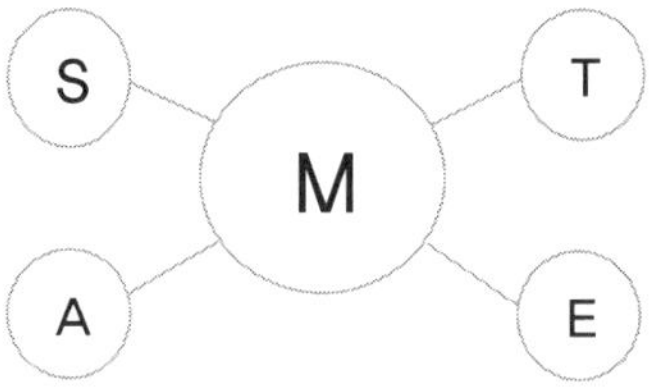

그림 4.4 M-STEAM

8) 외국의 STEAM 교육 동향과 우리나라 STEAM 교육의 배경

외국의 교육과정에서도 융합인재교육의 사례를 찾아 볼 수 있는데, 미국과 영국의 STEM 교육, 싱가포르의 수학·과학 교육 강화, 이스라엘의 '모든 이를 위한 수학·과학·기술' 등이 기초과학을 강조한 융합교육과정이다(최지영·배종수, 2011).

학문적인 측면에서는 뇌과학, 심리학, 물리학을 융합하여 인지과학이라는 분야가 생겨났으며 나노 기술이 의학, 반도체 등 다양한 분야에서 연구되고 있다. 또한 인문학, 과학 등 서로 다른 학문의 특성을 융합하여 새로운 아이디어를 만들어 내는 사람들도 있다. 이를테면, '나의 상상력은 IT기술과 인문학의 결합에 기초한다.'고 했던 스티브 잡스, '인문학이 없었다면 나도 없고 컴퓨터도 없었을 것이다'라고 한 빌 게이츠 등이 모두 한 분야의 전문가이면서 동시에 다른 분야에도 폭넓은 식견을 갖춘 융합형 인재의 대표적인 인물이라고 할 수 있다.

우리나라에서는 2000년부터 적용되었던 제7차 교육과정부터 교육의 핵심으로 줄 곧 강조되어왔던 창의성 신장 등이 기본적으로 STEAM 교육과 연관되어 있다고 볼 수 있다. 따라서 교육과학기술부는 2010년 12월 17일 청와대에서 '2011년 업무계획'보고에서 창의적인 융합인재 양성을 위한 초·중등 STEAM 교육을 강화하겠다고 발표하였다. 그러나 미국의 STEM이 주로 기술 교육 중심에 뿌리를 두고 있다면 우리나라의 STEAM 교육은 주로 수학, 과학 등의 기초학문을 토대로 기술 공학의 연계성과 예술적 소양 함양을 목표로 한 융합형 교육에 초점을 두고 있다. 그리하여 궁극적으로는 학생들이 과학기술에 대한 융합 개념을 형성하는 것도 중요하지만, 낮은 과학 효능감과 자신감, 과학에 대한 흥미 등을 증진시킴으로써 과학학습에 대한 동기 유발을 목적으로 설정하고 있다.

9) 우리나라 초등학교와 관련한 STEAM 교육의 연구동향

우리나라 STEAM 교육 정책은 2011년에 도입되었으며 한국과학창의재단에서 주로 여러 가지 사업을 관리·수행하고 있다. 2011년 한 해 동안 국내에서 수행된 STEAM 연구(시범)학교는 총 16개교이고 그 중에 초등학교 8개교, 중학교 5개교, 고등학교 3개교이다. 이들 연구(시범)학교 가운데 초등학교의 연구주제들을 살펴본 결과 대부분이 아래와 같은 내용들에 관심의 초점이 주어져 있었다.

① 융합인재교육 수업모델 및 적용방안 탐색
② 융합인재교육 프로그램 개발 및 적용
③ STEAM 교육 적용을 통한 창의적 문제 해결력 신장
④ 융합인재교육을 통한 학습흥미도 향상
⑤ 융합인재교육을 위한 교육용 콘텐츠개발
⑥ 융합인재교육 자료개발
⑦ 융합인재교육 교육과정 개발

10) 융합형 STEAM 교육과 초등수학교육의 연계를 위해 고려해야 할 점

융합형 STEAM 교육과 초등수학교육의 연계, 즉 주제선택이나 프로그램 개발 시에 고려해야 할 점은 다음과 같다(최지영·배종수, 2011).

① 교과의 기본 학습 내용을 포함하고 있어야 하며 아래와 같이 학생들이 창의성을 발휘할 수 있는 흥미로운 소재[5]이어야 한다.

5 흥미롭고 도전적인 소재는 학생들의 동기를 유발하고 수업 참여를 높일 수 있다. '아리타가츠마사'라는 일본 아이치 교육대학교수는 초등학교 교사 시절 소재의 좋고 나쁨이 수업의 70%를 좌우한다고 하며 소재 개발을 위해 노력했다고 한다.

- 분수수업에서 급식에 나오는 밥을 어림하여 학생 수만큼 등분해보기
- 소수를 배운 후 체육시간에 친구들이 달린 기록을 토대로 빠른 순서대로 늘어놓아 보는 것
- 개방형 문제
- 즉각적으로 답을 하는 문제가 아닌 오랫동안 고민해야 하는 문제 등

② 활발한 의사소통이 일어날 수 있는 수업 분위기가 조성되어야 한다.

- 학생과 학생
- 학생과 교사
- 교사의 효과적인 발문 등

③ 평가는 학생의 창의적인 생각을 점수화·서열화 하기보다 학생의 변화과정을 관찰하는 방향으로 이루어져야 한다.

- 얼마만큼 정확하게 문제를 풀 수 있는가에 있다기보다는 수업의 진행 과정에서 학습자가 어떻게 참여하고 있는가와 무엇을 해결할 수 있는 능력이 있는가에 초점이 주어짐
- 교수, 학습의 개선을 위한 피드백 자료로 활용

④ 기초·기본 교육이 소홀해지지 않도록 주의해야 한다.

4.2 수학과 중심 융합수업

1) 스토리텔링과 수학과의 만남

스토리텔링을 수학교육에 적용하는 것에 대한 연구는 초등에서 자주 활용되고 있으나 수학 역사와 관련되어 주로 활용되고 있다. 스토리텔링은 수업내용을 구체적 맥락과의 연관 속에서 파악할 수 있도록 할 때 학습자들에게 수업내용을 의미 있게 이해하도록 도움을 줄 수 있다. 또한 스토리텔링의 풍부한 맥락은 학습자의 감성과 상상력을 자극하여 학습에 흥미를 유발시키며 바람직한 태도를 형성하는데 효과적이다. 더불어 언어적인 스토리텔링에서 멀티미디어적인 접근을 취한 디지털 스토리텔링은 학업성취도에도 효과적인 것으로 알려져 있다.

(1) 차시 학습문제 제시로서의 이야기

누구 땅이 더 넓을까? (평행사변형의 넓이 구하기)
민수와 언수는 친한 친구입니다. 두 사람은 고개를 하나 넘어 서로 다른 마을에 살고 있답니다. 두 사람 모두 농사를 짓는데, 대대로 내려오는 작은 자투리땅이 하나씩 있습니다. 그런데 민수네 밭은 언수네 마을에, 언수네 밭은 민수네 마을에 각각 있었습니다. 별로 크지 않은 땅에 농사를 짓기 위해 고개를 넘어 다니는 일이 참 불편했습니다. 그런데 특이하게도 고개 넘어 서로 다른 마을에 있는 민수네 밭과 언수네 밭의 모양은 마치 평행사변형처럼 생겼어요. 누구의 땅이 더 넓은지 어떻게 알 수 있을까요?

학교에서 알뜰 바자회를 열었습니다. 어머니 2명이 오셔서 도와 주셨습니다. 진희는 친구들과 물건을 사려고 합니다. 책 200원짜리 5권, 신발 500원, 장난감 300원, 필통 400원 짜리 4개, 연필 100원 짜리 10개 등을 팔고 있었습니다. 알뜰 바자회에서 800원을 사용하려고 합니다. 진희가 살 수 있는 물건을 말해 봅시다.

(2) 수학 동화

수학 동화는 그림과 이야기 속에 수학적인 내용을 자연스럽게 접목시켜 학생들에게 수학적 기초를 다지고 수학적 사고력을 바탕으로 창의력, 논리력, 추리력, 문제 해결 능력 등 종합적 사고 능력을 길러 주기 위해 꾸며 쓴 것을 말한다. 실생활이 반영되거나 비슷한 맥락을 지닌 동화는 학생들에게 문제 상황과 그 속에서 해결책을 찾게 하기 때문에 수학을 더 친숙하게 느끼게 되며, 그 속에서 스스로 문제의식을 느끼고 해결할 수 있도록 하여 학습 효과를 높일 수 있다. 아래는 수학 동화의 예시로 학습 내용을 변화시켜 다양한 학년에서 지도 가능하다.

자꾸자꾸 초인종이 울리네

- 엄마가 만들어 주신 과자 12개를 샘과 빅토리아 둘이서 나누어 먹으려는데, 먹으려고 할 때마다 자꾸자꾸 초인종이 울리고 과자를 나눠 먹어야 할 친구들이 자꾸자꾸 늘어나며 어떻게 나눠 먹어야할지 생각해 보는 이야기
- 나눗셈 약수

(3) 멀티미디어 동화

과학·기술이 발달함에 따라 영화나 TV 등의 영상 매체, 게임, UCC, 블로그와 같은 멀티미디어 테크놀로지를 비롯하여 소셜미디어도 폭발적으로 성장하였다. 이러한 시대에 살고 있는 디지털 세대인 학생들은 재미를 중요시하고 재미없는 것을 참지 못하는 특성을 가지고 있다. 또한 지식과 정보의 양은 점차 늘어나서 모든 내용을 의미 있게 전달하는 것이 어려워지므로 교육(Education)과 재미·오락(Entertainment)라는 두 마리 토끼를 함께 잡는 에듀테인먼트(Edutainment)적 접근을 시도한다면 효과를 배가할 수 있다. 아래는 동화책을 바탕으로 하여 디지털 동화로 만들어진 예들이다.

2) 실과와 수학과의 만남

(1) 컴퓨터와 수학

3학년 1학기 '5. 길이와 시간'에 나오는 '1km 알아보기'를 할 때 실제 생활에서 1km를 체험하기에는 많은 어려움이 있다. 평소 많은 거리를 걸어보지만 그것이 얼마인지 생각하지 않고 걷기 마련이다. 학생들의 길이에 대한 양감을 실제 생활 속의 거리와 관련을 맺어주기 위하여 학교에서 1km쯤 되는 곳을 짐작하게 한 후 daum이나 naver 지도를 이용하여 확인해 보는 활동을 할 수 있다.

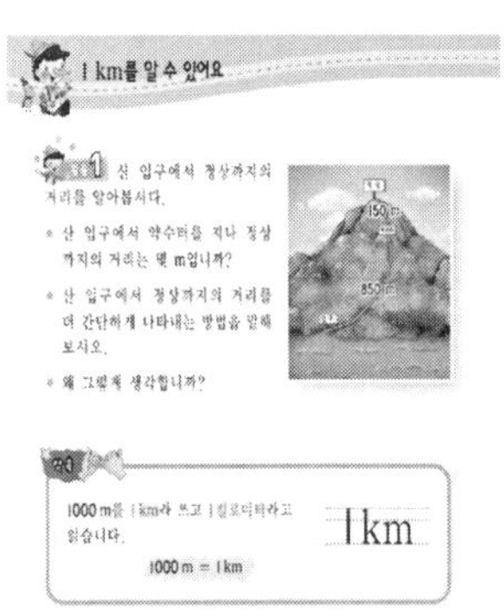

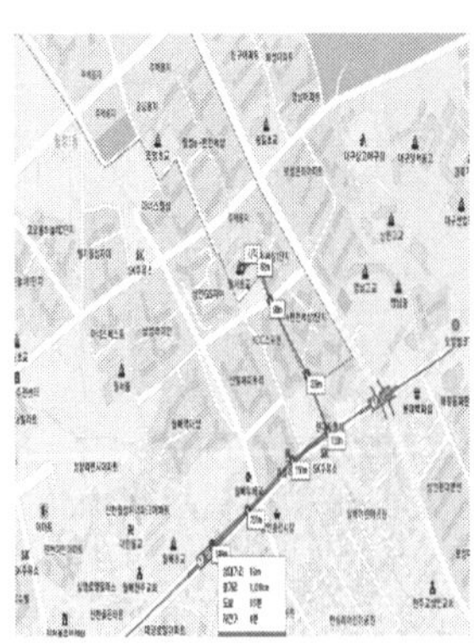

4학년 1학기 '2. 각도'의 경우 도형 속에서 각도를 재는 것에 머물러 학생들이 많이 흥미를 가지기 어렵고 생활과 많이 동떨어져 있다고 느끼는 경우가 많다. 일상에서 얼짱 각도란 표현을 자주 쓰고 있는데 디지털 카메라, 화면카메라, 휴대폰 등 간단한 카메라로 찍은 사진에서 각도를 재어 보고, 가장 멋지게 나오는 각도를 찾아보는 활동을 할 수 있다. 생활 속에서 흔하게 볼 수 있는 사진들을 보고 사진속의 물건들의 각도를 재어 볼 수도 있다.

(2) 계획적인 생활

수학 6-1 '6. 비율그래프'와 실과 '7. 생활자원과 소비'와 통합하여 '계획적인 생활' 이라는 주제로 수업을 운영할 수 있다.

표 4.2 용돈 지출내역과 비율그래프

<용돈 지출내역으로 비율그래프 그리기>

날짜	받거나 사용한 돈의 내용	수입(원)	지출(원)	잔액(원)
4/1	지난달에 남은 돈	3,000		3,000
4/3	부모님께 용돈을 받음	5,000		8,000
4/5	저축을 함		2,000	6,000
4/7	가위와 공책을 구입함		1,000	5,000
4/10	심부름을 하고 용돈을 받음.	1,000		6,000
4/13	친구 생일 선물을 구입함		5,000	1,000
4/17	심부름을 하고 용돈을 받음	2,000		3,000
4/20	종합장을 구입함		1,000	2,000
4/25	떡볶이를 사 먹음		1,000	1,000
합 계		11,000	10,000	1,000

1. 한 달 동안 지출한 금액으로 비율그래프를 그려보자.

2. 각 항목별 비율을 알아보자.

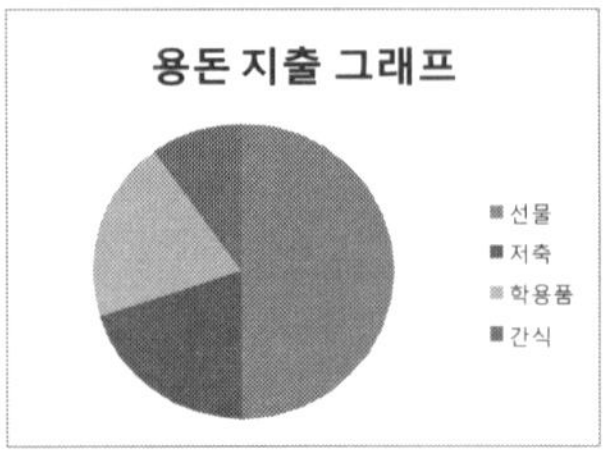

- 저축을 한 돈의 비율$=\frac{2000}{10000}\times 100=20(\%)$
- 생일로 선물을 구입한 비율$=\frac{5000}{10000}\times 100=50(\%)$
- 학용품을 산 돈의 비율$=\frac{2000}{10000}\times 100=20(\%)$
- 간식을 사 먹은 돈의 비율$=\frac{1000}{10000}\times 100=10(\%)$

3. 한 달 지출 내역을 이용하여 비율그래프를 그려보자.

	선물	저축	학용품	간식
비율	50	20	20	10

3) 미술과 수학과의 만남

(1) 삼각형의 세계

수학 4-1 ‘2. 각도’와 4-2 ‘2. 삼각형’, 미술의 ‘1. 형과 색’을 통합하여 ‘무늬 꾸미기’란 주제로 수업을 운영할 수 있다.

[수업의 주요 활동 내용]

① 색종이를 이용하여 직각삼각형 접기를 한다.

② 직각삼각형 접기를 3개하여 서로 끼운다.

③ 정삼각형을 만든다.

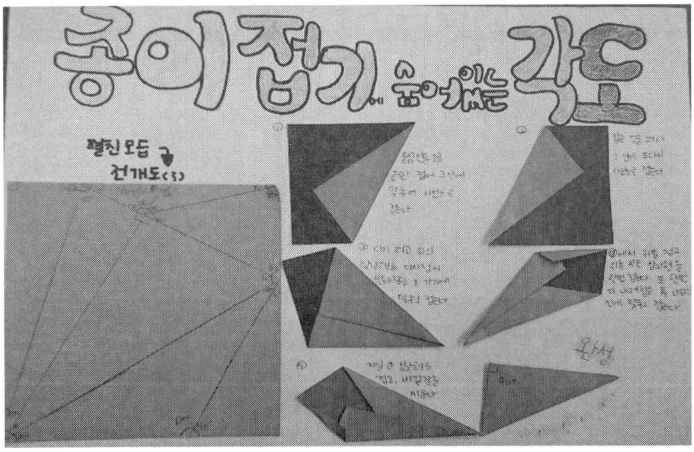

그림 4.5 종이접기에 숨어 있는 각도

④ 직각삼각형으로 만든 한 개를 펼쳐서 직각삼각형을 만드는 과정에서 생겨나는 각을 재어 기록하며 종이접기 순서를 정리한다.

⑤ 다 만들어진 정삼각형에서 접힌 종이의 모습에서 이루어지는 각의 크기를 재고 알게 된 점 등을 정리한다.

(2) 무늬 꾸미기

수학 4-1. '4. 평면도형의 이동', 4-1 '6. 규칙 찾기'와 미술의 '1. 형과 색'을 통합하여 '무늬 꾸미기'란 주제로 수업을 운영할 수 있다.

[수업의 주요 활동 내용]

① 색종이 두 장을 준비하여 한 장을 16등분한다.

② $\frac{1}{16}$ 색종이를 의 형태로 접어서 나머지 한 장의 색종이에 규칙적으로 붙이면서 무늬를 꾸민다.

③ 규칙을 꾸미기 위해 사용된 도형에서 밀기, 뒤집기, 돌리기 활동의 변화 관계를 설명한다.

④ 만들어진 무늬들의 규칙에서 공통점을 찾아 글로 나타낸다.

⑤ 무늬 꾸미기 작품들을 전시하고 감상한다.

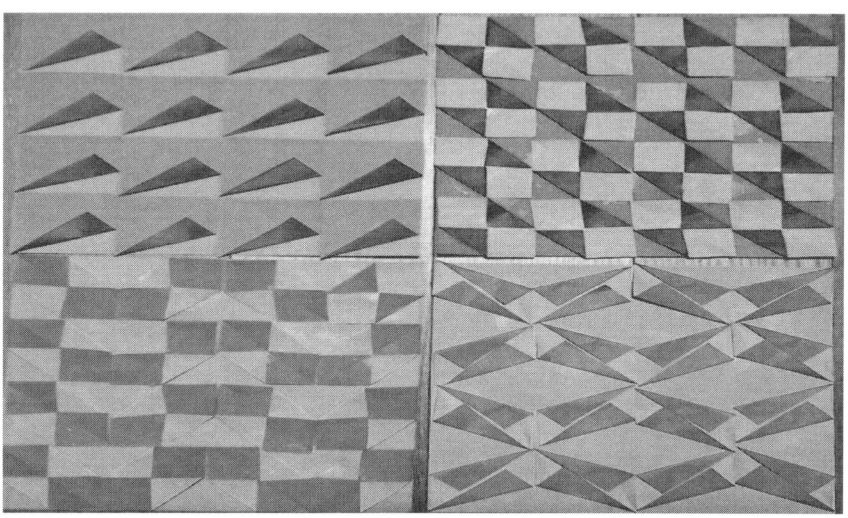

그림 4.6 종이접기를 이용하여 기본 무늬를 밀기, 뒤집기, 돌리기를 활용한 무늬 꾸미기

(3) 시계 만들기

1학년 2학기 '5. 시계 보기와 규칙 찾기', 2학년 2학기 '4. 시각과 시간'에서 시계 만들기, 1분 체험하기 활동을 통해 학생들에게 시간에 대한 흥미를 유발할 수 있다.

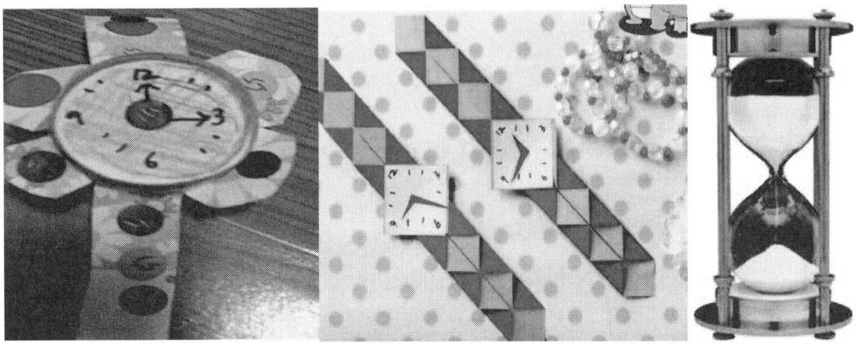

그림 4.7 시계 만들기 체험

(4) 체험으로서의 수학

5학년에서 큰 단위의 넓이를 학습할 때 학생들에게 실제 넓이의 양감을 길러주기 위하여 운동장으로 나가서 1a[6]를 재게 한다. 물론 1㎡도 신문지 등을 이용하여 실제로 만들어 보는 것도 좋다.

6학년에서 경우의 수를 공부할 때 실제 동전던지기 등을 하려고 할 때 굴러가는 소리, 주우러 가는 경우 등 산만해지기 싶다. 실제 체험을 하게 하면서 이러한 문제점을 해결하는 방

그림 4.8 1ha는 얼마나 넓은 것일까?

6 2015 개정 교육과정에서 넓이 단위인 a와 ha는 삭제되었다.

그림 4.9 경우의 수를 알아보기

법으로 투명한 음료수통 속에 동전이나 주사위를 넣고 흔들어서 확인하면 튀어나갈 염려가 없이 활동을 할 수 있다.

6학년에서 지름과 원주의 관계를 알아보는 학습에서 생활주변의 원모양의 물건을 수집하여 각각의 지름과 원주를 구하여 다양한 사례에서 그 관계를 파악하는 귀납적 추론을 통해 원주율을 알아보는 수업을 할 수 있다.

그림 4.10 지름과 원주의 관계탐구

6학년에서 원의 넓이를 구하는 방법을 알아볼 때, 학생들이 기존에 학습한 사각형과 삼각형의 넓이를 구하는 방법을 활용하여 문제를 해결할 수 있도록 한다. 원을 피자모양으로 잘라서 어긋나게 놓아 직사각형 모양으로 만들어 직사각형의 넓이의 모습으로 원의 넓이 구하거나 반지름의 길이만큼 잘라서 펼쳐서 삼각형 모양이 되도록 하여 삼각형의 넓이의 방법으로 원의 넓이를 구할 수 있다.

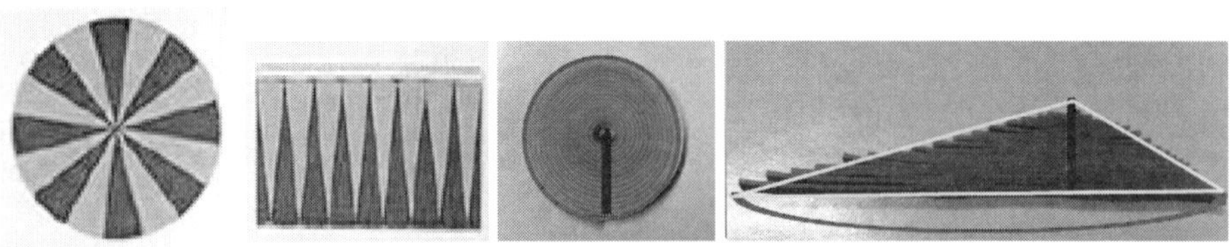

원의 넓이 = 삼각형의 넓이 = 밑변 × 높이 × $\frac{1}{2}$

원의 넓이 = 밑변(원주) × 높이(반지름) × $\frac{1}{2}$

= 지름 × 원주율 × 반지름 × $\frac{1}{2}$

= 반지름 × 반지름 × 원주율

그림 4.11 원의 넓이는 어떻게 알아보면 좋을까?

위에서 진술한 형태와 같은 체험을 한 학생들은 6학년 2학기가 되어 원기둥의 겉넓이를 구할 때 일반적으로 밑넓이의 2배와 옆넓이를 더하여 구하는데, 아래와 같이 직육면체의 넓이로 구하는 등 학생들이 창의적인 방법으로 문제를 해결하는 모습을 볼 수 있다.

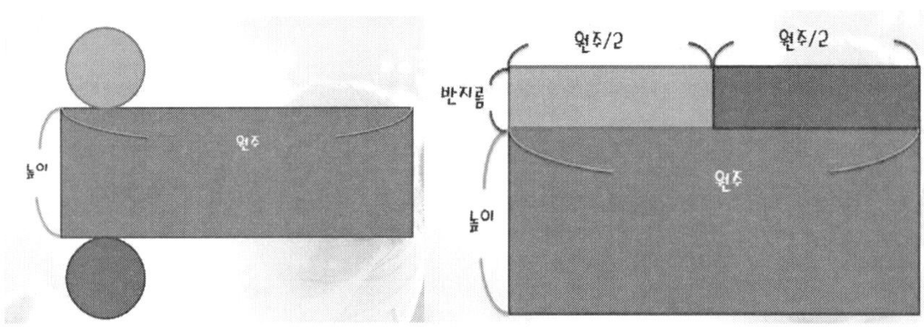

원기둥의 겉넓이 = 밑넓이 × 2 + 옆넓이

= 반지름 × 반지름 × 3.14 × 2 + 원주 × 높이

원기둥의 겉넓이 = 직사각형의 넓이

= 가로 × 세로

= (높이+반지름) × 원주

그림 4.12 원기둥의 겉넓이를 구하는 방법은 어떤 것이 있을까?

3-2학기에 나오는 '6. 분수와 소수'의 경우, 똑같이 나누었는지 확인하고 분수의 개념을 잡아가는 활동에서 실제 생활 속에서 음식을 나누어야 하는 상황과 실제 음식으로 나누어 보기, 색종이로 잘라보기 등의 활동을 하고 겹쳐보는 활동을 통해 확인하도록 한다. 칼라점토 등을 이용하여 똑같이 등분해 보고, 다시 뭉쳐서 다른 모양도 만들어 보는 활동을 통해 지식으로써의 수학이 아니라 유희가 될 수 있는 수학 그러면서 수학의 개념으로 토론을 할 수 있는 수학수업이 될 수 있다.

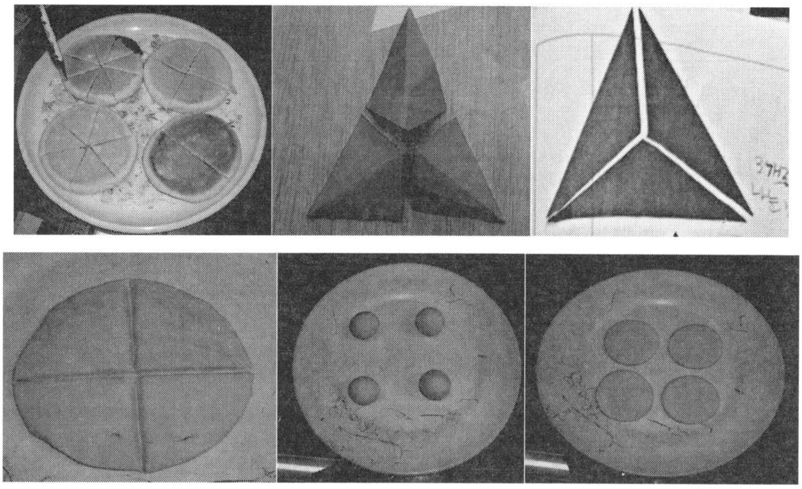

그림 4.13 똑같이 나누기

4.3 수학과 중심 융합수업 주제개발의 실제

수학과 중심 융합수업 주제를 개발하기 위하여 융합인재교육 수업모델은 2011년 대구교육대학교 대구부설초등학교의 연구주제인 '교육과정 재구조화를 통한 융합인재교육(STEAM) 수업모델 개발 및 적용 방안 탐색'에 따른 주제 중심형 수업모델[7]과 차시생성형 수업모델[8]을 참고하였다.

아래에 제시된 내용은 융합수업 주제 중에서 주제 중심형 1단원(음식속의 비 5차시)으로 그 내용은 6-1학기의 '7.비례식'과 '8.연비와 비례배분'을 실과의 '음식 만들기' 및 사회교과의 '세계의 문화를 중심으로'와 접목하여 '음식속의 비'라는 대주제의 개발과정과 일부 차시에 나타난 수업사례이다.

7 STEAM 관련 교과를 중심으로 교육과정에 제시된 단원과는 별도로 새로운 주제중심으로 교육과정을 재구조화하여 새로운 차시를 구성하여 지도하는 것을 의미한다(대구교육대학교 대구부설초등학교, 2011).

8 교육과정 분석 후 기존의 단원 내에 STEAM 요소를 추출 후 차시 수업에 STEAM요소를 삽입하거나 새로운 STEAM 차시를 생성하여 교육과정을 재구성하여 지도하는 것을 의미 한다(대구교육대학교 대구부설초등학교, 2011).

대주제	학습 주제	학반	학생	지도일시(장소)	지도 교사	적용모형
음식속의 비(3/5)	ㅇ 연비를 이용하여 준비물을 알아보자.	6-2	남 16 명 여 16 명 계 32 명	2012. 7. 19. 목요일 2교시 (6-2)	홍선주	문제 해결 학습

1) 수업 주제 및 주제 선정 이유

(1) 대주제: 음식속의 비

(2) 주제 선정 이유: 우리 생활 속에 비와 비율이 이용되는 경우가 많다. 이 주제는 세 양의 관계를 비로 나타낸 연비를 이해하고, 두 비의 상호관계로부터 연비를 구하게 한다. 또 연비의 성질을 이해하고, 이를 이용하여 연비를 간단한 자연수의 비로 나타내게 하고 있다. 그리고 전체를 주어진 비로 나누는 비례배분을 이해하고, 연비를 비례 배분하는 방법을 알아 생활 속의 문제를 해결할 수 있도록 내용이 구성되어 있다. 6학년의 실과 단원에서 '간단한 음식 만들기'에서 나오는 음식 준비물을 모둠단위로 나누어서 준비하려고 할 때, 연비를 이용하여 해결하면 간단하게 구할 수 있다. 음식이라는 주제는 세계 여러 나라의 대표 음식과 전파과정을 살펴보는 과정에서 사회문화에 대한 이해를 바탕으로 둘 수 있기 때문에 STEAM 주제로 용이하다.

2) STEAM 융합주제 추출

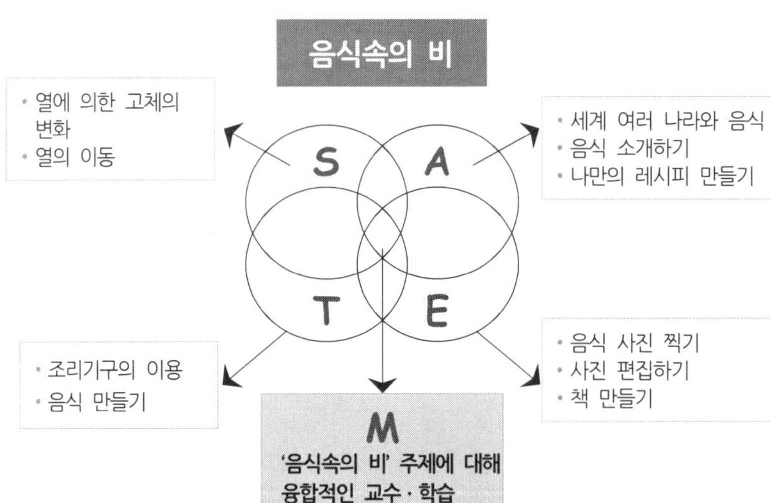

그림 4.14 융합 주제에 따른 영역별 활동 내용

3) 교육과정 분석을 통한 관련 내용 추출

표 4.3 교육과정 분석을 통한 관련 내용 추출

학년	융합 주제	소주제	교과	단원	주요 학습 활동
6	음식 속의 비	세계 여러 나라와 음식	사회	2-4. 음식으로 세계 만나기	음식과 문화의 관계 알아보기
					세계적인 음식과 전파 과정 알아보기
		음식 만들기	실과	1. 간단한 음식 만들기	음식 만드는 방법과 준비물 알아보기
		연비와 비례배분	수학	7. 연비와 비례배분	연비를 활용하여 준비물 알아보기
		음식 소개하기	국어 사회	2-4. 음식으로 세계 만나기	음식 만들기 과정 소개하는 글쓰기

4) 주제의 지도 계획

표 4.4 주제의 지도 계획

차시	주제	학습 활동	STEAM 요소	창의·인성 요소	학습 자료
1	세계 여러 나라와 음식	• 음식과 문화의 관계 알아보기 • 세계적인 음식과 전파 과정 알아보기	Ⓣ+Ⓔ+Ⓐ	☆유추성, 융통성 ♡탐구력, 이해	• 세계지도, 여러 가지 음식 사진, 문화전파 동영상 등
2	음식 만들기	• 음식 만드는 방법과 준비물 알아보기	Ⓣ+Ⓔ+Ⓐ	☆융통성, 정교성 ♡문제 해결력 탐구력	• 여러 가지 조리 기구, 음식 사진
3 (본시)	연비와 비례배분	• 연비의 성질을 알고 음식의 재료를 연비의 성질을 이용하여 준비물 알아보기	Ⓣ+Ⓐ+Ⓜ	☆융통성, 정교성 ♡이해, 탐구력	• 학습장, 여러 가지 음식 사진과 레시피
4	음식 만들기	• 준비물을 이용하여 음식 만들기	Ⓢ+Ⓣ+Ⓔ+Ⓐ	☆정교성, 유추성 ♡협동심 문제 해결력	• 여러 가지 조리 기구, 음식 준비물, 접시 등
5	음식 소개하기	• 음식 만들기 과정 소개하는 글쓰기	Ⓢ+Ⓣ+Ⓔ+Ⓐ+Ⓜ	☆융통성, 정교성 ♡문제 해결력 탐구력	• 디지털사진기, 컴퓨터 프로그램

5) 본시 교수·학습의 실제

(1) 교수 · 학습 안

학습 목표		
학습 목표	교과	○ 연비의 성질을 알고, 주어진 연비를 간단한 자연수의 연비로 나타낼 수 있다.
	창의	○ 여러 가지 음식의 재료의 양을 연비의 성질을 이용하여 융통성 있게 구할 수 있다.
	인성	○ 친구들과 서로 협력하여 의사를 존중하면서 문제 해결 과정에 적극적으로 참여한다.

단계	학습요항(분)	교수 · 학습 활동	ⓈⓉⒺ ⒶⓂ	□자료 ※유의점 (?)평가 ☆창의성 ♡인성
탐색	카레밥의 문제 상황 알기	○ [1]을 보고 문제 상황 알아보기 • [1]을 보며 구하고자 하는 것은 무엇인지 알아봅시다. <카레밥 준비물> 밥 1공기, 카레가루 50 g, 감자 1개, 양파 $\frac{1}{2}$개, 돼지고기 50 g, 식용유 $\frac{1}{4}$작은 술 <문제 상황> 위 재료는 한 명이 맛있게 먹을 수 있는 양의 카레밥을 만들 수 있었습니다. 우리 모둠 친구들 4명이 함께 나누어 먹으려고 합니다. 4명, 6명이 먹으려면 양을 얼마만큼 하여야 하는지 알아봅시다. • 구하려고 하는 것은 무엇입니까? - 4명, 6명이 먹으려면 양을 얼마만큼 하여야 하는지 알아보는 것입니다. • 오늘 공부할 문제가 무엇인지 알아봅시다. ◎ 연비의 성질을 알고, 주어진 연비를 간단한 자연수의 연비로 나타내기	Ⓣ+Ⓐ Ⓣ+Ⓐ+Ⓜ	[1] 사진 PPT (카레밥, 여러 가지 재료) ☆ 민감성, 유창성 다양한 관점으로 관찰한 내용을 자유롭게 발표한다.
	학습문제 확인	○ 학습순서 알아보기 - [활동 1] 해결 방법 찾기 - [활동 2] 해결 - [활동 3] 다른 문제 해결		
해결 방안 탐색	배운 내용을 바탕으로 해결 방법 찾기	○ 배운 내용을 바탕으로 해결 방법 찾기 • 문제를 해결하기 위하여 어떻게 하면 좋을까요? - 비의 성질과 같이 같은 수를 곱하여도 그 비는 같을 것이다. - 비의 성질을 이용하는 것과 같이 연비로 나타낸 후 비의 성질을 이용하여 구하면 될 것이다. - 간단한 문제를 만들어 해결한 후 이 문제를 해결한다. 등		☆융통성 1학기 배운 내용과 연관지어 다양하게 생각해볼 수 있도록 한다.

해결	간단한 문제로 해결 방법 알아보기	○ 연비에 대해 간단한 문제로 해결 방법 알아보기 • [2]를 보고 주먹밥의 재료를 알아봅시다. 주먹밥을 만들려고 합니다. 1인분을 만들기 위해서는 밥 1공기, 볶음 깨 40 g, 소금 10 g이 필요합니다. 연비로 나타내고 4인분 경우의 재료를 구해 봅시다. • 1인분 재료를 4명 모둠이 함께 하기 위한 재료를 알아보려면 어떻게 하면 좋을까요? – 1학기 때 배운 비의 성질을 이용한다. – 비의 성질은 비는 각 항을 같은 수로 곱하거나 0이 아닌 같은 수로 나누어 간단한 자연수의 비로 나타낼 수 있다는 것을 이용한다. 등	Ⓣ + Ⓜ	[2] 주먹밥의 재료 연비의 문제
	음식 재료를 연비로 나타내기	○ 재료의 연비를 간단한 자연수의 비로 나타내는 방법 알아보기 • 모둠별 토의를 통해 문제를 해결해 봅시다. – 각 항에 같은 수를 곱한다. – 1학기 때 배운 비의 성질에서처럼 각 항을 같은 수를 곱하여도 비의 값은 같기 때문이다. 등 – 밥 : 볶음 깨 : 소금 = 1 : 40 : 10 = 4 : 160 : 40 • [3]의 문제를 보고 간단한 자연수의 비로 나타내어 봅시다. 미소, 선주, 진규 세 사람은 1시간 동안 만두를 만들었다. 미소는 20개의 만두를 만들고, 선주는 35개, 진규는 15개를 만들었다. 세 사람이 만든 만두의 양을 간단한 자연수의 연비로 나타내려면 어떻게 해야 할까요? – 미소 : 선주 : 진규 = 20 : 35 : 15 = 4 : 7 : 3	Ⓐ + Ⓜ	[3] 0이 아닌 같은 수로 나누어 간단한 자연수의 비로 나타내는 문제
검토	연비의 성질 알기	○ 연비의 성질 알기 • 두 연비의 문제를 해결하면서 알 수 있는 것은 무엇입니까? – 비의 성질과 같이 연비는 각 항을 같은 수로 곱하거나 0이 아닌 같은 수로 나누어 간단한 자연수의 비로 나타낼 수 있다. 등 • 연비는 각 항을 같은 수로 곱하여도 그 비가 같다. • 연비는 0이 아닌 같은 수로 나누어도 그 비가 같다.	Ⓐ + Ⓜ	

	연비의 성질을 이용하여 카레밥의 재료 알아 보기	○ 4인분의 카레밥의 재료 알아보기 • 밥, 카레가루, 감자, 양파, 돼지고기의 양을 연비로 나타내고 4인분의 재료의 양을 알아봅시다. - 1 : 50 : 1 : $\frac{1}{2}$: 50=2:100:2:1:100=4:200:4:2:200 • 카레밥을 만들기 위한 준비할 재료들을 역할별로 나누어 봅시다. - 모둠 1번은 밥 4공기, 모둠 2번은 카레가루 200 g와 감자4개, 모둠 3번은 양파 2개와 조리 기구, 모둠 4번은 돼지고기 200 g을 준비한다. 등	Ⓣ+Ⓐ +Ⓜ	
적 용 발전	형성 평가	○ 형성평가 • [4]의 문제를 풀어 봅시다. - 연비의 성질을 이용하여 간단한 자연수의 비로 나타낸다.		[4] 여러 가지 음식 레시피로 된 연비 문제
	알게 된 점	○ 학습 활동 결과 알게 된 점 말하기 • 이 시간에 배운 내용에 대해 정리하여 봅시다. - 연비의 성질은 비의 성질과 같이 각 항에 같은 수를 곱하거나 같은 수를 나누어도 그 비가 같다. 등 - 생활에서 음식의 양을 준비할 때 쓰일 수 있습니다. ○ 차시 예고 • 다음 시간에는 오늘 연비의 성질을 이용하여 구한 음식의 재료를 준비하여 음식을 만들어 보겠습니다.		

(2) 차시별 학습 활동의 사례

본 주제의 1차시 사회 '2-4. 세계 여러 나라와 음식'의 경우 사회시간을 통해 여러 나라의 음식에 대해 알아본 후 카레를 주제로 하여 연비활동을 도입하였다. 먼저 카레가 어느 나라 음식인지, 세계로 전파된 계기, 그 나라에 대해 더 알고 싶은 내용을 살펴볼 수 있도록 하였다. 학생들은 사전 지식, 인터넷 자료와 음식관련 책자 등을 활용하여 쉽게 카레에 대해 조사, 발표하였다. 학생들의 음식에 대한 관심이 매우 크고 선호하는 음식의 종류도 매우 다양하여 주제를 하나로 한정하기가 매우 곤란하였는데 활동을 마친 후 굳이 카레 한 종류로 제한할 필요는 없다는 생각이 들었다. 오히려 여러 가지 음식을 통해 연비학습에 필요한 다양한 값과 사례를 접할 수 있고 그것을 공유하는 활동으로 정리를 하면 되기 때문이다. 그 외 세계적인 음식 이탈리아 피자, 일본의 스시 등에 대해서 조사해보기를 원하기도 하였다. 카레의 나라 인도에 대해서 더 알고 싶은 내용으로 수학 강국, IT강국으로 그와 관련된 내용을 살펴보고, 인도 특유의 건축 양식, 카레와 함께 먹는 음식 등에 대해 더 알아보기를 원하였다. 1차시에 활용한 학습지 및 학습 활동의 대표적인 사례는 다음과 같다.

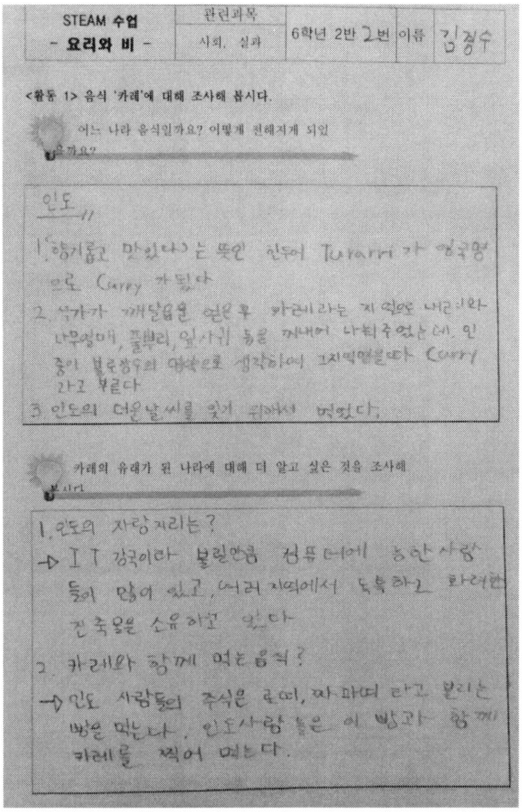

〈카레는 어느 나라 음식일까요?〉

인도음식이다. 향기롭고 맛있다는 뜻인 힌두어 커리가 영국명으로 카레가 되었다. 석가가 깨달음을 얻은 후 카레라는 지역으로 내려와 나무열매, 풀뿌리, 잎사귀 등을 꺼내어 나눠주었는데, 민중이 불로장수의 명약으로 생각하여 그 지역명을 따 카레라고 부른 것이다. 인도의 더운 날씨를 잊기 위해 먹는다.

〈카레의 유래가 된 나라에 대해 알고 싶은 점 조사해 봅시다.〉

1. 인도의 자랑거리는 IT이다. IT강국이라고 불릴 만큼 컴퓨터에 능숙한 사람들이 많고 여러 지역에서 독특하고 화려한 건축물을 소요하고 있다.
2. 카레와 함께 먹는 음식은 무엇일까? 인도 사람들의 주식은 로띠, 짜파여라고 불리는 빵을 먹는다. 인도사람들은 이 빵과 함께 카레를 찍어 먹는다.

그림 4.15 '음식속의 비(1/5) 세계 여러 나라와 음식' 학습 활동 결과

3차시 '연비의 성질을 알고, 주어진 연비를 간단한 자연수의 연비로 나타내기'의 경우 연비로 나타내기, 연비의 성질을 이용하여 4, 6인분의 값을 구해 보는 활동을 하도록 하였다. 도입에서 본 주제로 접근하기 위하여 '음식 만들기' 내용으로 시작하였으며, 연비의 성질을 알아보는 것은 일반적인 수학수업과 같이 진행하였고, 연비를 활용하는 적용부분에서 실제 실과 '음식 만들기' 수업을 하기 위해 4명이 한 모둠일 경우 준비물을 조사해 보았다.

<카레를 만드는 방법>

준비물 : 감자, 당근, 양파, 돼지고기, 카레소스

① 당근, 양파, 감자는 사방 0.5 cm 정도로 먹기 좋게 썰어 준비

② 100 g의 돼지고기를 참기름을 넣고 핏기가 가실 정도로 볶는다.

③ 볶아진 고기를 손질된 채소를 넣어 볶는다.

④ 적당히 볶아진 카레 재료에 물 1000 mL 정도를 붓고 20~30분 정도 충분히 끓인다.

⑤ 카레 소스를 데우고 뜨끈뜨끈 데워진 밥에 카레소스를 부어 먹는다.

<4인분, 6인분일 때 재료의 양 알기>

	감자	당근	양파	돼지고기	카레소스
1인분	200 g	170 g	70 g	100 g	100 g
4인분	800 g	680 g	280 g	400 g	400 g
6인분	1200 g	1020 g	420 g	600 g	600 g

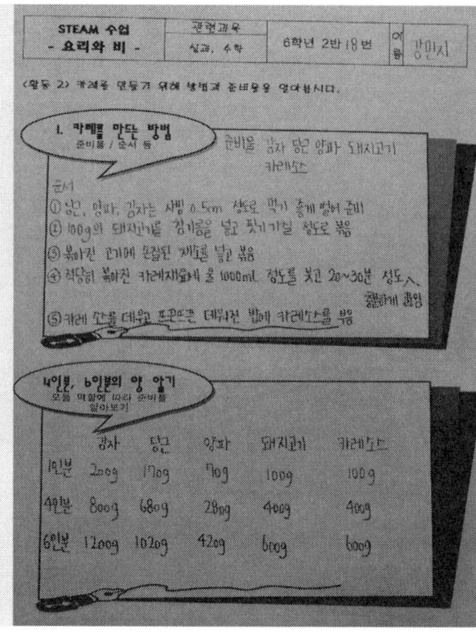

그림 4.16 '음식속의 비(3/5) 연비와 비례배분' 학습 활동 결과

아래는 4차시 실과 '음식 만들기'모습이다. 실제 학생들은 연비를 이용하여 재료를 준비한 만큼 가지고 오지는 않았다. 재료가 g단위로 판매하는 돼지고기의 경우는 그의 그 양만큼 준비하였으나 감자, 당근, 양파 등의 야채를 준비할 때에는 어림을 이용하여 4인분에 나온 값보다 더 여유 있게 준비하는 모습을 보였다.

그림 4.17 음식속의 비(4/5) '음식 만들기' 학습 활동 모습

조리 과정에서는 될 수 있으면 계획한 양을 지킬 수 있도록 저울을 사용하도록 하였다. 학생들은 이 과정을 다소 불편해 하였고 카레소스 이 외에는 어림으로 재료를 준비하였다. 카레와 같은 대부분의 요리에서는 어림으로 요리를 하지 저울을 이용한 계량이 큰 의미가 없다는 것이 단점이라면 단점이었다. 따라서 활동을 마친 후에 우리 학교 급식실에서는 카레를 준비할 때 어떻게 할까라는 질문을 하였고 직접 영양사 선생님께 급식준비에 필요한 재료의 양을 어떻게 정하는지 알아보도록 하였다. 그제 서야 학생들은 자신들이 사용했던 연비가 실제 상황에서 사용됨을 깨달았다.

만약 정확한 비율을 따져서 필요한 재료의 양을 계산하고 저울을 이용한 계량이 필요한 음식을 만들려 한다면 카레 같은 일반요리보다는 쿠키 만들기가 확실히 효과적이라고 생각된다. 쿠키는 버터, 설탕의 비율을 정확하게 지켜야 하기 때문이다.

실제 연비를 이용하여 재료의 양을 조사해보니 막연히 준비하는 것보다 양을 조절하기 쉬웠고, 연비가 생활에서 어떻게 사용되는지 이해하는데 도움이 되었다고 하였다.

다음은 마지막 5차시 '음식 소개하기'에서 음식 만들기 과정을 소개하는 글쓰기와 함께 '음식속의 비'라는 1단원의 수업을 마치고 학생들이 수업 후의 느낌과 생각을 글과 그림으로 표현한 사례이다.

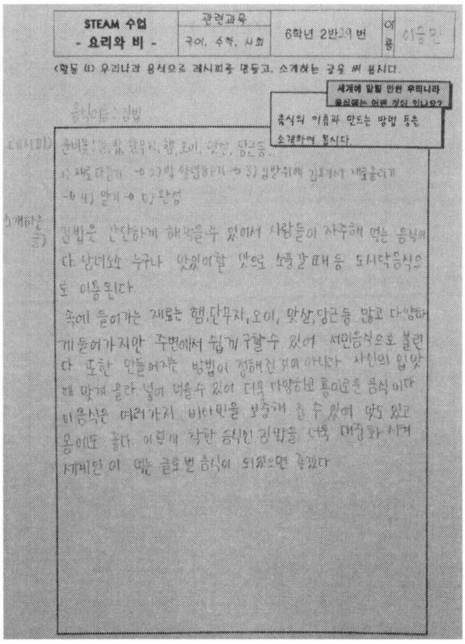

그림 4.18 음식 만들기 과정 소개하는 글쓰기

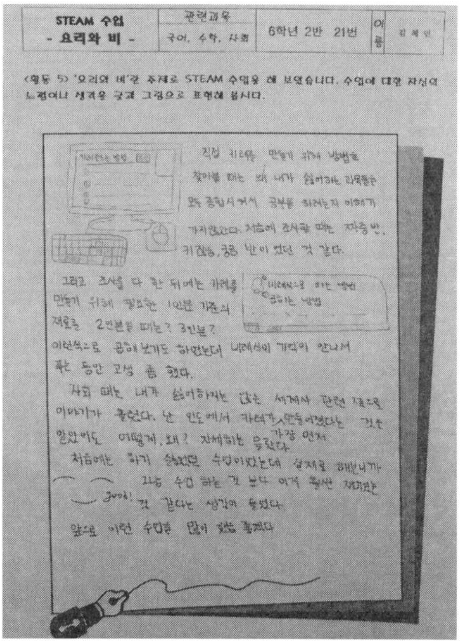

그림 4.19 수업 후의 학습자의 느낌과 생각

융합인재교육이 학생들의 흥미를 유발시키고 수학적 개념끼리의 연결, 수학과 다른 교과와의 연결을 통해 살아 숨쉬는 수업으로 구현될 수는 있으나 아직도 우리나라에서는 수학 교과에서 융합인재교육의 실천을 위한 이론이나 접근방법이 명확히 구체화되어있지 않은 상황이다.

우리나라의 학교현장에서 융합인재교육이 올바르게 실천되기 위해서는 교육환경, 교육과정, 교육정책, 현장에 직접 활용할 수 있는 자료 등의 여러 가지 현안들을 되짚어 보아야 할 것이다.

앞서 언급한 바와 같이 수학 교과에서의 융합인재교육은 스토리텔링, 컴퓨터, 실과, 미술 등을 통합한 주제로 정규 수업시간에 실시하거나 창의적 체험활동, 특별활동, 재량활동 등을 활용하여 실시할 수 있을 것이다.

이 장에서는 융합인재교육이 현장학교에서 실제 수업으로 실현되기 위한 구체적인 실천 방안의 하나로 교육과정을 분석하여 수학과를 중심으로 한 융합수업주제를 개발하였고, 개발한 수업주제의 적용을 통하여 각 차시에서의 학습할 방법 및 그 결과 나타나는 수업의 실제 사례를 제시하였다.

따라서, 여기에 제시된 방안들은 2013년부터 적용되는 2009 개정 교육과정이 융합적 접근을 통해 수학에 흥미를 갖고 학습자의 사고력을 증진시키기 위해 다양한 방안을 모색하는 것과 그 맥을 함께 하고 있다고 할 수 있다.

앞으로 2009 개정 교육과정의 수학 교과 내 융합적 접근 주제가 실제 수업으로 실현됨에 있어서 이 장에서 제시한 방안들이 일선 현장에서 수학과 중심 융합수업을 계획하는 모든 교사들에게 이를 벤치마킹할 수 있는 하나의 수업모델로 활용될 수 있기를 바라며 더욱 나아가 학생들의 수학에 대한 흥미를 진작시킬 뿐만 아니라 수학적 사고력을 향상시키는 방안으로 발전되어 나가길 기대한다.

연습문제

1. 우리나라의 STEAM 교육 정책은 어떻게 시작하게 되었는가?

2. 초등수학에 다른 교과가 융합될 수 있는 예를 들어보시오.

3. STEM 및 STEAM 교육을 위한 수업 설계 모형을 조사해 보시오.

4. 통합교육과정과 교육과정 통합의 차이점은 무엇인지 말해보시오.

5. 우리나라의 초등수학수업에서 STEAM 수업을 실시한 학교의 실제 예를 조사해 보시오.

6. 우리나라의 학자들이 주장하는 STEAM 교육의 정의에 대하여 조사해 보시오.

5장 수와 연산

수와 연산은 수학에서 가장 기본적이고 기초적인 내용일 뿐만 아니라 역사적으로도 인류 문명의 시작과 함께 발달되었다.

수와 연산 영역의 초등학교 수학 교과서의 내용 전개는 수 개념이 초등학교 수학의 실제적인 기초와 출발점이 된다는 생각으로 구체적인 상황이나 조작물의 사용을 통하여 이해를 유도하는 방식으로 내용이 구성되어 있다고 할 수 있다.

수는 어떤 대상의 양을 나타내거나 양을 비교하고 측정할 때 사용된다. 그러므로 학생들은 다양한 방법으로 수를 사용하거나 양 사이의 관계를 이해할 수 있어야 한다.

연산 측면에서는 수 개념의 이해를 기반으로 관련된 연산의 내용을 전개하되 처음부터 기계적인 계산 알고리즘의 형식화나 반복 숙달의 방법을 통해서가 아니라 각 연산이 필요한 상황에 대한 이해는 물론 각 계산의 알고리즘이 어떤 주어진 절차대로 이루어져야만 되는 필연적 이유를 학습자가 이해할 수 있는 탐구나 설명의 과정이 충분히 포함되도록 구성되어 있다고 할 수 있다.

수와 연산 영역의 지도에서 중요한 것은 학생들의 계산 기능만을 강조할 것이 아니라 나아가 수 감각을 발달시키고, 수들 사이의 관계를 알 수 있게 하고, 수에 대한 성질을 탐구할 수 있도록 지도되어야 한다.

이 장에서는 초등수학 교과서의 내용 구성의 근간이 되는 수와 연산 영역의 학습 지도에 있어서 이론적인 배경은 물론 그 실제적인 방법에 대해 고찰해 보고자 한다. 먼저 2015 개정 초등수학 교육과정의 수와 연산 영역의 각 학년군별 내용체계와 성취기준을 살펴보면 아래와 같다.

가. 내용체계

영역	핵심 개념	일반화된 지식	학년(군)별 내용 요소			기능
			1~2학년	3~4학년	5~6학년	
수와 연산	수의 체계	수는 사물의 개수와 양을 나타내기 위해 발생했으며, 자연수, 분수, 소수가 사용된다.	• 네 자리 이하의 수	• 다섯 자리 이상의 수 • 분수 • 소수	• 약수와 배수 • 약분과 통분 • 분수와 소수의 관계	(수)세기 (수)읽기 (수)쓰기 이해하기 비교하기 계산하기 어림하기 설명하기 표현하기 추론하기 토론하기 문제 해결하기 문제 만들기
	수의 연산	자연수에 대한 사칙계산이 정의되고, 이는 분수와 소수의 사칙계산으로 확장된다.	• 두 자리 수 범위의 덧셈과 뺄셈 • 곱셈	• 세 자리 수의 덧셈과 뺄셈 • 자연수의 곱셈과 나눗셈 • 분모가 같은 분수의 덧셈과 뺄셈 • 소수의 덧셈과 뺄셈	• 자연수의 혼합계산 • 분모가 다른 분수의 덧셈과 뺄셈 • 분수의 곱셈과 나눗셈 • 소수의 곱셈과 나눗셈	

나. 성취기준

[초등학교 1 ~ 2학년]

수는 사물의 개수나 양을 나타내기 위해 발생하였다. 자연수는 수 세기를 통해 도입되며, 0과 자연수에 대한 덧셈, 뺄셈, 곱셈이 정의된다. 수는 수학에서 다루는 가장 기본적인 개념으로, 실생활뿐만 아니라 타 교과나 수학의 다른 영역을 학습하는 데 필수적이다. 또한 사칙연산은 수학 학습에서 습득해야 할 가장 기본적인 기능이며, 이후 학습을 위한 기초가 된다.

[1] 네 자리 이하의 수

[2수01-01] 0과 100까지의 수 개념을 이해하고, 수를 세고 읽고 쓸 수 있다.

[2수01-02] 일, 십, 백, 천의 자릿값과 위치적 기수법을 이해하고, 네 자리 이하의 수를 읽고 쓸 수 있다.

[2수01-03] 네 자리 이하의 수의 범위에서 수의 계열을 이해하고, 수의 크기를 비교할 수 있다.

[2수01-04] 하나의 수를 두 수로 분해하고 두 수를 하나의 수로 합성하는 활동을 통하여 수 감각을 기른다.

[2] 두 자리 수 범위의 덧셈과 뺄셈

[2수01-05] 덧셈과 뺄셈이 이루어지는 실생활 상황을 통하여 덧셈과 뺄셈의 의미를 이해한다.

[2수01-06] 두 자리 수의 범위에서 덧셈과 뺄셈의 계산 원리를 이해하고 그 계산을 할 수 있다.

[2수01-07] 덧셈과 뺄셈의 관계를 이해한다.

[2수01-08] 두 자리 수의 범위에서 세 수의 덧셈과 뺄셈을 할 수 있다.

[2수01-09] □가 사용된 덧셈식과 뺄셈식을 만들고, □의 값을 구할 수 있다.

[3] 곱셈

[2수01-10] 곱셈이 이루어지는 실생활 상황을 통하여 곱셈의 의미를 이해한다.

[2수01-11] 곱셈구구를 이해하고, 한 자리 수의 곱셈을 할 수 있다.

(가) 학습 요소

- 덧셈, 뺄셈, 곱셈, 짝수, 홀수, + , − , × , = , > , <

(나) 교수·학습 방법 및 유의사항

- 자연수가 개수, 순서, 이름 등을 나타내는 경우가 있음을 알고, 실생활에서 수가 쓰이는 사례를 통하여 수의 필요성을 인식하게 한다.
- 수 세기가 필요한 장면에서 묶어 세기, 뛰어 세기의 방법으로 수를 세어보고, 실생활 장면에서 짝수와 홀수를 직관적으로 이해하게 한다.
- 두 자리 수를 10개씩 묶음과 낱개로 나타내게 함으로써 위치적 기수법의 기초 개념을 형성하게 한다.
- 수를 분해하고 합성하는 활동은 20 이하의 수의 범위에서 한다.
- '더한다', '합한다', ' ~보다 ~큰 수', '~보다~작은 수', '뺀다', '덜어 낸다', '합', '차' 등의 일상용어를 사용하여 덧셈과 뺄셈의 의미에 친숙하게 한다.
- 덧셈은 두 자리 수의 범위에서 다루되, 합이 세 자리 수인 경우도 포함한다.
- 덧셈과 뺄셈을 여러 가지 방법으로 계산하는 활동을 통하여 연산 감각을 기르게 한다.
- 한 가지 상황을 덧셈식과 뺄셈식으로 나타내는 활동을 통하여 덧셈과 뺄셈의 관계를 이해하게 한다.
- □가 사용된 덧셈식과 뺄셈식은 □의 값을 직관적으로 구할 수 있는 수준으로 다룬다.
- 학생들에게 친근한 실생활 상황을 이용하여 덧셈과 뺄셈에 관련된 문제를 만들고 해결하게 한다.
- 곱셈의 의미는 배의 개념과 동수누가를 통하여 다루고, 1의 곱과 0의 곱은 실생활과 관련지어 다룬다.
- 수와 연산 영역의 문제 상황에 적절한 문제 해결 전략을 지도하여 문제 해결 능력을 기르게 한다.

(다) 평가 방법 및 유의 사항

- 덧셈과 뺄셈을 여러 가지 방법으로 계산하는 활동을 평가할 때에는 학생들이 자유롭게 계산하도록 하는 데 초점을 두고 이를 지나치게 형식화하지 않도록 관찰, 면담 등의 다양한 방법을 이용한다.

[초등학교 3~4학년]

수는 사물의 개수나 양을 나타내기 위해 발생하였다. 수 세기를 통해 도입된 자연수는 큰 수로 범위가 확장되며 자연수에 대한 사칙계산이 정의된다. 자연수로 나타낼 수 없는 양을 표현하기 위해 수 개념은 분수, 소수로 확장되고 각각에 대한 덧셈과 뺄셈이 정의된다. 수는 수학에서 다루는 가장 기본적인 개념으로 실생활뿐 아니라 타 교과나 수학의 다른 영역을 학습하는 데 필수적이다. 또한 사칙계산은 수학 학습에서 습득해야 할 가장 기본적인 기능이며, 이후 학습을 위한 기초가 된다.

1 다섯 자리 이상의 수

[4수01-01] 10000 이상의 큰 수에 대한 자릿값과 위치적 기수법을 이해하고, 수를 읽고 쓸 수 있다.

[4수01-02] 다섯 자리 이상의 수의 범위에서 수의 계열을 이해하고 수의 크기를 비교할 수 있다.

2 세 자리 수의 덧셈과 뺄셈

[4수01-03] 세 자리 수의 덧셈과 뺄셈의 계산 원리를 이해하고 그 계산을 할 수 있다.

[4수01-04] 세 자리 수의 덧셈과 뺄셈 계산에서 계산 결과를 어림할 수 있다.

3 곱셈

[4수01-05] 곱하는 수가 한 자리 수 또는 두 자리 수인 곱셈의 계산 원리를 이해하고 그 계산을 할 수 있다.

[4수01-06] 곱하는 수가 한 자리 수 또는 두 자리 수인 곱셈에서 계산 결과를 어림할 수 있다.

4 나눗셈

[4수01-07] 나눗셈이 이루어지는 실생활 상황을 통하여 나눗셈의 의미를 알고, 곱셈과 나눗셈의 관계를 이해한다.

[4수01-08] 나누는 수가 한 자리 수인 나눗셈의 계산 원리를 이해하고 그 계산을 할 수 있으며, 나눗셈에서 몫과 나머지의 의미를 안다.

[4수01-09] 나누는 수가 두 자리 수인 나눗셈의 계산 원리를 이해하고 그 계산을 할 수 있다.

5 분수

[4수01-10] 양의 등분할을 통하여 분수를 이해하고 읽고 쓸 수 있다.

[4수01-11] 단위분수, 진분수, 가분수, 대분수를 알고, 그 관계를 이해한다.

[4수01-12] 분모가 같은 분수끼리, 단위분수끼리 크기를 비교할 수 있다.

6 소수

[4수01-13] 분모가 10인 진분수를 통하여 소수 한 자리 수를 이해하고 읽고 쓸 수 있다.

[4수01-14] 자릿값의 원리를 바탕으로 소수 두 자리 수와 소수 세 자리 수를 이해하고 읽고 쓸 수 있다.

[4수01-15] 소수의 크기를 비교할 수 있다.

7 분수와 소수의 덧셈과 뺄셈

[4수01-16] 분모가 같은 분수의 덧셈과 뺄셈의 계산 원리를 이해하고 그 계산을 할 수 있다.

[4수01-17] 소수 두 자리 수의 범위에서 소수의 덧셈과 뺄셈의 계산 원리를 이해하고 그 계산을 할 수 있다.

(가) 학습요소

- 나눗셈, 몫, 나머지, 나누어떨어진다, 분수, 분모, 분자, 단위분수, 진분수, 가분수, 대분수, 소수, 소수점(.), ÷

(나) 교수·학습 방법 및 유의 사항

- 실생활에서 10000 이상의 큰 수가 쓰이는 경우를 찾고 큰 수와 관련하여 이야기하는 활동을 통하여 큰 수에 대한 양감을 기르고 필요성을 인식하게 한다.
- 10000 이상의 수를 비교하면서 수의 크기를 비교하는 방법을 찾아 설명하게 한다.
- 덧셈은 세 자리 수의 범위에서 다루되, 합이 네 자리 수인 경우도 포함한다.
- 곱셈은 '(두 자리 수) × (한 자리 수)', '(세 자리 수) × (한 자리 수)', '(두 자리 수) × (두 자리 수)'를 포함한다.
- 나눗셈에서 '(두 자리 수) ÷ (한 자리 수)'는 나누어떨어지는 경우와 나누어떨어지지 않는 경우를 포함하여 몫과 나머지를 이해하게 하고, 나누는 수가 두 자리 수인 나눗셈에서는 '(두 자리 수) ÷ (두 자리 수)', '(세 자리 수) ÷ (두 자리 수)'를 다룬다.
- 한 가지 상황을 곱셈식과 나눗셈 식으로 나타내는 활동을 통하여 곱셈과 나눗셈의 관계를 이해하게 한다.
- 덧셈, 뺄셈, 곱셈, 나눗셈을 하기 전에 계산 결과를 어림해 보고, 어림한 값을 이용하여 계산 결과가 타당한지 확인해보게 한다.
- 학생들에게 친근한 실생활 상황을 이용하여 덧셈, 뺄셈, 곱셈, 나눗셈에 관련된 문제를 만들고 해결하게 한다.
- 자연수의 사칙계산에서 계산 원리를 이해하거나 계산 기능을 숙달하는 것이 목적이 아닌 경우에는 계산기를 사용하게 할 수 있다.
- 1보다 작은 양을 나타내는 경우를 통하여 분수의 필요성을 인식하게 하고, 분수를 도입할 때 '분모', '분자'를 사용한다.
- 소수의 덧셈과 뺄셈은 계산 원리를 이해할 수 있는 수준에서 간단히 다룬다.

- 수와 연산 영역의 문제 상황에 적합한 문제 해결 전략을 지도하고, 문제 해결 과정을 설명하게 하여 문제 해결 능력을 기르게 한다.

(다) 평가 방법 및 유의 사항

- 다섯 자리 이상의 수에 대해 평가를 할 때에는 수를 읽고 쓰는 것뿐만 아니라 수에 대한 양감과 필요성을 인식하게 할 수 있는 문제를 다룬다.
- 나눗셈에 대한 검산에서는 나눗셈 식을 보고 곱셈식으로 나타내는 것보다 검산의 목적과 필요성을 이해하는지에 초점을 두고 평가를 한다.

[초등학교 5 ~ 6학년]

수는 사물의 개수나 양을 나타내기 위해 발생했으며, 자연수, 분수, 소수가 사용된다. 수 세기를 통해 도입된 자연수 개념을 바탕으로 수 개념이 분수와 소수까지 확장되고, 각각에 대한 사칙계산이 정의된다. 수는 수학에서 다루는 가장 기본적인 개념으로, 실생활뿐만 아니라 타 교과나 수학의 다른 영역을 학습하는 데 필수적이다. 또한 사칙계산은 수학 학습에서 습득해야 할 가장 기본적인 기능이며, 이후 학습을 위한 기초가 된다.

1 자연수의 혼합 계산

[6수01-01] 덧셈, 뺄셈, 곱셈, 나눗셈의 혼합 계산에서 계산하는 순서를 알고, 혼합 계산을 할 수 있다.

2 약수와 배수

[6수01-02] 약수, 공약수, 최대공약수의 의미를 알고 구할 수 있다.
[6수01-03] 배수, 공배수, 최소공배수의 의미를 알고 구할 수 있다.
[6수01-04] 약수와 배수의 관계를 이해한다.

3 분수의 덧셈과 뺄셈

[6수01-05] 분수의 성질을 이용하여 크기가 같은 분수를 만들 수 있다.
[6수01-06] 분수를 약분, 통분할 수 있다.
[6수01-07] 분모가 다른 분수의 크기를 비교할 수 있다.
[6수01-08] 분모가 다른 분수의 덧셈과 뺄셈의 계산 원리를 이해하고 그 계산을 할 수 있다.

4 분수의 곱셈과 나눗셈

[6수01-09] 분수의 곱셈의 계산 원리를 이해하고 그 계산을 할 수 있다.

[6수01-10] '(자연수) ÷ (자연수)'에서 나눗셈의 몫을 분수로 나타낼 수 있다.
[6수01-11] 분수의 나눗셈의 계산 원리를 이해하고 그 계산을 할 수 있다.

⑤ 분수와 소수
[6수01-12] 분수와 소수의 관계를 이해하고 크기를 비교할 수 있다.

⑥ 소수의 곱셈과 나눗셈
[6수01-13] 소수의 곱셈의 계산 원리를 이해한다.
[6수01-14] '(자연수) ÷ (자연수)', '(소수) ÷ (자연수)'에서 나눗셈의 몫을 소수로 나타낼 수 있다.
[6수01-15] 나누는 수가 소수인 나눗셈의 계산 원리를 이해한다.
[6수01-16] 소수의 곱셈과 나눗셈의 계산 결과를 어림 할 수 있다.

(가) 학습 요소

- 약수, 공약수, 최대공약수, 배수, 공배수, 최소공배수, 약분, 통분, 기약분수

(나) 교수·학습 방법 및 유의 사항

- 자연수의 혼합 계산은 계산 순서에 중점을 두고, 지나치게 복잡한 혼합 계산은 다루지 않는다.
- 약수와 배수는 실생활에서 활용되는 경우를 찾아 자연수 범위에서 다룬다.
- 최대공약수와 최소공배수는 두 수에 대해서 구하게 한다.
- 분모가 다른 분수의 크기 비교에서 수 감각을 이용하여 추론하고 토론하는 활동을 하게 한다.
- 분수의 나눗셈은 '(분수) ÷ (자연수)', '(분수) ÷ (분수)', '(자연수) ÷ (분수)'를 다룬다.
- 소수의 곱셈과 나눗셈은 계산 원리를 이해하는 수준에서 간단히 다루고, 복잡한 계산은 계산기를 사용하게 할 수 있다.
- 수와 연산 영역의 문제 상황에서 문제 해결 전략 비교하기, 주어진 문제에서 필요 없는 정보나 부족한 정보 찾기, 조건을 바꾸어 새로운 문제 만들기, 문제 해결 과정의 타당성 검토하기 등을 통하여 문제 해결 능력을 기르게 한다.

(다) 평가 방법 및 유의 사항

- 최대공약수와 최소공배수에 대한 평가에서 소인수의 곱으로 나타내어 구하는 방법은 다루지 않는다.

- 분수의 사칙계산에서 기약분수로 나타낼 것을 요구하지 않을 경우, 계산 결과를 기약분수가 아닌 분수로 나타내는 것도 허용한다.
- 분수의 통분을 이용한 문제에서 공통분모로 최소공배수뿐만 아니라 분모의 곱과 같은 공배수도 이용할 수 있게 한다.

> 참고 2015 개정 교육과정의 수와 연산 영역에서는 자연수의 혼합 계산이 3~4학년군에서 5~6학년군으로 상향 이동하였고, 분수와 소수의 혼합 계산은 삭제되었다.

5.1 수

인류의 역사와 함께 시작된 수[1]는 수학에서 다루는 대상 중에 가장 기본이 되며 아울러 우리 일상생활을 영위하는 데 없어서는 안 될 기본적인 도구이다. 인류는 역사를 기록하기 전에 수 개념을 고안하였으며, 수는 인류가 만든 가장 오래되고 중요한 추상적인 개념이다.

수는 사물의 개수나 어떤 대상의 양을 나타내거나 양을 비교하고 측정할 때 사용된다. 학생들은 다양한 방법으로 수를 사용하거나 양 사이의 관계를 인지할 수 있어야 한다. 수의 중요성을 이해하기 전에 먼저 아래와 같은 문제를 우리 스스로 한번 생각해 보자.

> 수가 없는 세상을 우리 스스로 한번 상상해 본다. 또한 우리 스스로 수 또는 수 개념을 사용하지 않고 하루 일과를 영위해 본 다음 그리고 그 다음은 수 또는 수 개념을 사용한 예를 기록하면서 하루 일과를 영위해 본다. 각자가 기록한 하루 일과 에서 수를 사용한 예를 친구들과 이야기 해보자.

인류의 역사를 돌이켜보면 옛날 원시인들은 언제부터인가 눈에 보이는 사물들의 공통점을 찾기 시작하였다. 이를테면, 사과 4개, 코끼리 네 마리, 원숭이 네 마리, 사슴 네 마리 사이에

1 수는 일반적으로 크기, 순서, 이름을 나타내는 세 가지 의미로 사용된다. 크기나 개수를 나타내는 수에는 개, mL(밀리리터), g(그램), cm(센티미터) 등의 단위가 종종 쓰이며, 순서는 양이 아니라 차례이다. 이름으로 쓰이는 경우는 우리가 전화를 걸 때 지역번호 02를 눌러야 하는데 002를 누르면 전화가 다른 곳으로 연결된다. 이때의 수는 순서를 나타내는 것이 아니라 원영, 지희 같은 서로 다른 이름을 나타낸다.

도 눈에 보이지 않는 '4'라는 공통점이 있다는 사실을 알게 되었다. 이것이 바로 수(number) 개념이며, 이와 같이 수 개념은 어떤 '모임들의 모임'의 공통점을 찾는 과정에서 생겨났다. 결과적으로 수는 '모임들의 모임의 공통점'으로서 양의 크기를 나타내며, 이러한 수를 기호 5, Ⅴ, 五, 卌 등으로 나타낸 것이 숫자(numeral)이다.

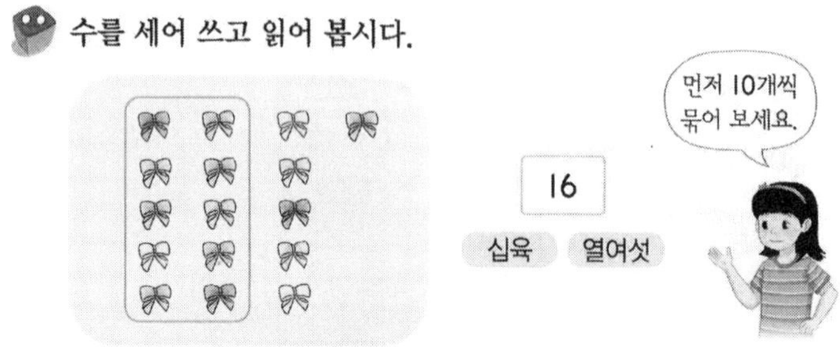

그림 5.1 수와 숫자

취학 전에 비형식적으로 형성된 수 개념은 초등학교에 입학하면서 형식적으로 학습하게 된다. 형식적인 학습의 출발점은 학생들이 가지고 있는 비형식적 지식이어야 한다. 따라서 초등학교에서 자연수를 처음 학습할 때 짝짓기 등을 학습하지 않고, 바로 수 세기부터 학습한다.

1부터 9까지는 세어서 수를 익히지만 9보다 큰 수를 셀 때에는 묶는 활동이 추가된다. 10개씩 묶는 활동은 10진법의 기본이다. 10진법을 바탕으로 하여 점점 수의 크기를 확장하면서 조 단위까지 학습하게 된다.

1. 집합의 개념

일반적인 집합론은 1895년 칸토어(G. Cantor, 독일, 1845 ~ 1918)에 의해 주장한 이후 집합을 수학의 한 분야로 인정하기 시작했다. 칸토어가 생각한 직관적 의미로 집합을 "우리의 직관 또는 사고의 대상이며, 명확하고 또 식별할 수 있는 물건 m을 모은 전체 M, 다시 말해 어떤 모임으로 그 모임의 대상이 분명한 것을 집합(set)이라 하고, 집합을 이루는 낱낱의 대상을 그 집합의 원소(element)라고 한다."로 정의하였다.

보기 다음의 문제에서 집합인지 아닌지를 알아보시오.

① 5보다는 작은 자연수들의 모임
② 키가 작은 사람들의 모임
③ 우리 대학교의 여학생들의 모임

2. 집합적 사고

집합적 사고(set theoretical thinking)는 수학의 학습 지도에서 생각되는 기초적인 생각으로 수학적인 대상을 처리함에 있어 집합적으로 보고 생각하는 방법을 뜻한다. 집합적이라는 말은 앞으로 집합에 의하여 수학이 전개될 것에 대비한 생각을 말한다.

보기 ① 정사각형은 평행사변형인가?

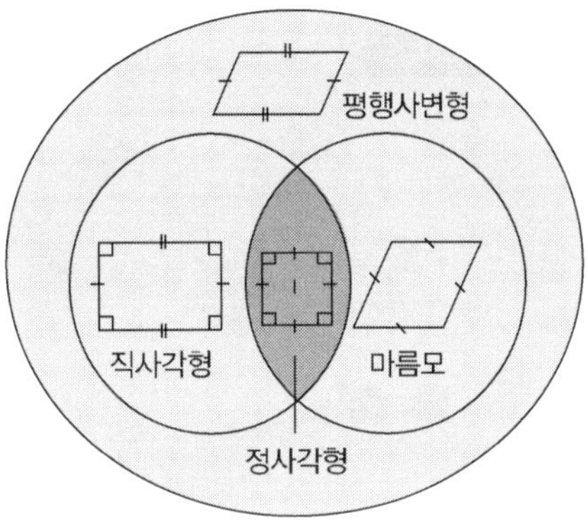

그림 5.2 사각형의 포함관계[2]

② 자연수 3은 정수인가?

3. 자연수 개념의 형성

자연수는 수 세기를 통해 도입되며, 0과 자연수에 대한 덧셈, 뺄셈, 곱셈이 정의된다. 우리는 일상생활을 살아가면서 측정하고 비교하는 활동들을 종종하게 되는데, 이를테면, 수를 센다거나 길이를 재어보는 활동들이 그것이다. 이러한 활동들은 수 개념을 형성하기 위한 기초가 된다. 초등학교 1학년에서 수 개념을 형성하기 위한 활동으로 두 양의 크기를 비교하는 다음과 같은 활동들을 교과서에서 제공한다.

① 그림보고 세어보기
② 수가 같은 것 알아보기
③ 세어보고, 더 많은 것, 더 적은 것 알아보기

2 2015 개정 교육과정에서는 여러 가지 사각형의 성질은 구체적인 조작 활동을 통하여 간단한 것만 다루고, 여러 가지 사각형 사이의 관계는 2009 개정 교육과정부터 연역 추론을 학습하는 중학교에서 다루도록 하고 있다.

④ 1 큰 수와 1 작은 수 알아보기

그림 5.3 그림보고 세어보기

그림 5.4 1 큰 수와 1 작은 수 알아보기

4. 자연수의 의미

자연수는 모든 수의 기본이며 중요한 뜻을 갖는다. 자연수라는 용어는 5세기경에 로마의 수학자 보에티우스(Boetius)가 처음으로 쓴 것으로 알려지고 있으나 현대와 같은 의미로서 쓰인 것이 아니며, 현재와 같은 개념이 명확하게 된 것은 18세기 프랑스의 수학자 달랑베르(D'Alembert, 1717~1783)에 의한다. 그리고 이때부터 자연수라는 용어가 점차로 일반에게 쓰이게 되었다(고동욱, 1996).

많은 사람들이 수를 다양한 장면에서 사용하고는 있지만 수의 의미가 다르게 사용되고 있다는 사실은 인식하지 못하고 있다. 자연수는 공집합이 아닌 유한집합의 집합수로서 우리 일상생활에서는 주로 집합수(cardinal number), 순서수(ordinal number), 이름수 또는 명목수(nominal number)의 의미로 쓰이고 있다.

다음 장면에서 사용되는 수가 어떤 의미를 지니고 있는지 생각하여 보자.

나는 2008년 5월에 태어났으며, 지금은 10살이다. 우방아파트 102동 1211호에 살고 있다. 나의 키는 140 cm인데 반에서 키가 큰 순서로 5번째이다. 월촌 초등학교 4학년[3] 2반이고, 출석번호는 8번이며, 오늘 선생님 심부름을 6번하였다.

(1) 집합수

어떤 집합에 속하는 원소의 수를 나타내는 것으로 양을 나타내는 수이다.

보기 연필 6자루, 책 6권, 학생 6명 등의 6은 모두 집합수의 의미로 사용된 것이다.

(2) 순서수

사물을 어떤 특정한 관점에 따라 늘어놓았을 때 그 차례 또는 순번을 나타내는 수로서 대상이 순서대로 나열되었을 때 상대적인 위치를 나타낸다.

보기

(3) 이름수(명목수)

사물의 이름 대신에 쓰이는 수이다. 양을 나타내거나 연산의 대상은 아니지만 자료를 정리할 때 중요하게 쓰인다.

보기 학번, 주민등록 번호, 통장의 비밀번호, 전화번호, 출석번호, 아파트 동·호수, 버스 번호 등은 이름수 또는 명목수의 대표적인 예이다.

---

3 4학년을 '사학년'으로 읽는 것은 이름수를 의미하는 것이고, '네 학년'으로 읽으면 집합수 즉, 학년이 4개 있다는 것을 의미한다. 영어에서는 복수를 분명하게 사용하므로 이런 혼란을 피할 수 있다. 즉, 4(th) grade에서 4는 순서수이고, 4 grades에서 4는 집합수이고, 4 grade는 이름수이다.

> **참고** 교재에 따라서는 위의 세 가지 의미 외에 측정수(measuring number)를 소개하기도 한다. 측정수란 연속량인 대상을 재어서 나타내는 수를 말한다. 이를테면, 우리 일상생활에서 사용되고 있는 길이, 무게, 시간 등을 나타낼 때 사용하는 3 m, 3 kg, 3시간 등의 3은 세어서 나타내는 것이 아니라 연속량을 재어서 나타낸 결과인 측정수이다.

5. 기수법과 명수법

1) 기수법

수를 나타내는 방법에는 '명수법(命數法)'과 '기수법(記數法)'이 있다. 명수법은 수를 말로 나타내는 것이고, 기수법은 수를 기호로 나타내는 것을 말한다. 이를테면, 자연수 1, 2, 3, … 을 읽을 때 우리나라에서는 하나 또는 일, 둘 또는 이, 셋 또는 삼 등으로 읽고 영어권 나라에서는 원, 투, 쓰리 등으로 읽으며 독일은 아인, 쯔바이, 드라이 등으로 일본에서는 이치, 니, 산, 시이와 같이 읽는 것이 모두 명수법에 해당한다. 이렇듯 세계 여러 나라의 말이 다르듯이 수를 읽는 방법도 나라에 따라서 다르다.

그러나 세계 각국의 기수법은 지금의 아라비아 숫자 즉, 인도·아라비아식 기수법이 쓰이기 전까지는 그 나라의 언어와는 상관없이 몇 가지의 원리에 의해서 나타내었으며 그 유형은 아래와 같다.

(1) 가법적(加法的) 기수법

기수법 중에서 가장 원시적인 것이 덧셈의 원리에 의한 기수법이다. 이것을 '가법적 기수법'이라고 하는데 그 대표적인 예로 아래와 같이 표기되는 고대 이집트, 로마 숫자 등이다.

① 이집트의 숫자

이집트의 숫자	의미	힌두-아라비아 숫자
𓏺	막대기	1
𓎆	발뒤꿈치 뼈	10
𓍢	두루마리	10^2
𓆼	연꽃	10^3
𓂭	지적하는 손가락	10^4
𓆐	올챙이 또는 모캐류	10^5
𓁨	놀라는 사람	10^6

| || ||| ||||
||| ∩   ∩|| ∩∩∩

1   2   3   8   10   12   30

𓂭 𓆼 𓆼 𓆼 ∩ ||||| → $1(10^4) + 3(10^3) + 1(10) + 5 = 13015$

② 로마숫자

I	II	III	IIII 또는 IV	V	…	X	XI	XII	XIII	…
1	2	3	4	5	…	10	11	12	13	…
XX	XXI	XXII	…	XXX	XXXX	L	LI	LII	…	
20	21	22	…	30	40	50	51	52	…	
C	CC	CCC	CCCC	D						
100	200	300	400	500						

이와 같이 기본 숫자를 더하는 방식으로 다른 수를 나타내 는 것이 로마 기수법이다. 이를테면, 437을 로마 기수법으로 나타내면 CCCCXXXVII이 됨을 알 수 있다.

(2) 승법적(乘法的) 기수법

승법적 기수법은 곱셈의 원리에 의한 기수법인데 이러한 기수법의 예로는 한 숫자(漢數字)가 있다. 한 숫자는 다음과 같은 원리에 의하여 표기되는 기수법이다.

1	2	3	4	5	6	7	8	9	10	100	1000	10000	…
一	二	三	四	五	六	七	八	九	十	百	千	萬	…

여기서 한 숫자의 기본적인 수는

一　二　三　四　五　六　七　八　九　이고

十, 百, 千, 萬, 億, 兆, 京, … 등은 배를 나타내는 수인데, 다른 수를 나타낼 때는 이들 기본적인 숫자 기호 몇 개와 배를 나타내는 숫자 기호를 조합하여 수를 나타내는 방법이다.

이를테면, 432를 한 숫자로 나타내면

四百三十二

가 되고, 이것은 百의 4곱과 十의 3곱과 2가 있다는 뜻이다. 다시 말해, 四 × 百 (+) 三 × 十 (+) 二에서 곱셈기호 × 를 생략한 것이 四百三十二이다.

이와 같은 뜻에서 이것을 곱셈의 원리에 의한 기수법 또는 승법적 기수법이라고 한다.

승법적 기수법은 큰 수를 나타낼 때 차지하는 공간을 최대한 줄일 수 있는 장점이 있지만 큰 수가 나타날 때마다 새로운 단위를 만들어야 하는 단점도 있다.

(3) 위치적(位置的) 기수법

위치적 기수법[4]은 자릿값과 0에 의한 자리 잡기의 원리가 있는 기수법으로 단위를 쓰지 않

4 위치적 기수법체계는 숫자의 위치(자리)가 그 숫자의 값을 결정한다는 것을 의미한다.

고 수가 놓인 자리로 단위를 나타내게 하는 방법으로, 해당되는 단위의 수가 없을 때에는 그 자리에 0을 써서 나타낸다. 위치적 기수법의 가장 큰 장점은 0부터 9까지 10개의 숫자만으로 아무리 큰 수일지라도 쉽게 나타낼 수 있다는 것이다. 힌두-아라비아 수 체계인 십진법을 비롯하여, 바빌로니아 수 체계, 오진법, 이진법, 십이진법등 일반적으로 p진법이 있다.

① 힌두-아라비아 수 체계(김수환 외, 2010)

힌두-아라비아 수 체계 또는 십진법은 아시아와 중동 지역에서 발생하였다. 초기 발달은 인디아에서 600년 무렵 발생하였는데 위치적 기수법의 구조를 가진 수 체계이었다. 현재 사용하는 숫자는 700년 무렵 나타났다. 0이 나타난 시기는 불분명하다. 프리버리(Freebury, 1961)에 의하면 0은 8세기 드방나가리(Devanagari)의 숫자라고 하는 반면에 스미스(David Eugene Smith)에 의하면 9세기에 나타났으며, 인디아의 괄리오르에 있는 비문에 쓰여 있었다.

힌두-아라비아 수 체계의 특징은 다음과 같다.

- 기본수(10)가 있다. 처음 수를 셀 때 손가락을 이용하였을 것이다. 손가락 10개가 모두 사용되면 더 이상 셀 수 없으므로 그때까지 센 것을 기록할 필요가 있었다. 따라서 10개씩 묶는다는 것은 매우 자연스러운 일이다.
- 영에 대한 숫자가 있다. 0은 없음을 나타내기도 하지만 302처럼 0은 10묶음이 없다는 자릿값을 나타낸다.
- 숫자 1, 2, 3, 4, 5, 6, 7, 8, 9, 0이 사용된다.
- 자릿값 구조는 오른쪽에는 낱개를 나타내고, 왼쪽으로 한 자리씩 옮길 때마다 10배씩 큰 수를 나타낸다. 어떤 위치에서든 왼쪽에 있는 수는 오른쪽에 있는 수보다 10배 큰 수 있다. 이것은 소수를 나타낼 때에도 마찬가지이다.
- 알고리즘을 사용하여 지필 계산이 가능하다. 계산기나 컴퓨터를 사용함으로써 지필 계산의 중요성이 떨어지기는 하지만 학생들은 연산에 대한 알고리즘을 배워야 한다.

② 바빌로니아 수 체계(김수환 외, 2010)

바빌로니아의 수 체계는 이집트와 비슷한 시기에 발달되었다. 이들은 60진법을 사용하였는데 1부터 60까지는 이집트처럼 가법적 기수법을 적용하고, 그 이상의 수에 대해서는 위치적 기수법을 사용하였다.

바빌로니아 숫자	힌두-아라비아 숫자
𒁹	1
𒌋	10

9 10 14 59

60보다 큰 수를 나타낼 때에는 묶음과 낱개를 띄어서 나타내었다.

$60 \times 1 + 10 = 70$ $60 \times 11 + 23 = 683$ $60^2 \times 1 + 60 \times 1 + 1 = 3661$

바빌로니아 수 체계의 결정적인 결함은 0을 나타내는 수가 없었다는 것이다. 예를 들면, 𒁹 𒁹은 얼마를 나타낼까? 2, 61, 3601,.. 또, 𒁹은 1을 나타낼까, 60을 나타낼까? 이런 불편함을 없애기 위하여 훨씬 뒤에 𒑱을 0으로 사용하였다. 따라서 𒁹𒑱𒁹은 $60^2 \times 1 + 1 = 3601$을 나타내고, 𒁹𒑱은 60을 나타낸다.

2) 명수법

명수법은 기수법상의 수(숫자)의 계열에 수의 이름인 수사(number name)를 붙여주는 방법을 말한다. 즉, 수를 읽는 방법을 말한다. 따라서 수는 양의 크기를 말하고, 숫자는 수의 크기를 기호로 나타내는 것을 뜻하며, 수사는 수의 이름을 불러주는 언어적 표현이다. 십진 기수법에서 우리나라와 미국의 명수법을 살펴보면 아래와 같다.

숫자	1	2	3	4	5	6	7	8	9	10	11	12	13	…	20	…
한국	일	이	삼	사	오	육	칠	팔	구	십	십일	십이	십삼	…	이십	…
	하나	둘	셋	넷	다섯	여섯	일곱	여덟	아홉	열	열하나	열둘	열셋	…	스물	…
미국	one	two	three	four	five	six	seven	eight	nine	ten	eleven	twelve	thirteen	…	twenty	…

우리나라의 명수법에서는 1에서 10까지의 첫 번째 수사는 한자말 명수법으로 하나의 글자로 되어 있고, 11에서 20까지의 수사는 반복의 원리에 따라 수사가 만들어졌으며, 또 $1 \times 10 = 10$(십), $10 \times 10 = 100$(백), $100 \times 10 = 1000$(천) … 등과 같이 10배함에 따라 새로운 수사가 정해짐을 알 수 있다. 다음 두 번째의 우리말 명수법은 10까지는 2개 이하의 글자로 되어 있어 첫 번째의 한자말 명수법보다는 편리하지 못하며, 11 이상의 수에서는 반복의 원리는 적용되고 있으나 스물, 서른, 마흔, 쉰, … 등은 발음상에서는 다소 유사한 점도 있지만 확실한 반복의 원리가 적용되었다고 보기는 어렵다.

한편 미국의 수사는 1에서 10까지는 영어의 발음을 한국어로 표현했을 때 세 글자 이하로 수사가 정해져 있어 우리나라의 수사보다 복잡하며, 또 10 이상의 숫자에 대한 수사도 반복의 원리가 명확하지 못하다. 이를테면 11을 읽을 때 반복의 원리가 있게 하려면 ten-one으로 해야 하나 eleven이라 하였고, 12는 twelve 등이 그것이다. 또 1×10=10(ten), 10×10=100(hundred), 100×10=1000(thousand)… 등 10배 할 때마다 새로운 수사가 결정되나 발음의 양이 많아서 우리나라의 수사보다 좋지 못함을 알 수 있다.

대체로 대상이 이산량 혹은 사물의 수효를 나타내는 수일 때 '1, 2, 3, … '을 우리말로 '하나, 둘, 셋, … '으로 읽고 대상이 연속량이거나 이름, 차례 또는 횟수를 나타내는 수나 cm, m, kg 같은 단위가 붙는 수는 '일, 이, 삼, …'과 같이 한자말로 읽는다.

이를테면, 우리의 일상생활에서 사과 6개는 '육개'라고 읽는 것이 아니고 '여섯'개라고 읽어야 하며 몸무게 48 kg은 '마흔여덟 kg'이 아니고 '사십팔 kg'으로 읽어야 한다. 또한 '1월'은 '한 월'이 아니라 '일 월', '제2회'는 '제 두 회'가 아니라 '제 이 회', '2명'은 '이 명'이 아니라 '두 명', '기호 4번'은 '기호 네 번'이 아니라 '기호 사 번', '5층'은 '다섯 층'이 아니라 '오 층'이라고 읽는다.

'115 cm'는, '백열다섯 센티미터'가 아니라 '백십오 센티미터'라고 읽지만, '115명'은 '백열다섯 명' 또는 '백십오 명'이라고 읽는다. 이처럼 100보다 큰 수는 한자와 섞어서 읽는다.

명수법에서 또 한 가지 재미있는 사실은 우리말과 영어는 날짜를 읽는 법이 다르다는 것이다. 이를테면, 7월 4일은 우리말로 '칠월사일'이다. 하지만 영어로는 '칠월 넷째 날'이라는 뜻인 'July Fourth'이다. 우리말로 날짜를 읽을 때는 '일일, 이일, 삼일, 사일, …'인데 영어로는 '첫째 날, 둘째 날, 셋째 날, 넷째 날, …'이다.

우리말은 시간을 읽는 법이 독특하다. 시를 읽을 때와 분을 읽을 때가 서로 다르다. 분이나 초는 '일, 이, 삼'으로 읽고, 시는 '하나, 둘, 셋'으로 읽는다. 그래서 3시 3분 3초는 '세 시 세 분 세 초'가 아니라 '세 시 삼 분 삼 초'로 읽는다.

6. 자연수의 성질

대부분의 사람들은 하루라도 말을 하지 않고는 살아가기 힘들어 보일 정도로 셀 수 없이 말을 하고 또 들으며 살아간다. 이렇게 우리가 매일 하는 많은 말 중에는 수와 관련된 수많은 것들을 쉽게 찾아 볼 수 있다. 이를테면, 나의 나이와 주민등록번호부터 시작하여 전화번호, 집 주소, 차의 번호판 등 일상생활에서 거의 모든 것이 수와 관련되어 있다고 해도 과언이 아니다. 하지만 수는 그 특징에 따라 여러 가지 종류로 구분할 수 있어 개념을 새롭게 공부하지 않으면 안 된다. 홀수, 짝수, 약수, 배수, 분수, 소수 등 이런 수의 개념들은 초등학교 수학에서 다루는 수의 핵심 부분이 된다.

(1) 약수와 배수

약수와 배수를 수학적으로 정의하면,

> N을 자연수 전체의 집합이라 할 때, a, b $\in$N에 대하여 b = ac 인 c $\in$N이 존재할 때, a를 b의 약수(divisor), b를 a의 배수(multiple)라고 한다.

약수는 우리 일상생활에서 어떤 물건을 똑같이 나누어 가지거나 보관하여 담을 때, 공약수를 배우는 데에 사용하고 배수는 기준이 되는 수나 일정한 규칙을 가지고 커지는 규칙을 알아볼 때, 공배수를 배우는 데에 이용된다. 또한 공약수는 약분[5]과 최대공약수를 구할 때 이용되고 공배수는 통분[6]과 최소공배수를 구하는 데에 이용된다. 최소공배수로 통분하면, 분모의 크기가 작아지기 때문에 분수의 크기 비교, 덧셈과 뺄셈을 직관적으로 쉽게 이해할 수 있다. 한편 최대공약수로 약분하면, 분모와 분자의 수가 작기 때문에 분수의 비율을 직관적으로 쉽게 이해할 수 있다. 결과적으로 약수와 배수를 올바로 이해해야 분수의 사칙연산을 제대로 계산할 수 있다. 초등학교에서는 약수와 배수를 아래와 같이 각각 나눗셈 식과 곱셈식으로 나타내어 지도한다.

> **참고** 일선 현장학교의 분수와 관련한 문제에서 '그 답을 기약분수로 나타내시오'라는 조건을 주지 않았는데 문제를 채점할 때 약분을 하지 않았을 경우 틀렸다고 채점하는 것은 잘못이다. 즉, '기약분수로 나타내시오'란 조건을 문제에 주지 않으면 분수의 값이 맞을 경우에는 채점 시 맞는 것으로 해야 한다. 왜냐하면, 기약분수로 쓰는 이유는 표기를 통일하는 약속에 불과하기 때문에 그 약속을 하지 않으면 분수의 값은 수도 없이 다양하게 나타낼 수 있기 때문이다.

5 분모와 분자를 그들의 공약수로 나누어 간단히 하는 것을 약분이라 한다. 약분을 할 때 공약수보다 최대공약수를 이용하면 계산의 절차를 줄일 수 있으며 그 결과 분모와 분자의 공약수가 1뿐인 기약분수, 즉 더 이상 간략하게 할 수 없는 분수가 된다.

6 두 분수의 분모를 같게 만드는 것을 통분이라 한다. 통분한 분모는 공통분모가 된다. 약분과 통분은 문제 해결 과정에서 필요한 형태의 분수 값을 구하기 위해 분수의 표현방법을 변형하는 것이 목적이며 통분을 하는 근본적인 이유는 같은 단위를 가진 것으로 바꿔주어야 비교를 쉽게 할 수 있기 때문이다.

활동 2 한지 8장을 각 묶음에 있는 한지의 수가 같아지도록 나누는 방법을 나눗셈을 이용하여 알아보시오.

$8 \div 1 = 8$
$8 \div 2 = 4$
$8 \div 3 = 2 \cdots 2$
$8 \div 4 = 2$
$8 \div 5 = \square \cdots \square$
$8 \div 6 = \square \cdots \square$
$8 \div 7 = \square \cdots \square$
$8 \div 8 = \square$

- 8을 나누어떨어지게 하는 수를 모두 구하시오.

그림 5.5 약수의 지도

수의 이름

어떤 수를 나누어떨어지게 하는 수를 그 수의 약수라고 합니다.
8을 1, 2, 4, 8로 나누면 나누어떨어집니다.
1, 2, 4, 8은 8의 약수입니다.

활동 2 3을 몇 배한 수를 곱셈식으로 나타내어 보시오.

3을 1배한 수는 3입니다.	$3 \times 1 = 3$
3을 2배한 수는 6입니다.	$3 \times 2 = 6$
3을 3배한 수는 □입니다.	$3 \times 3 = \square$
3을 4배한 수는 12입니다.	$3 \times 4 = \square$
3을 □배한 수는 □입니다.	$3 \times \square = \square$
⋮	⋮
□을 □배한 수는 □입니다.	$\square \times \square = \square$
⋮	⋮

- 3을 5배한 수를 구하시오.

그림 5.6 배수의 지도

수의 이름 어떤 수를 1배, 2배, 3배 …… 한 수를 그 수의 배수라고 합니다.
3, 6, 9 …… 는 3의 배수입니다.

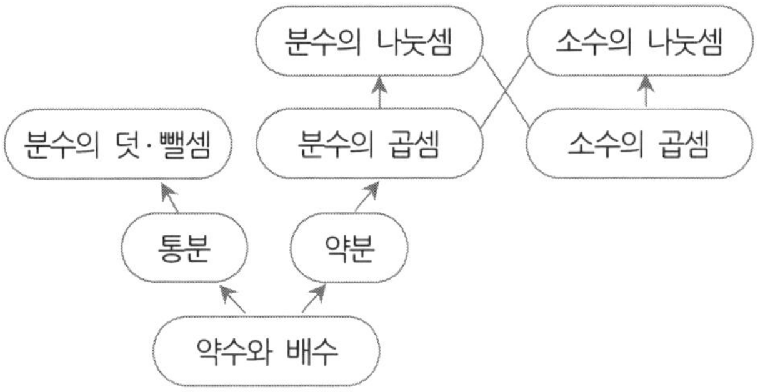

그림 5.7 약수와 배수의 관련성

참고 분수를 통분할 때 많은 현장교사들이 최소공배수로만 통분할 수 있다고 잘못 이해하고 있다. 분수의 통분은 통분하고자 하는 분수의 분모에 대한 공배수로 통분할 수 있으며, 일선현장 학교에서 주로 최소공배수로 통분하는 이유는 최소공배수로 통분하는 것이 가장 간편하기 때문이다.

(2) 소수와 합성수

모든 자연수는 1을 차례로 더해서 얻을 수 있으므로 덧셈의 관점에서 보면 모든 자연수는 1로부터 만들어진다고 할 수 있다. 이를 곱셈의 관점에서 알아보면 더 이상 분해할 수 없는 수가 나온다. 이를테면 $10=2\times5$, $15=3\times5$와 같이 10은 2와 5의 곱으로 나타낼 수 있지만, 2와 5는 더 이상 곱셈으로 나타낼 수는 없는 수이다. 이와 같이 1보다 큰 자연수 중에서 약수가 1과 자기 자신 밖에 없는 수를 소수(prime number)라 하고, 1과 자기 자신 이외에 적어도 하나의 약수를 가지는 수를 합성수(composite number)라 한다.

소수를 찾는 방법에는 그리스 시대부터 알려진 '에라토스테네스의 체(sieve of Eratosthenes)'가 있다. 이 방법은 아래와 같다.

1단계: 1은 건너뛴다.

2단계: 2에 ◯ 표를 하고, 2 다음에 나타나는 2의 배수를 모두 × 표한다.

3단계: 3에 ◯ 표를 하고, 3 다음에 나타나는 3의 배수를 모두 × 표한다.

4단계: 이런 방식으로 × 표 되지 않은 수로 이와 같은 과정을 반복한다.

결과적으로 ◯ 표 된 수들이 소수가 된다.

활동 1 아래의 1부터 100까지의 자연수 중에서 에라토스테네스의 방법으로 소수를 찾아보시오.

1	2	3	4	5	6	7	8	9	10
11	12	13	14	15	16	17	18	19	20
21	22	23	24	25	26	27	28	29	30
31	32	33	34	35	36	37	38	39	40
41	42	43	44	45	46	47	48	49	50
51	52	53	54	55	56	57	58	59	60
61	62	63	64	65	66	67	68	69	70
71	72	73	74	75	76	77	78	79	80
81	82	83	84	85	86	87	88	89	90
91	92	93	94	95	96	97	98	99	100

참고 1은 소수가 아니다. 그 이유는 만일 1을 소수로 친다면 정수론의 기본정리에서 1보다 큰 모든 양의 정수는 소수들의 곱으로 유일하게 표현되어야 한다는 사실에 모순이 생기게 된다. 이를테면, 3003을 생각해보자. 1이 소수라면 3003은 아래와 같이 소수들의 곱으로 표현할 수 있다.

$$3003 = 3\times7\times11\times13$$

$$3003 = 1\times3\times7\times11\times13$$

$$3003 = 1\times1\times3\times7\times11\times13$$

이와 같이 1이 소수라면 분해한 식에다 얼마든지 1을 붙일 수 있다. 이렇게 되면 소수들의 곱으로 유일하게 나타낼 수 없게 된다. 따라서 1은 소수로 생각하지 않는다.

(3) 짝수와 홀수[7]

자연수 집합은 여러 가지 방법으로 분류할 수 있다. 예를 들어 자연수 집합은 {1}과 소수의 집합, 합성수의 집합으로 분류할 수 있다. 또, 3의 배수 집합과 3의 배수가 아닌 집합으로도 분류할 수 있다. 같은 방법으로 자연수 집합은 2의 배수 집합과 2의 배수가 아닌 집합으로 분류할 수도 있다. 이때, 2의 배수의 집합을 짝수(even number)라 하고, 2의 배수의 집합

7 짝수와 홀수는 2007 개정 교육과정에서 5학년의 약수와 배수 바로 다음에 지도하다가 2009 개정 교육과정부터 1~2학년군으로 하향 조정되었다.

이 아닌 집합을 홀수(odd number)라고 한다(배종수, 1999). 그러나 약수와 배수를 배우지 않은 저학년에서는 다음과 같이 짝수와 홀수를 지도할 수 있다.

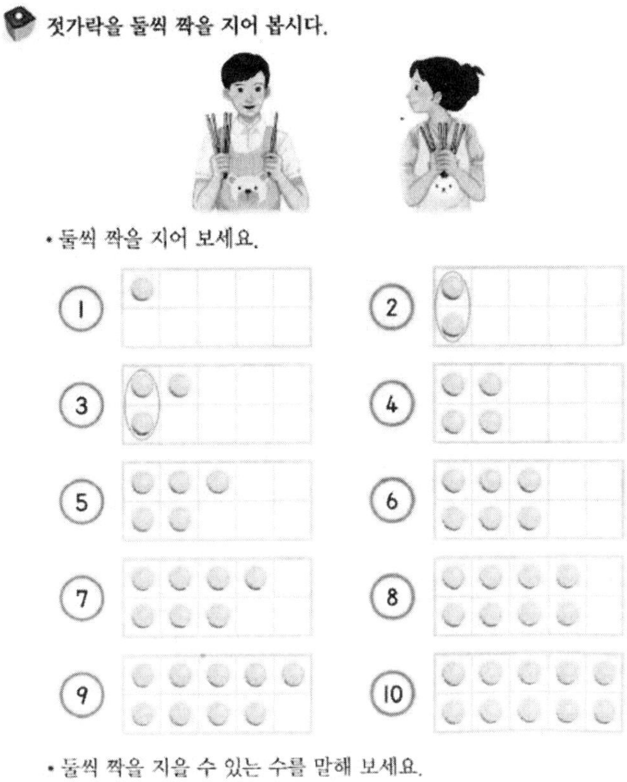

그림 5.8 짝수와 홀수의 지도

> 2, 4, 6, 8, 10과 같이 둘씩 짝을 지을 수 있는 수를 짝수라고 합니다.
> 1, 3, 5, 7, 9와 같이 둘씩 짝을 지을 수 없는 수를 홀수라고 합니다.

짝수와 홀수에 대해서 여러분들은 다음과 같은 패턴을 찾을 수 있다.

① 덧셈 : (홀수) + (홀수) = (짝수), (짝수) + (홀수) = (홀수), (짝수) + (짝수) = (짝수)

② 연속적인 홀수의 합

$1 + 3 = 2 \times 2$ $1 + 3 + 5 = 3 \times 3$ $1 + 3 + 5 + 7 = 4 \times 4$

$1 + 3 + 5 + 7 + 9 = 5 \times 5$ $1 + 3 + 5 + 7 + 9 + 11 = 6 \times 6$

③ 연속적인 짝수의 합

$2+4=2\times3$ $2+4+6=3\times4$ $2+4+6+8=4\times5$

$2+4+6+8+10=5\times6$ $2+4+6+8+10+12=6\times7$

④ 곱셈

(짝수) × (짝수) = (짝수), (짝수) × (홀수) = (짝수), (홀수) × (홀수) = (홀수)

> **참고** 정수론의 나눗셈 정리(division algorithm)에 따르면 a, b는 정수이고, $a\neq0$일 때, $b=aq+r$, $0\leq r<|a|$인 정수 q, r이 유일하게 존재한다.
>
> 위의 정리를 주목하면 임의의 정수는 반드시 $2q$ 또는 $2q+1$의 꼴로 표현됨을 알 수 있고 $2q$꼴인 정수를 짝수, $2q+1$ 꼴인 정수를 홀수로 정의함이 본래의 짝수 홀수의 정의이나, 초등수학에서는 수의 범위를 자연수 범위에서만 생각한다는데 근본적인 차이점이 있다.

(4) 완전수, 부족수, 과잉수, 친화수

《유클리드 원론》 제7권에서는 완전수, 부족수, 과잉수를 다음과 같이 정의하고 있다.

> "한 자연수의 모든 약수의 합계(단, 자신은 포함하지 않는다)가 자신과 같을 때, 완전수(perfect number)라고 한다."

보기 6의 약수는 1, 2, 3(자신 6은 제외)인데, $6=1+2+3$이므로 따라서 6은 완전수이다. $1+2+4+8\neq16$이기 때문에, 16은 완전수가 아니다.

또 "한 자연수의 모든 약수의 합계(단, 자신은 포함하지 않는다)가 그 자신보다 작을 때 부족수라고 하며, 자신을 제외한 모든 약수의 합이 그 자신보다 클 때를 과잉수라고 하였다.

보기 8의 약수는 1, 2, 4(자신 8은 제외)인데, $8>1+2+4$ 이므로 8은 부족수이다. 또 12의 약수는 1, 2, 3, 4, 6(자신 12는 제외)인데, $12<1+2+3+4+6$ 이므로 12는 과잉수이다.

친화수(friendly number)란 어떤 두 수가 있을 때, 어느 한 수의 약수의 합(자신의 수는 제외)이 다른 수와 같을 때 두 수를 친화수라고 한다.

보기 220과 284는 친화수이다. 왜냐하면,

220의 약수 $=1+2+4+\cdots+55+110=284$

284의 약수 $=1+2+4+71+142=220$

이 밖에도 쌍둥이 소수, 부부수, 제곱수 등이 있는데 관련 자료를 참고하기 바라며, 이런 토픽들을 적절히 재구성하면 영재학습 지도 자료로 활용할 수 있다.

(5) 피타고라스의 도형수[8]

피타고라스의 수에 대한 발견 중 아주 흥미 있는 내용이 있습니다. 바로 도형수에 관한 것이다. 피타고라스는 수는 일정한 모양을 갖는다고 생각했다. 그래서 삼각수, 사각수, 오각수 등의 도형수를 생각했다. 이를테면, 삼각수는 점을 배열해서 정삼각형 모양으로 나타냈을 때의 점의 수를 말한다. 아래 그림은 삼각수, 사각수를 네 번째 모양까지 나타낸 것이다.

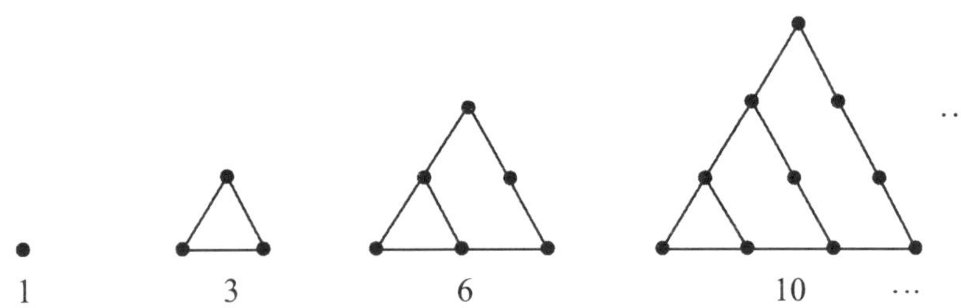

그림 5.9 삼각수

사각형에서는 다음과 같이 사각수를 얻는다.

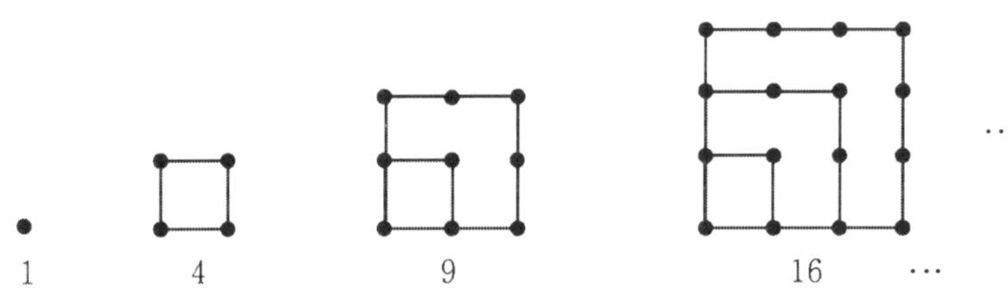

그림 5.10 사각수

(6) 자연수열의 합

고대의 수학자들은 자연수에 관한 여러 가지 연구를 하였다. 그 중의 한 가지로 자연수열의 합을 구하는 문제를 들 수 있다.

① $1+2+3+\cdots+n=\dfrac{n(n+1)}{2}$

② $1+3+5+\cdots+(2n-1)=n^2$

8 교재에 따라서는 도형수를 형상수라고 하기도 한다.

고대의 수학자들은 이들 공식을 아래와 같이 도형으로 구하는 것이 특징이다.

①

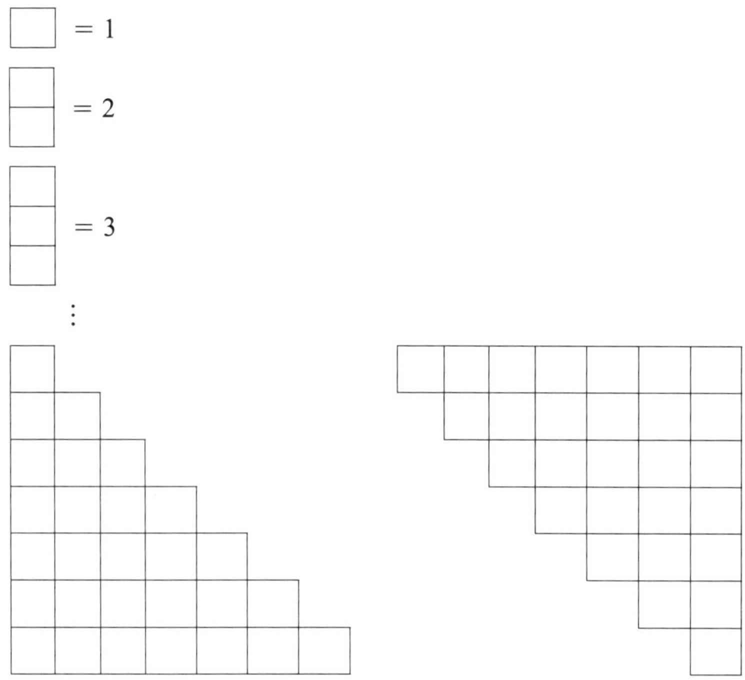

그림 5.11 자연수의 합

그림에서 $1+2+3+4+5+6+7=\dfrac{7\times 8}{2}=\dfrac{7\times(7+1)}{2}$ 이므로

일반적으로 $1+2+3+\cdots+n=\dfrac{n(n+1)}{2}$을 얻는다.

②

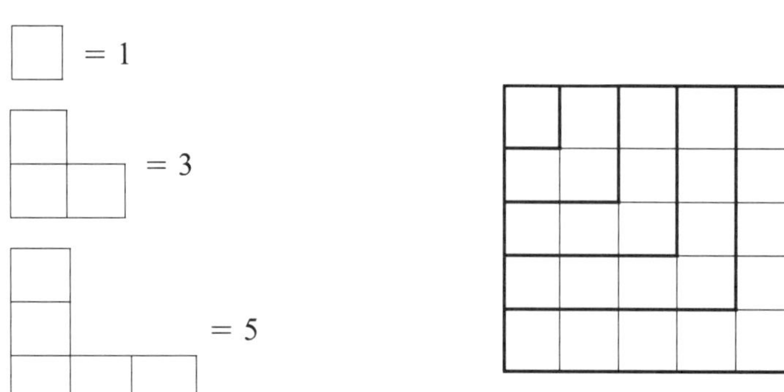

그림 5.12 홀수들의 합

그림에서

$$1+3+5+7+9 \ = \ 5^2$$

일반적으로

$1+3+5+\cdots+(2n-1)=n^2$을 얻는다.

(7) 배수판정법

수학이나 일상생활에서 어떤 수가 다른 수로 나누어떨어진다는 것을 알면 편리할 때가 많다. 왜냐하면 계산기로 나누는 시간을 절약시켜 주기 때문이다. 아래 표의 배수 판정법을 알고 있으면 실제로 계산하지 않고 나누어떨어지는지를 쉽게 알 수 있다.

표 5.1 배수판정법

숫자	배수판정법
2의 배수	마지막 숫자가 짝수(이를테면 0, 2, 4, 6, 8)
3의 배수	숫자의 총합이 3의 배수
4의 배수	마지막 두 자리 숫자가 00이거나 4의 배수
5의 배수	마지막 숫자가 0 또는 5
6의 배수	2의 배수이고 3의 배수
7의 배수	abcde에서 abcd − 2×e가 7의 배수
8의 배수	마지막 세 자리 숫자가 000이거나 8의 배수
9의 배수	숫자의 총합이 9의 배수
10의 배수	마지막 숫자가 0
11의 배수	홀수 자리 숫자들의 합과 짝수 자리 숫자들의 합의 차이가 11의 배수
100의 배수	마지막 두 자리 숫자가 모두 0

보기 아래 각 문장의 진술이 참이 되도록 밑줄 친 곳에 알맞은 숫자를 넣어보시오.

① 284937__는 5의 배수이다.

② 32__229 는 9의 배수이다.

보기 87836은 7의 배수이다.

abcde에서 abcd − 2 × e가 7의 배수임을 확인해보자.

8783 − 2 × 6 = 8771, 877 − 2 × 1 = 875, 87 − 2 × 5 = 77 이고 77은 7의 배수이므로 87836은 7의 배수가 된다.

7. 자연수의 학습 지도 방법

자연수는 역사상 가장 먼저 발생한 수로서 모든 수학의 기초개념 형성과 다른 여러 가지 수를 형성하는데 기초가 된다. 자연수에서 '자연'이란 말은 자연현상과 같이 '있는 그대로'란 뜻으로서 조작되지 않은 수를 의미하며, 물건의 개수를 하나, 둘, … 셀 때나 첫째, 둘째, … 와 같은 차례를 정할 때에 자연수가 필요하게 된다. 따라서 그 도입과정에서부터 이 두 가지 관점에 부합되는 방향으로 자연수 및 0의 개념이 파악될 수 있도록 지도가 전개되어야 할 것이다. 최근 들어 수 감각(number sense)에 대한 관심이 점차 증가하는 추세이므로 수 지도에서 수 자체만을 학습하기보다는 수에 대한 감각을 기르는 것 또한 중요한 문제이다. 이를 위하여 단순히 물건의 개수를 수로 나타내는 지적 학습보다는 수를 실제로 활용하는 여러 가지 활동학습이 보다 더 효율적이라 생각된다.

그 지도 방법은 여러 가지로 생각할 수 있겠으나 대체적으로 아래와 같은 순서로 지도되고 있다.

1 ~ 5 → 6 ~ 9 → 0의 지도 → 10 이상의 두 자리 수 → 세 자리 이상의 수

1) 10보다 작은 자연수 지도

(1) 1 ~ 5까지의 지도 방법

① 세어서 몇 개인지 알아보고 숫자로 나타내는 학습이 보편적인 방법이다.

그림 5.13 세어보고 숫자로 나타내기

② 다음과 같은 단계를 거쳐 지도할 수도 있다.

㉠ 결집(結集): 사과, 바나나, 귤 등 간단히 구별되는 물건을 준비하여 (실물이 아니고 교구화된 것도 좋다), 그 몇 개씩을 혼합시켜 놓고 그들 중에서 "사과를 모아 보아라.", "귤을 모아 보아라." 등 지정된 물건을 뽑아내는 과정을 말한다. 이때, 사과의 집합, 귤의 집합 등이 얻어진다. 이 집합의 크기가 자연수(집합수)이다.

㉡ 비교(比較): 사과의 집합과 귤의 집합을 앞에 놓고 "어느 쪽이 많은가" 묻는다. 이 과정은 다음의 일대일 대응의 예비과정이다.

㉢ 일대일 대응: "어느 쪽이 많은가"라는 집합의 대소를 정하기 위한 수단으로 여기에 일대일 대응과정을 적용한다. 사과 하나와 귤 하나를 짝지어 나간다. 짝을 만들어 보면 대응에 과부족이 생긴다. 나머지가 생긴 물건이 다른 쪽보다 '많다'로 되고 그때의 상대방은 '적다'로 된다. 만약 과부족이 생기지 않으면 양자는 '같다'로 된다.

㉣ 유별(類別): 크기(수)가 같은 집합을 늘어놓아 그들 집합이 일대일 대응에 의하여 類(동치류)를 만드는 과정으로 이끌어 간다.

그림 5.14 크기가 같은 집합

"사과와 바나나는 어느 쪽이 많은가 또는 같은가?"라고 물어서 "같다."라고 답하게 하면서 끝으로 "여기에 있는 것은 모두 같다."라고 마무리 지어 준다.

㉤ 수사와 숫자:

"여기에 있는 것은 모두 같다."(대등). "사과는 몇 개인가?"라고 물으면 "사"라고 답하고 이것을 "4"라고 써라와 같이 수사와 숫자를 지도한다.

㉥ 계열화: 1~5까지의 수의 종이판을 준비하여 그림과 같이 계단꼴로 늘어놓는다.

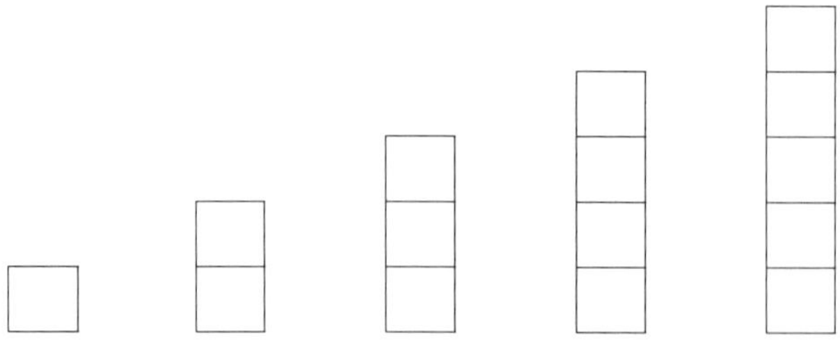

그림 5.15 1~5까지 수의 종이판의 계열화

이 종이판을 하나로 겹쳐놓아 아래와 같이 1 다음 2, 2 다음 3, … 이 나타난다는 사실을 정리하여 1~5까지의 수의 계열을 만들어 이해시킨다. 이 과정은 집합수에서 순서수를 유도하는 과정에 해당한다.

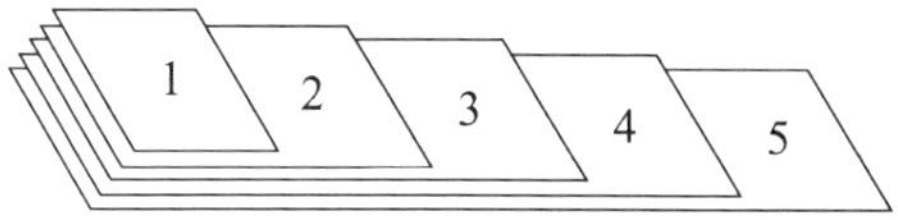

ⓢ 세는 일 : 이것은 자연수(집합수)가 크기에 의하여 수열을 이룬다는 사실을 기반으로 하여 센다는 조작을 유도하는 과정이다. 이 사실을 그림으로 표현하면 아래와 같다.

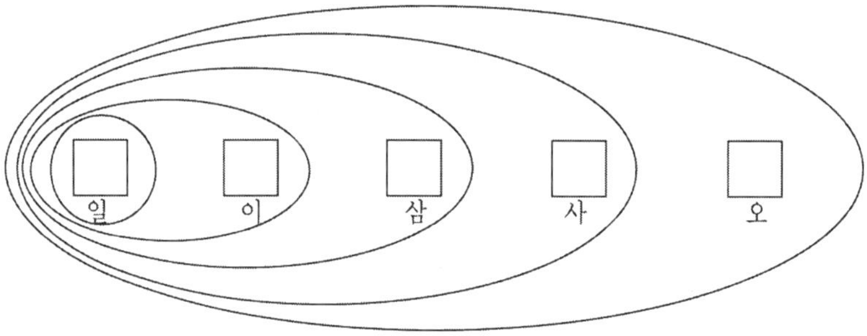

그림 5.16 수 세기

이 과정은 순서수에서 집합수를 만들어가는 과정을 나타낸다. 세는 일은 일, 이, 삼, … 과 같이 말로 표현해 갈 때, 최후에 불리는 수에 의하여 집합의 크기가 결정된다는 사실과 같은 뜻이라는 이유를 유도한 다음에 실제로 물건을 세는 연습을 시킨다.

ⓞ 집합, 수사, 숫자의 삼자관계를 반복 연습한다.

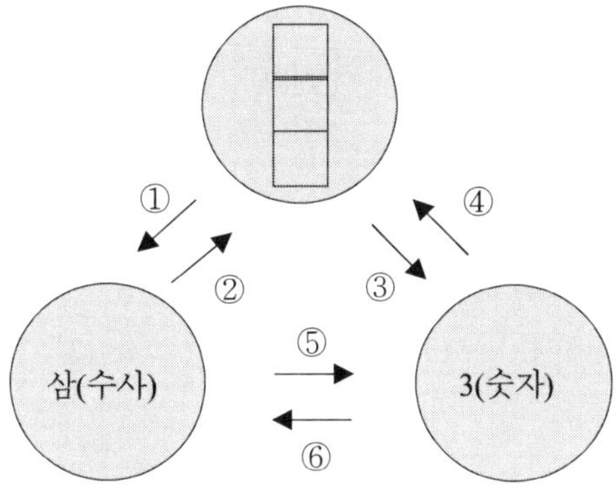

그림 5.17 집합, 수사, 숫자의 삼자관계

(2) 6 ~ 9의 지도

① 수의 정의

'5와 몇', '몇과 5'라는 형태로 6 ~ 9의 수를 정의한다. 즉 6은 '5와 1', '1과 5', 7은 '5와 2', '2와 5' 등이다. 이 지도에서 앞에서와 같이 교구로써 종이판을 이용할 수도 있다.

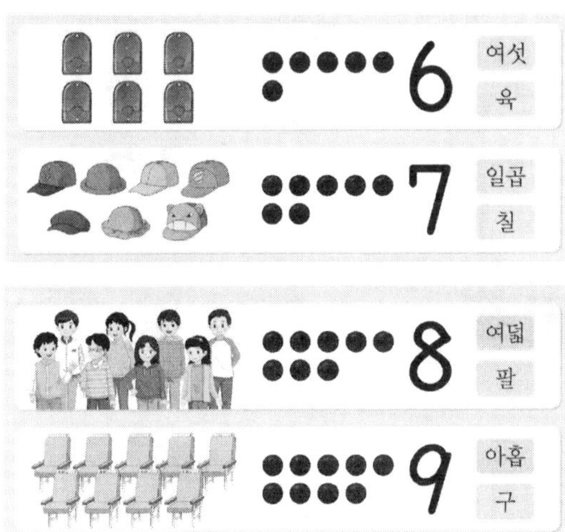

그림 5.18 6, 7, 8, 9의 지도

② 수사와 숫자

종이판을 이용하여 6~9를 지도할 시에는 1~5의 지도에서와 같은 물건의 집합, 일대일 대응, 유별의 단계는 생략한다. 5의 종이판과 1의 종이판을 보여, 그를 결합하여 6의 종이판을 만들고, 이것을 '육'이라고 말하고 '6'이라 쓴다는 사실을 인식시킨다.

다음에 그들 수의 개념을 명확히 하기 위하여 6~9의 종이판을 제시하여 그와 같은 수만큼의 물건을 늘어놓게 하거나 또는 모으게 하여 대등인 집합을 만들게 하고, "이들 집합은 모두 6을 나타낸다."는 사실을 강조한다.

③ 세는 일

1~5의 경우와 마찬가지로 6~9의 수의 계단을 만들어서 6, 7, 8, 9의 수의 계열을 바탕으로 센다는 조작의 이해를 명확히 한 다음, 세는 연습을 시킨다.

④ 삼자관계

집합, 수사, 숫자의 삼자를 정확히 연관시켜서 이해시킨다. 학습의 내용은 1~5의 경우와 마찬가지다.

2) 0의 지도[9]

① 0의 뜻

수학적으로는 공집합의 크기(집합수)로 정의할 수 있으나 수 0은 다른 자연수와 달리 이를 나타내는 구체물을 제시할 수 없기 때문에 학생들에게 지도하기가 어렵다. 따라서 0의 개념은 아래의 그림과 같이 2개에서부터 하나씩 줄여나가 마지막 1개에서 하나를 더 줄인 수를 나타내는 것이라고 설명하고, 처음부터 구체물이 '없는 것'이라고 지도하는 것은 바람직하지 않다.

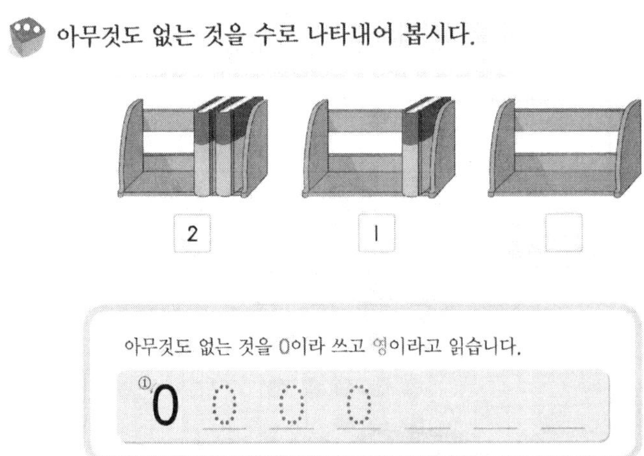

그림 5.19 0의 지도

9 0은 수의 분류상 자연수가 아니고 정수이다. 자연수에 0을 포함시켜 범자연수(whole number)라고도 하지만 1학년에서 6에서 9까지의 수 지도 다음에 지도하기 때문에 여기에서는 별도로 지칭하지 않는 한 0을 자연수에 포함시켜 다루기로 한다.

② 순서수인 0

수의 열을 만들 때에는 0이 1보다 앞에 있는 자리에 놓이게 된다. 이것이 순서수의 0이다. 순서수의 0을 유도하는 데는 길이, 무게, 액량 등의 연속량의 지도에서 다루는 것이 좋으나, 분리량의 지도에서 유도할 수도 있다. 아래 그림과 같이 종이판의 계열을 생각하여 0의 위치를 정하면 된다.

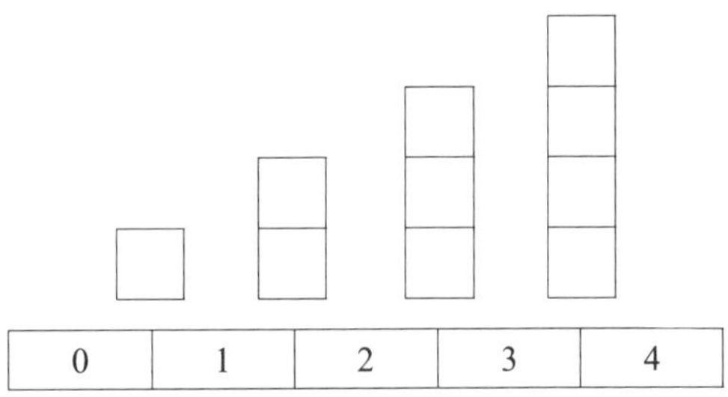

그림 5.20 순서수로서의 0

3) 10 이상의 두 자리 수의 지도

10 이상의 두 자리 수의 지도는 십진 기수법[10]의 원리에 의하여 10이 되면 묶어준다. 책상 위에 물건(빨대, 클립, 수모형, 구슬 등)의 수(100 미만)를 아래와 같이 10묶음과 낱개로 구분하여 나타내게 한 다음 표에 기록하게 해보고 이를 숫자로 나타내고 읽는 활동을 한다.

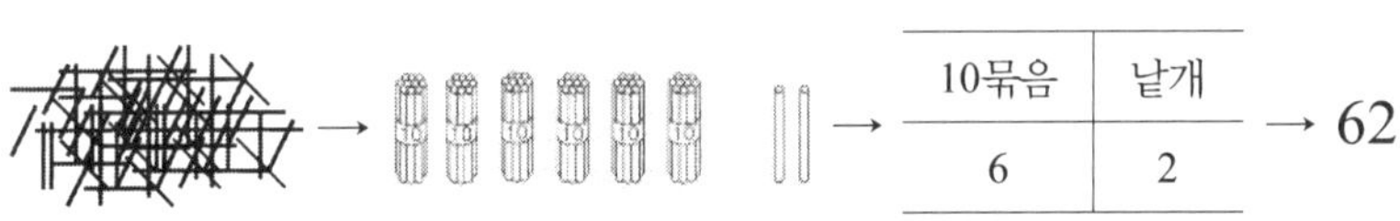

이러한 활동을 충분히 제공하여 십진 기수법의 기초를 익히게 한다. 이러한 활동을 통하여 학생들이 두 자리 수에 대한 개념을 형성한다면 세 자리 수, 네 자리 수 또는 그 이상의 수에 대해서도 같은 원리가 적용되므로 학습이 용이하게 된다.

수의 지도와 함께 우리는 수의 구성도 함께 다루어야 한다. 이를테면, 62는 '60보다 2가 더 큰 수', '52보다 10이 더 큰 수', '45보다 17이 더 큰 수' 등으로 말하게 하고, 이를 기호로 60+2, 52+10, 45+17 등과 같이 나타내어 보게 함으로서 수를 학습하면서 동시에 연산도

10 십진이라는 말은 10씩 묶는다는 것을 의미한다. 1이 10이 되면 묶어서 10이라고 하고, 10묶음이 10이 되면 묶어서 100이라고 하고, 100묶음이 10이 되면 묶어서 1000이라고 하고, 1000묶음이 10이 되면 묶어서 10000이라고 하고 한다.

함께 학습할 수 있도록 한다. 또한 묶음을 경험하도록 하기 위하여 69를 산가지로 나타내게 하고, 교사가 산가지를 1개씩 더 주면서 모두 몇 개인가를 알아보게 하여 낱개 9개에 낱개 1개를 더하면 10개가 되어 묶어야 함을 체험하게 하고, 이를 표에 나타내어 70이라고 쓰고 읽게 한다.

구체물 조작 활동을 하면 수 계열, 크기 비교 등에 관한 원리를 쉽게 학습할 수 있을 것이다. 62를 나타내는 산가지에 10개 묶음을 1묶음씩 더하거나 빼어서 얼마인지, 또 낱개 1개를 더하거나 빼어서 얼마인지 말하고 써보게 함으로써 10개 묶음을 1묶음씩 더하거나 뺄 때에는 10의 자리 숫자만, 낱개 1개를 더하거나 뺄 때에는 1의 자리에 있는 숫자만 변한다는 것을 아동 스스로 발견하게 해본다. 수 100은 99보다 1이 더 큰 수라고 지도하고 보다 자세한 학습은 다음 단계에서 하도록 한다.

또한 수 개념의 학습에서 사용할 수 있는 소재로 모의화폐를 들 수 있다. 모의화폐는 구체물보다 더 추상화된 것으로 영상화 단계이다. 따라서 모의화폐를 가지고 수를 지도하면 아이들이 수에 대한 영상적 이미지를 갖게 되어, 수를 구체물로 조작하는 것이 아니라 영상적 이미지를 조작하게 된다. 수를 구체물로 조작하는 것보다 영상적 이미지로 조작하게 되면 앞으로의 수의 학습에 쉽게 적응하고 빠르게 이해하게 될 것이다. 모의화폐 교환놀이를 하는 것은 받아 올림이나 받아내림의 개념을 이해하는 데도 효과적이다.

4) 세 자리 이상의 수의 지도

세 자리 이상의 수를 지도하는 방법은 두 자리 수를 지도하는 방법과 동일하다. 다만 수의 범위가 확장되었을 뿐이다. 조작 활동을 통하여 위치적 기수법의 원리를 깨닫게 하는 것이 매우 중요하다.

세 자리 수를 체계적으로 학습하기 위해서는 아래 그림과 같이 90개에 10개를 더하면 또는 99개에 1개를 더하게 하면 낱개가 10이므로 이를 묶고, 또 10개짜리 묶음이 10묶음이므로 이를 다시 묶어 아래와 같은 표에 기록하게 해본다.

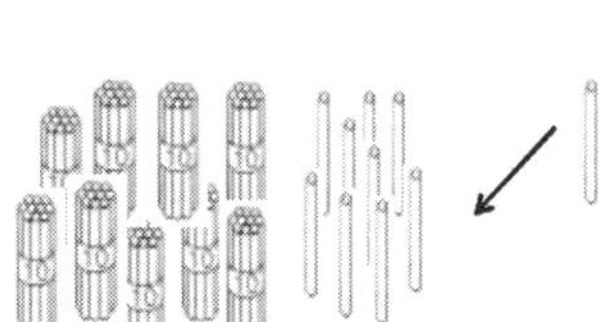

90에 10을 더하면?

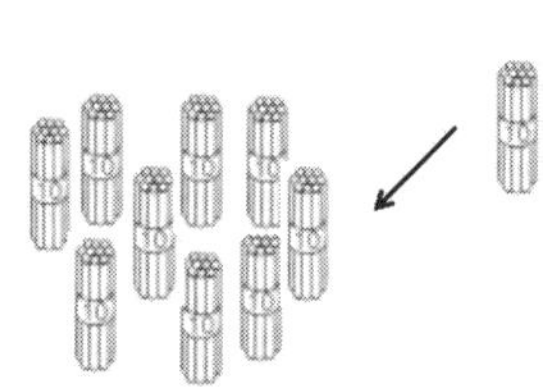

99에 1을 더하면?

100개짜리 묶음	10개짜리 묶음	낱 개
1	0	0

⇒ 100

이를 '백'이라고 읽는다.

세 자리 수의 지도 방법은 두 자리 수의 지도 방법과 동일하다. 구체물로 산가지(1000개 이하)를 주고 몇 개인지 알아보는 방법을 생각해 볼 수 있다. 십진 기수법의 원리에 의하여 아동들은 먼저 10개씩 묶어 세게 될 것이다. 그 다음에 10개 묶음이 10개보다 많을 때에는 10개짜리 묶음 10묶음을 하나로 묶어(100개짜리 묶음 하나)준다. 이렇게 세어 보는 활동을 통하여 그 결과를 아래와 같은 표에 기록해 보도록 한다.

100개짜리 묶음	10개짜리 묶음	낱 개
3	2	4

⇒ 324

나머지는 두 자리 수의 학습과 동일하다. 앞서 두 자리 수의 지도에서와 마찬가지로 수 자체만을 학습할 것이 아니라 수를 학습하면서 동시에 연산도 함께 지도될 수 있도록 하여야 한다.

어떤 의미에서 세 자리 수의 지도가 두 자리 이상의 자연수 지도의 기본으로 볼 수 있다. 그 이유는 두 자리 수는 세 자리수의 특별한 경우라 볼 수 있고, 네 자리 이상의 모든 수에 나타나는 현상이 모두 세 자리 수의 경우에 나타나기 때문이다. 이런 의미에서 세 자리 수는 두 자리 이상의 수의 모델케이스라 볼 수 있고 세 자리 수가 이해되면 임의 자리의 수의 지도는 거의 완결된다고 보아도 좋을 것이다.

10000 이상과 같이 큰 수[11]는 구체물로 조작하는 자체가 현실적으로 어렵다. 그러나 그 기본 원리는 세 자리 수나 혹은 네 자리 수와 동일함으로 이를 10000 이상의 수로 확장하여 귀납적으로 유추하도록 한다. 즉 1000이 10이면 10000이며, 10000은 9999보다 1이 더 큰 수, 9900보다 100이 더 큰 수로 10000을 도입하고, 10000이 4이면 40000, 5이면 50000 등으로 지도할 수 있다.

참고 만 이상의 큰 수를 읽을 때 우리나라의 명수법 체계는 일, 십, 백, 천이 반복되며, 4자리마다 새로운 수의 단위가 도입된다. 그러므로 큰 수는 읽을 때 뒤에서부터 차근차근 4자리씩 끊어 읽거나 쓰면 편리하다. 예를 들어, 2980001423458002을 읽는 방법을 다음과 같은 절차로 지도하면 효과적이다.

2980001423458002 → 2980 0014 2345 8002 → 2980(조) 0014(억) 2345(만) 8002

→ 이천구백팔십조 십사억 이천삼백사십오만 팔천이

11 만을 넘어서는 수를 일반적으로 큰 수라고 한다. 초등학교 수학에서는 조 까지를 다루고 있으며 억, 조와 같은 큰 수를 학습하는 첫 번째 이유는 우리 일상생활에서 널리 쓰이고 있기 때문이며, 또 다른 이유는 자릿값 원리를 좀 더 폭넓게 이해할 수 있기 때문이다.

반대로, '사천십오조 구백십억 이십삼만 사'를 수로 나타내는 방법을 다음과 같은 절차로 지도하면 좋을 것이다.

사천십오조 구백십억 이십삼만 사

	조				억				만							
→	천	백	십	일	천	백	십	일	천	백	십	일	천	백	십	일 →
	4	0	1	5		9	1	0			2	3				4

조				억				만							
천	백	십	일	천	백	십	일	천	백	십	일	천	백	십	일 →
4	0	1	5	0	9	1	0	0	0	2	3	0	0	0	4

4015091000230004

8. 유리수

수의 이론 전개에서 정수로는 충분하지 못하며, 분수의 도입으로 수의 이론 전개가 확대되고 나눗셈이 항상 가능하게 된다.

실제로 초등학교에서 다루는 수의 범위는 양의 유리수까지이다. 따라서 유리수의 개념은 초등학교 아이들이 학습하는 수학적인 개념 가운데 가장 복잡하고 중요한 개념 중의 하나라 할 수 있다. 유리수를 표현하는 방법으로는 분수와 소수가 있으며 이들은 각각의 장단점을 가지고 있다. 분수는 어떤 유리수도 간결·명확하게 나타낼 수 있고, 유리수의 성질을 이론적으로 고찰하는 데 적합하며 곱셈과 나눗셈에 편리하고, 소수는 분수보다도 가감산하기가 간편하며 대소 판별이 쉽고 실용성이 높다는 장점을 가지고 있다.

1) 유리수의 개념

유리수는 비(ratio)를 나타내는 수에서 유래된 말이다. 유리수를 배우기 이전까지의 아이들은 0을 포함한 자연수만 학습하였으나 사실상 자연수는 크기와 상관없이 그 개수만을 세어서 나타낸 것으로 볼 수 있다. 그러나 유리수는 절대적인 크기를 나타내는 것이 아니라 상대적인 크기를 나타내는 수로서 정수의 몫으로 정의된다. 즉, 임의의 정수의 몫 $\frac{a}{b}$ $(b \neq 0)$는 하나의 유리수이다. 그러므로 유리수는 형식적으로 정수의 집합 Z로부터 다음과 같이 구성된다. 유리수의 집합을 Q라고 할 때,

$$Q = \left\{ \frac{a}{b} \mid a,\ b \in Z,\ b \neq 0 \right\}$$

유리수의 구성에서 보는 것처럼 유리수 집합은 $a, b(\neq 0)$가 정수이기 때문에 분수와 분수

에 음의 부호를 붙인 것을 포함한다. 그러므로 유리수의 집합을 Q로 표시하는 것은 몫(quotient)에서 따왔다.

2) 유리수의 성질

① 가산집합(countable set)이다. 이는 곧 하나도 빠짐없이 모두 셀 수 있다. 즉, 아래와 같이 원소 하나 하 나에 모두 번호를 붙일 수 있다는 것이다.

참고 정수는 절댓값의 크기에 따라 배열할 수 있지만 유리수는 그렇게 배열할 수 없다. 그 이유는 이웃한 두 자연수 2와 3 사이에 무한히 많은 유리수가 있기 때문이다. 그러면 여기서 우선 양의 유리수를 배열하고 번호를 붙이는 방법은 아래와 같이 생각할 수 있다.

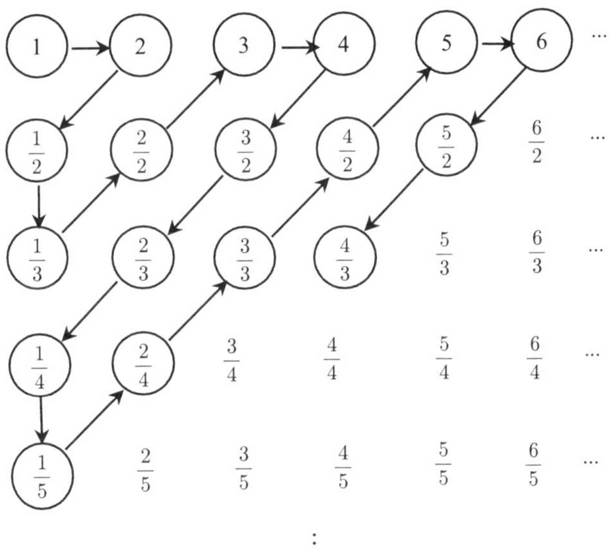

위의 그림에 표시된 선로를 따라 가면 표에 있는 유리수를 하나도 빠뜨리지 않고 모두 지나갈 수 있다. 그런데 여기에서 어떤 유리수는 중복이 된다. 이를테면 $1, \frac{2}{2}, \frac{3}{3}, \cdots$은 중복되는 것으로 실제는 모두 1이고 $\frac{1}{2}, \frac{2}{4}, \frac{3}{6}, \cdots$ 도 중복되는 것으로 실제는 모두 $\frac{1}{2}$이다. 따라서 이 표에서 중복되는 것은 모두 지운다.

그러면 $1, 2, \frac{1}{2}, \frac{1}{3}, 3, 4, \frac{3}{2}, \frac{2}{3}, \frac{1}{4}, \frac{1}{5}, 5, \cdots$을 얻는다.

이와 같이 하여 1은 1번, 2는 2번, $\frac{1}{2}$은 3번, $\frac{1}{3}$은 4번, 3은 5번 등으로 번호를 붙일 수 있다. 양수, 음수 그리고 0을 포함한 유리수 전체를 배열하는 문제에 대해서는 여러분 각자가 한번 생각해 보기 바란다.

② 조밀성(density)을 갖는다. 즉, 서로 다른 두 유리수 a, b 사이에는 이들과 다른 유리수 $\frac{a+b}{2}$가 존재한다.

③ 최소와 최대의 수가 없다.

④ 집합수이지만 순서수는 아니다.
순서의 개념은 기준과 다음이 일의적(一意的)으로 정해져야 하는데, 두 유리수 사이에는 조밀성에 의해 계속해서 중간수가 존재하기 때문이다.

⑤ 두 유리수 a, b가 있을 때, $a > b$, $a = b$, $a < b$ 중 어느 하나가 반드시 성립한다.

3) 분수

분수(fraction)는 기원전 1800년경 고대 이집트 문명에서 발생되었으며 그 필요성은 인류의 초기단계에 생겼다. 분수는 그 어원이 fractus, 즉 '쪼개다'의 뜻을 지닌 것처럼 분수는 분할하는 과정에서 발생하였다. 실제로 기원전 1700년경의 린드 파피루스(Rhind Papyrus)[12]에서는 '빵 3개를 4명에게 나누어 주어라'라는 문제가 실려 있다. 또한 데이비도브(Davydov)라는 학자는 '역사적으로 분수는 측정의 필요성 때문에 존재하게 되었다'고 주장하였다.

수의 발생과정에서 분수는 어떤 관점에서 만들어졌을까를 생각해보면, 사물의 개수가 1보다 클 때에는 정수의 개념이 나타났을 것이고, 1보다 작은 조각을 나타내는 수의 개념에서는 분수가 발생했을 것이다. 다시 말해 1보다 작은 반(半)이나 반의 반 등은 어떻게 수로 나타낼까 하는 생각이 분수를 낳게 한 이론의 근거가 된다.

4) 분수 학습의 문제점

일선 현장의 분수학습의 문제점은 분수 개념 자체가 어렵고 복잡한 것도 있지만, 또 다른 분수 학습의 문제점은 아래와 같이 학습 내용 구성, 학습 자료, 지도 방법 등의 교수학적인 측면에서도 그 원인을 살펴볼 수도 있다.

(1) 분수 학습 내용 구성

분수 학습의 문제점을 학습 내용 구성면에서 살펴보면 다음과 같다(신준식, 1996).

첫째, 현행 분수 학습 내용에 분수의 생성 배경이 제대로 반영되지 않고 있다. 분수의 생성

---

12 수학 관련 표와 문제가 포함된 두루마리로 고대 이집트 수학에 관한 많은 정보가 담겨져 있는 가장 오래된 수학책 중 하나이다. 1858년 나일강 휴양지에서 스코틀랜드 골동품수집가인 알렉산더 헨리 린드가 구입한 것으로 그의 이름을 따서 린드 파피루스라고 불린다. 기원전 1650년경에 이 두루마리를 필사한 아메스(Ahmes)의 이름을 따서 아메스 파피루스라고 부르기도 한다.

배경을 바탕으로 분수 학습을 시작하면 학생들이 분수의 필요성과 의미를 느끼게 할 수 있다. 일상생활에서 분수가 필요하게 된 것은 분배와 측정 때문이었다. 빵 1개를 여러 명이 똑같이 나누어 가졌을 때 1사람의 몫을 얼마라고 해야 할 것인가, 또는 길이나 넓이를 재는 과정에서 단위보다 작은 부분을 얼마라고 해야 할 것인가의 문제를 해결하는 과정에서 분수가 생성되었다. 이런 실제적인 상황을 학생들에게 제시함으로써 학생들은 분수의 필요성이나 그 의미를 이해할 수 있을 것이다.

둘째, 현행 분수 학습 내용은 학생들이 일상생활에서 자주 경험하는 일상용어인 '반', '반의 반'이라는 개념을 충분히 활용하지 않고 있다. 일상생활에서 자주 경험하는 '반', '반의 반'이라는 용어를 통해 분수가 실생활과 동떨어진 수가 아니라는 것을 학생들에게 인식시키고, 자연스럽게 일상생활에서 경험하는 용어들을 분수 개념과 연관 짓는다면 이해를 바탕으로 한 생성력 있는 지식이 될 수 있을 것이다. '반' 또는 '반의 반'이라는 개념은 분수의 본질인 상대적인 크기를 나타낼 뿐만 아니라 분수의 가장 기본적인 개념인 등분할의 개념도 포함하고 있는 것이다. 또한 학생들이 '반', '반의 반'이라는 용어를 사용하는 것은 그 기준과 그에 대한 상대적인 크기가 '반', '반의 반'이라는 것을 알고 있음을 의미한다.

셋째, 분수를 처음 학습하는 학생들에게 분수의 필요성과 본질을 크게 부각시키지 못한 채 학습이 이루어지고 있다. 자연수 1보다 더 작은 수(분수)가 왜 필요한지에 대해 학생들에게 느끼게 하는 것이 중요함에도 불구하고 교과서에는 자연수 외에 새로운 수(분수)가 필요한 이유와 어떤 기준에 대한 상대적인 크기를 나타내는 수가 분수라는 것을 학생들에게 인식시킬 수 있는 내용이 부족하다.

넷째, 분수가 지닌 여러 가지 의미 중에서 전체-부분의 의미가 가장 기본적이고, 중요한 개념이기는 하지만 이에 편중된 학습이 이루어지고 있다. 전체-부분의 의미는 분수 개념을 형성하는 데 바탕이 되는 것은 틀림이 없으며, 전체 부분의 의미 중심으로 분수를 학습하는 것은 이분모 분수의 덧셈과 뺄셈을 이해시키기 위한 의도이나(유현주, 1995), 두 양의 상대적인 크기, 비례 등 유리수 개념의 본질을 이해하는 데에는 제한적이다.

다섯째, 분수 학습 내용이 수직적으로 전개되어 있어 분수의 여러 가지 의미가 서로 통합되지 못하고 있다. 분수의 개념을 형성했다는 것은 분수의 여러 가지 의미를 이해하는 것은 물론 그들 사이의 상호 관계를 이해할 수 있어야 하는데 현행과 같은 수직적인 분수 학습 내용 전개로는 분수의 여러 가지 의미가 학생들의 지식 구조에서 통합되어 하나의 큰 지식 구조로 정리되는 것이 아니라 학년마다 각각 분리되어 별개의 구조로 정리될 것이며 6학년을 마쳐야 분수 개념이 제대로 형성될 수 있을 것이다.

여섯째, 현행의 분수 지도는 분수 개념의 이해보다는 절차적 기능과 계산적인 알고리즘을 강조하고 있다. 개념에 대한 이해가 수반되지 않는 절차적인 기능 중심의 학습에서는 분수가 지니고 있는 여러 가지 의미를 학습할 수 없을 뿐만 아니라 그 의미들을 서로 통합시키지 못하게 됨으로써 분수에 대한 창의적인 문제 해결 능력을 향상시키지 못한다. 학생 스스로 지식을 구성하고 그 지식의 타당성을 인식하게 하기 보다는 이미 정해진 알고리즘이나 절차를 일방적으로 제시하고 있다. 또한 평가에 있어서도 학생들의 분수의 개념에 대한 이해보다는 분수의 연산의 결과에 주목하고 있으며 그 결과가 맞으면 분수 개념을 잘 이해하고 있는 것으로 생각하고, 학생들이 연산의 의미를 알고 있는지 또는 기계적으로 알고리즘을 적용하는지에 대해서 거의 고려하지 않는다(김옥경, 1997). 구체적인 상황을 통해 개념을 의미 있게 형성하고, 끊임없는 피드백을 통해 잘못된 개념을 수정하고 의미를 더욱 강화할 수 있는 환경을 제공받아야 할 것이다.

(2) 학습 자료면

학생들이 분수 학습을 어려워하는 데에는 교육과정과 그것을 구현하는 교과서에서도 많은 문제점을 찾아볼 수 있을 것이다.

첫째, 실생활 주변에서 학생들이 경험하는 소재(빵, 피자, 주스, 책상, 자, 리본 띠 등)를 활용하면, 학생들의 동기를 유발할 수가 있으며, 분수가 학생들의 생활과 분리되어 수학의 한 주제로만 생각되지 않을 것이다. 그러나 교과서에 제시된 자료는 대부분 도형으로 제시되어 있어 학생들의 흥미를 유발시키지 못하며, 분수는 실생활과 분리되어 있는 수학의 분야로 생각할 수 있다.

둘째, 교과서에 제시된 학습 자료들은 학생들의 조작이나 활동들을 제한한다. 이미 등분할되어 있는 그림에서 부분이 색칠되어 있는 자료를 제시하고, 그것을 분수로 표기해 보게 한다든가, 등분할 되어 있는 그림에서 제시되어 있는 분수를 색칠해 보게 한다. 따라서 등분할이 되어 있지 않은 부분이 있는 경우, 전체와 부분을 구별하기 힘들며, 학생들이 분수는 등분이 되어야 한다는 사실 조차도 알지 못하고 분수의 오 개념을 만든다. 학생들 스스로 나누어보고 접어보는 활동을 통해 학생들 스스로 지식을 구성하고 자신의 생각을 친구들과 또는 교사와 서로 의견을 나누며 자신의 사고를 반성할 기회가 주어지지 않는다.

셋째, 연속량과 이산량, 다양한 형태(상황)의 자료가 제시되어 학생들이 상황간의 공통성을 이해함으로써 추상화에 이를 수 있게 해야 함에도 현행 교과서에서는 연속량을 주로 다루고 있다. 따라서 이산량 상황의 자료가 제시되는 경우 전체를 1로 보는 것에 어려움을 느낄 수 있으며 제한된 분수 개념을 형성할 수 있다. 분수 개념을 일반화시키기 위해서는 충분한 예가 제시되어야 하고, 어느 정도 적절한 반례를 제공함으로써 새로운 상황의 문제에 대해서도 어려움 없이 대처할 수 있도록 하여야 한다. 또, 분수 개념을 일반화할 수 있도록 영역, 집합, 수직선 모델 등 충분히 넓은 범위의 모델에 대한 탐구 활동을 해보아야 할 것이다.

(3) 지도 방법면

다음과 같은 분수와 관련된 내용을 지도할 때의 문제점을 지적할 수 있다.

분수 개념은 부분-전체, 몫, 비, 연산자, 측정의 의미를 가질 뿐만 아니라 퍼센트, 소수 등과도 밀접한 관련이 있다. 그러나 분수 수업은 실재와 동떨어져 있으며 틀에 박힌 규칙의 적용에 초점을 둔다. 분수에 대한 접근은 처음부터 거의 정해진 규칙에 따라 진행하는 일방적인 접근을 취함으로써, 단위 분할을 통해 피상적이고 개략적으로 분수를 도입하고 곧 바로 연산을 제시한다. 분수 수업은 목표한 절차를 학생들이 되풀이해 낼 수 있을 때까지 똑같은 것을 반복해서 다루며, 문제 상황을 이해하려는 노력을 포기하고 기계적인 암기에 의존하도록 만들고 있다. 이해에 기초하지 않은 기호 지식은 기억에 의존하며 지속성이 없다. 먼저, 학생 스스로 지식을 구성하고 그 지식의 타당성을 인식하기 전에 이미 정해진 알고리즘이나 절차를 너무 성급히 일방적으로 제시한다.

기호는 많은 정보가 축약된 경제적인 의사 전달 수단이지만, 기호에 앞서 의미를 충분히 이해할 때 기호는 비로소 효과적인 의사전달 수단임에도 분수의 크기 비교나 분수 개념을 설명할 때 의미를 도외시한다.

학생의 경험에 기초한 비형식적인 지식과 조작 활동이 거의 활용되지 않으며, 분수 개념이 생활과 분리되어 있다. 새로운 개념이 자신의 기존지식과 어떤 관계를 맺으려고 할 때 새로운 개념은 기존의 지식과 통합되고 발전되며, 의미 있는 학습이 이루어졌다고 한다. 그리고 이렇게 형성된 개념만이 생성력 있는 개념이 되어 새로운 지식을 만들어 내기도 하고, 다른 영역에 적용되기도 한다.

분수의 양적인 이해에 대해 거의 고려하지 않는다. 수 개념의 바탕이 되는 것은 수에 대한 크기 감각이다. 양적인 개념의 발달 즉 분수의 '크기'에 대한 인식은 분수를 의미 있게 이해하는 능력의 기초가 된다. 이것은 크기 비교와 동치 개념, 어림 기능이 통합되어 발달한다.

5) 소수

소수(decimal number)에 관한 개념은 네덜란드의 수학자 스테빈(Simon Stevin, 1548~1620)에 의하여 분수가 태어난 지 3000년 후에 소수의 개념이 확립되었다. 계산기도 없던 시절 네덜란드 군대의 재정을 맡은 스테빈은 각각 분모가 다른 분수로 되어 있는 이

자를 계산하느라 무척이나 골머리를 앓고 있었다. 어떻게 하면 분수로 된 계산을 더 쉽고 빠르게 계산할 수 없을까 고민하다가 스테빈이 알아낸 방법은 분모를 11이나 12 대신 10이나 100으로 고쳐서 계산[13]하면 된다는 것이었고, 이 방법은 그를 계산의 고통에서 해방시켜주었다. 스테빈 이전에도 소수에 관한 생각은 있었으나, 이를 통합하여 정연한 이론을 세운 것은 스테빈이다. 소수는 일의 자리보다 작은 자릿값을 가진 수를 말하는데, 분수를 10진법에 맞도록 표현한 것이 소수이다. 하지만 분수와 소수가 생겨난 배경은 서로 다르다. 분수가 나눗셈을 하다가 만들어졌다면, 소수는 측정을 하다가 만들어졌다. 소수라고 해서 반드시 '작은 수'만을 의미하는 것은 아니다. 이를테면 1보다 작은 0.6도 소수이고, 1보다 큰 23.4도 소수이다. 작은 수이건, 큰 수이건 일의 자리보다 작은 자릿값을 가진 수는 모두 소수이다.

9. 분수의 지도 방법

분수 개념의 지도 순서는 구체적인 조작 활동을 통하여 연속량이나 이산량이 바르게 등분되었는지를 판별할 수 있게 한 다음, 주어진 것이 어떤 것을 몇으로 나눈 것 중의 몇에 해당하는가를 나타내는 방법으로 도입한다. 분수를 지도하는 순서는 대체로 다음과 같다.

① 구체적인 조작 활동을 통하여 등분할을 해본다.
② 몇 등분한 것의 몇인지 알아본다.
③ 몇으로 나눈 몇을 수로 나타낸다.
④ 두 양의 관계를 분수로 나타내어보고, 분수에 대한 양을 이해한다.

1) 분수의 도입

분수의 도입은 대체적으로 등분할하는 활동으로 시작한다. 많은 학생들이 우리 일상생활에서 반으로 나누는 활동은 이미 경험하여 익숙하지만 3등분, 5등분하는 일은 어려워한다. 따라서 2등분, 4등분, 8등분하는 활동을 먼저 한 후, 3등분, 6등분, 9등분, 5등분 등의 활동을 하도록 한다.

13 $\frac{1}{11} \fallingdotseq \frac{9}{100}$ $\frac{1}{12} \fallingdotseq \frac{8}{100}$

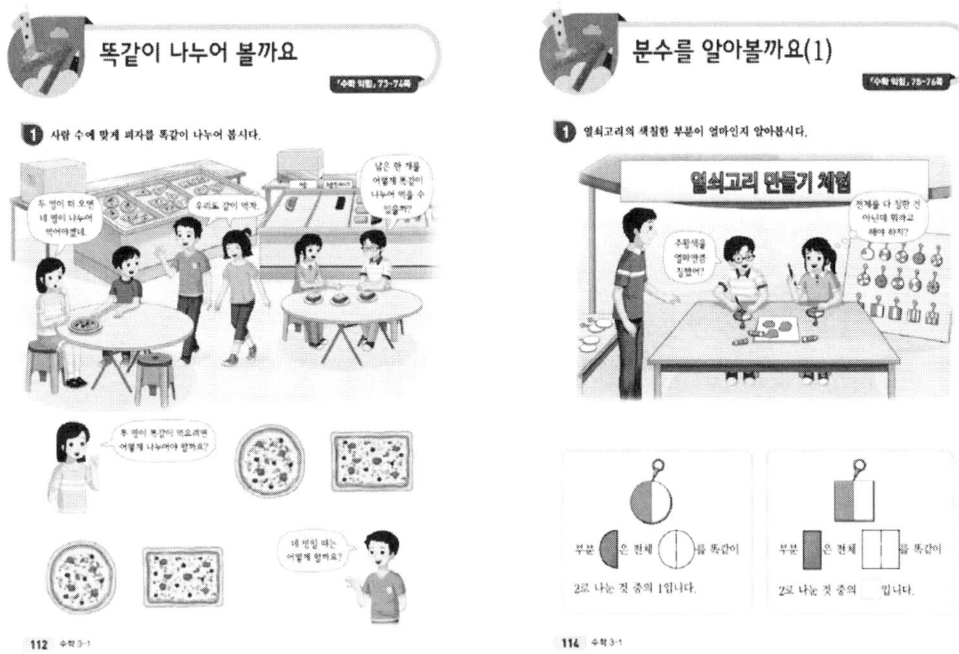

그림 5.21 전체-부분을 이용한 분수 도입

연속량에 이어 이산량에 대해서도 등분할하는 활동을 한다. 이를테면, 사과 12개를 똑같이 나누어 보게 한 다음, 전체의 $\frac{1}{2}$, $\frac{1}{4}$, $\frac{1}{3}$, $\frac{1}{6}$이 각각 얼마인지 알아보게 한다.

2) 분수의 여러 가지 의미

분수라는 용어는 초등학교 수학에서 여러 가지 의미로 사용되고 있다. 그러나 순수하게 분수로서의 의미를 나타내는 것은 두 가지이고, 나머지는 비율과 나눗셈에서 유도된 분수이다.

① 전체-부분(part-whole)[14]의 의미(등분할 분수)

만일 a와 $b(\neq 0)$가 범자연수이면 분수 $\frac{a}{b}$는 동등한 b부분 중의 a를 나타낸다. 이를테면 분수 $\frac{2}{7}$는 7부분으로 동등하게 나누어진 물건과 그런 부분 2개를 나타내는 것을 의미한다. 전체-부분, 즉 등분할의 의미는 분수 개념에서 가장 기초적이고 중요한 개념이다. 왜냐하면

---

14 $\frac{1}{4}$을 영어로는 'a fourth' 우리말로는 '사분의 일'이라고 읽는다. 영어로 읽을 때는 부분, 전체의 순서로 읽는 반면 우리말에서는 전체, 부분의 순서로 읽는다. 이런 측면에서 교재에 따라서는 '전체-부분'의 의미를 '부분-전체'로 표현하기도 한다. 이 책에서는 'part-whole'을 '전체-부분'으로 명명하기로 한다.

전체를 똑같이 몇으로 나눈 것 중의 일부분의 크기를 나타내는 것이 분수라는 생각은 분수가 지니고 있는 여러 가지 의미의 근본적인 바탕이 되기 때문이다.

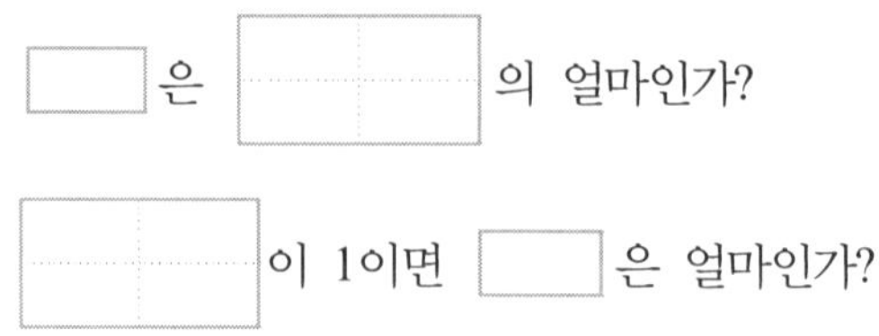

그림 5.22 전체와 부분의 의미

② 측정의 의미(양으로서의 분수)

분수는 측정의 의미를 나타내는 것으로도 쓰이는데 이를테면 어떤 막대의 길이를 재어 $\frac{4}{3}$ m라든지 어떤 물건의 무게를 재어 $\frac{5}{7}$ kg과 같이 나타낸 것 등이 그 예이다.

이를테면, □을 단위로 하여 막대 □의 길이를 재어보면 주어진 단위의 2배와 남는 부분이 생긴다.

□ 단위를 3등분하였더니 막대의 남는 부분은 단위 □의 $\frac{1}{3}$이 됨을 알 수 있다. 그러므로 위의 재고자 하는 막대의 길이는 단위길이의 $2\frac{1}{3}$이 된다. 우리 일상생활에서 어떤 물건의 길이를 재었을 때 측정 결과가 자연수의 배로 딱 맞아 떨어지는 경우는 드물며 이처럼 끝이 남는 경우가 대부분이다. 이와 같이 단위분수는 단위보다 작은 부분을 재는데 가장 기본이 되는 분수이다.

③ 비율의 분수(비의 의미)

등분할 상태를 나타낸 분수 $\frac{1}{4}$과 $\frac{2}{8}$는 두 양의 상대적인 크기를 나타내는 비의 의미에서는 같은 수이다. 또, 서로 다른 크기에서도 전체에 대한 부분의 상대적인 크기가 $\frac{1}{4}$과 같다고 생각할 수 있을 때 비의 개념을 이해한다고 볼 수 있다. 따라서 분수의 본질적인 개념을 이해하기 위해서는 상대적인 크기를 나타내는 비의 의미를 이해하여야 한다.

④ 나눗셈의 분수(몫의 의미)

유리수는 방정식 $ax=b$ (a, b는 정수, $a \neq 0$)의 해를 의미한다. 즉, $b \div a = \frac{b}{a}$로 나타내어 사용되는데, 이것이 분수가 몫의 의미를 나타내는 것이다.

- 3÷5를 분수로 나타내어보시오.

- 수 막대 3개를 각각 똑같이 5로 나누어 보아라.
- 그 중 1개는 분수로 얼마인가?
- 3÷5는 분수로 얼마인가?
- 왜 그렇게 생각하는가?

그림 5.23 나눗셈의 분수

⑤ 연산자의 의미로서 분수

연산자[15]의 의미로서 분수는 유한 집합에서 유한 집합으로의 사상이나 유클리드 평면에서 유클리드 평면으로의 사상이라고 할 수 있다. 도형을 $\frac{p}{q}$만큼 축소, 확대시키거나, 한 집합을 그 집합의 원소의 개수의 $\frac{p}{q}$배한 다른 집합으로 줄이거나 늘이는 함수로서 $\frac{p}{q}$를 생각할 수 있다.

연산자의 의미를 이산량에 대해서 알아보자. 다음 그림에서 '18의 $\frac{2}{3}$는 얼마인가?'의 문제에서 $\frac{2}{3}$라고 하는 것은 '셋마다 둘' 또는 '셋에 대해 둘'을 의미한다. 따라서 원래 집합의 원소의 수 3에 대하여 새로운 집합의 원소의 수 2를 만든다. 새로운 집합의 원소는 12개가 되므로 18의 $\frac{2}{3}$는 12가 된다. 새로운 집합의 크기는 원래 집합 크기의 $\frac{2}{3}$로 축소된다.

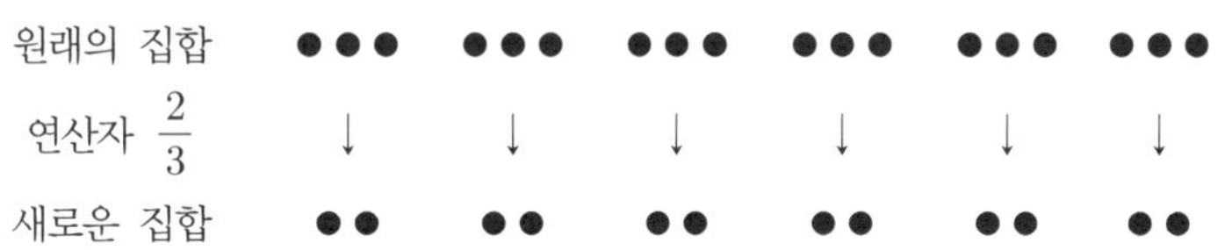

그림 5.24 18의 $\frac{2}{3}$는 얼마인가?

초등수학에서 연산자의 의미로서 분수 개념은 학생들이 이후에 학습할 도형의 합동, 또한

15 연산자(operator)는 분수를 곱하는 함수를 의미한다. 이를테면, $\frac{2}{5}$를 곱하는 규칙을 가진 기계에 20을 입력하면 8이 출력된다.

확대, 축소 등의 개념과 연관되는 닮음을 이해하는데 필수적이다. 8 cm의 $\frac{3}{4}$을 그리는 것은 4 cm에 대하여 3 cm만큼 그리는 것을 의미한다. 이 결과는 원래의 길이보다 줄어드는 축소의 의미를 담고 있다. 또 9 cm의 $\frac{4}{3}$를 그리는 것은 3 cm에 대하여 4 cm를 그리는 것을 의미하므로 12 cm가 되어 원래보다 늘어난 확대이다.

3) 분수를 지도하기 위한 구체적인 모델

전체-부분으로서의 분수에 대한 네 가지 모델은 영역, 길이, 집합 그리고 넓이 모델이 있으며, 이들 모델 중 어느 것도 몫을 나타내는 분수에 대한 설명이 될 수 있다. 그 중 영역 모델은 가장 간단하면서도 초등수학 교과서에 실제로 소개되고 있는 모델이다.

① 영역 모델

이 모델은 가장 구체적인 형태이면서 아동들이 가장 쉽게 조작할 수 있는 것이다. 영역은 전체(단위)이고, 그것을 등분할한 부분들은 같은 크기와 모양을 가지고 있다. 초등수학 교과서에 제시되고 있는 영역 모델은 주로 원, 직사각형, 정사각형, 삼각형 등이다. 영역 모델을 사용할 때에는 다양한 모델을 다룸으로써 학생들이 분수는 항상 '파이의 한 부분'이라는 생각을 갖지 않게 해야 하며 아래 참고에 제시한 것처럼 영역 모델 중에서도 어느 것을 사용하느냐에 따라 각각의 장단점이 있다.

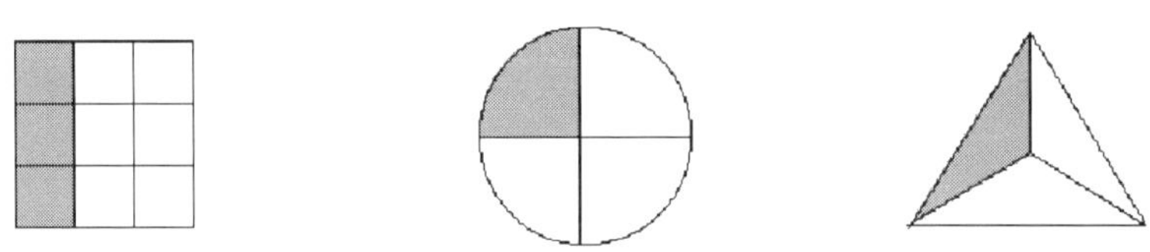

사각형: 등분할하기 쉽다. 그러나 전체를 1로 이해하기 어렵다.

원: 전체를 1로 이해하기 쉽다. 그러나 등분할하기 어렵다.

삼각형: 등분할하기 어렵고 전체를 1로 이해하기도 어렵다.

그림 5.25 영역 모델의 장점과 단점

② 길이 모델

모든 단위길이는 등분할 할 수 있다. 이를테면, 길고 가느다란 노끈이나 분수 띠 모양을 반이나, 반의 반으로 접을 수 있다. 아래 그림에서 2와 3 사이의 단위길이를 셋으로 등분할 함으로써 단위길이의 $\frac{1}{3}$을 만들 수 있고, 그 점이 2보다 크다는 것도 알 수 있다. 아동들이 각각의 단위길이가 삼등분된 것을 올바르게 이해할 수 있다면 그 점이 $2\frac{1}{3}$이 됨을 깨닫게 될 것이다.

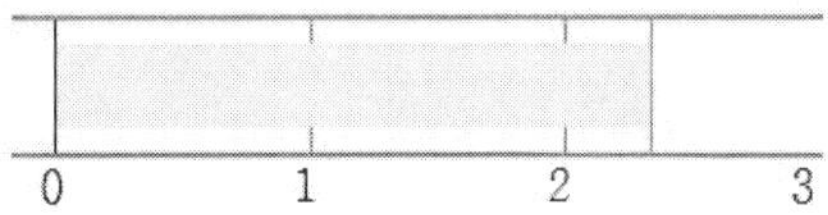

그림 5.26 $2\frac{1}{3}$에 대한 길이 모델

③ 집합 모델

집합 모델은 사물의 한 집합을 하나의 전체(단위)로 사용한다. 이 모델은 아동들에게 상당히 어려운데 그 이유는 영역 모델이나 길이 모델처럼 아동들 스스로 사물들을 실제로 분할하지 않기 때문이다. 이를테면 8개의 사과를 4명의 아동에게 똑같이 나누어 주도록 요구할 수 있다. 이러한 이해를 바탕으로 집합 모델은 분수와 관련시킬 수 있다. 예를 들어 집합을 4개로 등분할 함으로써 $\frac{1}{4}$을 발견할 수 있다. 아래 그림은 4개로 등분할 된 8개의 집합을 나타낸다. 각 부분은 전체의 $\frac{1}{4}$이다. 이 모델로부터 다음과 같은 질문이 가능하다.

- 8의 $\frac{1}{4}$은 얼마인가?
- 8의 $\frac{3}{4}$는 얼마인가?

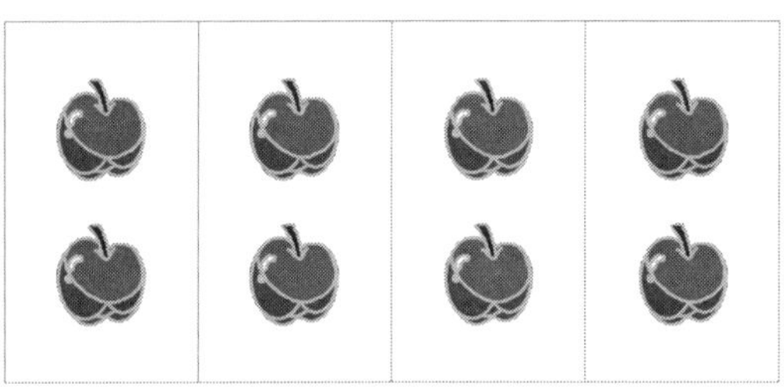

그림 5.27 집합 모델의 예

④ 넓이 모델

넓이 모델은 영역 모델을 포함하는 모델로 좀 더 복잡하다. 앞서 언급한 영역 모델에서는 등분할 된 각 부분의 크기와 모양이 같아야 했는데 넓이 모델에서는 각 부분의 모양과 크기는 상관없이 단지 넓이만 같으면 된다. 이 모델은 넓이에 대한 학습이 이루어진 후에 활용할 수 있다.

그림 5.28 넓이 모델의 예

4) 분수의 종류

① 단위분수

분자가 1인 분수를 단위분수(unit fraction)라 한다. 이를테면 $\frac{1}{2}$, $\frac{1}{5}$, $\frac{1}{8}$, … 등은 모두 단위분수가 된다.

② 진분수

분자가 분모보다 작은 분수를 진분수(proper fraction)라 한다. 이를테면 $\frac{2}{3}$, $\frac{3}{5}$, $\frac{2}{7}$, … 등이 그 예이다.

③ 가분수

분자가 분모보다 같거나 큰 분수를 가분수(improper fraction)라고 한다. 이를테면 $\frac{3}{3}$, $\frac{6}{4}$, $\frac{7}{5}$, … 는 가분수이다.

④ 대분수

자연수와 진분수의 합으로 이루어진 분수이다. 이를테면 $2\frac{1}{5}$, $4\frac{2}{3}$, $7\frac{3}{4}$, … 등은 모두 대분수(mixed fraction)이다.

⑤ 동치분수

크기가 같은 분수를 동치분수(equivalent fraction)라고 한다. 이를테면 $\frac{1}{2}$과 $\frac{2}{4}$는 이름은 다르지만 같은 크기를 나타낸다. 크기가 같은 색종이를 $\frac{1}{2}$, $\frac{2}{4}$만큼 잘라 서로 포개어 보면 크기가 같다는 사실을 쉽게 알 수 있다.

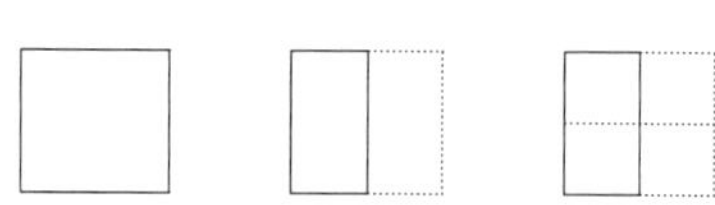

색종이 1장 $\frac{1}{2}$장 $\frac{2}{4}$장

분모와 분자 사이의 관계를 파악하면 동치분수를 필요에 따라 만들어 활용할 수 있다. 특히 자연수는 어떤 분모이든지 동치분수를 만들 수 있다.

$$1=\frac{1}{1}=\frac{2}{2}=\frac{3}{3}=\frac{4}{4}=\frac{9}{9}=\cdots$$

활동 2 $\frac{1}{4}$과 $\frac{3}{12}$의 크기를 비교해 보시오.

- 분수만큼 색칠하시오.

$\frac{1}{4}$ 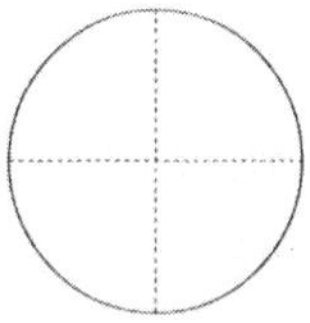 $\frac{3}{12}$ 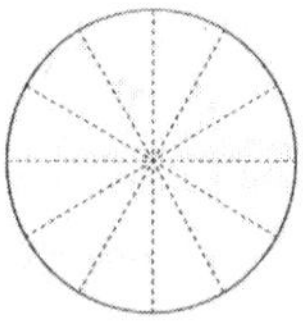

- $\frac{1}{4}$과 $\frac{3}{12}$의 크기를 투명 종이를 사용하여 비교해 보시오. 준비물 3쪽
- 크기가 같은 분수는 어떤 특징을 가지고 있는지 이야기해 보시오.

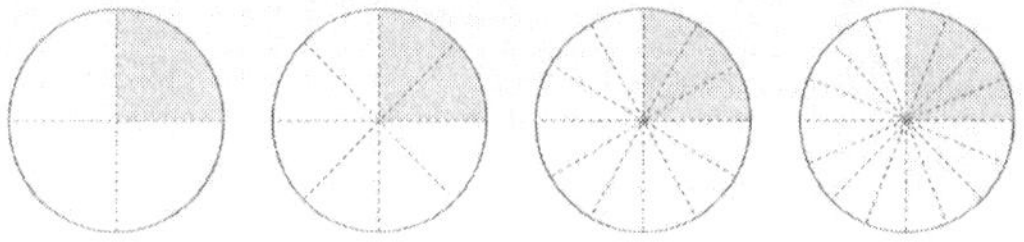

$\frac{1}{4}, \frac{2}{8}, \frac{3}{12}, \frac{4}{16}$……는 크기가 같은 분수입니다.

그림 5.29 동치분수 알아보기

> **참고** 위의 정의에서 알 수 있는 것처럼 모든 단위분수는 진분수이다. 실제로 분자가 분모보다 작은 분수는 만들 수 있는 진짜 분수이기 때문에 진분수라고 하는 것이 타당한 이치이며 또한 분자가 분모보다 크거나 같은 분수는 만들 수 없거나 만들 필요가 없는 가짜 분수이기 때문에 가분수라고 생각하는 것이다. 또 한 가지 주의할 것은 자연수와 가분수의 합인 $4+\frac{6}{5}$을 $4\frac{6}{5}$과 같이 써서는 안 된다는 점을 유의하기 바란다.

5) 분수의 크기 비교

분수의 크기 비교는 초등수학 교과서에서 다음과 같은 순서로 지도하고 있으며 그 구체적인 지도 방법은 아래와 같다.

① 동분모 분수의 크기 비교 ⇨ ② 단위분수의 크기 비교 ⇨ ③ 이분모 분수의 크기 비교

(1) 동분모 분수의 크기 비교

활동 1 $\frac{3}{4}$과 $\frac{2}{4}$ 중에서 어느 분수가 더 큰지 알아보시오.

- $\frac{3}{4}$과 $\frac{2}{4}$만큼 각각 색칠하시오.

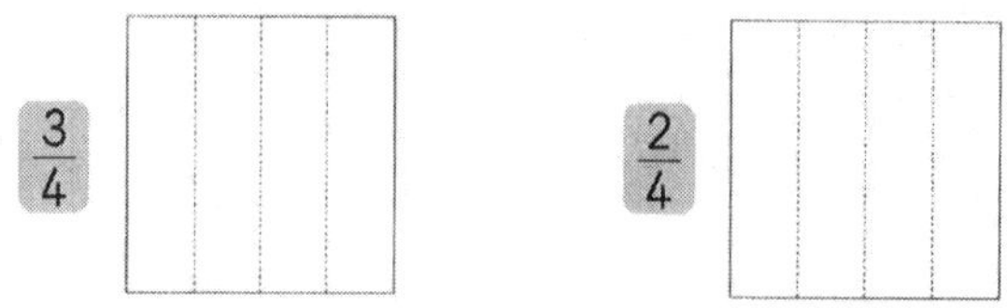

- $\frac{3}{4}$과 $\frac{2}{4}$ 중에서 어느 분수가 더 크다고 생각합니까?

활동 2 윤호네 모둠에서는 발표 자료를 꾸미기 위하여 도화지의 $\frac{4}{6}$를 색칠했고, 세미네 모둠에서는 도화지의 $\frac{2}{6}$를 색칠했습니다. $\frac{4}{6}$와 $\frac{2}{6}$ 중에서 어느 분수가 더 큰지 알아보시오.

- $\frac{4}{6}$는 $\frac{1}{6}$이 몇 개입니까?

- $\frac{2}{6}$는 $\frac{1}{6}$이 몇 개입니까?

- $\frac{4}{6}$와 $\frac{2}{6}$ 중에서 어느 분수가 더 크다고 생각합니까?

- 분수의 크기를 비교하는 방법을 이야기해 보시오.

그림 5.30 동분모 분수의 크기 비교

(2) 단위분수의 크기 비교

동분모 분수의 크기를 비교한 방법과 같은 방법으로 활동을 하면서 일반적인 규칙을 아동 스스로 발견하도록 아동들을 도와주어야 한다.

활동1 $\frac{1}{2}$과 $\frac{1}{3}$ 중에서 어느 분수가 더 큰지 알아보시오.

- $\frac{1}{2}$과 $\frac{1}{3}$만큼 각각 색칠하시오.

- $\frac{1}{2}$과 $\frac{1}{3}$ 중에서 어느 분수가 더 큽니까?

활동2 민재네 모둠에서는 색 테이프의 $\frac{1}{5}$을 사용했고, 윤지네 모둠에서는 색 테이프의 $\frac{1}{4}$을 사용했습니다. $\frac{1}{5}$과 $\frac{1}{4}$ 중에서 어느 분수가 더 큰지 알아보시오.

- $\frac{1}{5}$과 $\frac{1}{4}$만큼 각각 색칠하시오.

- $\frac{1}{5}$과 $\frac{1}{4}$ 중에서 어느 분수가 더 큽니까?

- 분수의 크기를 비교하는 방법을 이야기해 보시오.

그림 5.31 단위분수의 크기 비교

(3) 이분모 분수의 크기 비교

이분모 분수는 먼저 통분하여 분모를 같게 한 후에, 동분모 분수의 크기를 비교한 것을 이용하여 크기를 비교하며 그 구체적인 지도 방법은 아래와 같다.

활동 1 $\frac{3}{4}$과 $\frac{7}{10}$의 크기를 비교해 보시오.

- 분모가 다른 두 분수의 크기를 비교하려면 어떻게 해야 한다고 생각합니까?

- $\frac{3}{4}$과 $\frac{7}{10}$을 통분하여 크기를 비교해 보시오.

$$\left(\frac{3}{4}, \frac{7}{10}\right) \Rightarrow \left(\frac{\square}{\square}, \frac{\square}{\square}\right) \Rightarrow \frac{3}{4} \bigcirc \frac{7}{10}$$

- 분모가 다른 두 분수의 크기를 비교하는 방법을 이야기해 보시오.

그림 5.32 이분모 분수의 크기 비교

> **참고** 크기를 비교하기 때문에 분수의 크기를 나타내는 것은 넓이를 나타내는 평면도형(이를테면 삼각형, 사각형, 원 등)보다는 길이를 나타내는 수직선 또는 수 막대가 편리하다.

10. 소수의 지도 방법

소수를 지도하기 위해서는 자연수에서 배운 자릿값 개념과 또한 소수는 분수의 다른 표현이기 때문에 앞서 학습한 분수의 의미를 알고 있어야 하며, 이들 개념과 연관 지어 지도하여야 한다.

1) 소수 한 자리 수

소수 도입의 지도 순서는 다음과 같은 단계를 생각할 수 있다.

(1) 분모가 10인 여러 가지 분수를 소수로 나타낼 수 있음을 알게 함으로써 분수로부터 소수를 도입하여 소수의 뜻을 이해시키고 분수와의 대응관계 및 소수의 구조를 이해시킨다.

(2) 소수를 수직선상에 나타낼 수 있게 하여 소수의 대소 관계와 소수의 계열을 이해시킨다.

(3) 소수를 사용하여 길이의 단위인 1 cm와 1 mm와의 관계를 활용하여 소수에 관한 이해를 더욱 깊게 한다.

이상의 지도 순서에 따라 실제 수업에서 다음과 같이 지도할 수 있다.

① 분모가 10인 분수의 다른 표현으로 소수를 도입하여 이해하기

분수의 다른 표현으로 소수를 도입하여 분모가 10인 분수를 소수로 자유롭게 나타낼 수 있게 한다. 이를테면, $\frac{1}{10}$과 0.1은 1을 10등분한 것 중의 하나의 크기를 나타내는 수로서 크기는 같으나 표현이 다르다는 것을 이해하도록 한다. 그리하여 $\frac{3}{10}$은 $\frac{1}{10}$이 셋과 같으므로 0.3은 0.1이 셋 모여 된 것임을 이해하게 한다. 이와 같이 하여 분수는 이미 학습하였으므로 분수의 계열에 따라 소수를 하나씩 대응시켜 소수의 계열을 자연스럽게 이해할 수 있도록 한다. 이때 수직선을 이용하면 편리하게 이 사실을 지도할 수 있다.

활동1 윤호는 길이가 1 m인 색 테이프를 똑같이 10개로 나눈 것 중의 1개를 사용했습니다. 윤호가 사용한 색 테이프의 길이를 알아보시오.

- 윤호가 사용한 만큼 색칠하시오.

- 색칠한 부분을 분수로 나타내면 얼마입니까?

- 색칠한 부분을 분수가 아닌 다른 방법으로 나타낼 수 있다고 생각합니까?

그림 5.33 소수 한 자리 수의 도입

쓰고 읽기

전체를 똑같이 10으로 나눈 것 중의 하나는 $\frac{1}{10}$입니다.

분수 $\frac{1}{10}$을 0.1이라 쓰고 영점 일이라고 읽습니다.

$$\frac{1}{10}=0.1$$

활동2 세미는 길이가 1 m인 색 테이프를 똑같이 10개로 나눈 것 중의 2개를 사용했고, 준우는 똑같이 10개로 나눈 것 중의 3개를 사용했습니다. 세미와 준우가 사용한 색 테이프의 길이를 알아보시오.

- 세미가 사용한 만큼 색칠하고, 분수로 나타내어 보시오.

- 준우가 사용한 만큼 색칠하고, 분수로 나타내어 보시오.

- 색칠한 부분을 분수가 아닌 다른 방법으로 나타낼 수 있습니까?

쓰고 읽기

전체를 똑같이 10으로 나눈 것 중의 2개, 3개, ……, 9개는 $\frac{2}{10}$, $\frac{3}{10}$, ……, $\frac{9}{10}$입니다.

분수 $\frac{2}{10}$, $\frac{3}{10}$, ……, $\frac{9}{10}$를 0.2, 0.3, ……, 0.9라 쓰고 영점 이, 영점 삼, ……, 영점 구라고 읽습니다.

0.1, 0.2, 0.3과 같은 수를 소수라 하고, '.'을 소수점이라고 합니다.

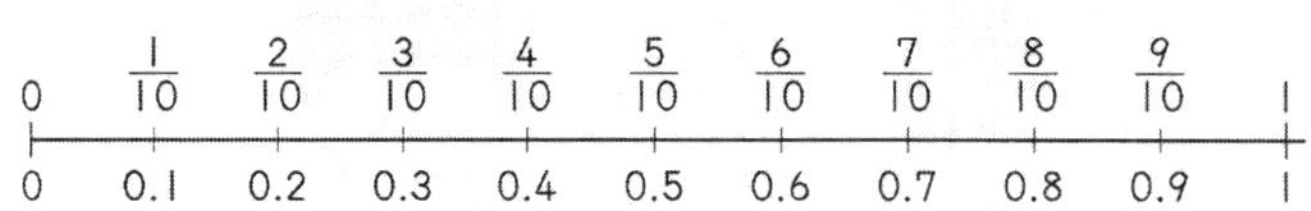

② 소수를 수직선위에 나타내어 소수의 대소 관계를 이해하기

소수를 수직선 위에 나타내어 소수의 계열을 이해하고, 대소 판별에 따라 부등호를 사용하여 나타낼 수 있도록 한다. 수직선을 통해서 두 수의 대소 비교를 할 때에는 항상 수직선의 오른쪽에 대응되는 수가 왼쪽에 대응되는 수보다 크다는 사실을 발견하게 하고 이를 부등호를 사용하여 대소 관계를 나타내 보게 한다. 이런 활동을 거친 다음에 궁극적으로는 수직선을 사용하지 않고 두 수의 대소를 비교시켜 보게 하고 더욱 나아가서는 여러 소수를 주고 작

은 수부터 혹은 큰 수부터 차례로 써보는 연습을 통하여 소수의 대소에 관한 이해를 보다 깊게 해나간다.

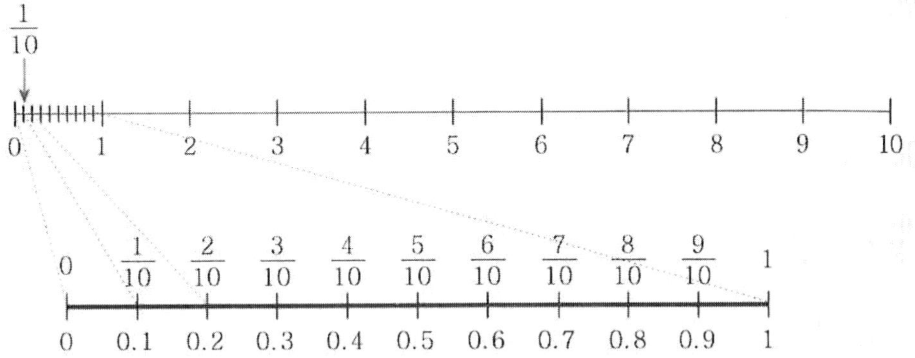

③ 소수를 사용하여 1 cm와 1 mm 사이의 관계를 사용한 이해

연속량을 도입하여 이것의 등분할에 따른 크기의 분수 표현에서 같은 크기의 소수로 나타내도록 함으로써 양으로서의 소수를 이해하도록 한다.

활동3 색 테이프의 폭은 7 mm입니다. 몇 cm인지 알아보시오.

- 자에 7 mm를 표시해 보시오.

- 1 cm는 몇 mm입니까?

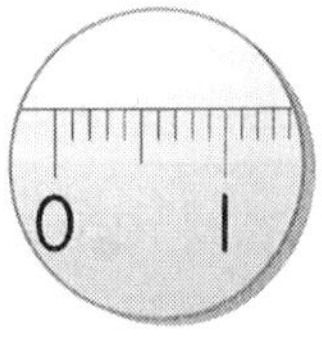

- 7 mm는 1 cm를 똑같이 10개로 나눈 것 중의 몇 개입니까?
- 7 mm는 분수로 몇 cm입니까?
- 7 mm는 소수로 몇 cm입니까?

2) 소수 두 자리 수

소수 한 자리 수에 대한 개념만 명확히 이해되면 소수 두 자리 수의 개념은 자연스레 확장될 수 있다. 소수 두 자리 수를 지도하기 위해서는 아래와 같이 모눈종이 모델을 사용할 수 있고, 그렇지 않으면 1 m = 100 cm임을 이용하면 $1\text{cm} = \frac{1}{100}\text{m} = 0.01\text{ m}$가 되어 소수 두 자리 수를 얻을 수 있다.

활동3 오른쪽 모눈종이 전체의 크기를 1이라고 할 때 모눈 한 칸의 크기를 분수와 소수로 나타내어 보시오.

- 모눈이 몇 칸 그려져 있습니까?
- 모눈 한 칸의 크기를 분수로 나타내어 보시오.
- 모눈 한 칸의 크기를 소수로 나타내어 보시오.

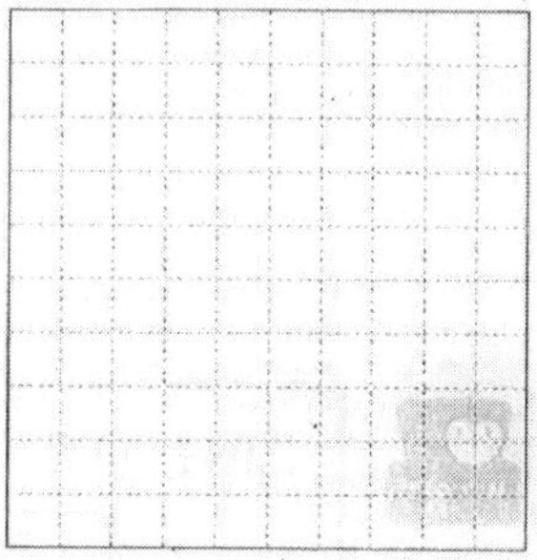

그림 5.34 소수 두 자리 수의 도입

쓰고 읽기

분수 $\frac{1}{100}$을 소수로 0.01이라 쓰고 영점 영일이라고 읽습니다.

$$\frac{1}{100}=0.01$$

3) 소수 세 자리 수

소수 세 자리 수는 소수 한 자리와 소수 두 자리를 배웠던 것을 유추하여 지도하는 것이 바람직하다. 그러므로 소수 두 자리와 마찬가지로 모눈종이 모델을 사용할 수 있으나 1000등분된 모눈종이는 칸 수가 너무 많아 사용하기에 불편하므로 아래와 같이 수모형을 활용하거나 1km = 1000m임을 이용하면 소수 세 자리 수를 얻을 수 있다.

활동1 빨강 개미 1000마리가 각설탕 한 개를 똑같이 나누는 모습을 생각해 보시오.

- 빨강 개미는 각설탕을 모두 몇 조각으로 나누었는지 알아보시오.

활동2 빨강 개미 한 마리가 가질 수 있는 각설탕의 크기를 수 모형으로 확인해 보시오.

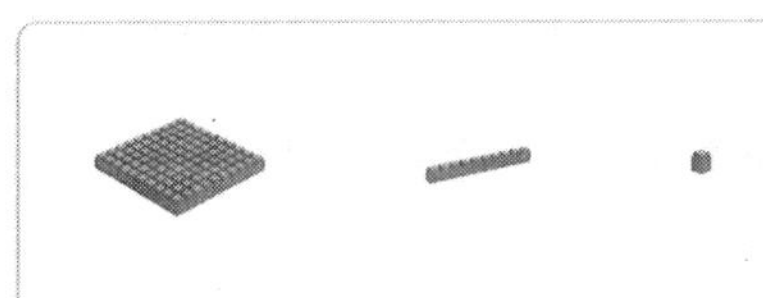

- 을 각설탕 한 개라고 할 때 빨강 개미 한 마리가 가질 수 있는 각설탕의 크기로 알맞은 수 모형을 찾아보시오.
- 각설탕 한 개의 크기를 1이라고 할 때 빨강 개미 한 마리가 가질 수 있는 각설탕의 크기를 분수로 나타내어 보시오.
- 빨강 개미 한 마리가 가질 수 있는 각설탕의 크기를 소수로 나타낼 수 있습니까?

그림 5.35 소수 세 자리 수의 도입

쓰고 읽기

분수 $\frac{1}{1000}$을 소수로 0.001이라 쓰고 영점 영영일이라고 읽습니다.

$$\frac{1}{1000}=0.001$$

4) 소수의 자릿값 지도

소수의 자릿값 지도는 일의 자리를 단위로 시작한다. $\frac{1}{10}$이라는 새로운 단위를 만들기 위하여 $\frac{1}{10}$을 취한다. 1의 자리 뒤에 소수점을 사용하고 $\frac{1}{10}$이 10개가 되면 1과 같다는 사실을 지도한다. 자연수를 지도할 때 수모형을 활용하면 쉽게 지도할 수 있듯이 소수의 자릿값[16] 지도에서는 아래와 같이 자릿값 판을 활용하면 아동들이 쉽게 이해할 수 있다.

자릿값 알아보기

62.379에서 6은 십의 자리 숫자이고, 60을 나타냅니다.

2는 일의 자리 숫자이고, 2를 나타냅니다.

3은 0.1의 자리 또는 소수 첫째 자리 숫자이고, 0.3을 나타냅니다.

7은 0.01의 자리 또는 소수 둘째 자리 숫자이고, 0.07을 나타냅니다.

9는 0.001의 자리 또는 소수 셋째 자리 숫자이고, 0.009를 나타냅니다.

$$62.379 = 60 + 2 + 0.3 + 0.07 + 0.009$$

십의 자리	일의 자리		영점 일의 자리	영점 영일의 자리	영점 영영일의 자리
6	2	.	3	7	9

⬇

6	0				
	2				
	0	.	3		
	0	.	0	7	
	0	.	0	0	9

그림 5.36 소수의 자릿값 지도

5) 소수를 가르치는 직관적인 모델

① 수 모형을 통해 전체를 1로 보고 소수 한 자리 수 및 소수 두 자리 수와 세 자리 수를 표현할 수 있다.

16 교재에 따라서 아래의 자릿값 판에서 영점일의 자리를 소수 첫째 자리, 영점영일의 자리를 소수 둘째 자리, 영점영영일의 자리를 소수 셋째 자리 등으로 표현하기도 한다.

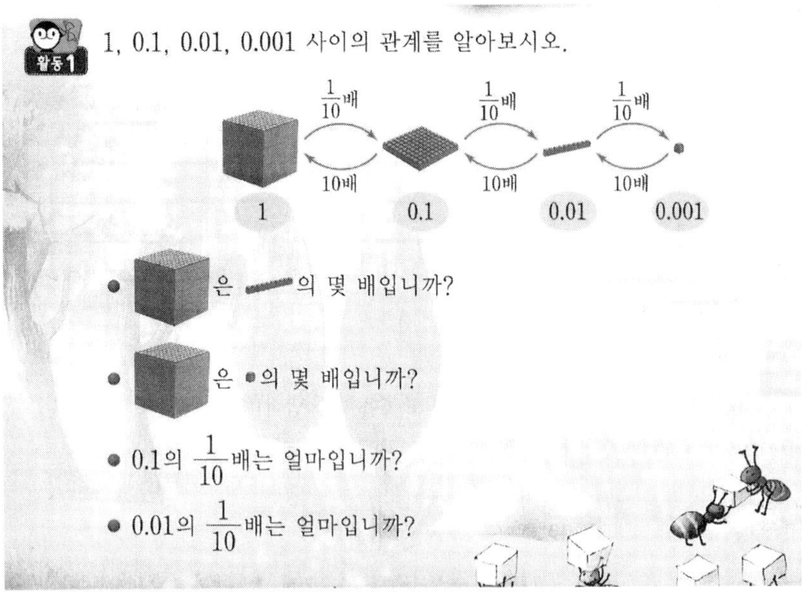

그림 5.37 0.1, 0.01, 0.001 사이의 관계

② 정사각형 10개 모델(수 막대 모델)을 통해 전체를 1로 보고 소수 한 자리 수를 표현할 수 있다.

③ 수직선 모델을 통해 소수 한 자리 수를 표현할 수 있다.

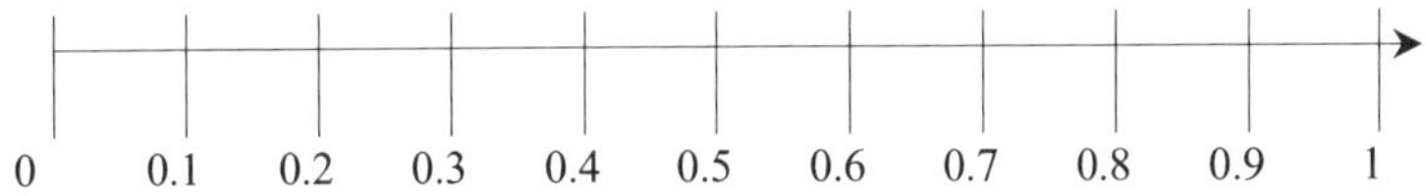

6) 소수의 크기 비교

소수는 십진법 체계에서 십진 기수법으로 표기하기 때문에 자연수의 크기 비교와 같은 방법을 택하게 됨을 아는 것이 중요하다. 두 수의 크기를 비교하는 방법을 발견하기 위해서 조작 활동으로 수 막대에서 두 소수의 위치를 표시하거나 색칠해 볼 수도 있고, 수직선에서 소수의 위치를 표시하고 직관적으로 알아보면서 오른쪽에 있는 소수가 더 크다는 것을 알 수 있다. 또는 자릿값을 활용해서 소수의 크기를 비교할 수도 있다, 그러나 쉬운 방법을 교사가 제시하는 것이 아니라 아동 스스로 발견하도록 도와주어야 한다.

활동 2 2.2와 2.7 중에서 어느 소수가 더 큰지 알아보시오.

- 2.2와 2.7만큼 색칠하시오.

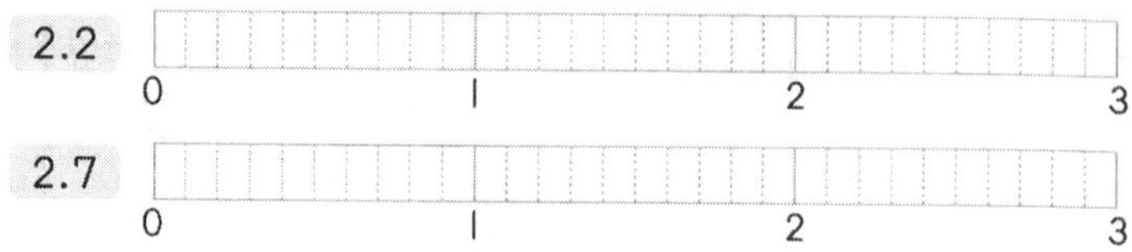

- 2.2와 2.7 중에서 어느 소수가 더 크다고 생각합니까?

그림 5.38 수 막대를 활용한 소수의 크기 비교

활동 2 수직선을 사용하여 소수의 크기를 비교해 보시오.

- 수직선에 3.248과 3.275를 나타내어 보시오.
- 3.248과 3.275 중에서 어느 것이 더 크다고 생각합니까?

그림 5.39 수직선을 활용한 소수의 크기 비교

활동 3 소수의 크기를 비교하는 방법을 알아보시오.

- 소수 첫째 자리를 비교해 보시오.

0.48 ○ 0.5

- 소수 둘째 자리를 비교해 보시오.

0.62	0.618
⇩	
소수 첫째 자리가 같다면?	
0.62 ○ 0.618	

- 소수 셋째 자리를 비교해 보시오.

2.274	2.276
⇩	
2.274	2.276
⇩	
소수 둘째 자리가 같다면?	
2.274 ○ 2.276	

그림 5.40 자릿값을 활용한 소수의 크기 비교

5.2 연산

우리가 흔히 연산(operation)이라고 말할 때 이는 곧 덧셈과 뺄셈, 곱셈, 나눗셈의 사칙연산을 의미한다. 연산이라는 용어는 일종의 대응을 의미하는 것으로 매우 포괄적인 의미로 사용된다. 대부분의 학생들에게 연산이 수학적으로 어떤 의미를 가지고 있는가를 물어보면 사칙계산 혹은 계산[17]이라고 답하는 경우를 흔히 볼 수 있다.

수학적으로는 연산을 어떤 수의 집합에 속하는 2개의 원소 a, b의 순서쌍 (a, b)에 대응하는 원소 c를 그 집합의 원소 중에 일의적으로 결정하는 조작으로 설명할 수 있다.

이를테면, 집합 A에서 정의역이 $A \times A$이며, 변역이 A인 함수 $f : A \times A \rightarrow A$가 존재하면 이 함수 f를 이항연산(binary operation)이라고 한다.

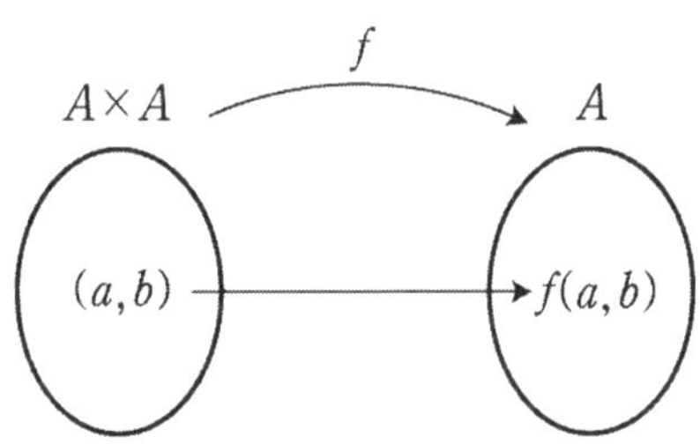

그림 5.41 이항연산

이때 함수의 값 $f(a, b)$를 간단히 $f(a, b) = a * b$로 나타낸다. 즉, 기호 $*$는 이항연산이다. 이항연산 $a * b$에서 $*$ 대신에 우리가 쓰고 있는 기호 $+$, $-$, $\times$, $\div$을 대입하면 사칙연산 $a+b$, $a-b$, $a \times b$, $a \div b$을 얻는다.

이를테면, 집합 A가 자연수의 집합이라면 덧셈과 곱셈에서는 함수가 되어 이항연산이 되지만 뺄셈과 나눗셈에서는 일반적으로 이항연산이 되지 않는다.

1. 자연수의 계산

(1) 덧셈

자연수의 덧셈(addition)은 페아노(Peano, 1858 ~ 1932)의 공리를 토대로 정의하는 방법과

17 계산은 연산의 한 부분으로 일정한 알고리즘에 따라 어떤 값이나 결과를 구하는 것을 말하며 계산하는 방법에는 암산, 지필, 계산기 등이 있다.

집합 개념을 이용하는 두 가지 방법이 있으나 여기서는 후자의 의미를 생각해 보기로 한다. 즉, 두 집합 A, B에서 $A \cap B = \varnothing$이고 집합 A, B의 원소의 개수를 각각 $n(A)$, $n(B)$라 할 때 $n(A \cup B) = n(A) + n(B)$를 덧셈이라고 한다.

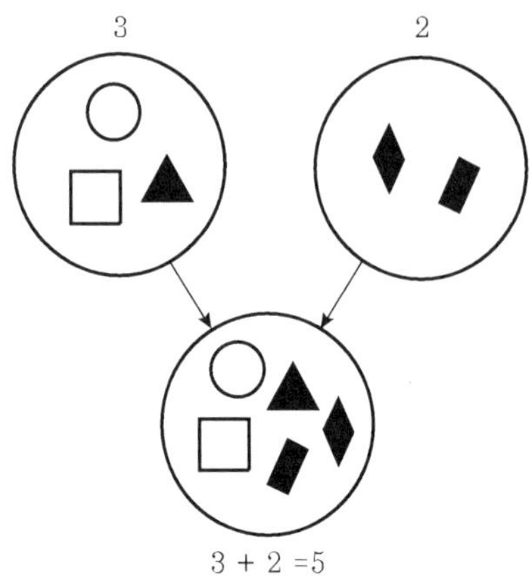

그림 5.42 덧셈의 수학적 의미

초등수학에서 이와 같은 연산의 정의를 만족하는 덧셈 연산의 유형은 첨가형과 합병형 두 가지가 있다.

① 첨가형

하나의 부분에 다른 부분을 첨가해서 전체를 알아내는 조작이다. 이를테면, "나뭇가지에 참새가 5마리 앉아 있습니다. 2마리가 더 날아왔습니다. 참새는 모두 몇 마리인지 알아보시오."

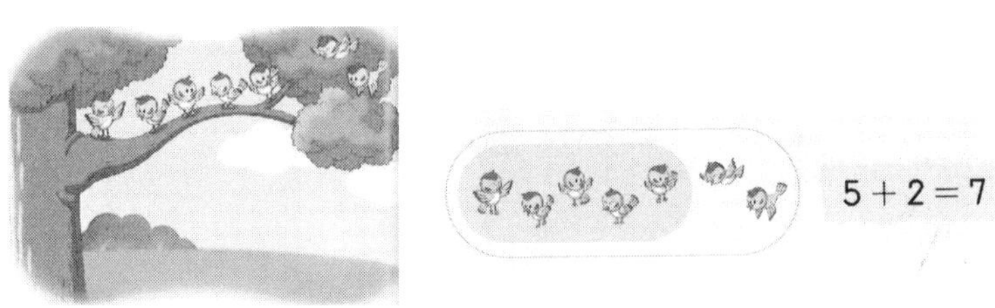

그림 5.43 덧셈의 첨가형

이 문제의 장면을 살펴보면, 처음 나뭇가지에 참새가 5마리 앉아 있었던 것은 참새가 움직이지 않는 상태로 정적인 상태이고, 2마리가 더 날아온 것은 움직이는 상태로 동적인 상태이며, 처음 것에 두 번째 것이 첨가된 상태이다. 따라서 이와 같은 유형을 첨가형의 문제라고 한다.

② 합병형

동시적으로 존재하는 두 양을 한데 합한 크기를 구하는 조작이다. 이를테면, "흰 강아지 3마리와 검은 강아지 5마리가 있습니다. 강아지는 모두 몇 마리인지 알아보시오."와 같이 동시에 동적인 상태로 합병시키는 문제 유형을 합병형의 문제라고 한다.

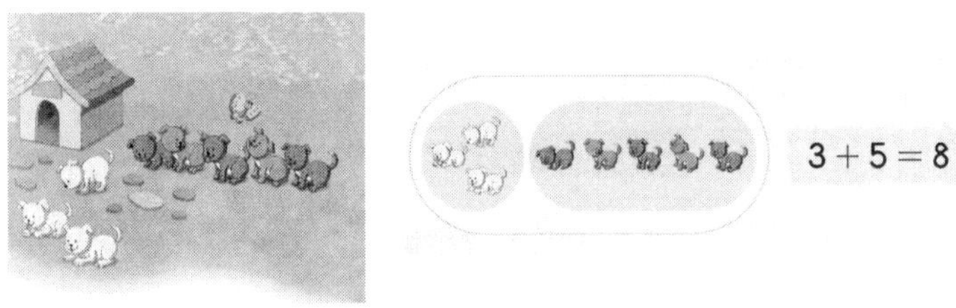

그림 5.44 덧셈의 합병형

(2) 뺄셈

뺄셈(subtraction)은 덧셈의 역연산으로 도입된다. 즉, $b+x=a$(또는 $x+b=a$)에서 $x=a-b$를 구하는 것이 뺄셈이다. 이때 a를 피감수, b를 감수라 하며, x를 두 수의 차라고 한다.

뺄셈은 집합에서 여집합, 또는 차집합의 뜻을 가진다. 즉, 두 집합 A, B 사이의 관계가 $A \supset B$일 때의 뺄셈은 $n(A)-n(B)=n(A-B)$와 같은 의미를 가진다. 그러나 일반적인 경우의 차집합은 뺄셈이 되지 않는다. 이를테면, $A=\{a, b, c\}$이고, $B=\{b, c, d\}$라면, $n(A)=3$, $n(B)=3$인데 $A-B=\{a\}$, $n(A-B)=1$이 되어, $n(A-B) \neq n(A)-n(B)$가되기 때문이다.

초등수학에서 교과서에 소개되는 뺄셈 연산의 유형[18]은 제거형과 비교형 두 가지가 있으며 그 구체적인 문제 장면은 다음과 같다.

① 제거형

전체에서 그 중의 한 부분을 뺀 나머지를 구하는 상황(求殘)이다. 즉, 수량 A가 B만큼 감

18 현행 초등수학 교과서에는 뺄셈 연산의 유형으로 제거형(구잔)과 비교형(구차) 두 가지를 다루고 있으나 외국의 경우는 이 외에 등화 유형(동치 상황)을 취급하는 경우도 있다. 등화 유형은 두 양 사이의 차이를 없애려는 상황이다. 다시 말해, 더 많은 양과 같게 만들기 위해서 적은 양에 얼마를 더해 주어야 하는지(또는 적은 양과 같게 만들기 위해서 많은 양에서 얼마를 빼주어야 하는지)를 결정하는 것이다.

소하여 C만큼 남았을 때, A와 B의 크기에서 C의 크기를 구하는 경우이다. 이를테면, "나비 8마리가 있습니다. 그 중에서 3마리가 날아갔습니다. 나비가 몇 마리 남아 있는지 알아보시오."와 같은 문제 유형이다.

그림 5.45 뺄셈의 제거형

② 비교형

두 부분을 알고 그들을 비교시켜 차를 알아내는 조작(求差)이다. 즉, 두 개의 수량 A, B의 크기로부터 A, B의 크기의 차를 구하는 경우이다. 이를테면, "흰 오리 7마리와 검은 오리 2마리가 있습니다. 흰 오리는 검은 오리보다 몇 마리 더 많은지 알아보시오."와 같은 문제 유형이다.

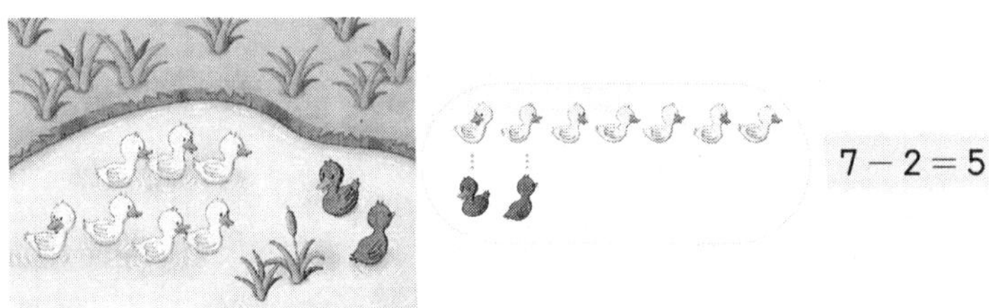

그림 5.46 뺄셈의 비교형

참고 **덧셈과 뺄셈 사이의 관계**

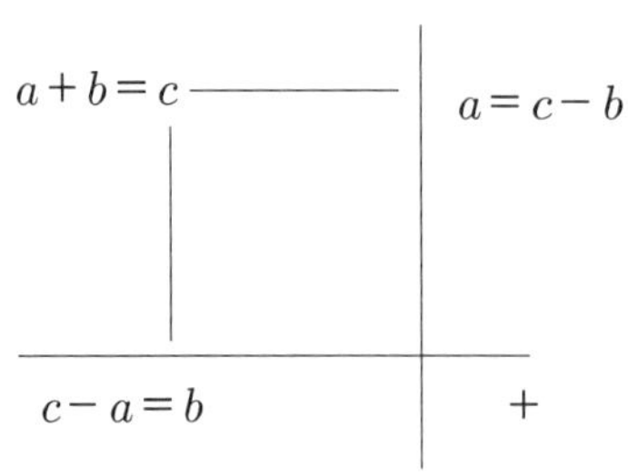

a와 b를 알고 c를 구하는 것은 덧셈이며, c와 a를 알고 b를 구하거나, c와 b를 알고 a를 구하는 것은 뺄셈이다.

(3) 곱셈

곱셈은 적집합(cartesian product)에 의하여 정의된다. 곧, 두 집합 A, B는 유한집합이고, A의 원소의 개수를 $n(A)=a$, B의 원소의 개수를 $n(B)=b$라고 하면,

$$n(A\times B)=n(A)\times n(B)=a\times b=c$$

를 만족할 때 $a\times b$를 곱셈(multiplication)이라고 한다.

이때 a를 피승수, b를 승수라 하고, c를 a와 b의 곱 또는 적(積)이라고 한다.

이를테면, 두 집합 A, B가 $A=\{1, 2\}$, $B=\{3, 4, 5\}$의 원소를 갖는다고 하자. 이때, 곱집합 $A\times B=\{(1, 3), (1, 4), (1, 5), (2, 3), (2, 4), (2, 5)\}$이 되고, $n(A)=2$, $n(B)=3$이 되며, 곱집합의 원소의 개수는 $n(A\times B)=6$이 되므로

$$n(A\times B)=n(A)\times n(B)=2\times 3=6$$

을 만족한다.

초등수학의 교과서에 소개되는 곱셈 연산의 문제 장면을 유형[19]별로 생각해 보면 다음과 같다.

① 묶음

곱셈을 도입하는 데 가장 기본적이고 이해하기 쉬운 상황이다. 학생들은 이 문제를 주로 동수누가(同數累加)로 해결하며 우리나라 교과서에 곱셈이 처음 도입되는 상황이 바로 묶음 상황으로 도입하고 있다.

보기 6장씩 묶여 있는 색종이가 5묶음 있습니다. 색종이는 모두 몇 장입니까?

② 배열

묶음의 특수한 경우라고 할 수 있다. 대상이 직사각형 모양으로 가지런히 정렬되어 있을 때 모두 몇인지 쉽게 셀 수 있는 방법은 곱셈을 이용하는 것이다.

보기 운동장에 학생들이 4명씩 5줄로 서 있습니다. 학생들은 모두 몇 명입니까?

③ 비율

항목의 수와 비율이 주어졌을 때, 전체의 값을 구하는 상황이다.

보기 '1개에 3000원하는 필통 4개의 값은 얼마인가?'의 상황이다.

---

19 묶음 상황은 동수누가로 저학년 학생들도 해결할 수 있지만 조합이나 넓이 상황은 3학년 정도에서 해결할 수 있고, 비교나 비율 상황은 상대적으로 고학년에서 취급이 가능하다.

④ 비교

A, B 두 집합의 크기를 비교하는 상황으로 이를테면, A집합의 크기가 주어지고, B집합의 크기가 A집합의 몇 배라고 하였을 때 B집합의 크기를 구하는 상황이다.

보기 원영이는 연필을 4자루 가지고 있고, 영우는 원영이의 3배를 가지고 있습니다. 영우가 가지고 있는 연필은 몇 자루입니까?

⑤ 조합

두 가지 유형의 항목을 각각 짝지을 때, 모든 경우의 수를 구하는 상황이다.

보기 웃옷 4가지와 바지 3가지가 있습니다. 웃옷과 바지를 한 벌로 입을 수 있는 방법은 몇 가지입니까?

⑥ 넓이

직사각형의 가로와 세로의 길이가 주어졌을 때 단위 넓이의 수를 구하는 상황이다.

보기 가로 10m, 세로 8m인 직사각형 모양의 땅이 있습니다. 이 땅의 넓이는 얼마입니까?

⑦ $x \div a = b$인 형

제수와 그 몫을 알고 피제수를 구하는 제법의 역 조작으로서 승법형 문제이다.

보기 "주어진 테이프의 길이를 4등분하여 1개분의 길이를 재었더니, 12㎝가 되었습니다. 처음에 주어진 테이프의 길이는 얼마나 될까요?"

교사는 이 7가지 경우를 아이들에게 잘 이해시킬 수 있도록 하여 어느 경우에 각각의 곱셈의 연산을 사용할 수 있는지를 지도하는 것이 바람직하다.

(4) 나눗셈

나눗셈은 곱셈의 역연산으로 정의된다. 즉, $x \times b = a$(혹은 $b \times x = a$)에서 $b \neq 0$일 때, $x = a \div b$를 구하는 것을 나눗셈(division)이라고 한다. 이때 a를 피제수, b를 제수라 하며, x를 두 수의 몫이라 한다.

초등수학의 교과서에 소개되는 나눗셈 연산의 문제 장면을 유형별로 생각해 보면 다음과 같다.

① 포함제(measurement division problem)

a에는 b가 몇 번 포함되어 있는가를 알아보는 나눗셈을 의미한다. 포함제(측정 상황)는 양

과 분배할 크기로부터 시작하며, 몫은 분배된 수(분배받은 사람 수)를 나타낸다. 포함제를 해결하는 데 이용할 수 있는 두 가지의 비형식적인 전략은 주로 할당과 동수누감을 통하여 해결한다.

바둑돌 8개를 2개씩 덜어 내면 몇 번 덜어 낼 수 있는지 알아봅시다.

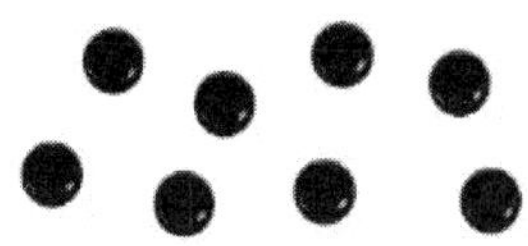

- 2개씩 덜어 내어 보고 몇 번 덜어 낼 수 있는지 말해 보세요.

- 2개씩 몇 번 덜어 낼 수 있는지 뺄셈으로 나타내어 보세요.

8−□−□−□−□=0

2개씩 □번 덜어 낼 수 있습니다.

8에서 2씩 4번 빼면 0이 됩니다. 이것을 나눗셈식으로 나타내면 8÷2=4입니다.

8−2−2−2−2=0 ⇨ 8÷2=4

이 문제는 $8=2\times x$인 형태로 기준량의 몇 개분(개수) 쪽이 미지수로 되어 있는 경우이다.

② 등분제(partitive division problem)

등분제(등분 상황)는 a를 b등분하면 그 하나치는 얼마인가를 알아보는 것으로, 주어진 것을 등분(분배)한다는 의미의 나눗셈을 말한다. 등분제는 등분(분배)할 양과 등분(분배)할 수(사람)로부터 시작해서, 양을 수로 나누는 형태이며 답이나 몫은 등분(분배)된 크기를 나타낸다. 이러한 등분제를 해결하는 두 가지 구체적인 전략은 주로 분배하기와 시행착오를 통하여 해결한다.

바둑돌 8개를 접시 2개에 똑같이 나누어 놓아 봅시다.

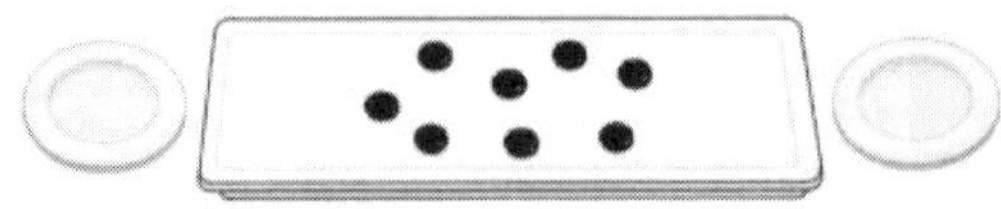

- 한 접시에 몇 개씩 놓을 수 있을까요?
- 어떻게 구했는지 말해 보세요.

8을 2로 나누면 4가 됩니다.

$$8 \div 2 = 4$$

$8 \div 2 = 4$와 같은 식을 **나눗셈식**이라 하고 **8 나누기 2는 4와 같습니다**라고 읽습니다. 이때 4는 8을 2로 나눈 **몫**, 8은 **나누어지는 수**, 2는 **나누는 수**라고 합니다.

이 문제는 $8 = x \times 2$인 형태로 기준량 그 자체가 미지수로 되어 있는 경우이다.

참고 • 나눗셈 연산의 지도에서 등분제냐 포함제냐 하는 것을 지도할 것이 아니라, 구체적인 조작에서 나눗셈의 개념을 바르게 형성시키는 것이 중요하다.

- 나눗셈을 처음 배우는 어린이에게는 포함제가 등분제보다 쉽게 받아들여지기 때문에 포함제를 먼저 지도하고 다음에 등분제를 지도하지만, 나눗셈의 학습이 누적됨에 따라 등분제의 생각으로 학습 지도가 이루어지도록 한다.
- 사칙연산 사이의 관계

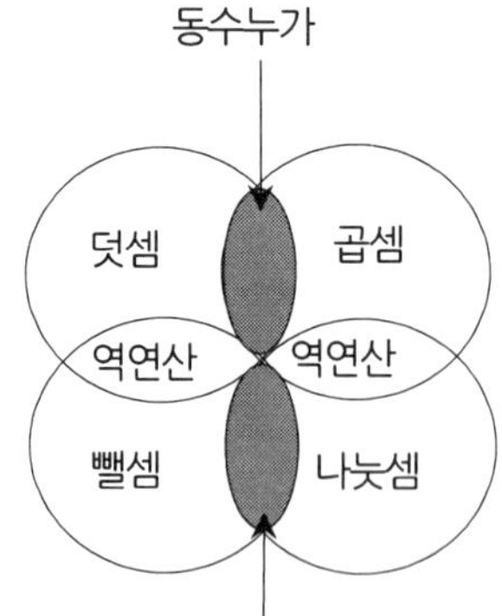

2. 자연수의 계산지도 방법

자연수의 계산을 잘하기 위해서는 1학년에서 학습하는 9 이하의 수에 대한 수 감각(number sense)[20]을 바탕으로 하나의 수를 두 수로 가르기(분해)와 두 수를 하나의 수로 모으기(합성)가 자유자재로 이루어져야 하고, 아울러 0의 개념과 십진 기수법에 대한 기초적인 이해가 선행되어야 한다.

1) 덧셈

덧셈에서는 합이 10 미만인 덧셈과 합이 10인 경우의 덧셈 두 가지만 생각하면 충분하다.

(1) 합이 10 미만인 덧셈

주로 세어보기 또는 위에서 언급한 수의 가르기(분해)와 수의 모으기(합성)와 관련지어 지도한다.

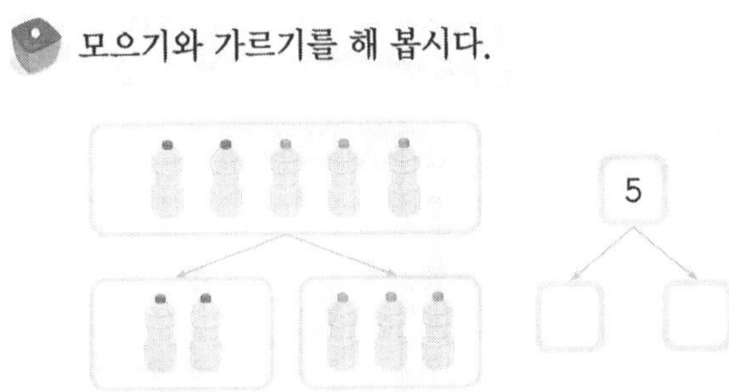

그림 5.47 수의 가르기(분해)

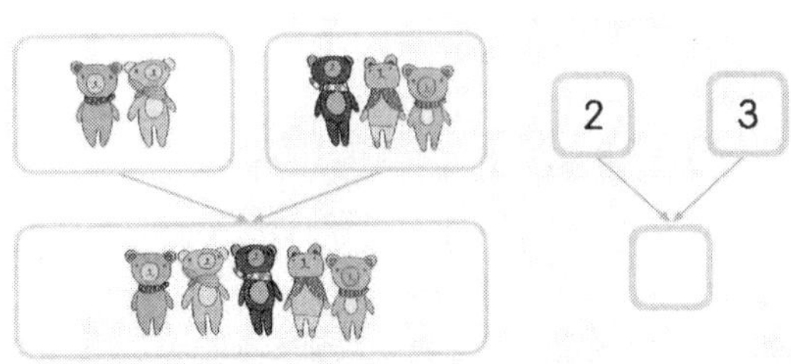

그림 5.48 수의 모으기(합성)

20 수 감각은 지혜롭고 유연하게 수를 사용하여 의사 결정하는 수에 대한 직관적인 느낌이다. 수 감각은 어림할 때, 답의 타당성을 검토할 때, 암산할 때, 계산할 때, 의사 결정할 때 등 일상생활에서 자주 활용된다. 따라서 초등학교 수학수업의 중요한 목표 중의 하나이다.

(2) 합이 10인 경우의 덧셈

합이 10인 경우의 덧셈은 받아올림이 있는 덧셈을 하기 위한 기초적 학습 단계이다. 합이 10인 경우의 덧셈은 다음과 같이 3단계로 나누어 지도할 수 있다. 이를테면, $7+3=\square$ 의 경우를 생각해 보자.

① 1단계는 합이 10이 되는 경우의 덧셈이 이루어지는 원리를 구체물의 조작을 통하여 이해하게 한다.
교사가 $7+3=\square$ 의 상황에 알맞은 적절한 이야기를 아이들에게 들려주면서 바둑알, 산가지, 타일 등의 구체물을 가지고 조작 활동에 의한 덧셈을 하게 해본다.

② 2단계로 수직선에서 점의 이동으로 알아본다. 이때 주의할 점은 수직선 뛰기에서는 출발은 반드시 0에서 하고, 화살표의 끝점이 구하는 답이 된다는 것을 알게 한다.

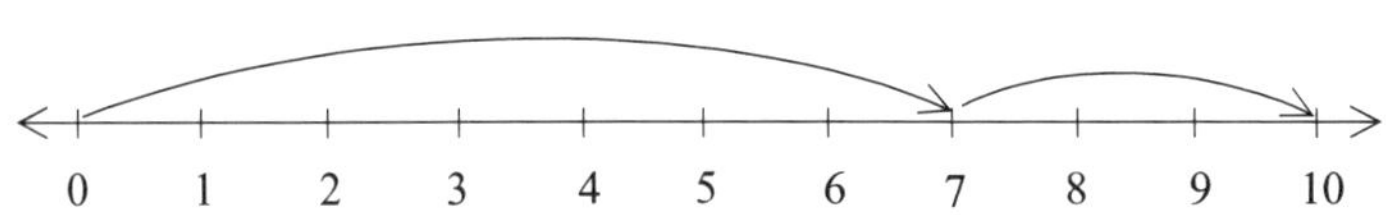

그림 5.49 수직선에서의 점의 이동

③ 3단계는 형식화 단계로서 $7+3=\square$ 와 같은 가로 형식과 $\begin{array}{r} 7 \\ +3 \\ \hline \end{array}$ 와 같은 세로 형식으로 덧셈을 하게 해본다.

2) 뺄셈

뺄셈의 경우는 전통적으로 아래와 같은 감가법(減加法)과 감감법(減減法)의 두 가지 유형이 교과서에 소개되고 있다.

(1) 감가법

감가법은 뺄셈에서 받아내림을 하는 경우의 계산 과정을 설명하는 방법의 하나로서, 이를테면

$$15-7=(10+5)-7=(10-7)+5=3+5=8$$

와 같이 피감수(빼지는 수) 15를 10과 5로 분해하여 계산하는 방법을 말한다.

활동 2 그림을 보고 계산하시오.

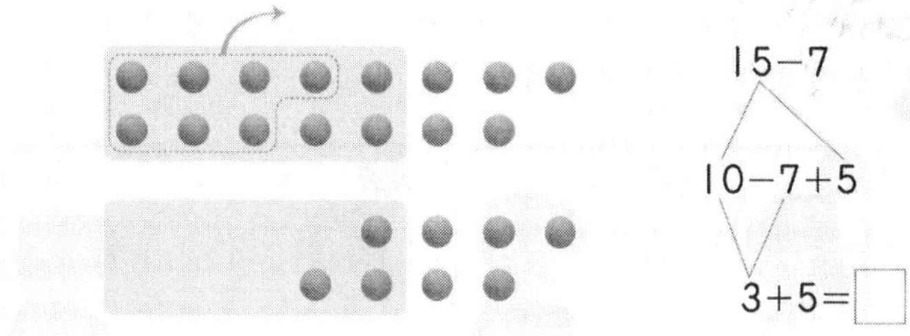

그림 5.50 감가법

(2) 감감법

감감법은 뺄셈에서 감수(빼는 수)를 분해하여

$$12-5=12-(2+3)=12-2-3=10-3=7$$

와 같은 과정을 거쳐 계산하는 방법이다.

활동 2 그림을 보고 계산하시오.

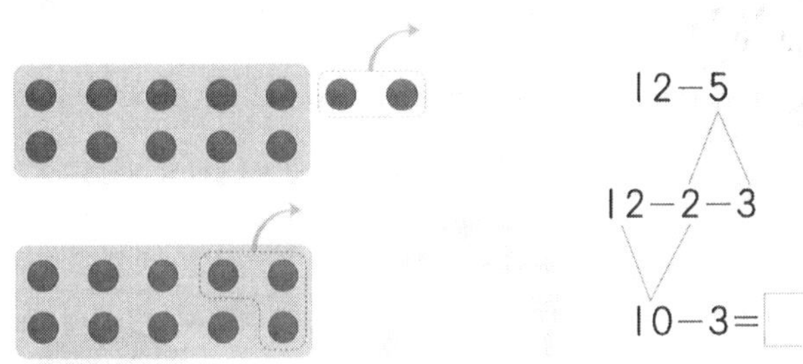

그림 5.51 감감법

> **참고** 감가법이나 감감법은 뺄셈에 대한 이해를 더욱 깊게 하는 데 필요하기 때문에 두 가지 방법을 모두 지도하는 것이 좋다. 하지만 초등학교에서 오랜 지도경험을 가진 현장교사들의 말에 의하면 아동들은 감감법보다는 감가법을 훨씬 더 쉽게 받아들인다는 자신들의 경험에 따라 일선 현장에서는 감가법을 기본적인 사고로 하여 지도하는 입장을 취하는 것이 좋다.

3) 곱셈

곱셈은 동수누가 상황을 제시하여 합을 구하게 한 다음, 동수누가 상황의 번거로움으로부터 보다 더 편리한 방법으로 곱셈을 도입하고, 배 개념의 곱셈으로 발전시킨 다음, 곱셈구구로 일반화한다.

① 동수누가

동수누가의 상황을 다양하게 제시하여 곱셈구구를 외우면 빨리 계산할 수 있겠다는 인식이 필요하다. 따라서 두, 세 수 정도의 동수누가는 큰 의미가 없다. 될 수 있는 대로 다섯 수 이상을 제시한다.

곰 인형이 2개씩 6묶음 있습니다. 곰 인형은 모두 몇 개일까요?

$$2+2+2+2+2+2=12$$

② 동수누가를 곱셈으로 나타내기

$$2+2+2+2+2+2=12 \qquad 2\times 6=12$$

③ 배 개념으로 발전

곱셈의 본질적인 개념은 배 개념이다. 비록 동수누가의 덧셈적인 관점에서 곱셈을 도입하였지만 일단 도입되었으면 동수누가의 덧셈적인 관점에서 벗어나 곱셈적인 배 개념으로 발전[21]시켜야 한다.

배는 연산자(operator)의 의미이다. 연산자란 어떤 대상에 작용하여 그 대상을 변화시키는 것을 말한다. 즉, 3배라는 것이 어떤 대상에 작용하면 그만큼 수를 늘이거나 확장시키게 된다.

---

21 곱셈을 동수누가로만 이해하면 분수와 소수의 곱셈을 이해하는데 어려움이 뒤따를 수 있다. 이를테면, $3\times\frac{3}{5}$을 3을 $\frac{3}{5}$번 더한다는 것은 무의미하기 때문이다. 그래서 배 개념으로 곱셈을 이해하는 것이 중요하다.

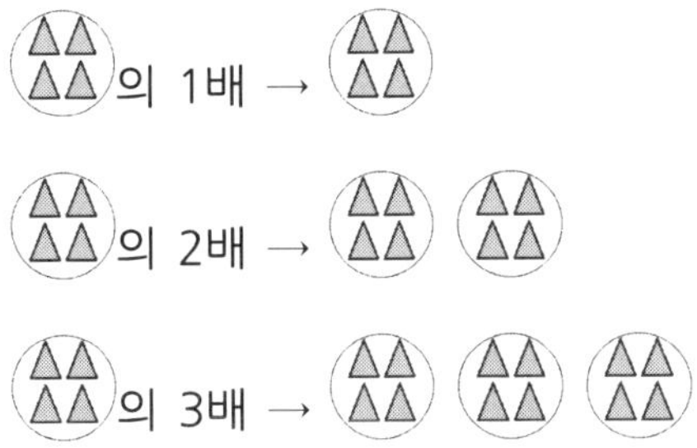

④ 곱셈구구

곱셈구구는 일상생활에서 널리 활용되며, 나눗셈에도 이용되므로 충분한 조작 활동을 통하여 개념을 이해한 다음, 놀이나 게임 등 연습을 통하여 외우도록 한다.

곱셈구구의 지도를 어느 단에서부터 시작하여 나아갈 것인가에 대한 문제는 학자에 따라 견해가 다를 수 있겠으나, 가장 손쉽게 접근할 수 있는 방법은 5 → 2, 4, 8 → 3, 6, 9 → 7단의 순서로 학습할 수도 있고, 현행 교과서와 같이 2 → 5 → 3 → 4 → 6 → 7 → 8 → 9단의 순서로 학습할 수도 있다. 그러나 전자의 순서로 곱셈구구에 접근하면 암기하기에 편리할 뿐만 아니라 이들 사이의 관계나 패턴을 쉽게 파악하는 데 도움이 된다.

참고 간혹 수학교육과 관련한 교재에서 아래와 같은 러시아 농부의 계산법 혹은 격자법(格子法; Lattice method 또는 Napier method)을 소개하고 있다. 격자 곱셈은 곱셈을 한 후 자리 수를 맞추어 각 자리 수들을 더하고 10이 넘으면 한 자리 올리면 된다.

$67 \times 8 = 536$ $\quad$ $46 \times 23 = 1058$ $\quad$ $213 \times 58 = 12354$

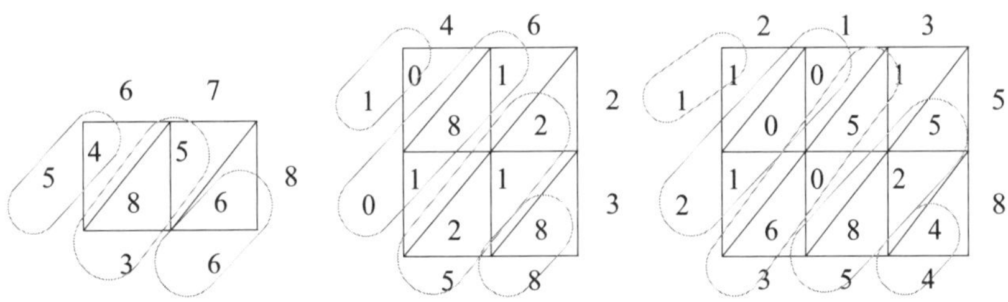

곱셈구구는 곱셈뿐만 아니라 나눗셈에도 그대로 사용되므로 문제 상황이 주어졌을 때 충분한 조작 활동을 통하여 의미를 학습하고 난 후 형식화하도록 지도해야 한다.

4) 나눗셈

나눗셈의 지도 방법도 다른 연산과 마찬가지로 실생활 중심의 문제 상황을 제시하고, 문제를 수학적 모델로 나타내고, 조작 활동을 통하여 문제를 해결한 다음, 해결 방법을 발표하고 형식화하는 과정을 거친다.

구체물 조작 활동을 하게 되면 나눗셈을 해결하기 위하여 곱셈구구가 이용된다는 것을 스스로 깨닫게 할 수 있을 것이다.

① 문제 상황 제시

사과 24개를 1접시에 4개씩 담으면 몇 접시가 됩니까?

② 모델로 나타내기

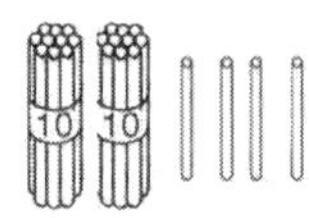

1접시에 4개씩 !

③ 조작 활동

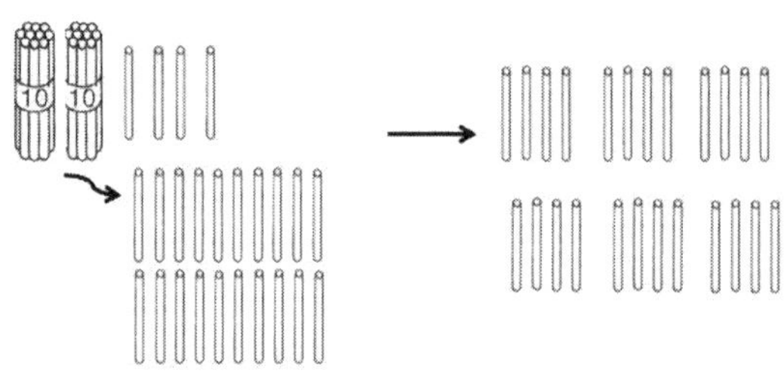

④ 발표 및 형식화

조작 활동의 결과, 답은 6접시다. 따라서 $24 \div 4 = 6$

위에서 결과를 나타내는 그림에서 산가지의 개수는 4개씩 6묶음이므로 $4 \times 6 = 24$임에 관심을 기울이게 한다. 그리고 문장제를 조작 활동을 통하여 해결하는 위의 과정을 3~4회 반복하게 되면 학생들은 곱셈과 나눗셈의 관계를 발견하며, 곱셈구구를 이용하여 나눗셈을 할 수 있다고 추론하게 된다.

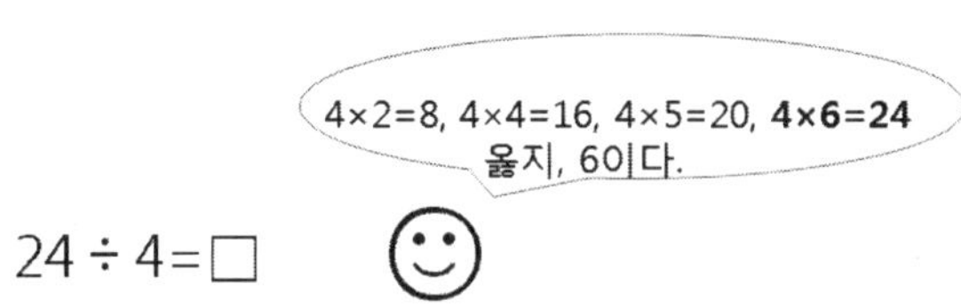

일반적으로 제법 계산의 지도의 순서를 결정하는 요인은 다음과 같다.

① 수 집합을 생각한다.

② 나머지가 있는 제법 계산과 없는 것을 생각한다.

③ 피제수와 제수의 자리수를 생각한다.

④ 0이 피제수, 제수, 몫에 있을 때를 생각한다.

이와 같은 지도순서에 따라 처음에는 $8 \div 2$와 같이 나머지가 없는 피제수와 제수가 한 자리 수인 계산으로부터 출발하여 이를 바탕으로 $12 \div 4$, $128 \div 4$와 같이 점차적으로 피제수의 자리 수를 하나씩 증가해 간다.

이러한 과정을 되풀이하여 충분히 사고할 수 있는 시간을 준 다음 이를 형식화하도록 한다.

참고

(1) 나머지가 있는 제법 계산과 나머지가 없는 제법 계산은 어느 것을 먼저 지도할 것인가?

일상생활에서 나눗셈을 행할 때 나머지가 있는 쪽이 많으므로 나머지가 있는 계산부터 지도하는 것이 마땅하나, 기습 사항인 승법구구와 관련을 맺는다면 나머지가 없는 계산부터 지도해도 무방하다.

(2) 0이 있는 나눗셈

수학의 연산에서 0이 들어가는 나눗셈을 쉽게 이해하지 못하는 경우가 많다. 먼저, 0이 들어 있는 나눗셈의 식을 말해 보게 한다. 그러면 다음과 같은 세 가지 경우를 생각해 볼 수 있다.

㉮ $0 \div 5 = \square$

이 경우 초등학생의 눈높이에 맞는 이야기 구성은 다음과 같이 할 수 있다. "쟁반에 사과가 1개도 없다. 그런데 사과를 얻어먹겠다고 다섯 사람이 모여들었다. 한 사람이 몇 개씩 가질 수 있느냐?"의 문제구성으로 지도해 볼 수 있다.

㉯ $0 \div 0 = \square$

이 경우의 몫이 얼마인가를 물어보면 대부분의 아동들은 몫이 1이라고 생각하는 경우가 종종 있다. 그 이유는 지금까지 자신들이 배운 나눗셈의 유형 중에 이와 같은 것을 보지는 못했지만 $5 \div 5 = 1$, $7 \div 7 = 1$ 등과 같이 피제수와 제수가 같은 경우에는 언제든지 그 몫이 1이었다는 자신들의 경험에 기초한 것으로 보인다. 그러나 나눗셈의 역연산인 곱셈으로 고쳐 생각해 보면 □에는 어떠한 수를 대입하여도 성립함을 알 수 있다. 따라서 이 경우는 몫이 없는 것이 아니라 너무 많아서 정할 수 없는 부정(不定)의 경우이다.

㉰ $5 \div 0 = \square$

이 경우는 나눗셈의 역연산인 곱셈으로 고쳐 생각해보면 '불가능하다'는 사실을 알 수 있으며 이것을 수학적 용어로 불능(不能)이라 부른다. 0이 들어있는 이상의 세 가지 경우를 살펴보았으나 실제로 초등수학에서는 첫 번째 경우만 고려의 대상이 될 수 있다.

3. 분수 계산의 지도 방법

(1) 분수의 덧셈과 뺄셈

분수를 더하거나 빼려고 할 때 우선 고려되어야 할 사항은 단위의 문제이다. 이를테면, 동분모 분수는 단위가 서로 같으므로 쉽게 덧셈과 뺄셈이 가능하지만 이분모 분수는 단위가 같지 않으므로 단위를 같게 하기 전에는 더하거나 뺄 수 없다. 이처럼 분수의 덧셈과 뺄셈에서 단위를 같게 해주는 과정이 통분이며, 이를 위해서는 앞에서 공부한 배수, 공배수, 최소공배수 등의 개념이 필요하다.

분수의 덧셈은 자연수의 덧셈과 유사하다. A, B 두 연속량에 대응하는 분수를 $m(A)$, $m(B)$라 하면

$$m(A)+m(B)=m(A\cup B) \quad \text{단, } A\cap B=\varnothing$$

로 정의된다.

그림에서 두 양은 겹치지 않으므로 따라서 $\frac{1}{4}+\frac{2}{4}=\frac{3}{4}$이 된다.

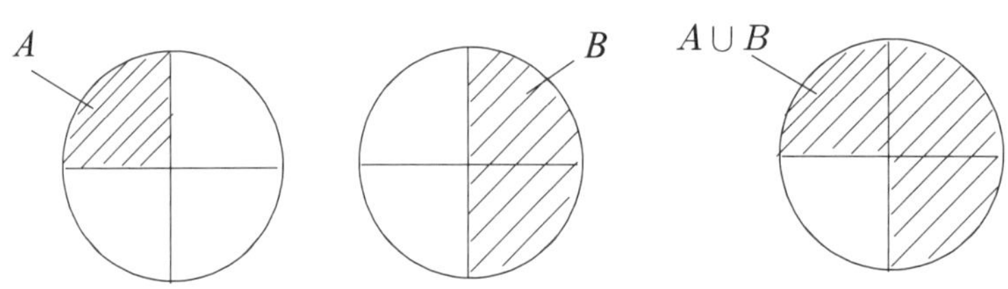

$m(A)=\frac{1}{4}$ $\quad$ $m(B)=\frac{2}{4}$ $\quad$ $m(A\cup B)=\frac{3}{4}$

그림 5.52 분수의 덧셈

일반적으로 동분모끼리의 덧셈은 $\frac{b}{a}$는 $\frac{1}{a}$이 b개이고 $\frac{c}{a}$는 $\frac{1}{a}$이 c개이므로, $\frac{b}{a}+\frac{c}{a}$는 $\frac{1}{a}$이 b개와 c개의 합으로 된다. 즉,

$$\frac{b}{a}+\frac{c}{a}=\frac{b+c}{a}$$

가 된다. 이분모 분수의 덧셈은 단위를 같게 해주는 절차인 통분에 의하여 동분모 분수로 고쳐서 계산한다. 즉,

$$\frac{b}{a}+\frac{d}{c}=\frac{bc}{ac}+\frac{ad}{ac}=\frac{bc+ad}{ac}$$

분수의 뺄셈도 자연수의 뺄셈과 유사하게 다음과 같이 정의된다.

$$m(A) - m(B) = m(A - B) \quad \text{단, } B \subset A$$

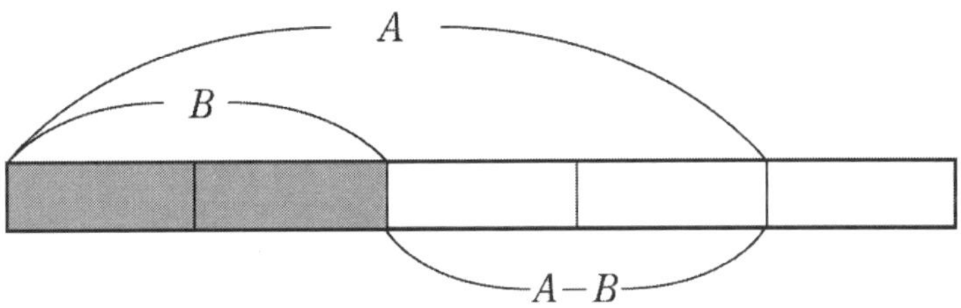

그림 5.53 분수의 뺄셈

$m(A) = \frac{4}{5}$, $m(B) = \frac{2}{5}$이고, $B \subset A$이면 $m(A - B) = \frac{2}{5}$이므로, 다음과 같이 계산할 수 있다.

$$\frac{4}{5} - \frac{2}{5} = \frac{2}{5}$$

분수의 뺄셈의 계산 원리나 계산 방법은 분수의 덧셈과 비슷하며 다음과 같이 형식화할 수 있다.

$$\frac{b}{a} - \frac{c}{a} = \frac{b-c}{a} \quad \text{단, } b > c$$

$$\frac{b}{a} - \frac{d}{c} = \frac{bc}{ac} - \frac{ad}{ac} = \frac{bc - ad}{ac} \quad \text{단, } bc > ad$$

(2) 분수의 곱셈과 나눗셈

자연수의 계산에서 동수누가나 동수누감의 모델이 분수에서는 일반적으로 적용되지 않는다. 이를테면, (자연수) × (분수)의 형태인 다음을 생각해 보자.

$\frac{3}{5} \times 3$:

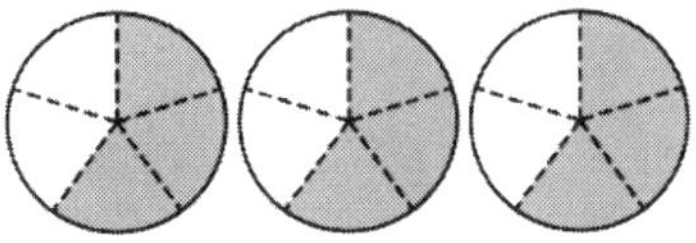

그림 5.54 (분수)×(자연수)

$\frac{3}{5}\times3=\frac{3\times3}{5}$으로 계산 방법의 형식화를 지도하기 위해서는 $\frac{3}{5}$을 $\frac{1}{5}$이 3개인 한 묶음으로 생각한다. $\frac{3}{5}\times3$은 $\frac{1}{5}$이 3개씩 3묶음으로 생각할 수 있어 $\frac{1}{5}$이 $3\times3=9$(개), 즉 $\frac{9}{5}$가 된다. 따라서 $\frac{3}{5}\times3=\frac{3\times3}{5}=\frac{9}{5}$가 된다는 것을 알 수 있다. 또한 $\frac{3}{5}\times3=\frac{3}{5}+\frac{3}{5}+\frac{3}{5}=\frac{3\times3}{5}$처럼 분자를 동수누가를 이용하여 곱셈으로 나타낼 수 있다.

그러나 (자연수) × (분수) 형태인 $3\times\frac{3}{5}$은 동수누가로 설명할 수 없다. 왜냐하면, 3을 $\frac{3}{5}$번 더한다는 것은 무의미하기 때문이다. 따라서 분수의 곱셈은 배의 개념을 바탕으로 계산 원리를 유도한다.

즉,

$$5\text{의 }3\text{배} \leftrightarrow 5\times3$$

$$\frac{3}{5}\text{의 }\frac{1}{3}\text{배} \leftrightarrow \frac{3}{5}\times\frac{1}{3}$$

분수의 나눗셈은 (단위분수)÷(자연수)에서 나눗셈의 계산 원리를 발견하고, 이를 (진분수)÷(단위분수), (진분수)÷(진분수) 등에 적용한다. 이를 위하여 수직선이나 색종이를 이용하는 것이 좋다. 학생들에게 문제 상황을 제시하고, 구체물을 사용하여 문제를 해결하게 한다. 이와 같은 원리에 따라 분수의 곱셈과 나눗셈에 관한 몇 가지 주요 계산 원리를 소개하면 다음과 같다.

① (단위분수) × (단위분수)의 곱셈 계산 원리

$\frac{1}{3}\times\frac{1}{2}$의 계산 원리는 다음과 같이 도식화될 수 있다.

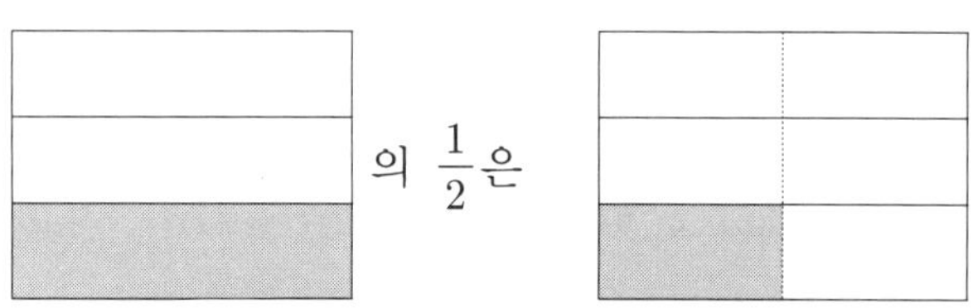

그림 5.55 단위분수끼리의 곱셈 계산 원리

$$\frac{1}{3}\times\frac{1}{2}=\frac{1\times1}{3\times2}=\frac{1}{6}$$

즉, 단위분수끼리의 곱셈은 분모는 분모끼리 분자에는 1을 써준다. 또 이를 수직선상에 표시하면 다음과 같다.

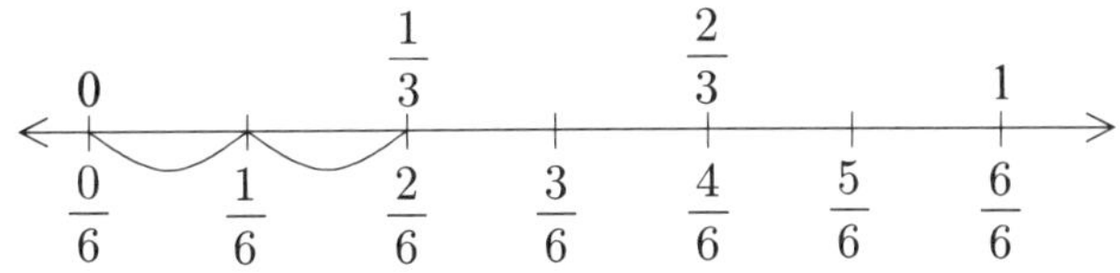

그림 5.56 단위분수끼리의 곱셈

② (진분수) × (진분수)의 계산 원리

$\frac{3}{4}\times\frac{2}{5}$의 계산 원리는 다음과 같이 도식화될 수 있다.

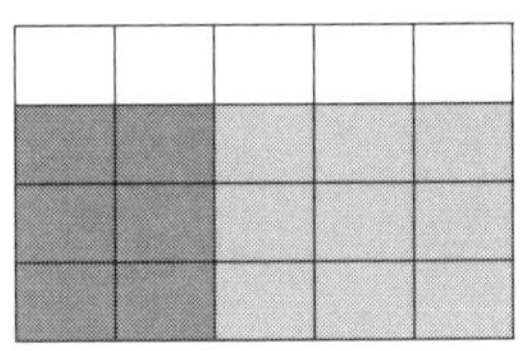

$$\frac{3}{4}\times\frac{2}{5} = \frac{3\times2}{4\times5} = \frac{6}{20}$$

그림 5.57 진분수끼리의 곱셈 계산 원리

즉, 진분수끼리의 곱셈은

$\frac{b}{a}\times\frac{d}{c} = \frac{b\times d}{a\times c}$와 같이 분모끼리의 곱을 분모에, 분자끼리의 곱을 분자에 써준다.

> **참고** 학생들이 분수의 곱셈을 잘 이해했는지 알아보기 위해서는 학생 스스로 문장제 문제를 만들어 보게 하면 더 정확하게 파악할 수 있다.
> 이를테면, $12\times\frac{3}{4}$에 대한 문장제 문제는 다음과 같이 만들어 볼 수 있다. 원영이는 노끈 12m 중 $\frac{3}{4}$을 사용하였습니다. 원영이가 사용한 노끈은 몇 m 일까요?
>
> $$12\times\frac{3}{4}=3\times3=9\ (\mathrm{m})$$

③ (진분수) ÷ (자연수)의 계산 원리

$\frac{3}{5}\div4$의 계산 원리는 다음과 같이 도식화될 수 있다.

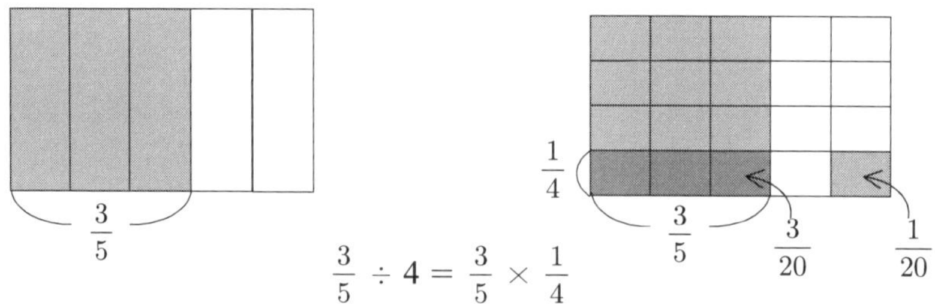

그림 5.58 (진분수) ÷ (자연수)의 계산 원리

$3 \div \frac{3}{4}$의 계산 원리는 3에 $\frac{3}{4}$이 몇 번 포함되어 있는지를 생각하면 되는데 이것을 그림으로 도식화하면 다음과 같다.

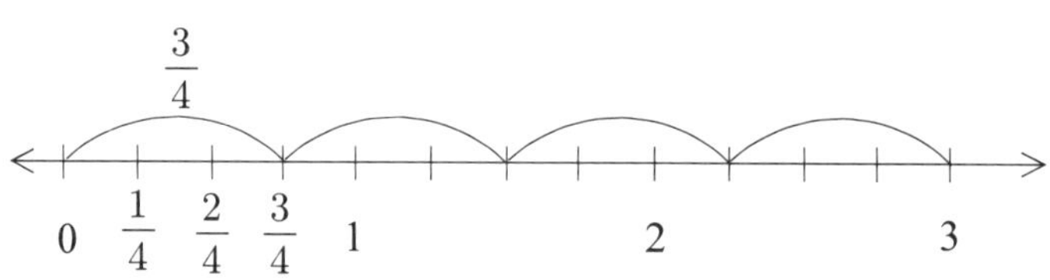

그림 5.59 (자연수) ÷ (진분수)의 계산 원리

$\frac{3}{4}$이 4번 들어 있다.

$$
\begin{aligned}
3 \div \frac{3}{4} &= \frac{3}{1} \div \frac{3}{4} \\
&= \left\{ \frac{3 \times 4}{1 \times 4} \times (1 \times 4) \right\} \div \left\{ \frac{3 \times 1}{4 \times 1} \times (1 \times 4) \right\} \Leftarrow \text{통분하여 약분함} \\
&= 3 \times 4 \div 3 \\
&= 3 \times \frac{4}{3} \\
&= 4
\end{aligned}
$$

즉, 피제수 3에 제수 $\frac{3}{4}$의 역수를 곱하면 된다.

④ (진분수)÷(단위분수)의 계산 원리

$\frac{2}{3} \div \frac{1}{3}$의 계산과 그 형식화는 다음과 같다.

$$\frac{2}{3} \div \frac{1}{3} = \frac{2}{3} \times \frac{3}{1} = 2$$

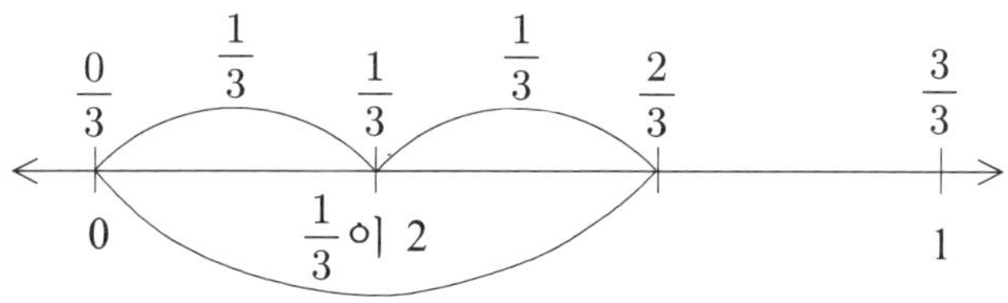

그림 5.60 (진분수) ÷ (단위분수)의 계산 원리

⑤ (진분수) ÷ (진분수)의 계산 원리

• 분모가 같은 진분수끼리의 계산 원리

활동 1 $\frac{5}{6} \div \frac{1}{6}$을 어떻게 계산하는지 알아보시오.

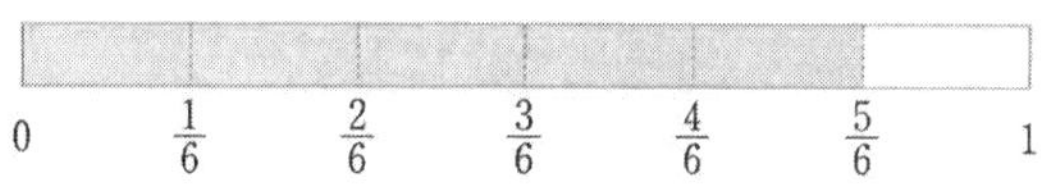

- $\frac{5}{6}$에서 $\frac{1}{6}$을 몇 번 덜어 낼 수 있습니까?

- $\frac{5}{6} \div \frac{1}{6}$은 얼마라고 생각합니까?

- $\frac{5}{6} \div \frac{1}{6}$을 $5 \div 1$로 바꾸어 계산해도 좋은지 생각해 보고, 그렇게 생각한 이유를 이야기해 보시오.

$$\frac{5}{6} \div \frac{1}{6} = \square \div \square = \square$$

• 분모가 다른 진분수끼리의 계산 원리

활동 1 $\frac{4}{5} \div \frac{4}{15}$를 어떻게 계산하는지 알아보시오.

- $\frac{4}{5} \div \frac{4}{15}$를 그림으로 나타내려면 어떻게 해야 합니까?

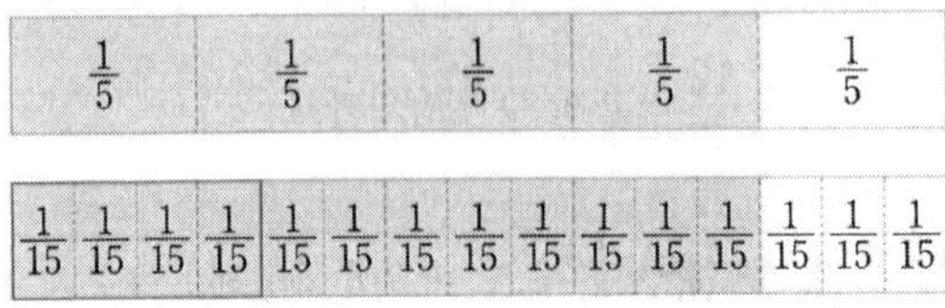

- $\frac{4}{5}$는 $\frac{1}{15}$이 몇 개입니까?

- $\frac{4}{5}$에서 $\frac{4}{15}$를 몇 번 덜어 낼 수 있는지 그림에서 $\frac{4}{15}$씩 묶어 알아보시오.

- $\frac{4}{5} \div \frac{4}{15}$를 $\frac{12}{15} \div \frac{4}{15}$로 바꾸어 계산해도 좋은지 생각해 보고, 그렇게 생각한 이유를 이야기해 보시오.

$$\frac{4}{5} \div \frac{4}{15} = \frac{12}{15} \div \frac{4}{15} = \square \div \square = \square$$

활동 2 $\frac{2}{3} \div \frac{5}{7}$를 계산하는 방법을 알아보시오.

- $\frac{2}{3} \div \frac{5}{7}$를 계산하려면 먼저 무엇을 해야 합니까?

- $\frac{2}{3} \div \frac{5}{7}$를 통분하여 계산하시오.

$$\frac{2}{3} = \frac{2 \times \square}{3 \times \square} = \frac{\square}{\square}, \quad \frac{5}{7} = \frac{5 \times \square}{7 \times \square} = \frac{\square}{\square}$$

$$\Rightarrow \frac{2}{3} \div \frac{5}{7} = \frac{\square}{\square} \div \frac{\square}{\square} = \square \div \square = \frac{\square}{\square}$$

활동3 $\frac{2}{3} \div \frac{5}{7}$를 계산하는 다른 방법을 알아보시오.

> $\frac{2}{3} \div \frac{5}{7} = \frac{2\times7}{3\times7} \div \frac{5\times3}{7\times3} = (2\times7) \div (5\times3) = \frac{2\times7}{5\times3}$입니다.
>
> $\frac{2\times7}{5\times3} = \frac{2\times7}{3\times5}$이고 $\frac{2\times7}{3\times5}$은 $\frac{2}{3} \times \frac{7}{5}$과 같습니다.
>
> 따라서 $\frac{2}{3} \div \frac{5}{7} = \frac{\square}{\square} \times \frac{\square}{\square}$입니다.

- $\frac{2}{3} \div \frac{5}{7} = \frac{\square}{\square} \times \frac{\square}{\square} = \frac{\square}{\square}$

일반적으로 진분수끼리의 나눗셈은 $\frac{b}{a} \div \frac{d}{c} = \frac{b}{a} \times \frac{c}{d}$와 같이 계산된다.

⑥ (가분수) ÷ (자연수)의 계산 원리

$\frac{9}{4} \div 2$와 $\frac{6}{5} \div 2$의 계산 원리를 도식화하면 아래와 같다.

활동1 $\frac{9}{4} \div 2$를 계산하는 방법을 알아보시오.

- $\frac{9}{4} \div 2$를 분수의 곱셈으로 나타내어 계산하시오.
- 그림을 보고 □ 안에 알맞은 수를 써넣으시오.

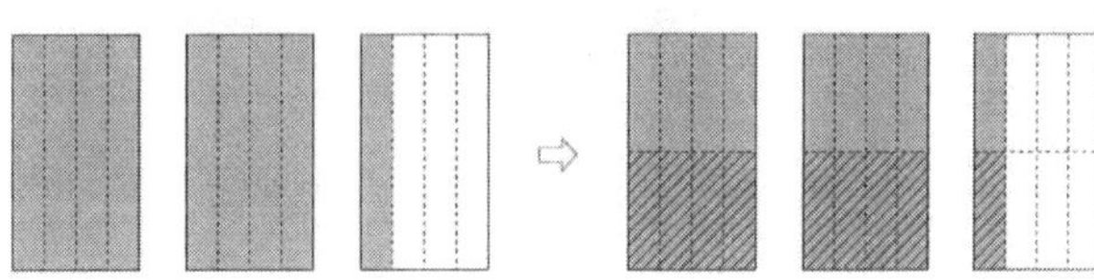

$$\frac{9}{4} \div 2 = \frac{9}{4} \times \frac{\square}{\square} = \frac{\square}{\square}$$

- $\frac{9}{4} \div 2$를 계산하는 방법을 이야기해 보시오.

활동 2 $\frac{6}{5}\div2$를 계산하는 방법을 알아보시오.

- $\frac{6}{5}\div2$를 분수의 곱셈으로 나타내어 계산하시오.
- 그림을 보고 □ 안에 알맞은 수를 써넣으시오.

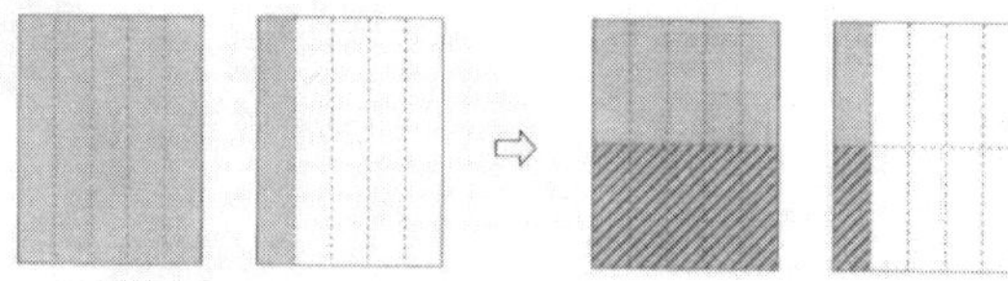

$$\frac{6}{5}\div2=\frac{6}{5}\times\frac{\square}{\square}=\frac{\square}{\square}$$

- $\frac{6}{5}\div2$를 계산하는 방법을 이야기해 보시오.

⑦ 대분수의 나눗셈의 계산 원리

- (대분수) ÷ (자연수)의 계산 원리

활동 1 $1\frac{1}{2}\div4$를 계산하는 방법을 알아보시오.

- $1\frac{1}{2}$을 가분수로 고쳐 계산하시오.
- 그림을 보고 □ 안에 알맞은 수를 써넣으시오.

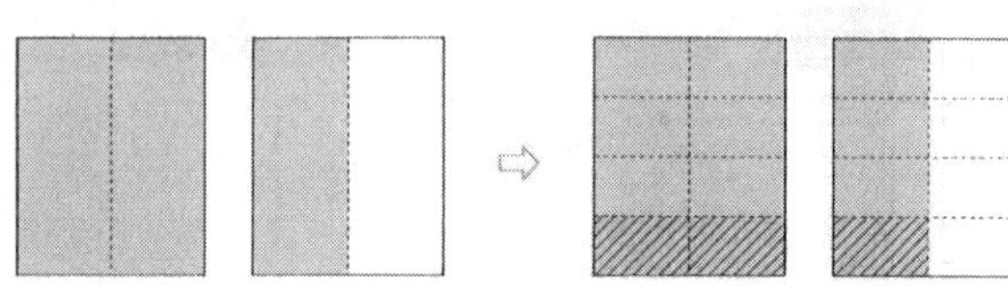

$$1\frac{1}{2}\div4=\frac{\square}{\square}\times\frac{\square}{\square}=\frac{\square}{\square}$$

- $1\frac{1}{2}\div4$를 계산하는 방법을 이야기해 보시오.

활동 2 $2\frac{4}{5}\div4$를 계산하는 방법을 알아보시오.

- $2\frac{4}{5}$를 가분수로 고쳐 계산하시오.

- 그림을 보고 □ 안에 알맞은 수를 써넣으시오.

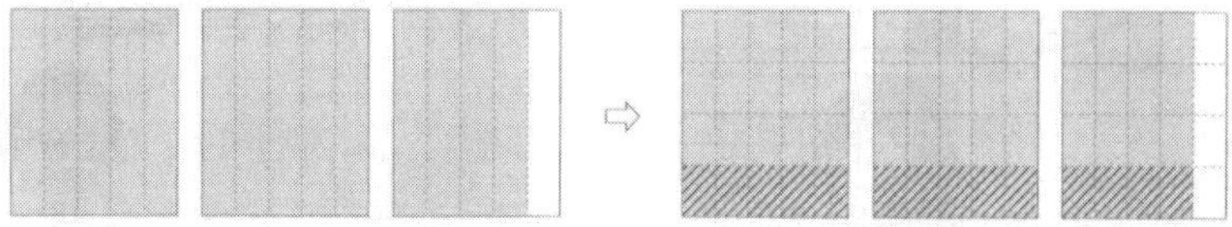

$$2\frac{4}{5}\div4=\frac{\square}{\square}\times\frac{\square}{\square}=\frac{\square}{\square}$$

- (대분수)÷(자연수)를 계산하는 방법을 이야기해 보시오.

• (대분수) ÷ (대분수)의 계산 원리

활동 2 $3\frac{1}{2}\div1\frac{1}{4}$을 계산하는 방법을 알아보시오.

- $3\frac{1}{2}\div1\frac{1}{4}=\frac{7}{2}\div\frac{5}{4}$라고 할 수 있습니까?

- 다음 세 가지 계산 방법의 차이점을 찾아보시오.

방법 1 $3\frac{1}{2}\div1\frac{1}{4}=\frac{7}{2}\div\frac{5}{4}=\frac{7\times2}{2\times2}\div\frac{5}{4}=14\div5=\frac{14}{5}=2\frac{4}{5}$

방법 2 $3\frac{1}{2}\div1\frac{1}{4}=\frac{7}{2}\div\frac{5}{4}=\frac{7}{2}\times\frac{4}{5}=\frac{\overset{14}{\cancel{28}}}{\underset{5}{\cancel{10}}}=\frac{14}{5}=2\frac{4}{5}$

방법 3 $3\frac{1}{2}\div1\frac{1}{4}=\frac{7}{2}\div\frac{5}{4}=\frac{7}{\underset{1}{\cancel{2}}}\times\frac{\overset{2}{\cancel{4}}}{5}=\frac{14}{5}=2\frac{4}{5}$

- 위의 세 가지 방법 중 가장 편리하다고 생각하는 방법은 어느 것인지 찾아보고, 그렇게 생각한 이유를 이야기해 보시오.

4. 소수 계산의 지도 방법

소수는 자연수의 십진 기수법의 확장이므로 소수의 덧셈과 뺄셈은 자연수의 덧셈과 뺄셈에 준한다. 또한 소수는 분수의 다른 표기 방법으로 소수의 덧셈과 뺄셈은 분수의 덧셈과 뺄셈 방법에 의하여 접근할 수 있다. 마찬가지로, 소수의 곱셈과 나눗셈도 분수의 곱셈과 나눗셈을 이용하기 위하여 소수를 분수로 고쳐서 접근할 수도 있고, 자연수의 곱셈과 나눗셈 방법을 이용하여 접근할 수도 있다.

하지만 초등수학에서는 계산절차에 따라 기계적으로 계산하는 기능숙달에 학습의 초점을 두기보다는 계산하기 전에 결과가 얼마쯤 될 것이라는 어림에 관심을 두어 수 감각을 기르도록 지도하는 것이 바람직하다.

1) 덧셈과 뺄셈

(1) 분수 접근

① $3.56+7.95=\dfrac{356}{100}+\dfrac{795}{100}=\dfrac{1151}{100}=11.51$

② $0.0082+70.282=\dfrac{82}{10000}+\dfrac{70282}{10000}=\dfrac{82}{10000}+\dfrac{702820}{10000}$

$=\dfrac{702902}{10000}=70.2902$

(2) 자연수의 덧셈 알고리즘 접근

범자연수의 덧셈과 같이, 소수의 자릿값에 대응하여 소수의 숫자들을 열로 배열하고 각 열에 있는 수를 더한다.

① $3.56+7.95=11.51$

일의 자리	영점 일의 자리	영점 영일의 자리
3	5	6
7	9	5
11	5	1

② $0.0082+70.282=70.2902$

십의 자리	일의 자리	영점 일의 자리	영점 영일의 자리	영점 영영일의 자리	영점 영영영일의 자리
	0	0	0	8	2
7	0	2	8	2	
7	0	2	9	0	2

결과적으로 자연수의 덧셈 알고리즘 접근은 소수점을 한 줄로 세우고, 그들이 범자연수인 것처럼 열에 있는 수를 더하고, 더해진 수에서 소수점 아래의 답에 소수점을 찍는다.

소수의 뺄셈도 소수의 덧셈과 마찬가지로 분수 접근을 이용하는 방법과 자연수의 뺄셈 알고리즘 접근을 이용하여 계산할 수 있으며, 일반적으로 분수 접근을 이용하는 것보다 소수의 덧셈이나 뺄셈 알고리즘을 이용하는 것이 더 효과적이다.

2) 소수의 곱셈

소수는 분수를 십진 기수법의 표기로 정의하였기 때문에 소수의 곱셈도 분수의 곱셈을 이용하기 위하여 소수를 분수로 고쳐서 접근할 수도 있고, 자연수의 곱셈을 이용하여 접근할 수도 있다.

(1) 분수 곱셈을 사용한 접근

소수를 분수로 고쳐서 계산한 후, 그 결과를 소수로 고친다.

(2) 범자연수의 곱셈을 이용한 접근

① 소수점을 생각하지 않고 자연수의 곱셈으로 생각하여 계산한다.

② 피승수와 승수의 소수점 이하의 자리수의 합만큼 곱의 소수점의 자리를 옮긴다.

2.5×3.43의 경우를 생각해보자.

$$25 \times 343 = 8575$$
$$2.5 \times 3.43 = 8.575$$

> **참고** 소수의 곱셈에서 학생들에게 나타나는 가장 큰 오류는 소수점 오류, 자연수 곱셈 오류, 알고리즘 오류가 전체 오류의 80%를 차지한다고 한다. 소수가 가진 자릿값의 의미를 명확하게 알고 있다면 자연수에 익숙한 학생들이 소수점 오류를 범할 확률을 줄일 수 있을 것이다. 이를 위해 수의 위치를 명확하게 이해할 수 있는 수직선을 학생들과 함께 그려보는 것이 좋은 방법이 될 수 있다.

3) 소수의 나눗셈

소수의 나눗셈은 자연수의 나눗셈과 마찬가지로 똑같이 나누는 상황(등분제)과 측정하는 상황(포함제)에서 일어난다. 소수의 곱셈과 마찬가지로 몫에 소수점의 위치를 결정하는 것이 중요한데 소수는 분수를 위치적 기수법으로 표기한 것이므로 소수의 나눗셈은 소수를 분수로 바꿔서 분수로 접근하여 해결하거나 위치적 기수법의 장점을 활용하기 위해 범자연수에 관한 나눗셈으로 고쳐서 계산할 수 있다.

(1) 분수의 나눗셈을 이용한 접근

소수를 분수로 고쳐서 계산한 후 그 결과를 소수로 고친다.

$$88.29 \div 0.81 = \frac{8829}{100} \div \frac{81}{100} = 8829 \div 81 = 109$$

(2) 범자연수의 나눗셈을 이용한 접근

아래와 같이 제수와 피제수에 모두 100을 곱하여 범자연수에 관한 나눗셈으로 고친다. 그리고 범자연수의 나눗셈을 계산하고 난 후 피제수와 제수에 다시 소수점을 넣는다.

$$0.81\overline{)\,88.29} \;\Rightarrow\; \begin{array}{r} 109 \\ 0.81\overline{)\,88.29} \\ 81 \\ 729 \\ 729 \\ \hline 0 \end{array} \;\Rightarrow\; \begin{array}{r} 109 \\ 0.81_{\wedge}\overline{)\,88.29_{\wedge}} \\ 81 \\ 729 \\ 729 \\ \hline 0 \end{array}$$

> **참고** 소수의 나눗셈에서 몫과 나머지를 구하는 활동은 특별한 주의를 요하기 때문에 몫을 자연수로 나타낼 필요가 있을 때만 국한하여 지도한다. 그 이유는 몫이 유일하지도 않을 뿐더러 나머지도 구하기 나름이기 때문이다.
>
> | | |
> |---|---|
> | $7.51 = 2.8 \times 2 + 1.91$
$7.51 = 2.8 \times 2.6 + 0.23$
$7.51 = 2.8 \times 2.68 + 0.006$
$\cdots$ | 1.91, 0.23, 0.006 ⋯ 모두는 정수에서의 나머지를 결정하는 조건을 만족하고 있지만 유일하지 않음 |
>
> 소수의 나눗셈에서 몫이 자연수로 나누어떨어지지 않을 경우에는 몫을 분수로 나타내거나 적당한 위치에서 반올림하여 근삿값으로 구하거나 수 감각을 키우기 위해 어림셈을 하도록 교과서는 구성되어 있다(이경희, 2016).

연습문제

1. 2015 개정 교육과정이 2009 개정 교육과정과 수와 연산 영역에서 어떤 점이 달라졌는지 말해 보시오.

2. 분수와 소수의 개념 및 사칙연산 지도와 관련된 2015 개정 교육과정의 교수 · 학습 방법 및 유의사항은 어떤 것이 있는지 말하여 보시오.

3. 자연수를 학습하기 위해 아동들이 할 수 있는 활동들은 어떤 것이 있는지 말해 보시오.

4. 덧셈과 뺄셈을 가르치기 위해 교과서에 소개된 모델에 대해 설명해 보시오.

5. 삼각수와 사각수에서 얻어지는 그림 패턴으로부터 유추하여 5각수를 가장 작은 수부터 차례로 4번째 오각수까지 그림으로 나타내고 그 수를 차례로 써보시오.

6. 분수의 여러 가지 의미를 알아보고, 각각에 대한 학습 지도의 바람직한 방안을 알아보시오.

7. 8128과 33550336은 각각 완전수임을 밝히시오.

8. 부족수의 예를 3개만 들어 보시오.

9. 분수의 나눗셈은 "나누는 수의 역수를 곱하면 그 결과가 얻어 진다"는 사실을 지도하는 다양한 방안을 설명해 보시오.

10. 분수를 지도할 수 있는 학습 자료는 어떤 것이 있는지를 알아보고 그 효율적인 지도 방법을 설명해 보시오.

11. 1부터 9까지의 수를 한번만 사용하여 합이 1이 아닌 1에 가장 가까운 수가 되도록 □ 안에 수를 넣으시오.

$$\frac{\square}{\square}+\frac{\square}{\square}$$

12. Lattice method에 의하여 236×498을 계산하시오.

13. 소수는 우리 생활에 왜 필요한지를 말해 보시오.

14. 계산과 연산의 의미를 설명해 보시오.

15. 큰 수를 나타낼 때 3자리마다 콤마(,)를 찍어 나타내는 이유를 말해 보시오.

16. 소수의 자릿값 지도에서 수모형(십진블록)이 효과적인 교구인 이유를 설명해 보시오.

6장 도형

초등학교 수학과 교육과정에서 도형 영역은 수와 연산 영역과 함께 가장 기본적인 학습 영역이다. 따라서 학습 대상인 도형과 그 성질을 학습하는 것은 초등학교 수학과 교육과정에서의 필수적인 요소라 말할 수 있다. 수학적 개념이 구체에서 추상으로 발달 단계를 거쳤듯이 학생들의 도형 학습 과정도 구체에서 추상 · 형식으로, 직관에서 논리로 진행되어져야 한다(강홍재 외, 2018).

초등학교에서는 형식적인 방법보다는 비형식적인 방법 즉, 학생들은 직접 자기들이 좋아하는 물건들을 보고 만져보면서, 그들의 관계를 조사하고 이해하는 것이 바람직하다.

이 장에서는 초등수학 교과서의 도형 영역의 학습 지도에 있어서 그 실제적인 방법에 대해 고찰해 보고자 한다. 먼저 2015 개정 초등수학 교육과정의 도형 영역의 각 학년군별 내용체계와 성취기준을 살펴보면 아래와 같다.

가. 내용체계

영역	핵심 개념	일반화된 지식	학년(군)별 내용 요소			기능
			1~2학년	3~4학년	5~6학년	
도형	평면도형	주변의 모양은 여러 가지 평면도형으로 범주화되고, 각각의 평면도형은 고유한 성질을 갖는다.	• 평면도형의 모양 • 평면도형과 그 구성 요소	• 도형의 기초 • 원의 구성 요소 • 여러 가지 삼각형 • 여러 가지 사각형 • 다각형 • 평면도형의 이동	• 합동 • 대칭	만들기 꾸미기 그리기 구별하기 분류하기 활용하기
	입체도형	주변의 모양은 여러 가지 입체도형으로 범주화되고, 각각의 입체도형은 고유한 성질을 갖는다.	• 입체도형의 모양		• 직육면체, 정육면체 • 각기둥, 각뿔 • 원기둥, 원뿔, 구 • 입체도형의 공간 감각	

나. 성취기준

[초등학교 1~2학년]

교실 및 생활 주변의 사물을 관찰함으로써 여러 가지 입체도형과 평면도형의 모양을 파악할 수 있으며, 이는 평면도형에 대한 직관적인 이해로 확장된다. 평면도형이나 입체도형의 개념과 성질에 대한 이해는 실생활 문제를 해결하는 데 기초가 되며, 수학의 다른 영역의 개념과 밀접하게 관련되어 있다. 또한 도형을 다루는 경험으로부터 비롯되는 공간 감각은 수학적 소양을 기르는 데 도움이 된다.

① 입체도형의 모양 [2수02-01] 교실 및 생활 주변에서 여러 가지 물건을 관찰하여 직육면체, 원기둥, 구의 모양을 찾고, 그것들을 이용하여 여러 가지 모양을 만들 수 있다. [2수02-02] 쌓기나무를 이용하여 여러 가지 입체도형의 모양을 만들고, 그 모양에 대해 위치나 방향을 이용하여 말할 수 있다. ② 평면도형과 그 구성 요소 [2수02-03] 교실 및 생활 주변에서 여러 가지 물건을 관찰하여 삼각형, 사각형, 원의 모양을 찾고, 그것들을 이용하여 여러 가지 모양을 꾸밀 수 있다. [2수02-04] 삼각형, 사각형, 원을 직관적으로 이해하고, 그 모양을 그릴 수 있다. [2수02-05] 삼각형, 사각형에서 각각의 공통점을 찾아 말하고, 이를 일반화하여 오각형, 육각형을 알고 구별할 수 있다.

(가) 학습 요소

- 삼각형, 사각형, 원, 꼭짓점, 변, 오각형, 육각형

(나) 교수·학습 방법 및 유의 사항

- 쌓기나무를 이용한 모양 만들기, 칠교판을 이용한 모양 채우기나 꾸미기를 통하여 도형에 대한 공간 감각을 기르게 한다.
- 입체도형의 모양이나 평면도형의 모양을 다룰 때 모양의 특징을 직관적으로 파악하여 모양을 분류하고, 분류한 모양을 지칭하기 위해 일상용어를 사용하게 할 수 있다.
- 입체도형의 모양과 평면도형의 모양을 이용한 모양 만들기와 꾸미기의 주제는 학생들에게 친근한 소재인 동물, 탈 것, 건물 등으로 다양하게 제시한다.
- 쌓기나무로 만든 입체도형의 모양에 대해서 '~의 앞', '~의 오른쪽', '~의 위', '2층' 등을 사용하여 말하게 한다.
- 평면도형의 모양을 이용한 모양 꾸미기 활동에서는 스티커, 잡지에서 오려낸 모양 종이 등을 활용하게 할 수 있다.
- 삼각형, 사각형, 원은 예인 것과 아닌 것을 인식하고 분류하는 활동을 통하여 직관적으로 이해하게 한다.
- 삼각형과 사각형에 대한 직관적 이해를 통하여 도형의 이름과 변 또는 꼭짓점의 개수와의 관계를 파악하고, 그 관계를 일반화하여 오각형과 육각형을 구별하여 이름 지을 수 있게 한다.

• 도형 영역의 문제 상황에 적합한 문제 해결 전략을 지도하여 문제 해결 능력을 기르게 한다.

(다) 평가 방법 및 유의 사항

• 여러 가지 모양 만들기, 꾸미기, 채우기 활동을 평가할 때에는 과정 중심 평가를 한다.

[초등학교 3~4학년]

평면도형은 구성 요소의 특성에 따른 분류 활동을 통해 다양하게 범주화 될 수 있고, 각각의 평면도형은 고유한 성질을 갖는다. 평면도형이나 입체도형의 개념과 성질에 대한 이해는 실생활 문제를 해결하는 데 기초가 되며, 수학의 다른 영역의 개념과 밀접하게 관련되어 있다. 또한 도형을 다루는 경험으로부터 비롯되는 공간 감각은 수학적 소양을 기르는 데 도움이 된다.

1 도형의 기초

[4수02-01] 직선, 선분, 반직선을 알고 구별할 수 있다.

[4수02-02] 각과 직각을 이해하고, 직각과 비교하는 활동을 통하여 예각과 둔각을 구별할 수 있다.

[4후02-03] 교실 및 생활 주변에서 직각인 곳이나 서로 만나지 않는 직선을 찾는 활동을 통하여 직선의 수직 관계와 평행 관계를 이해한다.

2 평면도형의 이동

[4수02-04] 구체물이나 평면도형의 밀기, 뒤집기, 돌리기 활동을 통하여 그 변화를 이해한다.

[4수02-05] 평면도형의 이동을 이용하여 규칙적인 무늬를 꾸밀 수 있다.

3 원의 구성 요소

[4수02-06] 원의 중심, 반지름, 지름을 알고, 그 관계를 이해한다.

[4수02-07] 컴퍼스를 이용하여 여러 가지 크기의 원을 그려서 다양한 모양을 꾸밀 수 있다.

4 여러 가지 삼각형

[4수02-08] 여러 가지 모양의 삼각형에 대한 분류 활동을 통하여 이등변 삼각형, 정삼각형을 이해한다.

[4수02-09] 여러 가지 모양의 삼각형에 대한 분류 활동을 통하여 직각삼각형, 예각삼각형, 둔각삼각형을 이해한다.

5 여러 가지 사각형

[4수02-10] 여러 가지 모양의 사각형에 대한 분류 활동을 통하여 직사각형, 정사각형, 사다리꼴, 평행사변형, 마름모를 알고, 그 성질을 이해한다.

6 다각형

[4수02-11] 다각형과 정다각형의 의미를 안다.

[4수02-12] 주어진 도형을 이용하여 여러 가지 모양을 만들거나 채울 수 있다.

(가) 학습 요소

- 직선, 선분, 반직선, 각, (각의) 꼭짓점, (각의) 변, 직각, 예각, 둔각, 수직, 수선, 평행, 평행선, 원의 중심, 반지름, 지름, 이등변 삼각형, 정삼각형, 직각삼각형, 예각삼각형, 둔각삼각형, 직사각형, 정사각형, 사다리꼴, 평행사변형, 마름모, 다각형, 정다각형, 대각선

(나) 교수·학습 방법 및 유의 사항

- 구체적인 사례나 활동을 통하여 각을 도입하고, 각의 변이 반직선임을 알게 한다.
- 실생활에서 평면도형의 이동을 활용한 사례를 찾아서 이동에 따른 변화를 추론하고 설명하게 한다.
- 평면도형의 이동을 활용하여 자신만의 규칙적인 무늬를 만들고, 다른 사람이 만든 무늬에서 규칙을 찾아 설명하게 한다.
- 여러 가지 삼각형과 사각형을 이름 짓는 활동을 통하여 각 도형의 정의에 대해서 학생들 스스로 사고하게 한다.
- 여러 가지 사각형의 성질은 구체적인 조작 활동을 통하여 간단한 것만 다루고, 여러 가지 사각형 사이의 관계는 다루지 않는다.
- 도형 영역의 문제 상황에 적합한 문제 해결 전략을 지도하고, 문제 해결 과정을 설명하게 하여 문제 해결 능력을 기르게 한다.

(다) 평가 방법 및 유의 사항

- 직선, 선분, 반직선에 대한 평가에서는 정확한 정의나 표현보다 직선, 선분, 반직선을 서로 구별할 수 있는지에 중점을 둔다.
- 평면도형의 이동을 활용하여 모양의 변화나 무늬를 설명하게 할 때 설명 방법이 다양할 수 있음에 유의하여 평가한다.

[초등학교 5~6학년]

입체도형은 구성 요소의 특성에 따른 분류 활동을 통해 다양하게 범주화 될 수 있고, 각각의 입체도형은 고유한 성질을 갖는다. 평면도형이나 입체도형의 개념과 성질에 대한 이해는 실생활 문제를 해결하는 데 기초가 되며, 수학의 다른 영역의 개념과 밀접하게 관련되어 있다. 또한 도형을 다루는 경험으로부터 비롯되는 공간 감각은 수학적 소양을 기르는 데 도움이 된다.

1 합동과 대칭

[6수02-01] 구체적인 조작 활동을 통하여 도형의 합동의 의미를 알고, 합동인 도형을 찾을 수 있다.

[6수02-02] 합동인 두 도형에서 대응점, 대응변, 대응각을 각각 찾고, 그 성질을 이해한다.

[6수02-03] 선대칭도형과 점대칭도형을 이해하고 그릴 수 있다.

2 직육면체와 정육면체

[6수02-04] 직육면체와 정육면체를 알고, 구성 요소와 성질을 이해한다.

[6수02-05] 직육면체와 정육면체의 겨냥도와 전개도를 그릴 수 있다.

3 각기둥과 각뿔

[6수02-06] 각기둥과 각뿔을 알고, 구성 요소와 성질을 이해한다.

[6수02-07] 각기둥의 전개도를 그릴 수 있다.

4 원기둥과 원뿔

[6수02-08] 원기둥을 알고, 구성 요소, 성질, 전개도를 이해한다.

[6수02-09] 원뿔과 구를 알고, 구성 요소와 성질을 이해한다.

5 입체도형의 공간 감각

[6수02-10] 쌓기나무로 만든 입체도형을 보고 사용된 쌓기나무의 개수를 구할 수 있다.

[6수02-11] 쌓기나무로 만든 입체도형의 위, 앞, 옆에서 본 모양을 표현할 수 있고, 이러한 표현을 보고 입체도형의 모양을 추측할 수 있다.

(가) 학습 요소

- 합동, 대칭, 대응점, 대응변, 대응각, 선대칭도형, 점대칭도형, 대칭축, 대칭의 중심, 직육면체, 정육면체, 면, 모서리, 밑면, 옆면, 겨냥도, 전개도, 각기둥, 각뿔, 원기둥, 원뿔, 구, 모선

(나) 교수·학습 방법 및 유의 사항

- 실생활에서 같은 무늬 찾기, 종이 겹쳐 오리기, 도장 찍기, 데칼코마니 등 구체적인 조작 활동을 통하여 도형의 합동의 의미를 알게 한다.
- 실생활에서 선대칭도형과 점대칭도형의 예를 찾아 설명하게 한다.
- 선대칭도형과 점대칭도형의 성질을 이용하여 각 도형의 나머지 부분을 그리게 한다.
- 직육면체의 전개도에서 수직인 면과 평행한 면을 찾게 하여 전개도로부터 입체도형을 추측할 수 있게 한다.
- 각기둥의 전개도는 간단한 형태만 다루고, 각뿔과 원뿔의 전개도는 다루지 않는다.
- 한 직선을 중심으로 직사각형, 직각삼각형, 반원을 돌리는 활동을 통하여 원기둥, 원뿔, 구를 만들어 보게 한다.
- 모형을 이용하여 입체도형의 구성 요소와 성질을 확인하게 한다.
- 도형 영역의 문제 상황에서 문제 해결 전략 비교하기, 주어진 문제에서 필요 없는 정보나 부족한 정보 찾기, 조건을 바꾸어 새로운 문제 만들기, 문제 해결 과정의 타당성 검토하기 등을 통하여 문제 해결 능력을 기르게 한다.

(다) 평가 방법 및 유의 사항

- 선대칭도형과 점대칭도형 그리기를 평가할 때 점판이나 격자를 이용하여 쉽게 그릴 수 있게 한다.
- 입체도형의 전개도에 대한 평가는 전개도가 될 수 있는 것과 될 수 없는 것을 구별하는 데 중점을 둔다.
- 쌓기나무로 만든 입체도형의 위, 앞, 옆에서 본 모양에 대한 평가를 할 때에는 간단한 모양을 이용한다.

6.1 도형 교육의 기초

1. 기하학의 생성과 발전

1) 기하학의 생성

기하학은 인간의 역사가 시작됨과 더불어 만들어져왔다. 특히, 기원전 600년 이전, 곧 탈레스(Thales, B.C. 640~550) 이전의 기하학은 오늘날과 같은 학문적 체계를 갖춘 기하학이 아니고, 자연계에서 일어나는 여러 가지 사실들을 구체적인 사물의 모양(shape)과 견주어 알아보거나, 또는 이들 모양을 감성적 직관에 의하여 직접 그림으로 그려보고 개념화하며, 더 나아가서 유사한 모양들은 종합적인 판단에 의하여 그들 사이에 존재하는 공통인 개념을 추출하여 추상화되고 이상화된 도형(geometric figure)으로 발전하는데 있었다.

한편, 이집트의 나일 강 유역에서 자주 일어났던 홍수는 토지의 경계선을 무너뜨렸고, 인간은 자기가 경작한 토지의 경계선을 찾으려는 시도에서 측량기술의 발전을 가져왔다. 따라서 기하학을 영어로 'geometry'라고 하는 것은 '토지(geo)를 잰다(metry)'는 뜻에서 유래하였다. 하지만 그 당시의 수학은 경험적 사실의 결과만을 중시하고, 이론적인 연구를 도외시함으로써 발전의 한계에 직면하였다.

수학이 학문적 체계를 갖추어 발달하게 된 것은 고대 그리스로 전파된 이후, 탈레스와 그의 제자들에 의하여 기하학으로 출발하게 되었다. 그 후 유클리드는 당시의 실용수학을 총집대성하여 《기하학 원론(Euclid Elements)》 13권을 저술하였다.

초등수학에서 다루는 도형 개념의 대부분은 《원론》에서 다룬 주제들로 구성되어 있다. 《원론》의 대부분의 내용이 도형에 관련된 것이기 때문에 《원론》은 '유클리드 기하학 원론'이라고 부르기도 한다. 그리고 우리가 보통 초등기하라고 하는 것은 이 유클리드 기하를 말한다.

2) 유클리드 기하학

유클리드 기하는 고정된 모양을 가진 움직이지 않는 도형에 관한 연구로 생각할 수 있다. 유클리드 기하는 2차원의 평면기하와 3차원의 입체기하를 모두 포함한다. 이집트, 또는 바빌로니아의 수학(기하 또는 대수)은 논리적 증명이 뒤따르지 않는 수학으로 생활상의 문제를 경우에 따라 처리한 것에 지나지 않았으나, 그리스의 탈레스부터 기하의 증명이 시작되었다. 곧, 탈레스는 아래와 같은 기하학의 명제에 대한 증명을 처음으로 한 것이다.

① 임의의 원은 그 지름에 의하여 이등분된다.

② 이등변 삼각형의 두 밑각은 같다.

③ 맞꼭지각은 서로 같다.

④ 두 각과 한 변이 같으면 2개의 삼각형은 합동이다.

이러한 증명은 그 뒤로 피타고라스(B.C. 580~500), 플라톤(B.C. 427~347) 등 여러 수학자들에 의하여 새로운 사실들이 증명되었으며, 이와 같은 모든 증명된 내용들을 유클리드가 하나의 과학으로 체계를 갖춰 만들어낸 것이 《기하학 원론》이다.

앞서 언급한 바와 같이 유클리드가 집대성한 《기하학 원론》은 모두 13권으로 되어 있으며, 여기에는 기하적인 내용과 대수적인 내용이 동시에 포함되어 있다. 따라서 이 책은 마치 성서와 같이 세계 각국에서 읽혀왔으며, 특히, 플라톤이 아카데미 입구에 "기하학을 모르는 자는 들어오지 말라."고 현판을 건 것으로 보더라도 당시에 기하학에 대한 존엄성을 읽을 수 있고, 또 오늘날에 이르러서도 이 책의 가치는 지속되고 있는 것이다.

3) 해석기하학·사영기하학

그리스 수학에 비하여 로마의 수학은 현실적 실용주의를 택하게 되어, 이집트 수학과 크게 차이를 갖지 못했다. 특히 로마 시대에는 무력은 융성하였으나 지적 이상은 억압되었으므로 수학을 비롯한 모든 과학은 침체 상태에 있었다. 기원 5세기부터 르네상스가 시작되는 16세기까지 약 1000년 동안 수학을 비롯한 모든 과학이 크게 발전하지 못했다. 17세기에 들어서면서부터 수학의 발전은 다시 시작되는데, 페르마(1601~1665)가 근대적 정수론을 창안하였고, 데카르트(1596~1650)와 해리엇(1560~1621)이 해석기하를 발명하였고, 뉴턴(1642~1727)과 라이프니츠의 미적분학의 발견, 파스칼(1623~1662)과 데자르그(1593~1662)의 사영기하학의 발견 등이 속속 이루어졌다.

데카르트의 해석기하학에 대한 생각은 그가 1637년에 간행한 《방법서설(方法序說)》에서 찾아볼 수 있는데, 곧, "모든 과학의 방법은 수학에 의하지 않으면 안 된다."고 하였으며, 종래 보조선을 도구로 하는 유클리드 기하의 시행착오적 문제 해결 방법을 모든 과학의 연구방법으로 택할 수는 없고, 엄밀한 논리체계와 더불어 순서성에 입각한 새로운 자기철학의 표현방법을 택하려는 것이 순서쌍으로 표현되는 좌표의 생각이다.

데카르트가 발견한 좌표의 생각은 평면상의 점의 운동 상태를 양축의 거리에 대한 관계식으로 표현할 수 있으므로 기하와 대수학을 연결해 주는 매개체가 될 수 있으며, 종래 유클리드 기하의 정적이고 종합적인 표현방법에 대하여 해석기하학은 동적이고 분석적인 표현방법이 가능한 것으로 새로운 기하학이 탄생된 것이다.

한편, 데자르그는 유클리드 기하학이나 해석기하학에 있어서는 선분의 길이, 각의 크기, 면적, 또는 도형의 합동 등에 계량적인 성질이 들어 있으나 이러한 양적인 성질은 전혀 생각하지 않고 사영(射影)과 절단의 새로운 조작에 의하여 도형의 불변인 성질을 연구하는 사영기하학을 발견하기에 이르렀는데, 사영이란 유클리드 기하학적 평면상에서 도형을 구성하는 점과 그 도형 상에 있지 않는 한 점과를 맺는 것에 의하여 선의 모임을 만들 수 있는데, 이와 같은 선의 모임을 만드는 조작, 곧 점과 점을 맺는 조작을 뜻하며, 절단이란 사영에 의하여 만들어진 선속(線束)을 다른 선 또는 평면으로 자르는 조작, 이를테면 직선과 직선, 또는 직선과 평면과의 교점을 만드는 일이다.

4) 비(非)유클리드 기하학

19세기 전반의 기하학은 비유클리드 기하학을 고찰하는데 있었다. 유클리드 《원론》 제1권에 있는 공준 가운데 제5공준(평행선 공준) "한 직선이 두 직선과 만나, 같은 곳의 2개의 각이 합해서 2직각보다 작을 때 그 2개의 직선을 한 없이 연장하면, 합해서 2직각보다 작은 각이 있는 곳에서 만난다."로 나와 있는데 이것을 오늘날 우리가 잘 알고 있는 다른 말로 표현하면, "평면상에서 임의의 한 점을 지나고, 주어진 직선에 평행인 직선은 존재하며, 단 1개뿐이다."와 같이 바꿀 수 있다. 앞의 평행선 공준은 표현방법이 길고 또, 다른 4개의 공준으로부터 유도될 수 없는가 하는 공리의 독립성에 대한 의심을 품고, 많은 수학자들이 4개의 공준으로 평행선 공준을 증명하려고 하였으나 실패하였고 궁극적으로 기하학적 성질은 그 성질을 다룬 공간 개념에 의존된다는 사실을 알게 되었다.

그 이후 소련의 로바체프스키(1793~1856)와 헝가리의 야노시 보여이(1802~1860)는 각각 유클리드의 제5공준을 부정하여 "평면상에서 임의의 한 점을 지나고, 주어진 직선에 평행인 직선은 적어도 2개 존재한다."는 가정을 세우고 다른 4개의 공리는 그대로 채용함으로써 새로운 비유클리드 기하학을 만들어냈으며, 또 리만(1826~1866)은 유클리드의 제5공준을 부정하고 "한 직선 밖의 한 점을 지나서, 주어진 직선에 평행한 직선은 하나도 존재하지 않는다."는 가정을 세우고, 역시 새로운 비유클리드 기하학을 만들게 된 것이다.

새로운 공간 개념에 입각한 비유클리드 기하적 생각은 힐베르트(1862~1943)의 공리주의와 발맞추어, 새로운 수학을 만드는 발판이 되었으며 유클리드 기하를 멸시하는 경향을 가져왔다.

5) 위상기하학

유클리드 기하학이나 비유클리드 기하학은 18세기에서 19세기에 걸쳐 도형의 계량적 성질을 도외시하고, 도형의 위치, 점의 연결, 내부와 외부 등에서 보는 관점이 생겨났다. 이러한 관점이 위상기하학의 탄생을 의미하는데, 이것은 오일러(1707~1783)가 해결한 쾨니히스베르크의 7개의 다리를 중복하지 않고 건너는 문제에서부터 시작된다.

곧, 위상기하학[1]이란 1대1 연속변환에서 변하지 않는 도형의 성질을 연구하는 기하학을 말하는데 이는 칸토어(1845~1918)의 집합론과 결합되어 수학의 전 분야에서 위상적 생각이 적용되고 있다.

지금까지 기하학의 발전과정을 대략 알아보았으나 이들을 요약하면 다음과 같다.

① 그리스 시대의 기하학: 직선기하학(유클리드 기하학)에서 곡선기하학으로

1 위상수학은 구부리거나 비틀거나 확대하거나 축소하여 다른 모양으로 바꿀 때, 도형 또는 면의 성질 중 변하지 않는 것을 탐구하는 기하를 말하며 흔히 '찌그러뜨림의 수학'이라 부른다.

② 17세기의 기하학: 데카르트의 해석기하학과 데자르그, 파스칼의 사영기하학
③ 19세기의 기하학: 로바체프스키, 보여이의 비유클리드 기하학에서 리만 기하학으로
④ 20세기의 기하학: 힐베르트의 공리론적 기하학에서 위상기하학으로

2. 도형의 지도목표와 성취기준

도형 지도의 목표는 도형 개념, 공간 개념의 육성뿐만 아니라 직관과 논리의 육성, 발전적 창조적인 견해 및 사고의 육성 등 많은 목표를 생각할 수 있다. 그러나 이와 같은 목표의 다양성이 도형 지도의 목표를 애매하게 하고, 그 체계의 확립·정비를 어렵게 한다는 지적도 없지 않다.

도형 영역은 이와 같은 다양한 행동을 환기해서 얻는 것이므로, 이러한 도형 영역이 갖는 특성이 충분히 발휘될 수 있도록 지도를 하는 것이 바람직하다. 도형 지도의 최대 목표는 도형의 개념 형성에 있으며, 2015 개정 교육과정의 도형 영역의 각 학년군별 성취기준은 대략 다음과 같은 내용과 관련된 사항을 세부적으로 학습하도록 되어 있다.

교실 및 생활 주변의 사물을 관찰함으로써 여러 가지 입체도형과 평면도형의 모양을 파악할 수 있으며, 이는 평면도형에 대한 직관적인 이해로 확장된다. 평면도형과 입체도형은 구성 요소의 특성에 따른 분류 활동을 통해 다양하게 범주화될 수 있고, 각각의 고유한 성질을 갖는다. 이러한 평면도형이나 입체도형의 개념과 성질에 대한 이해는 실생활 문제를 해결하는 데 기초가 되며, 수학의 다른 영역의 개념과 밀접하게 관련되어 있다. 또한 도형을 다루는 경험으로부터 비롯되는 공간 감각은 수학적 소양을 기르는 데 도움이 된다.

위와 같은 성취기준과 더불어 "일상의 사상을 수학적으로 포착하여 조리 있게 생각하고, 통합적·발전적으로 고찰하여 처리하는 능력과 태도를 기른다."는 것이 도형 교육이 바라는 지도 목표라 할 수 있다.

3. 도형 학습 이론

1) 피아제의 공간 개념의 발달이론

아동의 도형 인식발달의 심리학적 연구에 대해서는 스위스의 인지심리학자 피아제의 연구가 널리 알려져 있다. 앞서 언급한 바와 같이 기하학은 유클리드 기하, 사영기하, 위상기하 등의 순서로 발전되어 왔다. 피아제는 실험학적 연구에서 아동들의 자생적인 도형 개념은 다

음과 같은 순서로 형성된다는 결론을 유도해 냈다.

① 위상적(位相的) 사고

도형이 단절되거나 연결된 것은 변별할 수 있으나, 곡선과 직선의 명확한 구분은 곤란한 사고 수준이다. 따라서 삼각형과 사각형의 구별이나 다각형과 원의 명확한 구분은 불가능한 수준이다.

② 사영적(射影的) 사고

관찰자의 위치에 따라 대상을 다르게 인지하는 사고 수준이다. 이 단계에서는 직선과 곡선, 삼각형과 사각형의 구별은 가능하나, 두 점 사이의 거리나 직선의 평행, 수직의 개념은 이해할 수 없다. 따라서 평행한 철길도 먼 곳에서 만나는 것으로 생각하고, 같은 물건이면 거리에 관계없이 같은 크기로 그리게 된다.

③ 유클리드적(計量的) 사고

도형을 이동하더라도 모양이나 크기가 변하지 않는다는 양의 보존성 개념이 확립된 사고이다. 이 단계에서 학생은 시각의 혼란에서 벗어나 내적 인지구조가 형성되어 초보적인 논리를 전개할 수 있다. 따라서 평행・수직관계나 두 점 사이의 거리개념을 인지함으로써 도형에 대한 지적 조작이 가능하게 된다.

위에서 말한 피아제의 이와 같은 결론에 대해서는 어느 정도의 비판적인 견해도 없지 않다. 그러나 저학년에서는 개개의 도형에 대하여 아동이 어떤 자생적(自生的) 개념을 가지고 있는가를 바탕으로 하여, 바람직한 도형 지도를 고려하지 않으면 안 된다. 이런 경우에 피아제의 이론이나 그의 연구에 사용된 실험 방법은 참고가 될 것이다. 도형 학습 발달에 관한 피아제의 실험 결과는 다음과 같이 요약된다.

아이들의 공간인식은 단순한 위상적 사고에서 출발하여 사영적 사고, 유클리드적 사고로 발전한다. 즉, 기하는 Euclid 기하에서 생성되어 사영기하, 위상기하의 순으로 발달하였으나, 아이들의 공간인식은 이와는 역순이라는 것이다.

2) 반 힐의 학습수준의 이론

1950년대 네덜란드의 중학교 수학교사였던 반 힐(van Hieles)부부는 왜 많은 학생들이 기하 학습에 어려움을 느끼는지, 이러한 어려움의 원인을 밝히는데 다각적인 연구를 하였다. 남편인 피에르 반 힐은 피아제의 이론을 바탕으로 수학 학습 사고 수준의 체계를 바탕으로 해서 지도하는 것만이 이와 같은 점을 해결할 수 있는 방안이라고 생각하였다. 그는 자신들이 지금까지 가르쳐온 기학 학습에서 학생들에게 제시되는 문제나 과제가 그들의 사고 수준을 넘어서는 용어나 성질에 대한 지식을 요구하고 있음을 관찰하였다. 그리하여 학습 지도에 있어서 학습자의 사고 수준을 넘어서게 되면, 그 학습은 아동에게 의미가 없어지게 된다는 것을 발견하였다.

반 힐은 아동들의 도형 학습에는 다섯 수준이 존재하며, 각 수준에는 독특한 언어구조가 있어서 서로 다른 수준에 있는 사람끼리는 의사소통에 많은 어려움을 겪는다고 생각하였다. 궁극적으로 아동들에게 도형을 지도함에 있어서 주된 문제는 교사가 아동들에게 기대하는 수준과 아동들의 수준의 차이에서 발생한다고 보았다. 이러한 문제점을 극복하기 위하여 반 힐은 교사가 아동들의 수준을 잘 파악하여 아동들의 수준에서 지도할 것을 주장하였다. 반 힐은 아동들의 기하학적 사고 수준이 다음과 같은 순서에 따라 발달한다는 사실을 알아냈으며, 이것을 반 힐의 기하학적 사고발달 모델[2]이라고 한다.

① 제1수준(시각적 인식수준)

도형을 그 구성 요소에 대한 고려 없이 모양이라는 측면에서 인식하고 파악하는 단계로서 도형의 성질이나 도형 사이의 관계는 알 수 없다. 기하학적인 용어(삼각형, 사각형, 육면체, 다각형 등)를 사용하여 도형의 이름을 말할 수 있으나 그 성질을 명확하게 파악하지 못한다. 이를테면, 직육면체의 상자를 보아 그 면들이 네모 모양, 삼각자를 보고 세모 모양, 피자를 보고 동그란 모양이라고 인식할 때, 그들 모양들은 서로 다르다는 것을 구별할 줄 아는 정도이다. 이와 같이 삼각형, 사각형, 원 등이 있으면 그 외형적인 형태를 인지할 줄 알며, 그것을 똑같이 그릴 수 있고, 기하판이나 모눈종이에 그대로 옮길 수 있다. 또 같은 모양의 도형에서 크기가 다른 것이 2개 이상 있으면, 어떤 것이 더 크다는 정도의 외연적인 특징만을 파악할 수 있는 수준이다.

② 제2수준(분석적 수준)

제2수준은 관찰과 실험을 통하여 주어진 도형의 구성 요소나 성질을 분석할 수 있다. 아동들은 시각적으로 지각되는 모양을 분석함으로써 도형의 성질을 알게 되고 결과적으로 도형을 성질에 의해 인식하고 특징짓는다. 아동들은 도형을 전체적으로 바라보지만 시각적 형태로서가 아닌 성질의 집합으로서 고려하게 되며, 시각적 이미지는 배경으로 물러나게 된다. 따라서 각 도형은 그 도형을 특징짓는데 필요한 성질들의 집합이 된다. 이를테면, '정사각형은 네 각이 직각이고 변들이 합동이다.', '마름모의 네 변의 길이는 같다.'라고 말할 수는 있지만, 정사각형과 마름모의 성질 사이에 어떤 관계가 있는지는 알지 못한다. 이 수준에서의 사고의 대상은 성질의 집합으로서의 도형이다.

---

2 반 힐은 1955년의 글에서 기하적 사고발달 수준을 0, 1, 2, 3, 4로 구분하였으나 1986년의 책《Structure and Insight: A Theory of Mathematics Education》에서는 수준을 1, 2, 3, 4, 5로 구분하고 있다.

③ 제3수준(추상적 인식, 비형식적 연역 수준)

이 수준의 아동들은 한 도형 또는 다른 도형 사이에 존재하는 성질들의 논리적인 관계를 파악할 수 있다. 그리하여 도형의 성질을 추론할 수 있고, 도형을 특정의 관점으로 분류할 수 있으며, 자신들의 도형 분류를 정당화하기 위하여 비형식적 논증을 제시한다. 이를테면 이 수준의 학생들에게 있어서 정사각형은 마름모인 동시에 직사각형이고 평행사변형이며 사다리꼴임을 인식할 수 있다.

그러나 도형에 관한 이와 같은 간단한 성질을 규명할 수는 있으나, 관찰한 결과를 입증할 수 있는 예비적인 보조명제를 구성하지는 못한다. 따라서 이 수준에서는 공리와 정리의 의미를 정확히 알고 있지 못할 뿐만 아니라 그 구별조차 할 수 없으므로, 연역적 추론은 아직 어려운 상태이다. 그러므로 이 수준은 우리나라 초등학교 4~6학년 정도 학생의 학습수준이라고 하겠다.

④ 제4수준(형식적 연역수준)

제4수준은 형식적 연역 수준으로 연역의 의의가 전반적으로 이해된다. 학생들은 기하학의 이론 전체를 구성하며 전개시키는 공리적 방법의 의미를 이해하게 된다. 학생들은 공리적 체계 내에서 정리를 확립할 수 있으며, 무정의 용어, 공리, 정의, 정리 사이의 논리적인 차이점을 인식한다. 또한 학생들은 연역적 추론을 이해하며 형식적 증명을 구성할 수 있다. 다시 말해서 학생들은 '제시된 조건'의 결과로서의 결론을 논리적으로 정당화하는 일련의 명제를 만들어낼 수 있다. 이를테면, "두 변의 길이가 같은 삼각형을 이등변 삼각형이라 한다."는 정의에서, "이등변 삼각형의 두 밑각의 크기는 같다."는 증명을 할 줄 안다. 하지만 학생들은 명제의 추론 과정에서 엄밀성이 얼마나 필요한지를 깨닫지 못할뿐더러, 어떤 한 연역 체계에서 다른 연역 체계로 넘어갈 때의 사고의 이행 관계도 제대로 이해하고 있지 못하다.

이를테면, "직선 밖의 한 점을 지나 이 직선에 평행인 직선은 존재하며, 단 하나 존재한다."는 평행선 공리를 사실 그대로 인식해야 하는 것인지, 아니면 증명을 해야 되는 것인지를 모르고 있는 상태이다. 그리고 이것이 "삼각형의 내각의 합은 180°이다."는 증명에 반드시 있어야만 되는 사실인지, 또는 꼭 필요하다면 이것이 그 다음의 연역체계에 어떻게 적용하는 것인지에 대해선 잘 모르고 있다.

⑤ 제5수준(엄밀화 수준)

이 수준은 엄밀한 수학적 수준으로 대상의 구체적 성질이나 그 성질들 사이의 관계의 구체적 의미가 사상된다. 즉 여러 가지 구체적 해석을 떠나서 발전하는, 여러 수학 체계에 대하여 형식적으로 추론할 수 있는 수준이다. 이 수준에서는 구체적인 모형 없이도 추상적으로 다양한 기하 체계를 학습할 수 있는 수준이다. 기하학 구조의 논리성 자체가 연구의 대상이 되어

힐베르트(Hilbert)의 여러 가지 공리 체계를 이해할 수 있고, 기하학의 형식적 엄밀성을 파악하며 다양한 추상적 추론의 방법으로 도형의 특성을 이해할 수 있는 수준이다. 이 수준에 있는 학생들은 어떤 명제를 추론할 때, 어느 증명 방식으로 접근해야 하는지 판단하여 그 전개 과정에서 완벽성을 기하고 있다. 반 힐은 처음 네 수준에 대해서 많은 관심과 연구를 했는데 그 이유는 대부분의 고등학교 기하는 4수준의 범위 내에서 지도되기 때문이다. 일반적으로 대부분의 학교에서 기학 교육의 목표는 학생들이 형식적 연역 수준에 도달하게 하는 것, 즉 증명의 의미를 이해할 수 있도록 하는 것이다. 학교 기하 교육을 통하여 엄밀화 수준에 도달하는 학생은 거의 없으며 또한 이 수준의 측정은 불가능한 것이라고 보고 있다.

반 힐이 제시한 위의 5개의 수준 중 처음 3개의 수준이 초등학교 학생들과 관련된다.

3) 반 힐 이론의 특성

반 힐은 도형 학습에 관하여 학생들의 사고 수준을 아래와 같이 '방법의 대상화'로 설명되는 5가지 수준으로 분류하였다.

표 6.1 반 힐의 기하적 사고 수준

수 준	1수준	2수준	3수준	4수준	5수준
대 상	구체물	형(形)	성질	명제	논리
방 법	형(形)	성질	명제	논리	적용

도형 학습 지도와 관련하여 반 힐이 제시한 사고 수준은 본질적으로 경험적인 것이다. 또한 수준을 구분하는 주요 목적 중의 하나는 학생들에게 나타나는 학습의 장애를 밝혀내려는 것이다. 만약 하위 수준의 학생이 상위 수준의 어휘, 개념, 사고를 요하는 문제에 직면하게 된다면 좌절이나 불안 등의 심리적 요인으로 인하여 그 문제의 해결에 대한 진전을 보이지 못하게 될 것이다. 이러한 의미에서 반 힐 이론은 학습을 '불연속적인 과정'으로 간주하고 있다.

이 이론에 의하면 학생들은 하위 수준을 통과하지 않고 상위 수준에 이를 수 없으며 모든 학생이 같은 속도로 각 수준을 통과하는 것도 아니다. 또한 수준의 발달은 교재나 교사의 지도에 의해 촉진될 수도 있고 지연될 수도 있으며, 서로 다른 수준의 사람은 서로를 이해할 수 없는 것이다. 이 이론의 핵심은 학생들의 수준 또는 발달 단계에 알맞은 기하 학습 지도의 요구이다. 즉, 학생들이 기하, 특히 증명에서 실패하는 가장 큰 이유는 아직 하위 수준에 있는 학생들에게 4수준의 내용인 형식적인 증명을 가르치기 때문이며, 따라서 도형 학습 지도는 학생들의 수준 향상에 중점을 두어야 한다는 것이다.

이와 같은 반 힐 이론은 일반적인 학습 지도와 의사 결정 단계에서도 중요한 의미를 지니게 된다. 반 힐 이론이 시사하는 특성을 정리해 보면 다음과 같다.

① 연속성(fixed sequence 또는 sequential)

학생들이 수학 학습에서 하위 수준을 통과하지 않고 상위 수준에 도달할 수는 없으며, 수학적 사고는 모든 수준을 순차적으로 거쳐서 발달하게 된다.

② 인접성(adjacency)

앞 수준의 사고에서 내재적이고 본질적이었던 대상이 그 다음 수준에서는 외재적(부수적)인 대상으로 인식된다. 각 수준의 수학적 사고는 그 전 수준의 수학적 사고의 내적 질서를 대상으로 하여 연구되는 것이다.

③ 선명성(distinction 또는 linguistics)

각 수준의 사고는 그 수준에 고유한 언어적 표현과 이를 연결하는 고유의 관계망을 가지고 있다. 수준의 이행은 언어의 확장과 관계된다.

④ 분리성(separation 또는 mismatch)

서로 다른 수준에서 추론하는 두 사람은 서로를 이해할 수 없다. 이것은 교사의 수준과 학생의 학습 수준 간의 분리성이 존재하면 학습은 일어나지 않는다는 의미이며, 일선현장의 교사와 학생 사이에서 자주 발생하고 있으며, 학습 지도를 어렵게 만드는 요인 중의 하나이다.

⑤ 촉진성(promotion)

모든 학생들이 같은 속도로 각 수준을 통과하는 것은 아니며, 수준의 이행은 적절한 학습 지도에 의해서 촉진될 수도 있고 부적절한 지도 때문에 지연될 수도 있다.

6.2 도형 학습 지도의 실제 I

1. 도형 개념의 형성

1) 개념 형성의 개요

대상의 성질이나 속성, 그리고 여러 가지 도형들 간의 관계를 이해하는 것은 초등수학에서 중요하다. 그런데 초등학교에서는 형식적인 방법보다는 주로 비형식적인 방법을 이용하여 기하학적 형태들을 연구한다. 하지만 모든 개념은 내포(內包)와 외연(外延)으로 구성되어 있기 때문에 도형의 개념 형성에 있어서 개념의 내포와 외연을 명확히 고찰해 두는 것이 바람직하다. 이를테면, 이등변 삼각형의 개념은 본질적 특징인 "두 변의 길이가 같다."란 내포와 내포를 만족하는 이등변 삼각형의 집합인 외연으로 나룰 수 있다. 다시 말해 이러한 것들을 명확히 인식시키는 것이 이등변 삼각형의 개념을 형성하는 일이 된다.

아래 그림과 같이 실제로 몇 개의 도형을 주고, 그들을 시각적·감각적으로 분류하는 것은 외연에 의한 고찰이고, 분류된 도형에서 공통적인 성질이나 특징을 찾아내는 것은 내포에 의한 고찰이다.

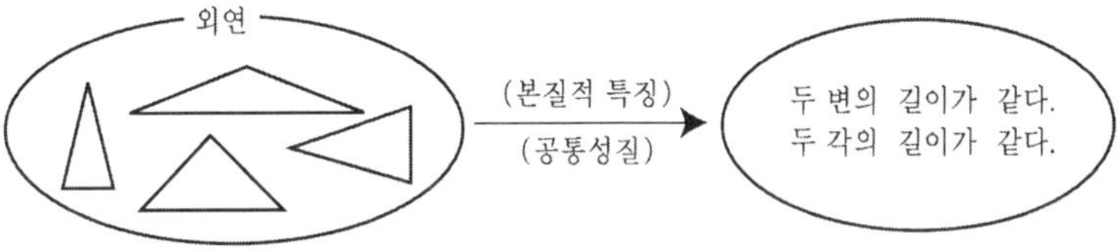

그림 6.1 도형의 고찰

도형의 개념 형성에 구체물의 분류, 모델(model) 만들기, 구성·작도 등과 같은 조작 활동과 언어적·기호적 표현은 중요한 학습 활동이고, 이러한 학습 활동을 통해서 자유로이 심적 조작을 거쳐 심적 표상이 생긴다. 그러나 도형의 개념형성이 되지 않으면 도형이 바르게 인식되지 않을 뿐 아니라, 언어로 사용하는 사고나 도형의 성질을 바르게 이해할 수 없게 된다.

도형 개념의 형성 지도에서 대개 다음과 같은 세 가지를 강조하고 있다.

① 도형 개념이 갖고 있는 속성을 파악할 수 있도록 지도해야 한다.

이 경우에는 도형 개념의 추상에 있어서 먼저 구체물을 보는 관점을 분명히 해야 한다. 왜냐하면 도형의 개념은 여러 가지의 구체물에서 추상되는 것이므로, 구체물의 어느 속성에 착안하는가에 따라 추상되는 것과 사상(捨象)되는 것이 구별되어 그 도형 개념이 갖는 속성(공통성질)이 분명해지기 때문이다. 따라서 몇 개의 속성을 파악해 두는 것은 개념 형성에 있어서 필수조건이다.

② 도형 개념이 갖는 표상(image)을 만드는 일이다.

이 경우는 실제 도형이 눈앞에 없어도 그 도형의 표상이나 이미지를 생각하여 그릴 수 있도록 하는 것이다. 또 도형 개념의 이해에 대해서 글이나 말로 하는 정의보다 그 도형의 표상을 풍부히 바로잡는 것이 중요하다.

③ 도형 개념이 갖는 범위(외연)를 포착하는 일이다.

이 경우는 그 도형 개념이 가리키는 대상 전체, 즉 그 개념의 적용 범위를 명백히 포착되도록 하는 것이므로 ①, ②의 경우를 서로 관련시켜 그 도형 개념이 판별되도록 하는 것이다.

2) 도형 개념의 형성단계

이를 고찰하기 위하여 도형 개념을 대상 개념, 관계 개념, 공간 개념으로 세분하여 그들의 개념 형성과정을 알아본다.

(1) 대상 개념의 형성

① 구체물에서 모양(形)을 추상하는 단계

사각형의 개념형성에 대하여 살펴보면, 우리 실생활의 구체물에서 크기, 색깔, 위치 등을 무시하고 모양을 추상한다. 이를테면, 책, 창문, 책상 등에서 사각형을 추상하여 그 모양을 공책에 그리게 하여 '네모 모양'이란 이름을 붙이는 단계이다.

이 단계의 지도에서 특히 주의하여야 할 것은 교사가 직접 사각형을 제시하는 것이 아니고 구체물을 아동의 관점에서 스스로 분류하게 하여 모양에 대한 친밀감을 갖게 해서 주변의 구체물에서 모양을 추상하게 한다는 것이다. 이때 우리 생활주변에 있는 사각형 거의가 직사각형이거나 등변사다리꼴과 같은 좌우대칭인 것이 대부분이므로 아동들이 반드시 직사각형처럼 모양이 반듯하게 다듬어진 것만 사각형으로 인식하지 않도록 유의할 필요가 있다.

② 구성 요소에 착안하여 내포와 외연을 명확히 하는 단계

사각형의 꼭짓점의 개수나 변의 개수를 헤아려서 '사각형'이란 양(量)화된 명칭을 붙여 '네 개의 직선(선분)으로 둘러싸인 도형'이라 정의한다. 이 정의에 따라서 사각형을 다른 평면도형과 분명히 구별할 수 있도록 한다. 이를테면, 삼각형은 꼭짓점의 수가 3개이므로 사각형이 아니고, 원도 꼭짓점이 없으므로 사각형이 아니라는 것처럼 내포에서 역으로 외연을 인식시키려는 것이다. 또한 딘즈가 주장하는 수학적 다양성의 원리, 즉 변화시킬 수 있는 것은 꼭짓점의 위치나 변의 길이를 다르게 하여 여러 가지의 사각형을 아동들이 직접 그려보도록 한다. 그러면 언제나 반듯하게 그려진 사각형만을 직사각형으로 인식하던 아동들도 부등변사각형, 오목사각형과 같이 반듯하지 않은 사각형도 사각형으로 인식할 수 있을 것이다.

③ 대각선이나 각 등의 구성 요소 간의 관계에 착안하여 개념을 풍부하게 하는 단계

대각선이나 각에 의한 내포에 착안한 사각형이 인식됨으로써 사각형의 개념이 비약적으로 풍부하게 된다. 즉, 대각선을 긋는 데 따라서 2개 혹은 4개의 삼각형으로 분할되어 삼각형과 사각형이 논리적으로 결부된다.

(2) 관계 개념의 형성

① 도형의 상호관계에서 관계 개념을 형성하는 단계

도형을 몇 개의 도형으로 분해하든지 이동하든지 포개어 보든지, 한쪽을 확대(축소)한다고 하는 조작 활동에 의해서 변이나 각의 상등관계, 합동, 대칭개념을 형성한다. 이를테면, 정삭가형의 종이를 아래 그림과 같이 접어 나가는 방법을 생각해보자.

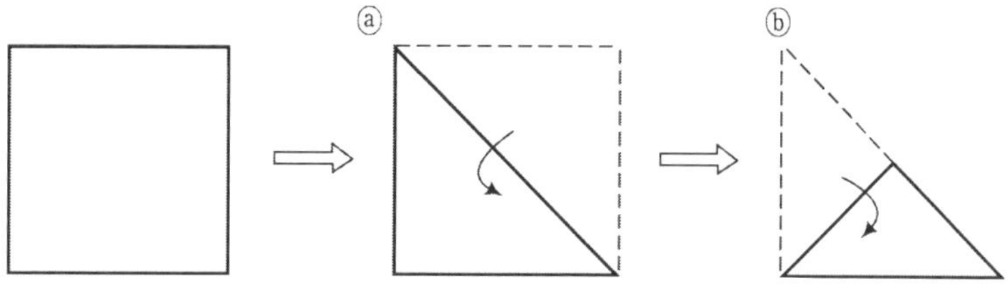

그림 6.2 도형의 관계 개념의 형성

- 서로 이웃하는 변의 길이가 같은 것, 2개의 삼각형이 합동인 것, 선대칭인 것 등을 이해한다.
- 대각선이 서로 수직으로 만나는 것, 4개의 변의 길이가 같다는 것, 4개의 삼각형이 합동인 것, 대각선이 서로 다른 것을 이등분한다는 것 등을 이해한다.

② 내포의 상호관계를 고찰하여 도형 상호의 포함관계를 형성하는 단계

"도형 A는 도형 B의 성질을 모두 갖고 있다." 혹은 "도형 A의 내포는 도형 B의 내포에 조건을 더한 것이다."라는 것에서 도형 A가 도형 B의 특수인 것을 이해한다. 이를테면, 정사각형은 직사각형의 성질을 모두 갖고 있음을 확인하고, "정사각형은 직사각형의 특수한 경우이다."를 이해하여 "정사각형은 직사각형이다."를 이해하도록 한다.

③ 도형의 위치관계에서 관계 개념을 형성한다.

평행이나 수직의 개념은 직선과 직선, 직선과 평면, 평면과 평면 등이 서로 만나지 않는다든가 직각으로 만난다든가라는 위치의 관계에서 표현되는 개념이다.

초등수학에서는 기본적으로 두 직선의 위치관계를 나타낼 때 사용되지만, 흔히 좌표의 공간상에서 볼 수 있는 것과 같이 평면이나 입체의 성질을 고찰할 때 기본적인 짜임새로서 발전해 나가는 개념이다. 특히 평행, 수직은 도형 학습에서 도형의 성질을 발견하는 데 중요한 개념임을 기억해 둘 필요가 있다.

(3) 공간(입체)도형의 개념 형성

공간도형의 개념형성에 대해서는 어린이들이 느끼는 공간도형은 어른들이 인식하는 것과 다르기 때문에 능동적인 활동이 매우 중요하다. 이를테면, 도형을 움직여서 보여 주는 형(形)과 자신이 스스로 움직여 보는 형(形)과는 실제로는 같더라도 아동은 다르게 느끼는 것이다. 또 우리 주변의 입체도형과 실제 수학 교과서에서 배우는 입체도형의 모양은 대부분이 반듯한 상태로 놓여있는 것을 학습하였기 때문에 면(面)이 비스듬한 직육면체의 인식은 아이들에게 쉽게 와 닿지 않을 수 있다. 따라서 주변의 구체물을 그냥 그대로 관찰하든지 그려보는 것만으로는 개념이 풍부히 형성되지 않는다. 그러므로 입체 모형을 비스듬히 눕혀서 관찰하

든지 매직으로 선을 넣든지 때로는 잘라서 펼쳐 보든지 하는 적극적인 작용이나 조작 활동이 중요하다.

2. 평면도형의 개념과 지도

평면 위에 있는 도형을 평면도형이라 한다. 초등수학에서 다루는 평면도형의 대표적인 것으로는 점, 직선, 선분, 각, 삼각형, 사각형, 원, 부채꼴 등이 있다. 이 중에서 점은 무정의 용어(undefined term)로 사용하고 있다. 수학에서 무정의 용어의 사용은 순환성의 정의를 피하기 위하여 필요하다. 이를테면 한 사전에서 직선의 정의는 '움직이는 점의 길'이다. 그러나 길의 정의는 '움직임의 직선'이다.

이에 반하여 3차원 공간에 있는 도형, 즉 정육면체, 직육면체, 각기둥, 원기둥, 각뿔, 원뿔, 구등은 모두 입체도형이다.

점, 직선, 평면에 대한 직관적인 설명과 그 지도 방법은 아래와 같으며, 다른 기하학적인 개념들은 이 개념들로부터 계발된다.

1) 점, 선, 면

유클리드 《원론》에서 점(point)은 '부분이 없는 것'이라고 정의하고 있다. 점은 도형을 학습하는데 있어서 가장 기본이 되는 단위이다. 점은 공간에서 위치를 나타내며 차원이 없다. 점은 점을 찍고 대문자 A, B, C 등으로 나타낸다.

점을 연속하여 놓으면 선이 됩니다.

그림 6.3 점

선은 점이 연속되어 이루는 도형의 기본 요소로 위치와 방향을 지닌다. 선에는 아래 그림과 같이 곡선과 직선이 있으며 유클리드 《원론》에서 직선은 '폭이 없는 길이'라고 정의한다. 직선은 반듯하게 배열된 많은 점들로 구성된다. 직선은 두께가 없고 두 방향으로 한없이 뻗어 나간다. 직선은 하나의 소문자로 하거나 직선 위에 두 점을 이용하여 이름을 붙여준다.

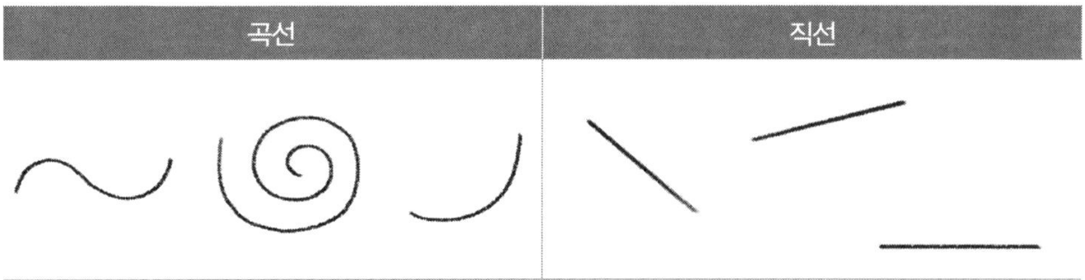

그림 6.4 선

점과 직선을 이용하여 다른 기하학적인 도형, 이를테면 선분, 개반직선(half-line), 폐반직선(ray)을 아래와 같이 정의할 수 있다.

표 6.2 선분, 개반직선, 폐반직선의 정의

정 의	설 명
선분(line segment 또는 segment)은 직선의 두 점과 이 두 점 사이의 모든 점을 포함하는 집합이다.	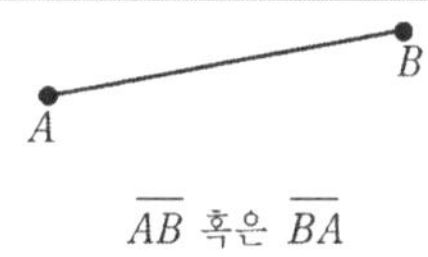
개반직선(half-line)은 직선 위에서 주어진 점(자신의 점은 제외)의 한 방향에 있는 직선 위의 모든 점을 포함하는 집합이다.	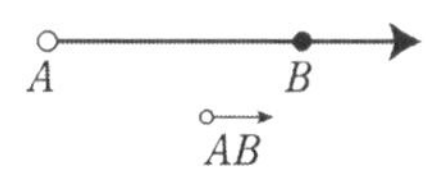
폐반직선(ray)은 직선 위에서 주어진 점의 한 방향에 있는 직선 위의 모든 점을 포함하는 집합이다.	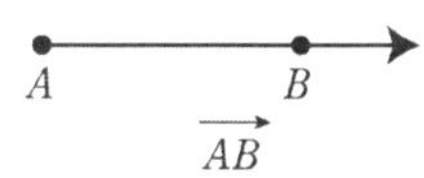

다음으로 선이 여러 개 겹쳐 모여서 이루는 표면을 면이라 하고 우리 주변의 책상 면, 바닥, 천장, 벽 등은 일반적으로 면이 된다. 두 점은 유일하게 한 직선을 결정하듯이, 같은 직선 위에 있지 않은 세 점은 유일하게 하나의 평면을 결정한다. 일반적으로 평면은 2차원 공간에서 끝없이 확장되기 때문에 면은 평면의 부분집합일 뿐이다.

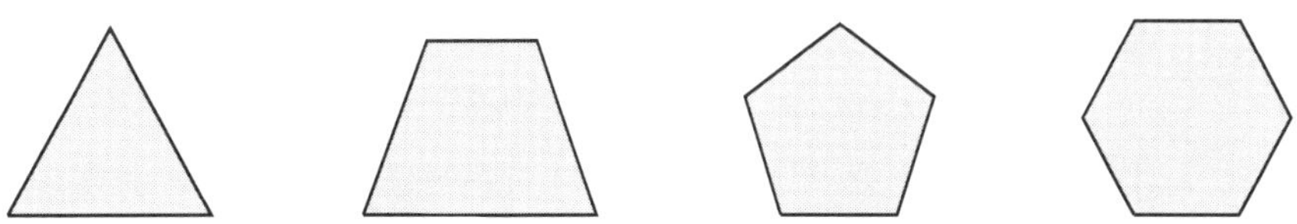

그림 6.5 선으로 둘러싸인 경계선 내부의 평평한 표면

초등수학에서 점, 선, 면의 개념은 앞서 책상 면, 바닥, 천장, 벽 등은 일반적으로 면으로 생각 한다와 같이 대개 예시적으로 지도하는 것이 바람직하다.

> **참고** 점과 직선, 평면의 성질
> ① 서로 다른 두 점을 포함하는 직선은 오직 하나뿐이다.
> ② 같은 직선 위에 있지 않는 세 점을 포함하는 평면은 오직 하나뿐이다.
> ③ 평면 안에 두 점이 있다면 두 점을 포함하는 직선은 평면 안에 놓인다.
> ④ 서로 다른 두 평면이 만나면 그들의 교선은 직선이다.

2) 각

한 점에서 그은 두 반직선으로 이루어진 도형을 '각(angle)'이라고 한다. angle의 어원은 그리스어 'ankylos'로서 그 의미는 'bent(구부러져 있다)'이다.

이를테면, 같은 직선 위에 있지 않은 세 점 A, O, B를 주고, 이들 세 점을 이용하여 아래 그림과 같이 '선분 OA'와 '선분 OB'를 연결하여 점 O에서 동일한 끝점을 가지는 2개의 선분임을 확인한다.

이와 같이 동일한 끝점을 가지는 두 반직선으로 이루어진 도형을 각이라 하고, 이때 각을 이루는 두 선분을 각의 변(side)이라 하고, 공통인 끝점 O를 각의 꼭짓점(vertex)이라 한다. 각은 서로 다른 세 점으로 이름을 나타낼 수 있다. 세 점은 꼭짓점과 각 선분의 점이다. 각을 나타낼 때 꼭짓점은 언제나 두 점 사이에 나열된다.

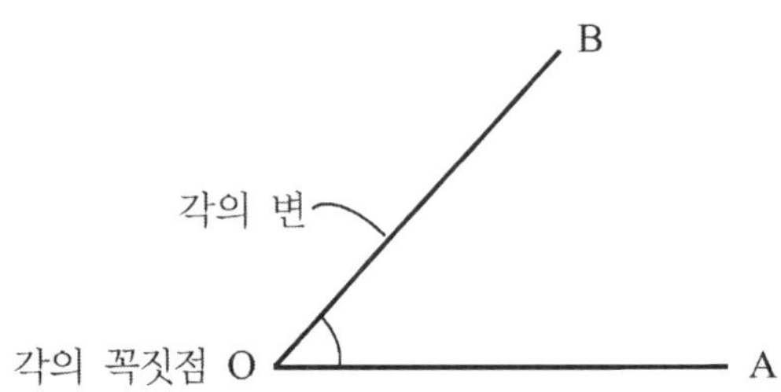

그림 6.6 ∠AOB 또는 ∠BOA

따라서 위의 그림에서 각은 $\angle AOB$ 또는 $\angle BOA$로 쓰고, '각 AOB' 또는 '각 BOA'라고 읽는다.

일반적으로 $\angle AOB$는 평면을 두 부분으로 나누기 때문에 각을 2개로 볼 수 있다. 하지만 초등수학에서는 2직각(180°)을 넘는 각은 지도하지 않으므로 각은 좁은 부분을 나타내는 것으로 지도한다. 각의 크기, 즉 두 선분의 벌어진 정도를 각도라 한다. 특히, 각도가 90°일 때

이 각을 직각, 90°보다 작은 양의 각을 예각, 90°보다 크고 180°보다 작은 각을 둔각이라 한다. 특히, 각의 크기가 180°일 때의 각을 평각이라 한다.

3) 삼각형

삼각형은 다각형의 가장 기본적인 평면도형으로 다각형의 여러 가지 성질을 배우는데 기초가 될 뿐만 아니라 삼각형의 구성 요소를 이해함으로써 다른 평면 도형의 구성 요소를 이해하는 데 도움을 준다. 또한 삼각형의 여러 가지 성질은 도형의 합동과 대칭을 배우는 기초가 되는 것은 물론이고 입체도형의 기본 요소로서 입체도형의 개념을 형성하는데도 도움을 준다.

이미 1학년에서 주변 사물을 직관적으로 관찰하여 세모 모양, 네모 모양, 원 모양을 알아보았기 때문에 도입 단계에서는 구체물을 사용하여 일상적인 용어로서 세모 모양을 자연스럽게 사용한다. 하지만 일상적인 용어만으로는 도형의 개념을 명확히 설명할 수 없게 된다. 이를테면, 동그라미 모양은 계란형이나 타원형도 동그라미 모양에 속하기 때문에 더 엄밀성을 기하기 위하여 수학적인 용어로 삼각형, 사각형, 원을 도입한다.

(1) 삼각형의 개념의 이해

① 아래 그림에서 변의 개수와 꼭짓점의 개수를 알아보게 한다. 도형 (c), (d)는 선분의 개수도 3개씩이고, 또 꼭짓점도 3개씩으로 구성되어 있다는 것을 알게 한다.

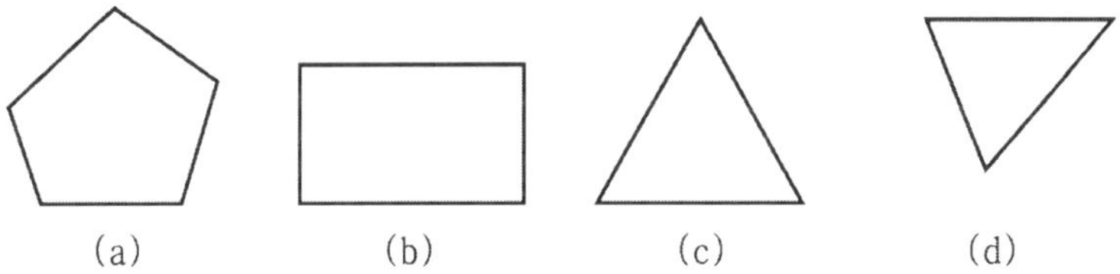

그림 6.7 삼각형 찾기

이와 같이 세 선분으로 둘러싸인 도형을 삼각형이라 하고, 꼭짓점 ㄱ, ㄴ, ㄷ으로 되어 있는 삼각형을 삼각형 ㄱㄴㄷ이라고 한다.

② 다음 중 삼각형이 아닌 것을 찾고, 그 이유를 적어 보아라.

(a) (b) (c)

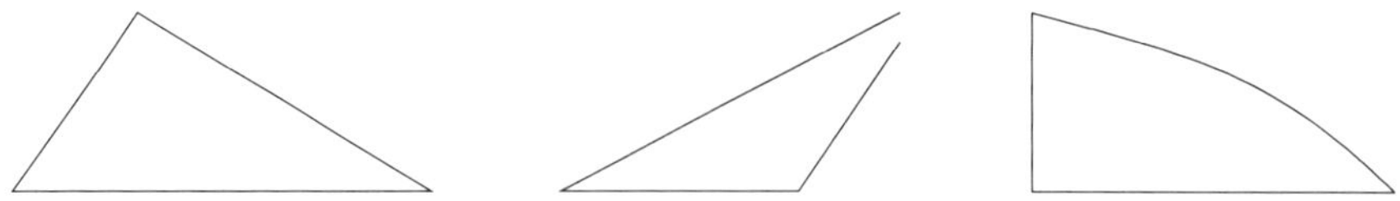

삼각형이 아닌 도형	이 유

③ 내가 생각하는 삼각형은

____ 이다.

④ 주어진 선을 이용하여 삼각형을 완성하여 보아라.

(2) 직각삼각형

아래 그림과 같이 주어진 삼각형들의 각을 재어보게 한다. 그리고 이 각 중에 직각이 되는 각을 찾아보도록 한다.

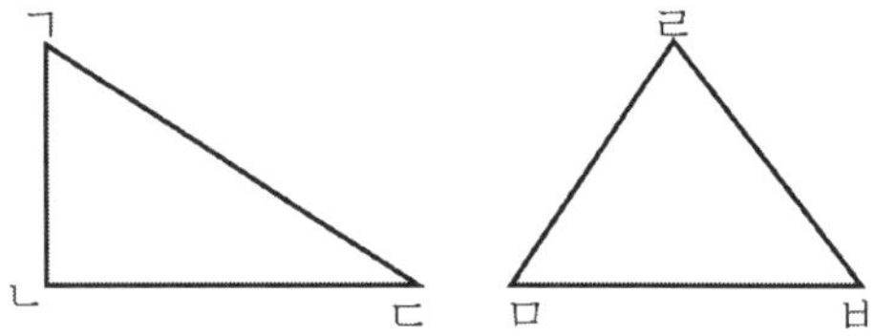

그림 6.8 직각이 되는 각 찾기

삼각형 ㄱㄴㄷ에는 직각이 있고, 삼각형 ㄹㅁㅂ에는 직각이 없음을 알게 된다. 삼각형 ㄱㄴㄷ에는 각 ㄱㄴㄷ이 직각이 됨을 확인하고 이와 같이 직각이 있는 삼각형을 직각삼각형이라고 한다.

직각삼각형을 그려서 나타낼 때는 다음 그림과 같이 직각삼각형의 직각을 끼고 있는 두 변 사이에 직각 표시를 한다.

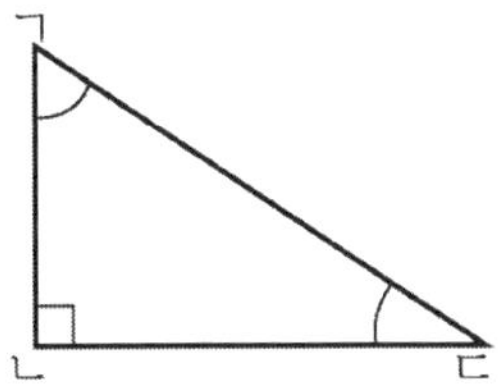

그림 6.9 직각삼각형

나머지 두 각은 어느 것이나 항상 직각보다 작다는 것을 실제로 각을 재어 보도록 하여 확인하도록 한다. 직각삼각형을 그릴 때는 삼각자를 사용하여 그리도록 한다.

(3) 정삼각형

아래 그림에 주어진 삼각형들의 각 변을 재어 보게 하여 이를 삼각형 중에서 세 변의 길이가 모두 같은 삼각형은 어느 것인지 찾아보도록 한다.

그림 (b)와 같이 세 변의 길이가 모두 같은 삼각형을 정삼각형이라고 정의한다.

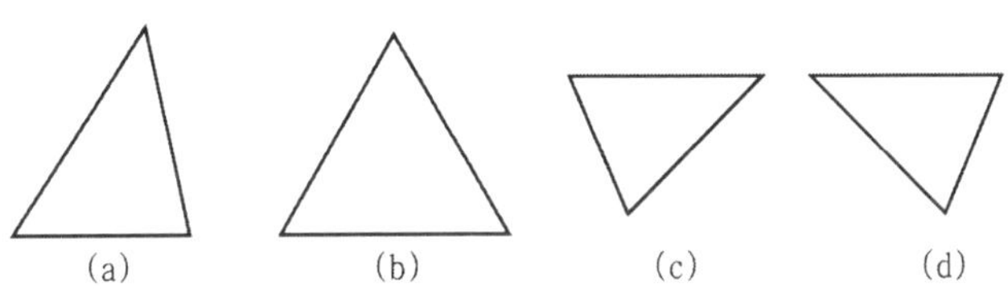

그림 6.10 세 변의 길이가 모두 같은 삼각형 찾기

그림에 주어진 삼각형들의 세 각의 크기를 본을 떠서 비교하게 한다. 이들 삼각형 중에서 세 각의 크기가 모두 같은 삼각형은 어느 것인지 찾아보도록 한다. 결국 그림 (b)의 삼각형만 세 각이 모두 합동임을 알게 된다.

결과적으로, 정삼각형은 세 변이 모두 합동이고 세 각이 모두 합동이라는 사실을 알게 된다. 즉 정삼각형이 갖고 있는 기본 성질로써 각의 합동과 변의 합동을 들 수 있다. 그런데 각의 합동과 변의 합동은 서로 의존관계를 가지고 있는 성질이다. 즉 변의 길이를 모두 같게 만들면 자연히 각의 크기는 같아진다. 따라서 정삼각형을 정의할 때는 변의 합동조건만을 이용한다. 따라서 정삼각형을 변별할 때나, 작도할 때나 항상 세 변의 길이가 모두 같다는 사실을 활용하게 된다.

(4) 이등변 삼각형

아래 그림과 같이 주어진 삼각형들의 각 변을 재어보게 하여 이 삼각형 중에서 두 변의 길이가 같은 삼각형을 찾아보게 한다. 즉 삼각형의 세 변 중 두 변의 길이가 같은 삼각형 (a), (b), (c)와 같은 삼각형을 이등변 삼각형이라고 한다. 특히 세 변의 길이가 같은 삼각형도 두 변의 길이는 물론 같으므로 이등변 삼각형이라는 것을 알게 된다.

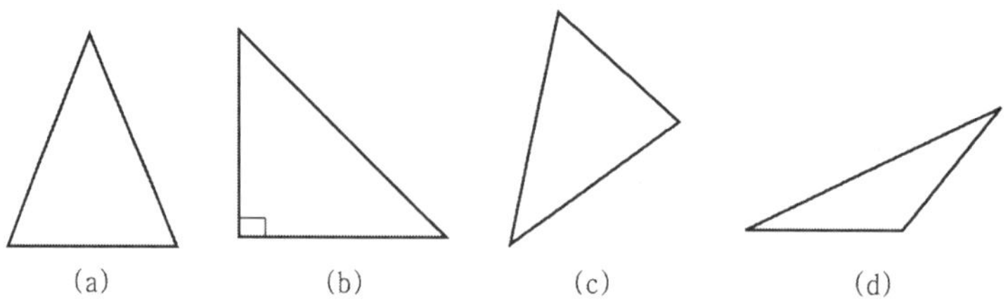

그림 6.11 두 변의 길이가 같은 삼각형 찾기

(5) 삼각형의 기본성질

삼각형의 구성 요소를 알아보고 그의 성질을 조사한다. 즉, 3개의 꼭짓점과 세 각, 세 변이 있음을 이해한다. 우선 이등변 삼각형의 성질을 알아보자. 즉 아래 그림과 같이 이등변 삼각형을 반으로 접고 다시 펴보게 하는 조작을 통하여 그의 성질을 발견하도록 한다.

즉 삼각형 ㄱㄴㄹ과 삼각형 ㄱㄷㄹ은 겹쳐지므로 변 ㄱㄴ과 변 ㄱㄷ은 그 길이가 같으며, 변 ㄴㄹ과 변 ㄷㄹ도 길이가 같다.

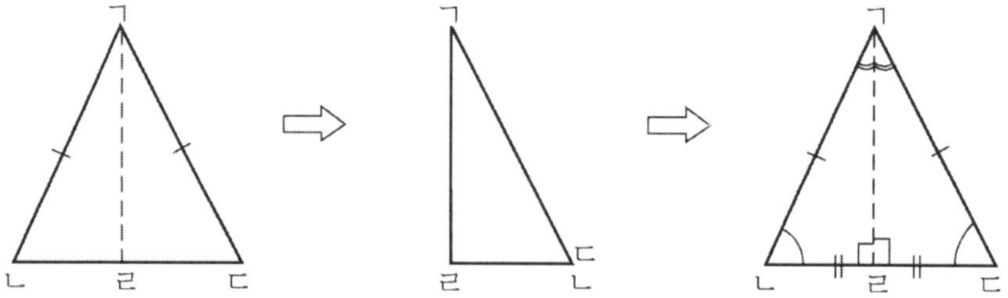

그림 6.12 삼각형의 성질 알아보기

또 각 ㄴㄱㄹ과 각 ㄷㄱㄹ은 크기가 같으며, 각 ㄱㄴㄷ과 각 ㄱㄷㄴ도 크기가 같다. 즉 이등변 삼각형의 두 밑각은 크기가 같다는 것을 알게 된다. 여기에서도 두 밑각이 같다는 것은 두 변의 길이가 같다는 것과 서로 의존관계를 가지고 있다. 두 변의 길이가 같은 삼각형을 구성하면 두 밑각이 같아지는 것은 자연히 따라서 정해지는 성질이다.

따라서 이등변 삼각형을 변별할 때나, 작도할 때나 항상 두 변의 길이가 같다는 사실을 활용하게 된다.

다음에는 삼각형의 내각의 합(合)에 대해서 알아보자. 삼각형의 내각의 합을 지도하는 방법으로 다음을 생각할 수 있다.

① 각도기를 이용하여 그 내각을 측정한다. 이 경우 측정과정에서 약간의 오차가 생길 수 있으나 내각의 합을 구하는 가장 원론적인 방법이다.

② 삼각형의 본을 떠서 합동인 3개의 삼각형을 만든다. 삼각형의 세 꼭짓점을 한 점에 모아 일직선이 됨을 확인한다.

③ 아래 그림과 같이 삼각형의 내각을 세 조각으로 분할하여 꼭짓점을 일치시켜 본다. 이때 세 꼭지각을 한 곳에 모으면 일직선이 된다.

④ 삼각형을 접어 세 내각을 한 곳에 모아 일직선이 됨을 확인한다. 삼각형의 두 변의 중점을 연결한 선분을 긋고, 이 선분을 축으로 삼각형을 접어서 세 꼭지각을 한 곳에 모아 직선이 됨을 확인한다.

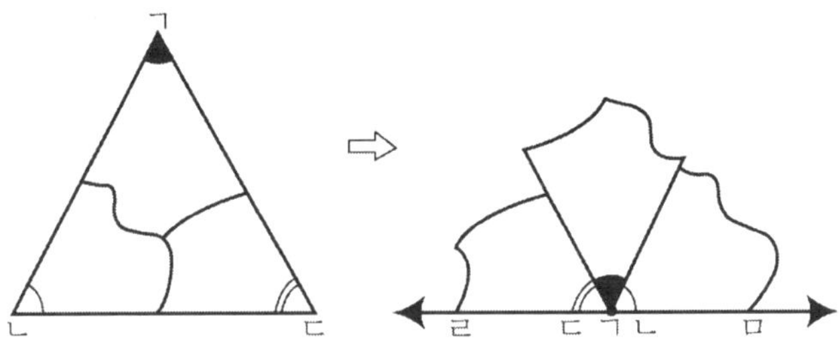

그림 6.13 삼각형 내각의 합 알아보기

4) 사각형

아래에 주어진 다각형들의 변의 개수와 꼭짓점의 개수를 알아보도록 한다. 즉 도형 (b), (c)는 변의 개수도 4개씩이고, 또 꼭짓점의 개수도 4개씩으로 구성되어 있다.

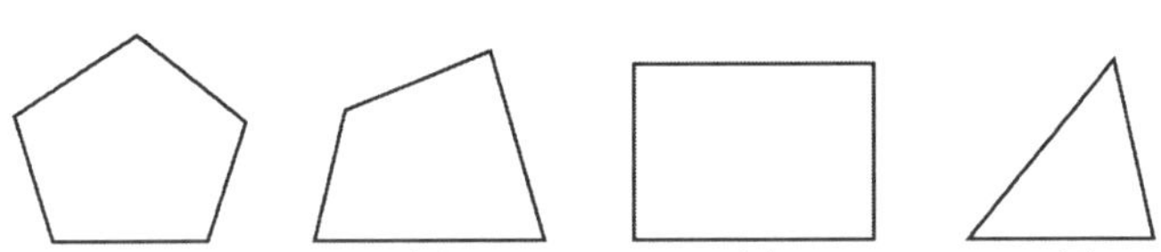

(a) (b) (c) (d)

그림 6.14 사각형

이와 같이 네 선분으로 둘러싸인 도형을 사각형이라 하고, 꼭짓점 ㄱ, ㄴ, ㄷ, ㄹ 로 되어 있는 사각형을 사각형 ㄱㄴㄷㄹ이라고 한다. 사각형의 지도는 보통 다음과 같다.

(1) 사각형의 개념의 이해

먼저 삼각형과 사각형을 비교한다. 또, 자를 사용하여 그려보게 하여 4개의 선분으로 둘러싸인 도형을 사각형으로 약속한다. 이때 4개의 점을 사각형의 꼭짓점, 네 선분을 사각형의 변이라 한다.

사각형의 대각선에 대해서는 마주 보고 있는 꼭짓점을 이어 보도록 하여 대각선의 의미를 이해하도록 한다. 즉 아래 그림과 같이 꼭짓점 ㄱ과 ㄷ을, 또 꼭짓점 ㄴ과 ㄹ을 이어서 선분 ㄱㄷ과 ㄴㄹ이 되는 사실을 들어서 이와 같은 선분을 사각형의 대각선이라고 한다는 것을 알게 한다.

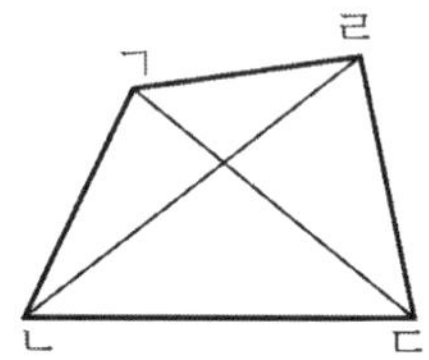

그림 6.15 사각형의 개념

(2) 사다리꼴

아래 그림의 사각형 ㄱㄴㄷㄹ에서 두 변 ㄱㄴ, ㄹㄷ과 같이 서로 마주보고 있는 변을 대변(對邊)이라고 한다.

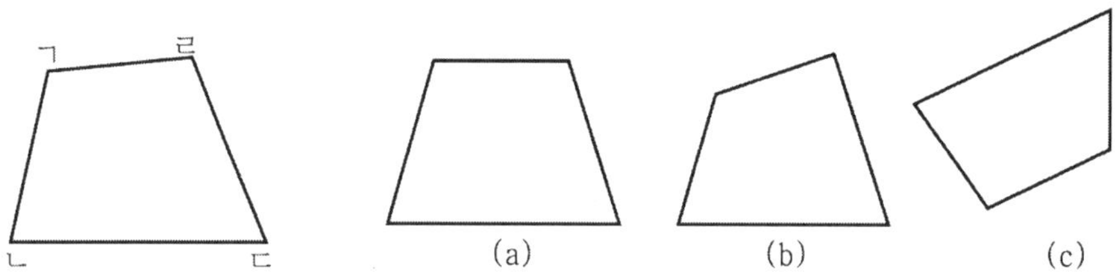

그림 6.16 사다리꼴 찾기

위의 그림에 주어진 사각형들에서 한 쌍의 대변이 평행한 사각형을 찾아보게 한다. 이 사각형 중에서 한 쌍의 대변이 서로 평행한 사각형은 (a), (c)이다.

이와 같이 한 쌍의 대변이 평행한 사각형을 사다리꼴이라고 한다. 사다리꼴에 대한 도형 개념을 확실히 하기 위하여 긴 직사각형의 종이를 오려서 여러 가지 모양의 사다리꼴을 만들어 보도록 하는 것이 효과적일 것이다.

(3) 평행사변형

아래에 주어진 사각형들에서 대변끼리 서로 평행한 사각형을 찾아보도록 한다. 이 사각형 중에서 두 쌍의 대변이 서로 평행한 사각형은 (a), (c)이다.

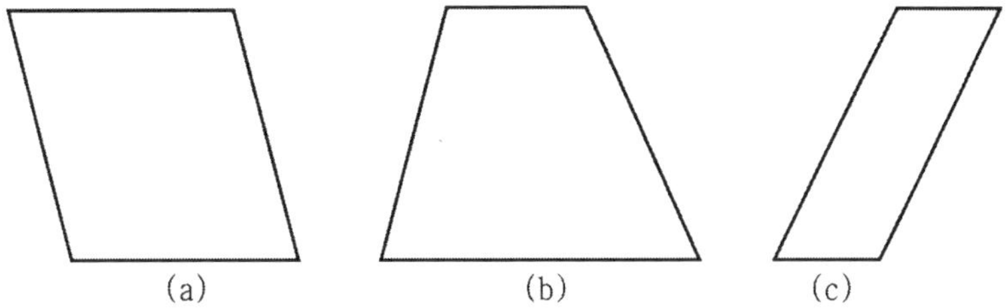

그림 6.17 평행사변형 찾기

이와 같이 두 쌍의 대변이 서로 평행한 사각형을 평행사변형이라 한다. 평행사변형의 성질에 대해서는 다음 내용을 지도한다.

① 마주보는 변의 길이가 같다.
② 마주보는 변은 서로 평행하다.
③ 마주보는 각의 크기는 같다.
④ 두 대각선의 중점이 일치한다.
⑤ 점대칭도형이다.

(4) 직사각형, 정사각형, 마름모

아래 그림에 주어진 사각형들의 각의 크기와 변의 길이를 재어 보도록 한다. 즉 각의 크기는 각도기를, 변의 길이는 자를 사용하도록 한다.

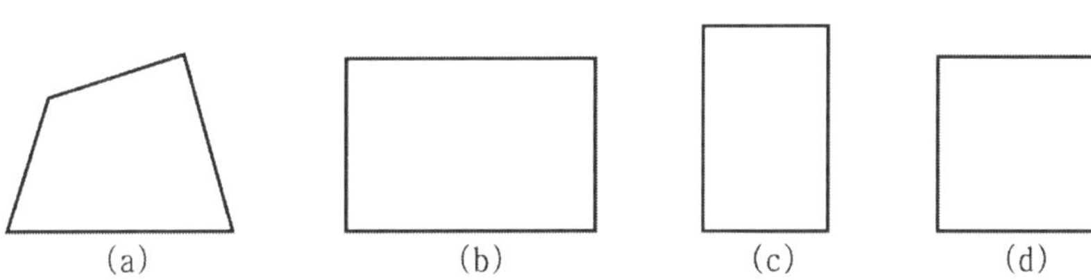

그림 6.18 직사각형, 정사각형, 마름모 알아보기

여기에서 사각형 (b), (c), (d)의 4개의 각들은 모두 직각이므로 각의 크기가 같다는 것을 알게 하여, 이와 같이 4각이 모두 합동인 사각형을 직사각형이라고 한다는 것을 알도록 한다. 직사각형은 평행사변형의 특수한 경우이므로, 평행사변형의 성질은 직사각형에서는 모두 성립한다.

이 직사각형 (b), (c), (d) 중에서 네 변의 길이가 모두 같은 것은 (d)의 직사각형이라는 것을 알게 하여, 이와 같이 네 변의 길이가 모두 같은 직사각형을 정사각형이라고 한다. 즉 직사각형은 4개의 각이 모두 직각이어야 구성되며, 정사각형은 4개의 각이 모두 직각이고 4개의 변의 길이가 같아야 구성된다.

또, 네 변의 길이가 같은 사각형을 마름모라 한다. 마름모도 평행사변형의 특수한 경우이므로 평행사변형의 성질은 마름모에서도 모두 성립한다. 즉 정사각형, 직사각형, 마름모는 평행사변형의 부분집합이므로 평행사변형의 성질을 모두 만족하게 된다. 이들 관계를 그림으로 나타내면 다음과 같다.

직사각형의 성질에 대해서는 다음 내용을 지도한다.

① 두 쌍의 대변의 길이는 같다.

② 두 쌍의 대변은 서로 평행하다.

③ 두 쌍의 대각의 크기는 같다.

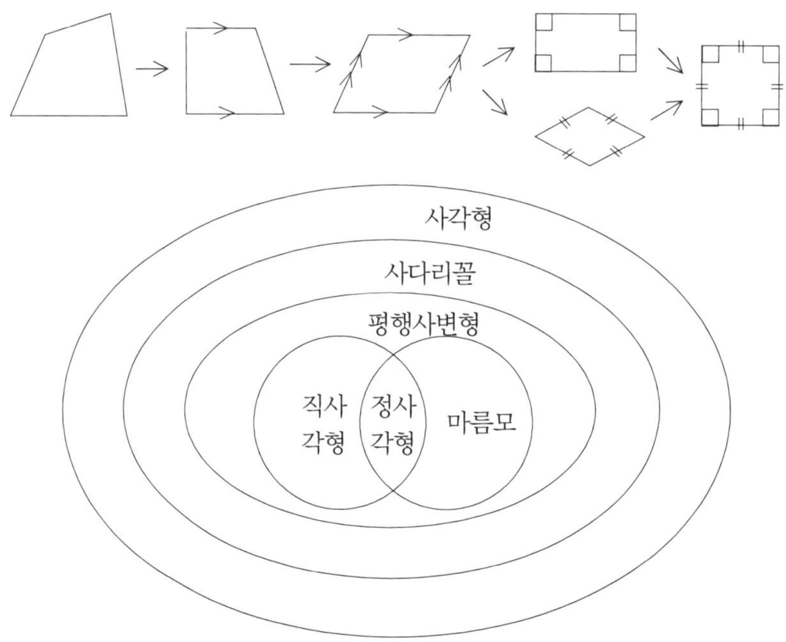

그림 6.19 사각형의 포함관계[3]

또 정사각형의 성질에 대해서는 다음 내용을 지도한다.

① 두 쌍의 대변은 서로 평행하다.

② 정사각형은 직사각형이다.

③ 정사각형은 평행사변형이다.

---

3 2009 개정 교육과정부터 사각형의 포함 관계에 대한 학습을 연역 추론을 학습하는 중학교로 미루고, 사각형의 성질은 구체적인 조작 활동을 통해 간단한 것들만을 위주로 다룰 것을 제안하였다.

마름모의 성질에 대해서는 다음 내용을 지도한다.

① 두 쌍의 대변은 서로 평행하다.

② 두 쌍의 대각의 크기는 같다.

③ 마름모는 평행사변형이다.

위의 이와 같은 성질에 대해서는 논리적으로 증명하는 것이 아니고 직관이나 실측, 또는 구체적인 조작 활동을 통해서 이해하게 한다.

5) 원

평면상에서 한 정점에서의 거리가 일정한 점의 집합을 원이라 한다. 이때 이 정점을 원의 중심, 일정한 거리를 원의 반지름이라 한다. 지름은 반지름 길이의 두 배이다.

(1) 원의 개념의 이해

아래 그림에 주어진 도형 중에서 (b), (d)와 같은 동그란 모양을 원이라고 한다는 것을 말하고, 컴퍼스로 원을 그려 보도록 하여 원의 개념을 이해하게 한다.

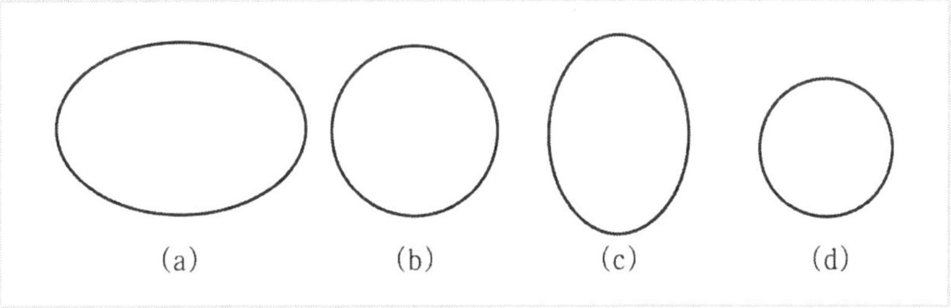

그림 6.20 원의 개념

(2) 원의 성질

다음에는 간단한 원의 성질로서 다음 내용을 지도한다.

① 원의 지름은 원의 중심에 의하여 이등분된다.

② 원의 반지름은 원의 지름의 $\frac{1}{2}$이고, 반대로 원의 지름은 원의 반지름의 2배이다.

③ 같은 원에서는 원의 반지름은 그 길이가 항상 같다.

④ 같은 원에서는 원의 지름은 그 길이가 항상 같다.

⑤ 원 위의 모든 점은 원의 중심으로부터 같은 거리에 있다.

⑥ 원 위에 있는 두 점을 잇는 선분 중 길이가 가장 긴 선분은 원의 지름이다.

위의 성질은 직관이나 실측 또는 구체적인 조작 활동을 통하여 이해하도록 한다.

6) 도형의 합동

(1) 합동의 정의

두 장의 종이를 완전히 포개어 놓고 삼각형을 그린 다음 선을 따라 잘라내면 아래 그림과 같이 2개의 삼각형을 얻는다.

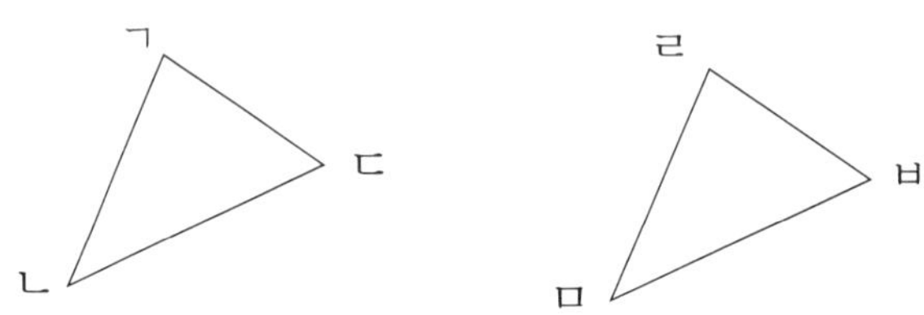

그림 6.21 합동의 개념

이들 삼각형 ㄱㄴㄷ과 삼각형 ㄹㅁㅂ을 관찰해보면 두 삼각형이 완전히 포개어짐을 알 수 있다. 이와 같이 완전히 포개어지는 두 도형을 서로 합동(congruence)이라고 한다. 즉 두 도형을 포개었을 때 점, 변, 각 등이 완전히 포개어지면 합동이 된다.

좀 더 엄밀하게 말하면 도형의 합동은 대칭의 일종으로, 허용하는 변환은 평행이동(translation), 회전이동(rotation), 대칭이동(reflection)을 포함한다.

> **참고** 위 3개를 아울러 유클리드 변환이라고 하고, 대칭이동을 뺀 것을 특수 유클리드 변환(강체 변환)이라고 한다.

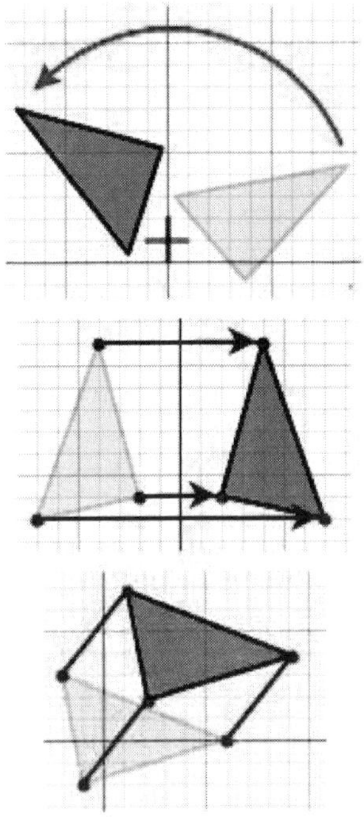

그림 6.22 옮기기, 돌리기, 뒤집기

어떤 도형을 다른 도형과 일치하게 하는 유클리드 변환이 존재할 때, 이 두 도형은 합동이라고 한다. 즉, 어떤 도형을 옮기고 돌리고 뒤집어서 다른 도형과 겹쳐진다면 이 두 도형은 서로 합동이라고 말할 수 있다. 따라서 합동을 지도할 때 변환 즉 옮기기(slides), 돌리기(turns), 뒤집기(flips)와도 연결하여 지도할 필요가 있으며 투명종이나 색종이를 활용하면 학생들이 더 쉽게 이해할 수 있다(이경희, 2016).

(2) 대응점, 대응변, 대응각

아래 그림에서 삼각형 ㄱㄴㄷ과 삼각형 ㄷㄹㄱ은 합동이다. 삼각형 ㄱㄴㄷ의 꼭짓점 ㄱ, ㄴ, ㄷ에 겹쳐지는 꼭짓점은 삼각형 ㄷㄹㄱ의 꼭짓점 ㄷ, ㄹ, ㄱ이다. 이와 같이 겹쳐지는 꼭짓점을 대응점이라고 한다.

삼각형 ㄱㄴㄷ의 변 ㄱㄴ, 변 ㄴㄷ, 변 ㄷㄱ에 겹쳐지는 변은 삼각형 ㄷㄹㄱ의 변 ㄷㄹ, 변 ㄹㄱ, 변 ㄱㄷ이다. 이와 같이 겹쳐지는 변을 대응변이라 한다.

삼각형 ㄱㄴㄷ의 각 ㄷㄱㄴ, 각 ㄱㄴㄷ, 각 ㄴㄷㄱ에 겹쳐지는 각은 삼각형 ㄷㄹㄱ의 각 ㄱㄷㄹ, 각 ㄷㄹㄱ, 각 ㄹㄱㄷ이다. 이와 같이 겹쳐지는 각을 대응각이라고 한다.

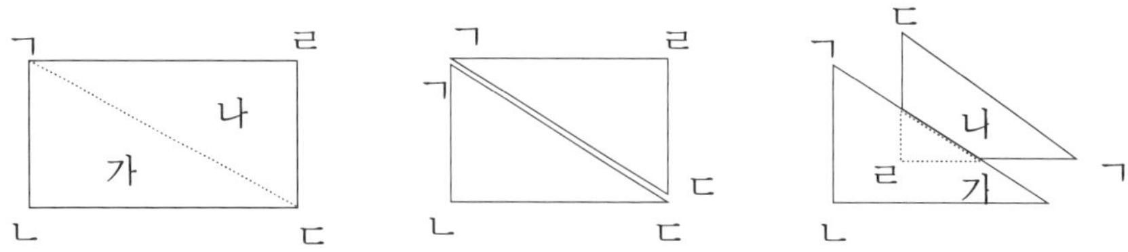

그림 6.23 대응점, 대응변, 대응각

(3) 삼각형의 작도

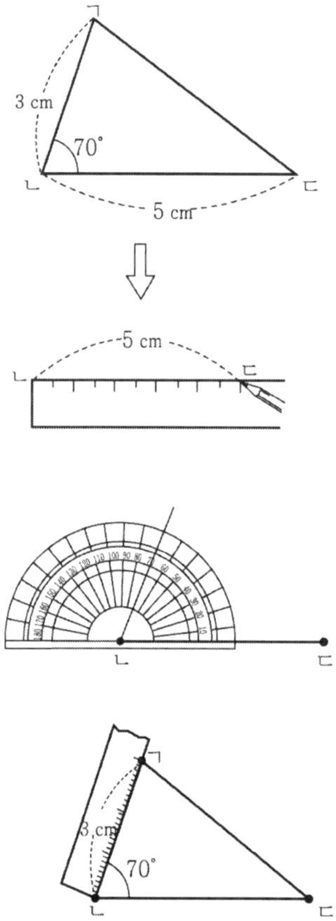

그림 6.24 합동인 삼각형의 작도 1

① 삼각형의 두 변의 길이와 그 사이에 끼인 각의 크기가 주어진 삼각형과 합동인 삼각형을 그리는 조작을 통해 합동의 최소조건을 알아본다.

아래 그림과 같이 두 변의 길이가 3 cm, 5 cm이고 그 사이에 끼인각이 70°인 삼각형을 그리도록 한다.

이때 주어진 삼각형의 결정조건에 따라 자와 각도기를 사용하여 다음과 같이 작도하도록 지도한다.

- 먼저 길이가 5 cm인 선분 ㄴㄷ을 그린다.
- 각도기를 이용하여 70°인 각도를 그린다.
- 점 ㄴ에서 3 cm 떨어진 점 ㄱ을 잡는다.
- 점 ㄱ과 ㄷ을 연결하여 삼각형 ㄱㄴㄷ을 그린다.

이렇게 그린 삼각형은 주어진 삼각형과 합동인지를 겹쳐보도록 하여 합동이 됨을 확인한다. 여기에서 삼각형의 결정조건과 합동조건을 구체적인 작도를 통해서 경험하고 이해하도록 한다. 즉 대응하는 두 변의 길이가 각각 같고, 그 사이에 끼인 각의 크기가 같을 때, 두 삼각형은 합동이다.

② 삼각형의 한 변의 길이와 그 양쪽 끝의 각의 크기가 주어진 삼각형과 합동인 삼각형을 그리는 조작을 통하여 합동의 최소 조건을 알아보도록 한다.

아래 그림과 같이 한 변의 길이가 5 cm이고 양쪽 끝 각의 크기가 각각 45°, 60°인 삼각형을 그리도록 한다. 이때 주어진 삼각형의 결정조건에 따라 자와 각도기를 사용하여 다음과 같이 작도하도록 지도한다.

- 먼저 길이가 5 cm인 선분 ㄴㄷ을 그린다.
- 각도기를 이용하여 45°, 60°인 각을 그린다.
- 변 ㄴㄱ, 변 ㄷㄱ을 그려 삼각형 ㄱㄴㄷ을 그린다.

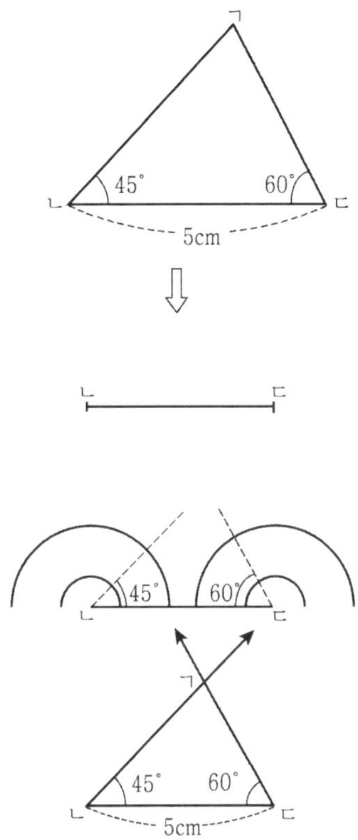

그림 6.25 합동인 삼각형의 작도 2

이렇게 그린 삼각형은 주어진 삼각형과 합동인지를 겹쳐보도록 하여 합동이 됨을 확인한다. 여기에서도 삼각형의 결정조건과 합동조건을 구체적인 작도를 통해서 경험하고 이해하도록 한다. 즉 대응하는 한 변의 길이가 같고 그 양쪽 끝 각의 크기가 같은 두 삼각형은 합동이다.

③ 삼각형의 세 변의 길이가 주어진 삼각형과 합동인 삼각형을 그리는 조작을 통해 합동의 최소 조건을 알아보도록 한다.

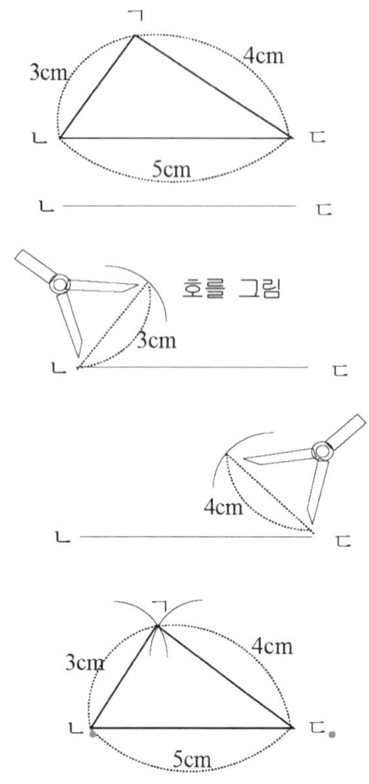

그림 6.26 합동인 삼각형의 작도 3

위의 그림과 같이 세 변의 길이가 각각 3 cm, 4 cm, 5 cm인 삼각형을 그리도록 한다. 이때 자는 두 점을 연결하고 선분을 늘이는 데 사용하며, 컴퍼스는 길이를 재고 원 또는 호를 그리는데 사용하게 한다. 이와 같이 자와 컴퍼스를 사용하여 주어진 삼각형의 결정조건에 따라 다음과 같이 작도하도록 지도한다.

- 먼저 자와 컴퍼스로 길이가 5 cm인 선분 ㄴㄷ을 그린다.
- 점 ㄴ을 중심으로 반지름의 길이가 3 cm인 원을 그린다.
- 점 ㄷ을 중심으로 반지름의 길이가 4 cm인 원을 그린다.
- 위의 두 원이 만난 점 ㄱ을 찾아 삼각형 ㄱㄴㄷ을 그린다.

이렇게 그린 삼각형은 주어진 삼각형과 합동인지를 겹쳐보도록 하여 합동이 됨을 확인하도록 한다. 여기에서도 삼각형의 결정조건과 합동조건을 구체적인 작도를 통하여 경험하고 이해하도록 한다. 즉 대응하는 세 변의 길이가 각각 같은 두 삼각형은 합동이다.

다만 세 변의 길이가 주어지더라도 어느 두 변의 길이의 합이 다른 한 변의 길이보다 작든가 또는 같으면 삼각형은 그려지지 않음을 작도를 통하여 이해하도록 한다.

7) 도형의 대칭

도형 학습에서 변환이라고 하는 것은 도형의 모양, 크기, 위치 등을 변경하는 것이다. 그리고 위치만을 변경하는 것을 보통 이동 또는 운동이라고 한다. 변환은 수학적으로 도형과 도형 사이에 대칭을 짓는 것을 말한다. 초등수학에서 다루는 도형의 대칭인 선대칭과 점대칭에 대하여 알아본다.

(1) 선대칭

도형을 선대칭으로 이동하는 경우에 대칭축이 먼저 정해져야 선대칭이동을 할 수 있다. 일반적으로 대칭축은 도형 안에 있을 경우, 도형 밖에 있을 경우, 도형 위에 있을 경우의 세 가지 경우가 있다.

① 이등변 삼각형을 이용하여 선대칭도형에 대한 개념을 인식시킨다.

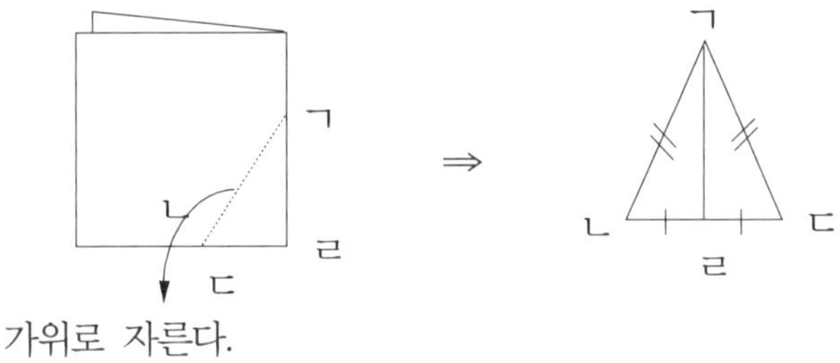

그림 6.27 선대칭 도형

위의 그림과 같이 색종이를 접어서 자른 후 펼쳐서 삼각형을 만들어 보도록 한다. 이 삼각형은 이등변 삼각형임을 확인하고, 이것을 다시 접어서 완전히 겹쳐진다는 것을 확인시킨 다음, 대응점, 대응변, 대응각 등을 찾아보도록 하고 이들은 모두 합동이 된다는 것을 알도록 한다.

이와 같이 어떤 직선으로 접어서 완전히 겹쳐지는 도형을 그 직선에 대하여 선대칭이라 하고, 그 직선을 대칭축이라 한다.

그런데 선대칭도형을 처음 배울 때 위와 같은 이등변 삼각형으로만 학습하면 학생들이 선대칭도형은 대칭축이 1개라는 오개념을 가질 수 있다. 따라서 색종이를 접어 겹쳐보게 하는 활동이라도 대칭축이 여러 개가 있는 도형을 제시하여 학생들의 생각의 폭을 넓혀줄 필요가 있다.

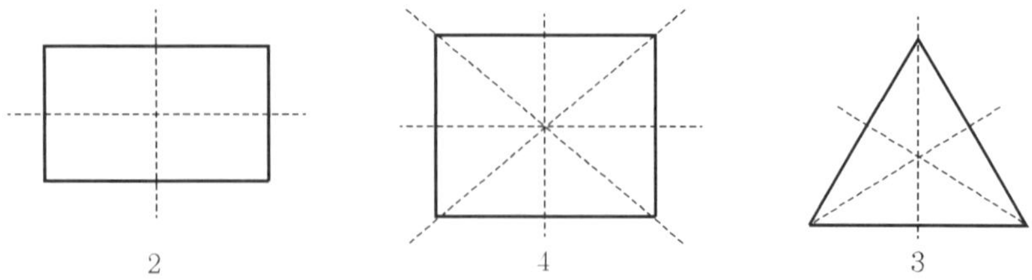

그림 6.28 대칭축이 여러 개 있는 선대칭 도형

> **참고** 위의 이등변 삼각형 ㄱㄴㄷ에서 선분 ㄴㄹ과 선분 ㄹㄷ은 합동이다. 또 각 ㄱㄹㄴ과 각 ㄱㄹㄷ은 합동이고, 변 ㄴㄷ은 직선이므로 각각 직각이다. 따라서 변 ㄴㄷ과 선분 ㄱㄹ은 수직이다. 그러므로 선분 ㄱㄹ은 변 ㄴㄷ을 수직 이등분한다. 그러므로 이등변 삼각형 ㄱㄴㄷ은 선분 ㄱㄹ을 대칭축으로 하는 선대칭도형이다. 이 사실로부터 선대칭도형에서 대응점을 연결한 선분은 그 대칭축에 의하여 수직 이등분된다는 것을 알 수 있다.

② 선대칭의 위치에 있는 도형[4]

아래 그림과 같이 직선 가나로 접어서 포개어 보면 삼각형 ㄱㄴㄷ과 삼각형 ㄹㅁㅂ은 완전히 겹쳐진다는 사실을 알 수 있다.

이와 같은 삼각형 ㄱㄴㄷ과 삼각형 ㄹㅁㅂ은 직선 가나에 대해서 선대칭의 위치에 있다라고 한다. 이때 직선 가나를 대칭축이라고 한다.

선대칭의 위치에 있는 도형의 대응점들을 이은 선분이 대칭축에 의해서 수직 이등분되는지를 알아보게 한다. 이때 논리적으로 밝혀 보게 하는 것이 아니고, 자나 각도기로 재어 보거나 접어 보는 구체적 조작으로 확인해 보게 한다.

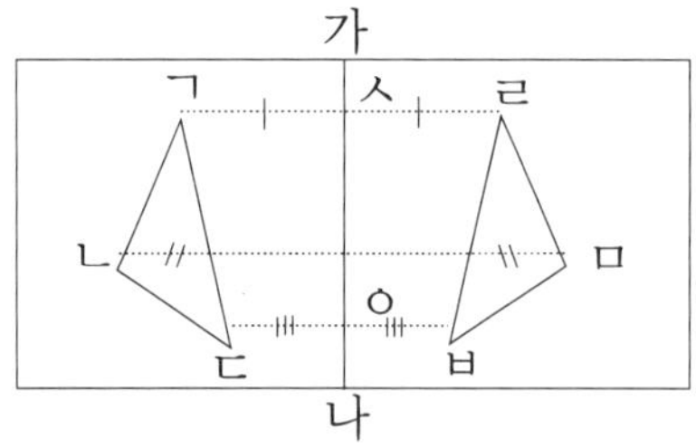

그림 6.29 선대칭의 위치에 있는 도형

4 2009 개정 교육과정부터 선대칭의 위치에 있는 도형과 점대칭의 위치에 있는 도형은 5~6학년군에서 삭제되었다.

(2) 점대칭

도형을 점대칭으로 이동하는 경우도 대칭의 중심이 먼저 정해져야 점대칭이동을 할 수 있다. 이 경우 대칭의 중심은 도형 안에 있을 경우, 도형밖에 있을 경우. 꼭짓점 위에 있을 경우 등의 세 가지가 있다.

① 평행사변형을 이용하여 점대칭도형에 대한 개념을 이해하도록 한다.

아래 그림과 같이 평행사변형을 두 대각선이 만난 점 O에 핀을 꽂아서 고정하고 이를 오른쪽 방향으로 180°만큼 회전시키면 본래의 모양과 완전히 겹쳐진다.

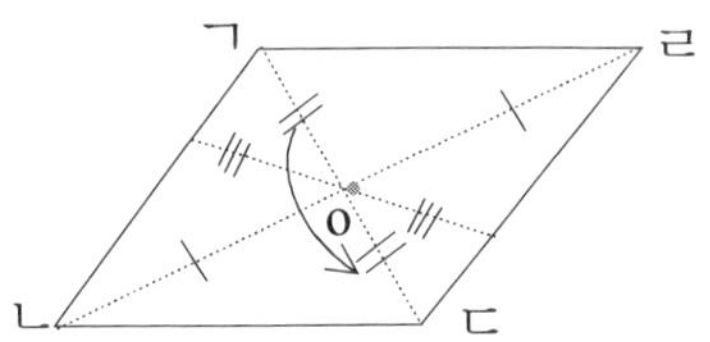

그림 6.30 점대칭도형

이와 같이 한 점을 중심으로 180°만큼 회전시켰을 때 처음 도형과 완전히 겹쳐지는 도형을 그 점에 관한 점대칭도형이라 하고, 그 점을 대칭의 중심이라고 한다.

② 점대칭의 위치에 있는 도형

아래 그림에서 두 삼각형은 합동인 도형이다. 이 그림에서 삼각형 ㄱㄴㄷ을 점 ㅇ을 중심으로 180°회전하면 삼각형 ㅁㅂㅅ에 완전히 포개어진다.

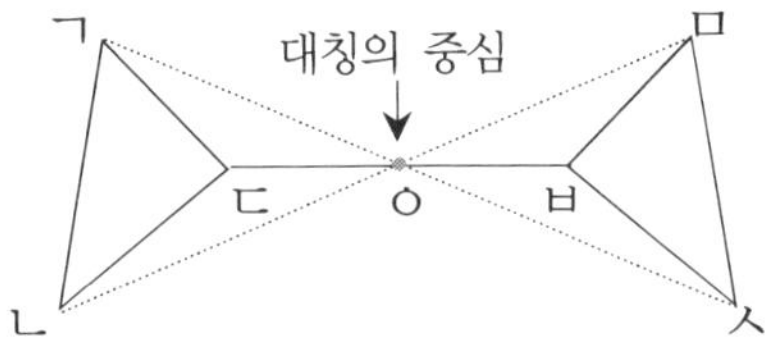

그림 6.31 점대칭의 위치에 있는 도형

이와 같은 삼각형 ㄱㄴㄷ과 삼각형 ㅁㅂㅅ을 점 ㅇ에 관하여 점대칭의 위치에 있다고 한다. 이때에도 점 ㅇ을 대칭의 중심이라고 한다.

> **참고** 사각형에 대한 점대칭, 선대칭을 중심으로 일반·특수의 관계를 정리하면 다음과 같다.
>
> 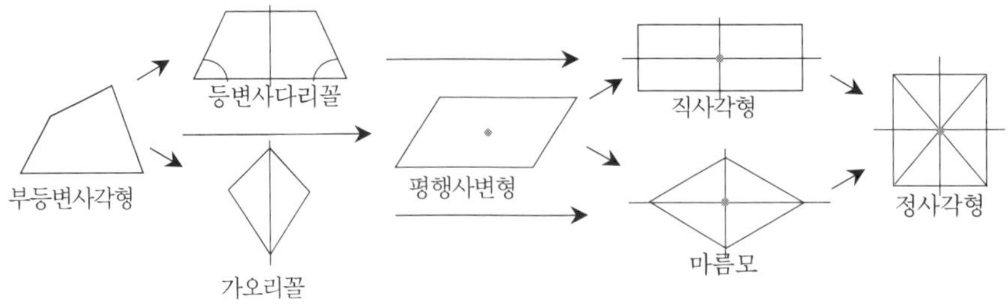
>

8) 도형의 닮음

도형을 모양과 크기에 유의하여 보면, 모양이 같은 것은 닮음이고 모양과 크기가 모두 같은 것은 합동이다. 따라서 합동은 대응변의 길이의 비가 1인 닮음의 특수한 경우로 볼 수 있다. 즉 합동은 닮음이지만 닮음이라고 해서 반드시 합동은 아니다.

(1) 닮음의 정의

먼저 닮음의 정의를 수학적 입장에서 고찰해 보면 두 도형 F와 F' 중 한쪽이 다른 쪽을 일정한 비로 확대 또는 축소하였을 때 F와 F'는 닮음이라 하고 대응하는 선분의 비를 닮음비라고 한다.

그러나 초등수학에서는 어떤 소재를 이용하여 그에 대한 구체적 조작의 경험을 통하여 귀납적으로 정의하는 것이 바람직하다.

아래 그림에서 삼각형 ㄱㄴㄷ과 삼각형 ㄹㅁㅂ의 각의 크기와 변의 길이를 재어 보도록 하여 대응각의 크기는 모두 같고, 또 대응변의 길이의 비는 모두 1 : 2라는 것을 발견하도록 한다.

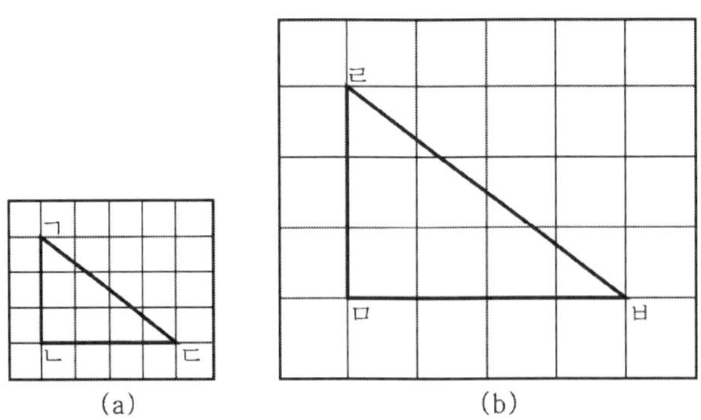

그림 6.32 삼각형의 닮음

따라서 삼각형 ㄱㄴㄷ을 2배로 확대한 것이 삼각형 ㄹㅁㅂ이고, 삼각형 ㄹㅁㅂ을 $\frac{1}{2}$로 축소한 것이 삼각형 ㄱㄴㄷ이라는 것을 알게 된다.

이와 같이 한 도형을 일정한 비율로 축소 또는 확대하였을 때 두 도형은 닮았다라고 하고 대응하는 각 변의 길이의 비를 닮음비라고 한다.

다각형에서 닮음의 정의는 모든 대응하는 변의 길이의 비가 같고, 모든 대응하는 각의 크기가 각각 같을 때 두 다각형은 서로 닮았다고 한다.

(2) 확대도와 축도

닮음의 정의를 적용하여 아래 그림과 같이 두 삼각형 (a), (b)가 닮았는지를 알아보도록 한다. 즉 각의 크기와 변의 길이를 재어 보게 하여 다음과 같은 사실을 알게 한다.

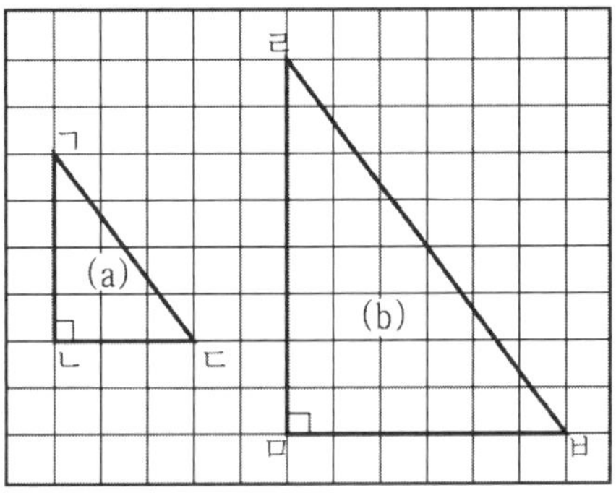

그림 6.33 확대도와 축도

삼각형 ㄱㄴㄷ과 삼각형 ㄹㅁㅂ에서는 대응각의 크기가 같고, 대응변의 길이의 비가 모두 1 : 2이다. 즉 삼각형 (b)는 삼각형 (a)를 두 배로 늘려서 만들었다고 볼 수 있다. 그리고 거꾸로 말하면 삼각형 (a)는 삼각형 (b)를 $\frac{1}{2}$로 줄여서 만들었다고 볼 수 있다.

이와 같이 한 도형을 일정한 비율로 늘여서 얻은 도형을 처음 도형의 확대도라 하고, 한 도형을 일정한 비율로 줄여서 얻은 도형을 처음 도형의 축도라고 한다.

다음으로 배율과 축척을 알아보자. 도형을 확대하거나 축소할 때, 2배, 3배, $\frac{1}{2}$배, $\frac{1}{3}$배 등의 비율을 배율이라 하고, 특히 축소할 때와 같이 1보다 작은 배율을 축척이라고 한다.

지도에서는 실제의 길이를 5만분의 1 등으로 축소해서 축도를 그린다. 이를테면

① 0.5 km를 1 cm로 나타낸 지도의 축척은 $\frac{1}{50000}$ 또는 1 : 50000이다.

② 축척이 $\frac{1}{50000}$인 지도에서 3 cm인 실지 거리는 1.5 km이다.

③ 축척이 1 : 10000인 지도에서 실지의 거리 4.5 km는 지도에서 45 cm로 나타난다.

6.3 도형 학습 지도의 실제 II

우리가 살고 있는 세계는 3차원의 공간으로 이루어져 있기 때문에, 3차원 도형을 이해하는 것이 필요하다. 3차원의 공간 내에 있는 도형 중에서 닫힌 도형을 입체도형이라 한다. 다시 말해, 직육면체나 원기둥, 구와 같이 한 평면 위에 있지 않은 도형을 입체도형이라고 한다. 평면도형과는 달리 입체도형은 직접적으로 눈에 잘 보이지 않는 면이 있으므로 입체도형을 학습하기 위해서는 입체모형에 대한 구체적인 조작 활동이 필수적이라 하겠다.

초등수학에서는 주로 고학년에서 입체도형을 다루며 5학년에서 직육면체와 정육면체, 6학년에서 각기둥, 각뿔, 원기둥, 원뿔, 구 등을 다루고 있다.

실제 지도에 있어서는 먼저 입체라는 것을 이해하는 것과, 다음에 입체를 표현하는 방법과 만드는 방법 등을 취급하게 되는데, 이때 그림으로 나타내는데 있어서의 규칙이나 마무리를 확실히 다져주지 않으면 지도의 의미가 적다는 것도 유의해야 한다.

1. 입체도형의 개념과 지도

1) 직육면체와 정육면체

주변에서 수집한 여러 가지 물체 중에서 상자 모양을 선택하여 각 면의 본을 뜨게 한다. 먼저, 준비된 상자 모양의 각 면에 가, 나, 다, …의 기호를 붙이게 한다. 그런 다음 상자 모양의 본을 떠서 본이 어떤 도형인지를 알아보게 한다. 본의 도형처럼 6개의 직사각형으로 이루어진 것이 직육면체임을 알도록 한다. 그리고 직육면체의 각 부분의 명칭을 알려 준다.

이와 같이 상자 모양의 본을 뜨는 활동을 통해 직육면체의 면은 직사각형임을 알게 한다.

도형의 이름

그림과 같은 네모 상자 모양에서 선분으로 둘러싸인 부분을 면이라 하고, 면과 면이 만나는 선분을 모서리라고 합니다. 또, 세 모서리가 만나는 점을 꼭짓점이라고 합니다.

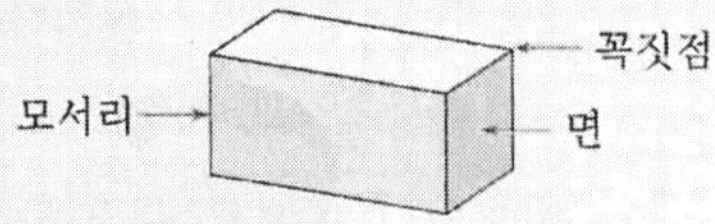

위의 그림과 같이 직사각형 모양의 면 6개로 둘러싸인 도형을 직육면체라고 합니다.

그림 6.34 직육면체의 각 부분의 이름

특히, 직육면체의 모든 면이 정사각형일 때 이 직육면체를 정육면체라고 한다.

> **참고** **변과 모서리**(이경희, 2016, 수학레시피)
> 입체도형에서 면과 면이 만나는 선은 모서리라고 설명할 때 유의할 점이 있다. 즉, 면과 면이 만나는 선을 부르지 않는 경우가 있기 때문이다. 원기둥과 원뿔에서는 옆면과 밑면이 만나는 부분은 원인데 이 때 원을 모서리라고 하지 않는다. 모서리는 영어로 Edge로 이것은 변이라고 해석되기도 한다. 그렇다면 모서리와 변은 서로 다른 것인가?혹자는 입체도형의 면과 면이 만나는 선을 모서리라하고 평면도형에서 보이는 선은 변이라고 구분하기도 하는데 수학적으로 모서리와 변은 같은 개념이다. 그래서 수학자들은 이런 혼동을 피하기 위해 입체도형에서도 모서리보다 변이라는 용어를 사용하며 일관성을 유지하기도 한다. 그럼에도 불구하고 모서리라는 용어를 사용하는 이유는 모서리는 순수 우리말이고, 입체도형의 경우 변이라기보다 모서리라고 할 때 그 의미가 쉽게 와 닿기 때문이다. 결론적으로 모서리나 변 모두 수학적으로 아무런 차이가 없는 용어이며, 수학적으로 일관성을 유지할 경우에는 변이라는 용어를, 실생활에서 감각적인 의미를 강조할 경우에는 모서리라는 용어를 더 선호한다.

(1) 직육면체와 정육면체의 개념 이해

기본적인 입체모형은 직육면체, 원기둥, 구이다. 이 중에서 기본이 되는 것은 직육면체이다. 학생들에게 직육면체와 정육면체의 모형을 제시하여 직육면체의 여러 가지 특징, 면의 모양, 면의 개수, 모서리의 개수, 꼭짓점의 개수, 모서리의 길이 등을 관찰하게 한다. 이 중에서 모서리의 길이가 모두 같은 것과 그렇지 않은 것을 기준으로 직육면체와 정육면체를 분류하게 한다.

그리고 구체적으로 특징을 아래와 같이 표에 기록하게 한다. 표에 기록된 특징을 바탕으로 직육면체와 정육면체의 공통점과 차이점을 이해하게 한다.

표 6.3 직육면체와 정육면체의 공통점과 차이점

	면의 수	모서리의 수	꼭짓점의 수	면의 모양	모서리의 길이
직육면체	6개	12개	8개	직사각형	서로 다르다
정육면체	6개	12개	8개	정사각형	모두 같다

직사각형 6개로 둘러싸여 있는 도형이 직육면체이다. 정육면체는 정사각형 6개로 둘러싸여 있다. 그런데 앞의 평면도형의 일반·특수의 관계에서 정사각형은 직사각형이므로 정육면체는 직육면체임을 이해하게 한다.

(2) 겨냥도와 전개도

입체를 한 시점 혹은 한 방향에서 보고, 보는 그대로 평면 위에 그린 그림을 겨냥도(sketch)라 한다. 특히 겨냥도는 한 번 보고 그것이 어떤 입체인가를 곧 알 수 있는 것이 특징이므로 입체도형을 직관하는 데는 우수하다. 지도에 있어서는 입체의 상(image)이 머릿속에 바르게 떠오르도록 하는 것이 중요하다.

겨냥도는 개개인이 알고 있는 것을 표현하는 것만이 아니고, 제3자가 읽는 편에서 입체의 그림으로 알아맞히는 그림이 되지 않으면 안 된다.

겨냥도를 그릴 때 유의할 점은 다음과 같다.

① 3개의 면이 한 시점에서 볼 수 있는 방향에서 그린다.

② 평행인 모서리는 반드시 평행으로 그린다.

③ 보이는 모서리는 실선으로, 보이지 않는 모서리는 점선으로 나타낸다.

④ 각의 크기와 모서리의 길이는 크게 고려하지 않는다.

다음으로 전개도(net)는 펼친그림을 나타낸 말이다. 즉 입체도형을 평면에 펼쳐서 그린 그림이다. 입체도형을 펼치는 방법은 여러 가지가 있을 수 있다. 그러므로 다양한 전개도를 생각하게 함으로써 아동들의 사고력 계발에 공헌할 수 있다. 역으로 전개도로 입체도형을 만들 때 전개도를 어떻게 그리는가에 따라서 입체도형을 다양하게 제작할 수 있다. 그러므로 정해진 평면 안에 많은 전개도를 그리는 활동을 통하여 창의적인 사고력을 계발하는 데 공헌할 수 있다.

입체도형의 기본이 되는 직육면체를 가지고 그 지도과정을 생각해 보면 다음과 같다.

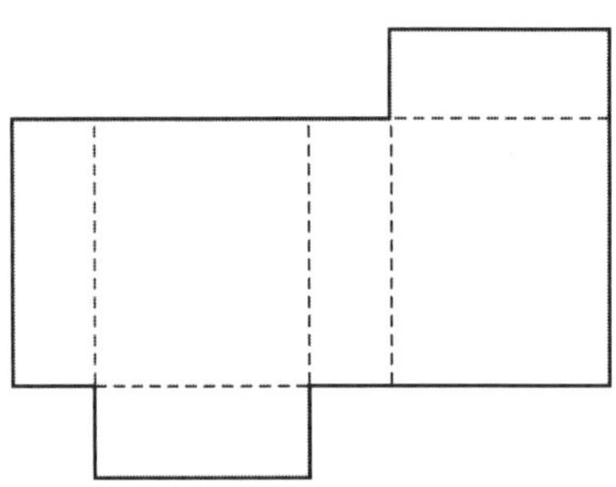

그림 6.35 직육면체의 전개도

- 직육면체 모양의 종이 상자를 펼치는 상황을 생각한다.
- 직육면체 모양의 종이 상자를 펼치는 활동을 하게 한다.

- 직육면체의 밑면과 옆면을 평면에 나타내는 그림을 제시한다.
- 위의 그림과 같이 직육면체를 평면에 펼쳐서 그린 그림을 전개도라고 정의한다. 전개도에서 접는 부분은 점선으로 나타내고, 나머지 부분은 실선으로 나타내도록 약속한다.
- 모눈종이에 직육면체의 전개도를 그린다.

참고 일반적으로 직육면체의 전개도는 모두 11가지의 유형이 있다.

2) 각기둥과 각뿔

우리의 생활환경은 입체도형 물건들로 구성되어 있다. 집을 짓는 설계를 비롯하여 많은 디자인들은 이와 같은 입체도형의 조화를 나타낸 작품들이다. 입체도형 중에서 생활에 가장 많이 활용되는 것은 직육면체와 정육면체이다. 직육면체와 정육면체 다음으로 생각할 수 있는 입체도형이 각기둥과 각뿔이다.

(1) 각기둥의 개념

각기둥(prism)을 정의하는 방법은 여러 가지가 있다. 그러나 초등학생들은 논리적으로 도형을 지도할 수 없으므로 초등수학에서는 앞서 언급한 직육면체나 정육면체를 설명하는 것처럼 면의 모양을 관찰하게 하여 그들 모형에서 공통되는 조건들을 찾아서 정의하여야 한다. 즉 옆면은 모두 평행사변형(직사각형)이고, 위와 아래에 있는 면은 합동인 다각형으로 둘러싸인 입체와 같이 활동한 것을 바탕으로 예를 들어 정의하는 것이 일반적이며 이와 같은 정의를 '예시적 정의'라고 한다.

옆면, 밑면[5], 옆모서리, 꼭짓점 등은 그림으로 설명하는 정도로 정의하는 것이 좋다. 다만 높이[6]만은 두 밑면 사이의 거리라는 것을 확실히 해두지 않으면 옆모서리의 길이를 높이로 혼동하기 쉽다.

5 밑면은 밑에 있다는 뜻이 아니라 어떤 기둥인지 결정하는 기본(base)적인 면이라는 뜻이다. 학생들이 밑면이라고 하면 아래에 있는 면이라고 생각하기 쉬우므로 기본이 되는 면이 핵심 의미라고 강조하여 지도할 필요가 있다. 따라서 밑면은 기본적인 면이 아래, 위 양쪽에 2개가 있고, 이 둘 중에 1개만 보아도 각기둥의 이름을 알 수 있다.

6 각기둥의 높이는 어느 곳을 재나 같다.

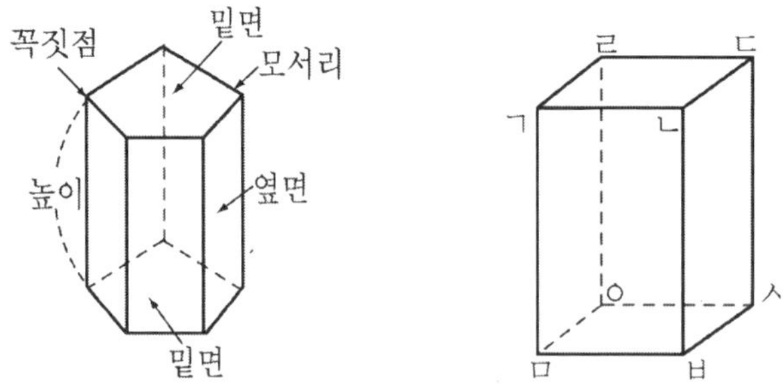

그림 6.36 각기둥

각기둥은 옆면의 수(밑면의 다각형의 변의 수)에 의하여 삼각기둥, 사각기둥, 오각기둥 등으로 말한다. 각기둥 중에서 옆모서리가 모두 밑면에 수직인 것을 직각기둥이라 하고 수직이 아닌 것을 빗각기둥(oblique prism)이라고 한다.

(2) 각기둥의 전개도와 겨냥도

전개도는 입체도형을 그의 모서리를 잘라서 펼쳐 놓아야 하고 갈라지지 않는 모서리에 대한 면이 서로 붙어서 한 도형이 되어야 한다. 역으로 전개도를 접는 선에 따라 접게 하여 입체도형을 만들어 보게 하면 결국 전개도는 접는 선으로 접어서 본래의 입체도형을 만들 수 있는 것이다. 아래 그림은 정삼각기둥의 전개도이다.

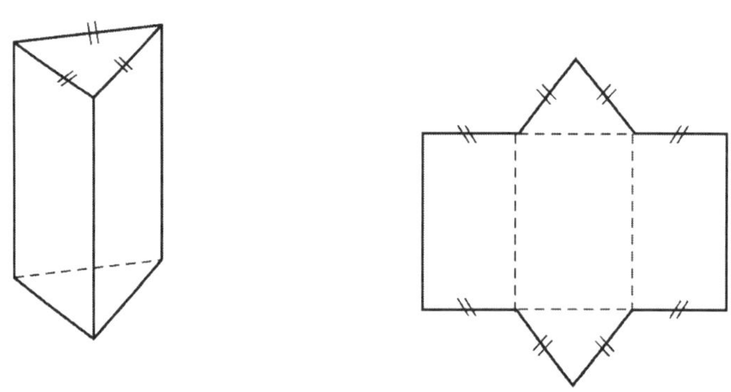

그림 6.37 정삼각기둥의 전개도

위의 정삼각기둥과 그의 전개도를 자세히 관찰해보면 입체도형은 모서리를 자르는 방법에 따라 한 입체도형에 대하여도 여러 가지 전개도가 있을 수 있다는 것을 전개도를 접어보는 조작 활동을 통하여 아동 스스로 발견하게 해본다.

또한 입체도형은 보는 위치에 따라 보이는 모양이 여러 가지로 달라지므로 그 모양을 잘 알 수 있게 그린 그림이 겨냥도이다. 겨냥도 그리기 지도에서 유의해야 할 점은 다음과 같다.

① 보이지 않는 모서리는 점선으로 표시한다.
② 평행한 모서리는 평행하게 그린다.
③ 전체 모양을 잘 파악할 수 있도록 위치를 잡아서 그린다.

(3) 각뿔의 개념

각뿔(pyramid)의 경우는 '한 다각형과 그의 각 변을 밑변으로 하고, 그 평면 밖의 한 점을 공통인 꼭짓점으로 하는 몇 개의 삼각형으로 둘러싸인 입체'라고 수학적으로 정의할 수 있지만 실제 모형을 보지 않고 이 문장만으로 입체를 머릿속에 상상하게 한다는 것은 아이들에게 무리이다.

따라서 실제 모형을 관찰하도록 하면서 어린이들에게 아래와 같은 정의의 조건들을 설명해 주는 것이 바람직하다.

① 밑면은 하나의 다각형이다.
② 옆면[7]은 삼각형만으로 구성되는 입체이다.
③ 옆면의 삼각형의 밑변은 모두 다각형의 각 변이고 그들의 꼭짓점은 삼각형의 공통인 꼭짓점이다.

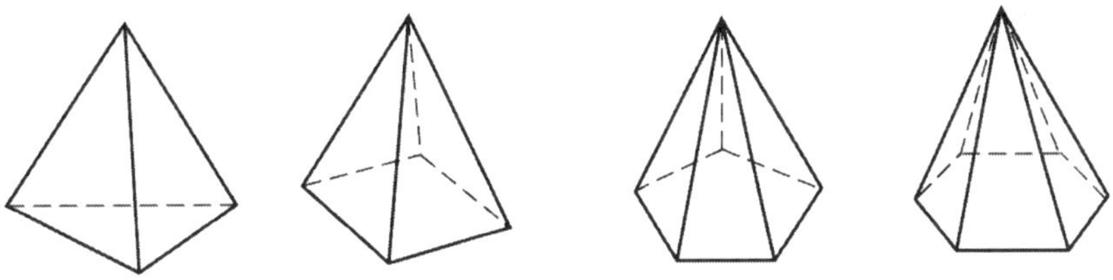

그림 6.38 여러 가지 각뿔

각뿔의 꼭짓점, 모서리, 옆면, 밑면 등은 모형을 사용하여 직접 설명하면 된다. 각뿔의 높이는 꼭짓점에서 밑면에 그은 수선의 길이, 즉 꼭짓점과 밑면과의 거리라는 것을 명확히 이해하도록 한다.

또한 각뿔은 다음 그림과 같이 옆면의 삼각형의 수에 의하여 삼각뿔, 사각뿔, 오각뿔 등으로 부르게 된다.

7 뿔을 위에서 내려다보면 옆면이 모두 보이기 때문에 밑면의 모양에 따라 옆면의 개수가 정해진다.

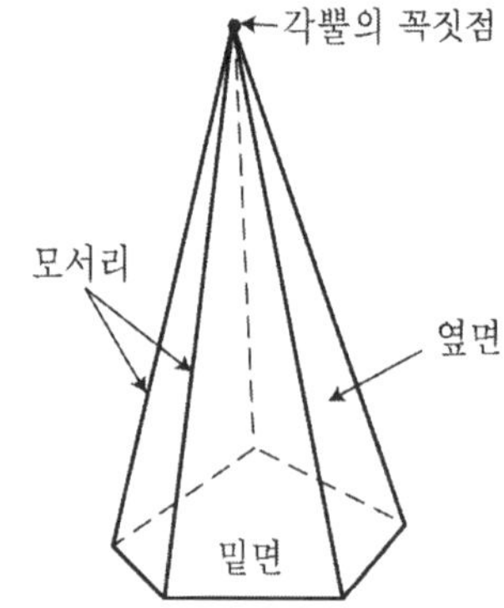

그림 6.39 각뿔의 구성 요소

3) 원기둥과 원뿔

(1) 원기둥의 개념

평면 위의 원판을 이 평면을 지나는 한 선분에 따라 평행이동 하였을 때 만들어지는 입체도형을 원기둥(cylinder)[8]이라 한다. 이때 원래의 평면도형을 만들어진 기둥의 밑변이라 하고, 선분을 그 기둥의 모선, 모선에 따라 이동하면서 생긴 면을 그 기둥의 옆면이라고 한다. 특히, 원기둥의 모선이 밑면과 수직일 때, 이 기둥을 직원기둥이라 하고, 수직이 아닐 때 빗원기둥이라고 한다. 그러나 초등수학에서는 직원기둥만을 다룬다.

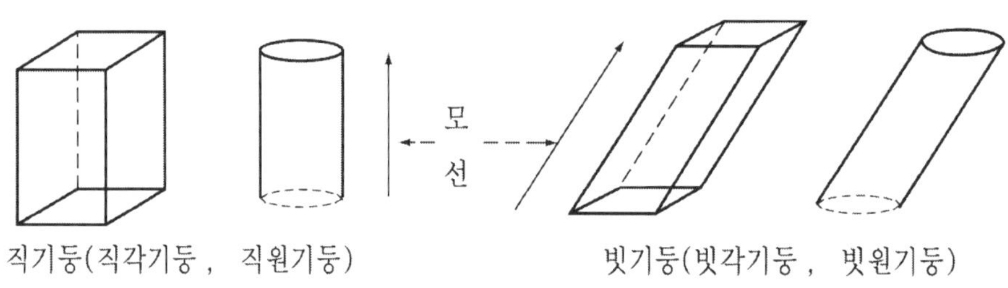

그림 6.40 원기둥

원기둥의 모형으로부터 아동들은 다음과 같은 성질을 발견할 수 있다.

① 두 밑면은 합동인 원이다.

② 두 밑면은 서로 평행이다.

③ 옆면은 어느 쪽에서 보더라도 모양이 같다.

---

8 현행 교과서는 원기둥을 둥근기둥 모양의 도형으로 정의하고 있으며 초등학교 수학의 원기둥은 직원기둥만 취급한다.

④ 두 밑면의 중심을 잇는 직선은 밑면에 수직이다.
⑤ 꼭짓점이 존재하지 않는다.
⑥ 옆면을 펼치면 직사각형이 된다.

(2) 원기둥의 전개도

종이로 만든 원기둥의 모형을 가위로 잘라 펼쳐서 아래 그림과 같이 밑면은 2개의 원 모양이 되고 옆면은 직사각형 모양이 됨을 알게 한다. 그리고 펼쳐진 모양을 그려보게 한다.

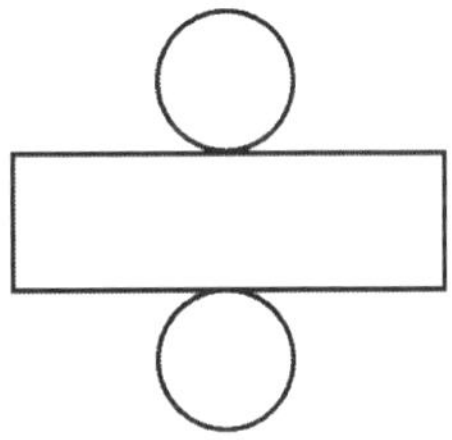

그림 6.41 원기둥의 전개도

이때 주의할 것은 옆면을 자를 때 모선(밑면에 수직이 되는 선)을 따라 잘라 펼치도록 한다.

원기둥의 전개도를 그릴 때는 두 밑면인 원과 옆면의 전개도인 직사각형이 떨어지지 않도록 그려야 한다. 즉 밑면이 되는 원이 옆면이 되는 직사각형의 가로의 어느 곳이든지 붙어 있기만 하면 된다. 전개도에서 직사각형의 가로의 길이와 원둘레의 길이는 같아야 한다.

(3) 원뿔의 개념

평면 위의 원판과 이 평면 밖의 정점 P를 잡고, 점 P와 원판 위의 점을 직선으로 연결한 도형을 원뿔(cone)[9]이라 한다. 이때 정점 P를 원뿔의 꼭짓점이라 하고 원판을 원뿔의 밑면, 원주 위의 점과 점 P를 연결한 선분을 원뿔의 모선이라 한다. 원뿔에는 빗원뿔과 직원뿔이 있다.

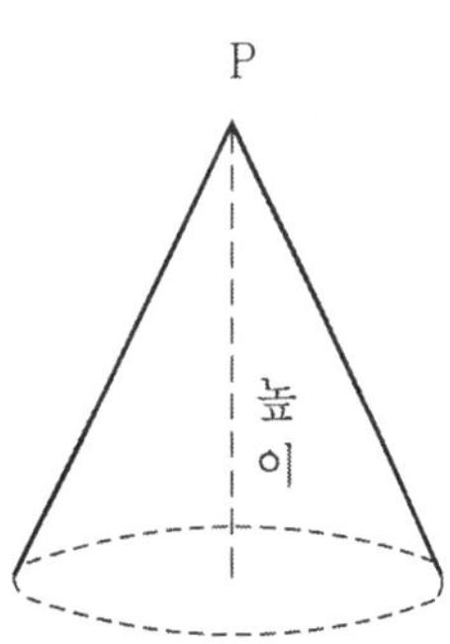

그림 6.42 원뿔

원뿔의 개념도 실제 몇 개의 원뿔의 모형을 제시해 놓고, 관찰하게 하면서 각뿔과 비교하여 그의 특징을 찾아보면서 그 개념을 이해하는 것이 아동들에게는 훨씬 더 효과적일 것이다. 모형을 관찰하고 조작함으로써 아동은 원뿔에 관한 다음 성질들을 발견할 수 있다.

9 현행 교과서는 원뿔을 둥근 뿔 모양의 도형으로 정의하고 있다.

① 밑면은 하나의 원이다.
② 옆면은 곡면으로 되어 있으며 옆에서 보면 삼각형의 모양이다.
③ 1개의 꼭짓점에서는 뿔 모양을 하고 있다.
④ 모선은 무수히 많다.
⑤ 위에서 보면 원모양이다.

(4) 원뿔의 전개도[10]

원뿔의 옆면의 전개도는 부채꼴이 된다는 것은 쉽게 알 수 있다. 먼저 밑면의 둘레를 자르고 한 모선에 따라 옆면을 잘라서 펼치면 아래 그림과 같은 전개도가 된다. 즉 부채꼴과 그에 붙은 원이 전개된다.

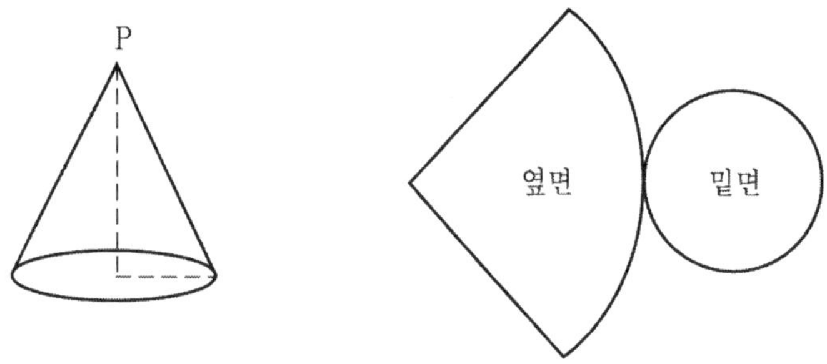

그림 6.43 원뿔의 전개도

위의 전개도를 본래의 원뿔과 비교해 보면 아래 사실을 알 수 있다.
① 부채꼴의 반지름은 본래의 원뿔의 모선의 길이와 같다.
② 부채꼴의 호의 길이는 본래의 원뿔의 밑면의 둘레와 같다.

4) 구

3차원 공간에 있어서, 한 정점 O에서 같은 거리에 있는 점들로 이루어지는 입체도형을 구(球, sphere)[11]라 한다. 이때, 정점 O를 구의 중심, 정점과 구 위의 한 점을 잇는 선분을 구의 반지름이라 한다. 또, 회전과 관련하여 원 또는 반원을 그 지름을 축으로 하여 회전했을 때 생기는 회전체가 구가 된다.

회전체의 단면과 관련하여 구를 평면으로 자르면 그 단면은 원이 된다. 또한 구의 중심을 지나도록 자른 단면은 대원(大圓)이 되며 기타의 방법으로 자른 단면은 소원(小圓)이 된다.

10 원뿔의 전개도는 초등학교에서 다루지 않는다.

11 현행 교과서는 구를 공 모양의 도형으로 정의하고 있다.

구의 또 하나의 특이한 점은 구의 전개도는 그릴 수 없으므로 아래와 같이 겨냥도로 나타내 보도록 한다.

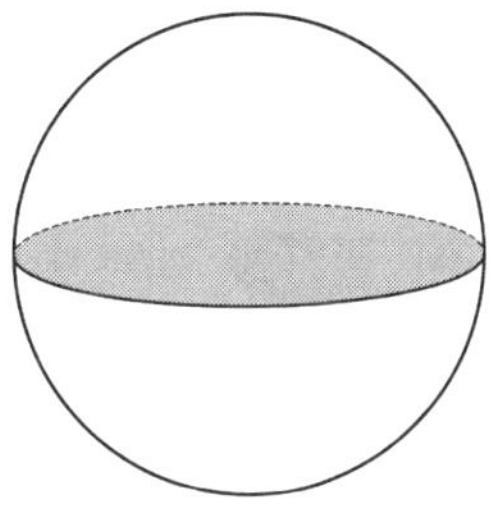

그림 6.44 구의 겨냥도

2. 도형의 변환과 그 지도

1) 도형의 변환

점을 다른 점으로 이동, 도형을 다른 위치로 이동, 도형이나 식을 다른 형으로 변경하는 것이다. 즉 도형의 위치, 형, 크기 등을 변경하는 것을 도형의 변환이라 한다. 초등수학에서 도형변환의 실제 지도는 합동 및 닮음의 변환이 주가 된다.

합동변환이란 도형의 모양이나 크기는 변하지 않고, 위치만을 이동하는 것으로, 평행이동, 대칭이동, 회전이동이 있다.

2) 변환의 종류

(1) 합동변환

임의의 두 점 사이의 거리가 이 변환에 의하여 불변인 변환이다. 즉 이동에 의하여 형(形)이 변하지 않는다고 생각하는 것이다.

합동변환에는 평행이동, 회전이동, 대칭이동의 3가지 종류가 있다. 변환 중에 형(形)과 크기는 변경하지 않고 그 위치만을 변경하는 것을 이동이라 한다.

(2) 닮음변환

도형의 모양은 불변이지만 크기가 변하는 변환이다. 이 변환에는 각의 크기는 불변이지만 길이는 일정한 비율로 늘어나거나 줄어든다. 그런 의미에서 축도나 확대도를 만드는 것은 하나의 도형에 닮음변환을 행하는 것이다.

(3) 등적변환

도형의 모양은 변화하지만 넓이의 값은 불변인 변환을 말한다. 아래 그림과 같이 밑변의 길이와 높이가 일정한 삼각형의 넓이는 불변임을 보여주고 있다.

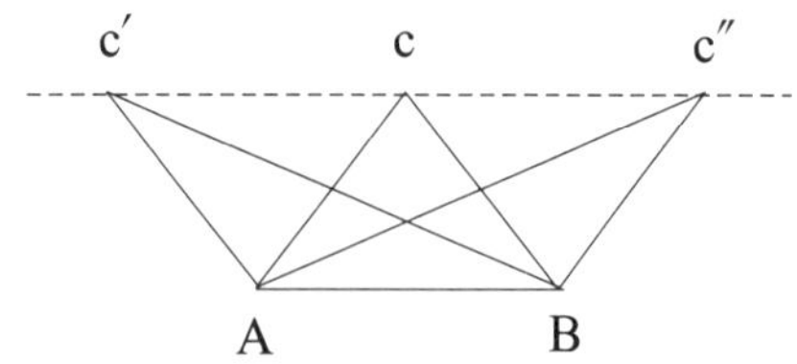

그림 6.45 등적변환

(4) 아핀(Affine) 변환

평행광선에 의해 투영되는 조작으로서 길이, 각, 면적 등은 변하지만 선분의 비(比)의 값(따라서 두 직선의 평행관계 등)은 불변인 변환이다. 아래 그림은 평행광선이 평면인 유리 A를 지날 때 A에 붙여진 모눈종이의 눈이 평면 D에 어떻게 옮겨지는가를 보여주고 있다.

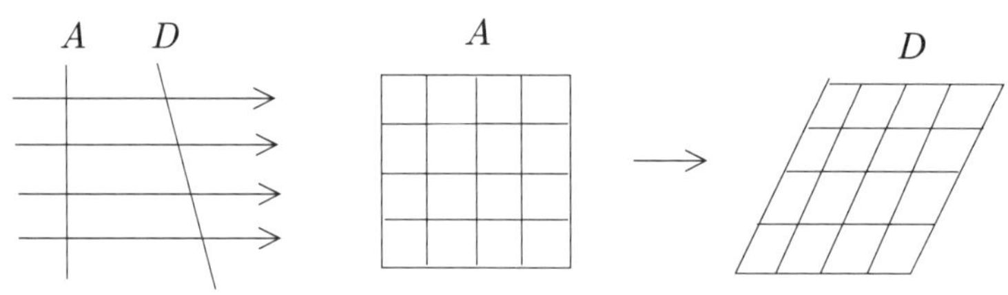

그림 6.46 아핀변환

(5) 사영변환

한 점에서 나오는 광선에 의해서 평면 위로 도형을 옮기는 중심투영(中心投影)의 조작으로서 이 변환에서는 길이나 각은 물론 직선의 평행관계도 변한다.

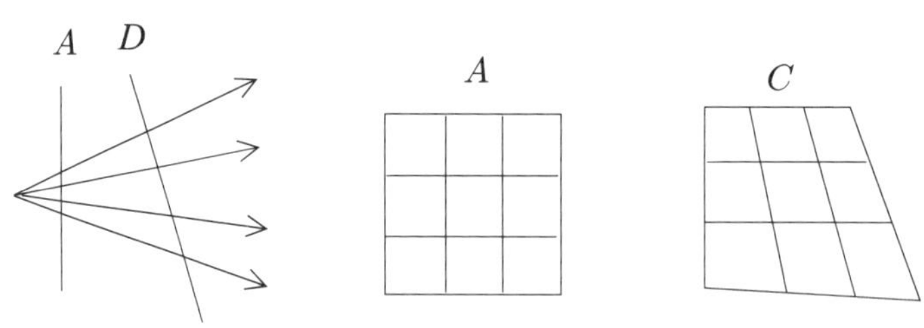

그림 6.47 사영변환

(6) 위상변환

아래 그림과 같이 도형의 점의 순서나 결합 방법 및 내외관계 등의 성질 즉, 도형의 연결 상태를 바꾸지 않는 변환이다.

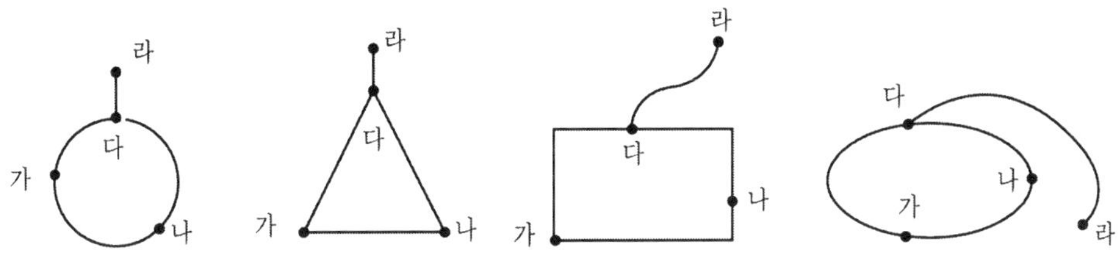

그림 6.48 위상변환

연습문제

1. 초등수학의 도형 영역에서 2009 개정 교육과정과 2015 개정 교육과정의 달라진 점을 말해 보시오.

2. 기하학의 발전 과정을 알아보시오.

3. 주변의 구체물을 몇 가지 들어보고, 그것이 갖는 속성들을 말해 보시오.

4. 도형의 위상적 성질이란 무엇인가?

5. 평행과 수직을 설명할 수 있는 구체물을 실생활에서 찾아보시오.

6. 반 힐의 사고 수준에서 0수준과 1수준에서 적합한 활동을 고안해 보시오.

7. 초등수학에서 지도하는 기본도형에는 어떤 것이 있으며, 또 그들은 어느 학년에서 어떻게 지도되고 있는지 알아보시오.

8. 다음 그림을 보고 물음에 해당하는 번호를 써 보시오.

   ① 다각형　　② 폐 다각형

   ③ 볼록다각형　　④ 오목다각형

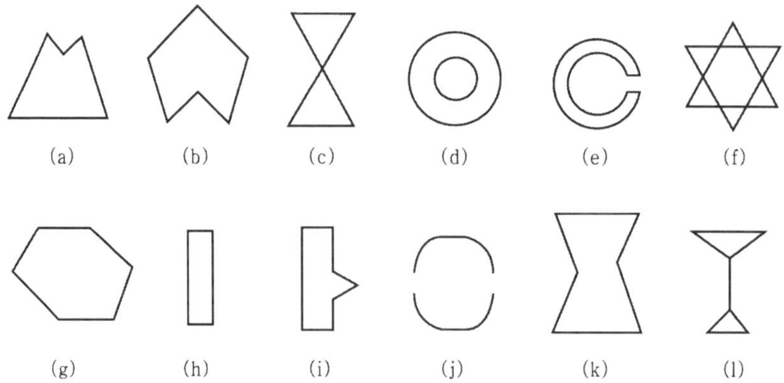

그림 6.49

9. 전개도를 사용하여 입체도형을 구성할 때 지도상의 유의점에 대하여 논하시오.

10. 다음 그림은 어떤 물건을 펼친 전개도이다. 이 전개도를 다시 접으면 어떤 물건이 되는가?

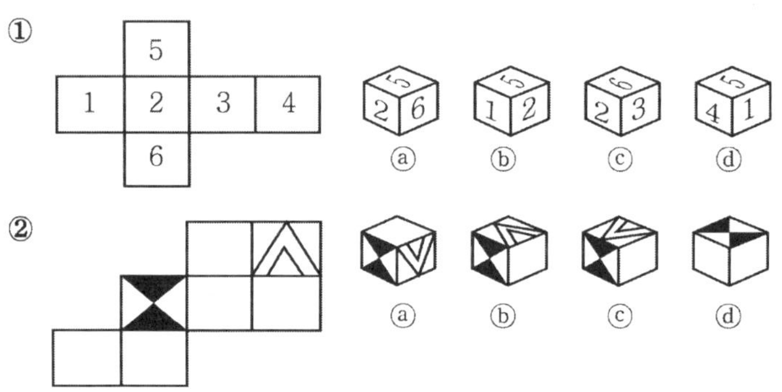

그림 6.50

11. 정 n각형은 대칭축이 몇 개 있는지 알아보시오.

12. 다음 그림은 몇 개의 선대칭을 가지고 있는가?

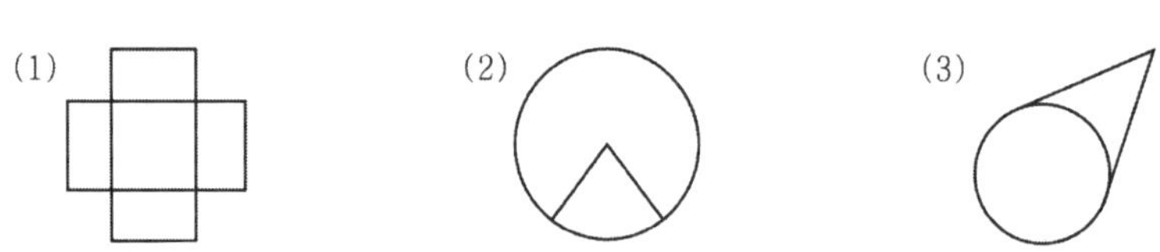

그림 6.51

13. 정육면체의 전개도에는 모서리를 자르는 방법에 따라 모두 11가지 유형이 존재하는데, 이러한 정육면체의 전개도를 그리시오.

14. 초등학교에서 각의 개념을 어떻게 지도하고 있는지 알아보시오.

15. 왼쪽 도형을 돌리고 뒤집는 두 과정을 거쳤더니 오른쪽과 같은 모양이 되었다. 어떤 과정을 거쳤는지 □ 안에 써보고 중간에 들어갈 그림을 그리시오.

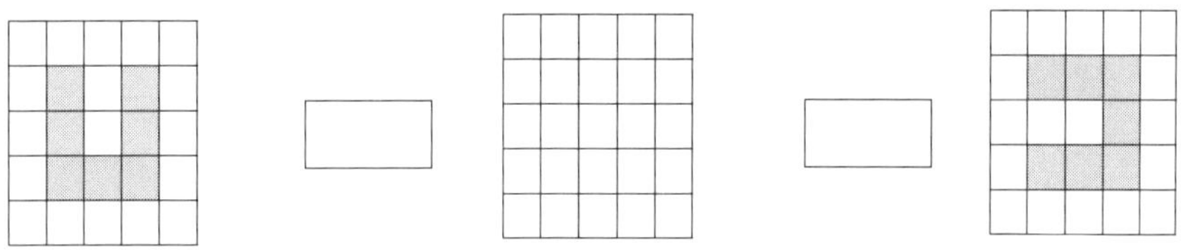

7장 측정

우리가 아침에 일어나는 순간부터 저녁에 잠자리에 들 때까지 일상생활을 살펴보면 여러 가지 상황들을 경험하게 된다. 이를테면, 침대 옆에 있는 알람시계는 시간을 재고, 집에서 학교까지 가는데 걸리는 시간은 얼마나 될지, 커피 한 잔에는 카페인이 얼마나 포함되어 있는지, 여기서 가장 가까운 버스 정류장까지의 거리는 얼마나 되는지와 같은 이러한 상황들은 측정이 일상생활과 어떻게 관련되어 있는지를 보여주는 단편적인 예가 된다. 이와 같이 측정은 재고자 하는 상황 또는 사물과 적절한 단위를 비교하는 것이다. 그렇다면 측정은 왜 가르쳐야 하는가? 그것은 우리 일상생활을 영위하면서 사람들은 측정도구를 사용하여 다양하게 측정하고 있기 때문이다. 그렇게 보면 초등학교 교육과정 영역 중 측정은 우리 일상생활에서 가장 많이 사용하는 내용이라 할 수 있다. 그러므로 학생들은 측정도구를 사용할 수 있는 능력과 어림할 수 있는 능력을 길러야 한다.

이 장에서는 초등수학 교과서의 측정 영역의 학습 지도에 있어서 그 실제적인 방법에 대해 고찰해 보고자 한다. 이를 위해 먼저 2015 개정 초등수학 교육과정의 측정 영역의 각 학년군별 내용체계와 성취기준을 살펴보면 아래와 같다.

가. 내용체계

영역	핵심 개념	일반화된 지식	학년(군)별 내용 요소			기능
			1~2학년	3~4학년	5~6학년	
측정	양의 측정	생활 주변에는 시간, 길이, 들이, 무게, 각도, 넓이, 부피 등 다양한 속성이 존재하며, 측정은 속성에 따른 단위를 이용하여 양을 수치화하는 것이다.	• 양의 비교 • 시각과 시간 • 길이(cm, m)	• 시간, 길이 (mm, km), 들이, 무게, 각도	• 원주율 • 평면도형의 둘레, 넓이 • 입체도형의 겉넓이, 부피	비교하기 구별하기 (시각)읽기 표현하기 이해하기 계산하기 측정하기 어림하기 그리기 추론하기 설명하기 활용하기 문제 해결하기
	어림하기	어림을 통해 양을 단순화하여 표현한다.			• 수의 범위 • 어림하기 (올림, 버림, 반올림)	

나. 성취기준

[초등학교 1~2학년]

생활 주변에는 시간, 길이, 들이, 무게, 넓이 등 다양한 속성이 존재한다. 측정은 여러 가지 속성의 양을 비교하고, 단위를 이용하여 재거나 어림해봄으로써 양을 수치화하는 것이다. 측정 과정에서 경험하는 양의 비교, 측정, 어림은 수학 학습을 통해 길러야 할 중요한 기능이고, 이는 실생활이나 타 교과의 학습에서 유용하게 활용된다. 또한 측정을 통해 길러지는 양감은 수학적 소양을 기르는 데 도움이 된다.

1 양의 비교

[2수03-01] 구체물의 길이, 들이, 무게, 넓이를 비교하여 각각 '길다, 짧다', '많다, 적다', '무겁다, 가볍다', '넓다, 좁다' 등을 구별하여 말할 수 있다.

2 시각과 시간

[2수03-02] 시계를 보고 시각을 '몇 시 몇 분'까지 읽을 수 있다.

[2수03-03] 1시간은 60분임을 알고, 시간을 '시간', '분'으로 표현할 수 있다.

[2수03-04] 1분, 1시간, 1일, 1주일, 1개월, 1년 사이의 관계를 이해한다.

3 길이

[2수03-05] 길이를 나타내는 표준 단위의 필요성을 인식하고, 1 cm와 1 m의 단위를 알며, 상황에 따라 적절한 단위를 사용하여 길이를 측정할 수 있다.

[2수03-06] 1 m가 100 cm임을 알고, 길이를 단명수와 복명수로 표현 할 수 있다.

[2수03-07] 여러 가지 물건의 길이를 어림하여 보고, 길이에 대한 양감을 기른다.

[2수03-08] 구체물의 길이를 재는 과정에서 자의 눈금과 일치하지 않는 길이의 측정값을 '약'으로 표현할 수 있다.

[2수03-09] 실생활 문제 상황을 통하여 길이의 덧셈과 뺄셈을 이해한다.

(가) 학습 요소

- 시, 분, 약, cm, m

(나) 교수·학습 방법 및 유의 사항

- 양의 비교는 직관적인 비교, 직접 비교, 간접 비교 등을 상황에 따라 알맞게 다룬다.
- 시각 읽기는 학생의 경험을 소재로 하고, 학생들이 모형 시계를 조작하며 '몇 시', '몇 시 30분', '몇 시 몇 분', '몇 시 몇 분 전' 등의 시각을 읽게 한다.
- 시간의 여러 가지 단위를 지도할 때 단위 사이의 관계를 이해하는 데 중점을 두고, 지나친 단위 환산은 다루지 않는다.
- 표준 단위를 도입하기 전에 여러 가지 임의 단위를 사용하여 구체물의 길이를 재어보게 한다.
- 측정 영역의 문제 상황에 적합한 문제 해결 전략을 지도하여 문제 해결 능력을 기르게 한다.

(다) 평가 방법 및 유의 사항

- '몇 시 몇 분 전'의 시각 읽기를 평가할 때 '5분 전', '10분 전', '15분 전' 등과 같이 실생활에서 자주 사용되는 경우를 다루고, '2시 48분'을 '3시 12분 전'으로 나타내는 것과 같이 복잡한 경우는 다루지 않는다.
- 1일, 1주일, 1개월, 1년 사이의 관계를 평가할 때에는 달력을 이용하여 그 관계를 이해하는지 파악하는데 중점을 둔다.

[초등학교 3 ~ 4학년]

생활 주변에는 시간, 길이, 들이, 무게, 각도 등 다양한 속성이 존재한다. 측정은 여러 가지 속성의 양을 비교하고, 단위를 이용하여 재거나 어림해봄으로써 양을 수치화하는 것이다. 측정 과정에서 경험하는 양의 비교, 측정, 어림은 수학 학습을 통해 길러야 할 중요한 기능이고, 이는 실생활이나 타 교과의 학습에서 유용하게 활용된다. 또한 측정을 통해 길러지는 양감은 수학적 소양을 기르는 데 도움이 된다.

① 시각과 시간

[4수03-01] 1분은 60초임을 알고, 초 단위까지 시각을 읽을 수 있다.

[4수03-02] 초 단위까지의 시간의 덧셈과 뺄셈을 할 수 있다.

② 길이

[4수03-03] 길이를 나타내는 새로운 단위의 필요성을 인식하여 1 mm와 1 km의 단위를 알고, 이를 이용하여 길이를 측정하고 어림할 수 있다.

[4수03-04] 1 cm와 1 mm, 1 km와 1 m의 관계를 이해하고, 길이를 단명수와 복명수로 표현할 수 있다.

③ 들이

[4수03-05] 들이를 나타내는 표준 단위의 필요성을 인식하여 1 L와 1 mL의 단위를 알고, 이를 이용하여 들이를 측정하고 어림할 수 있다.

[4수03-06] 1 L와 1 mL의 관계를 이해하고, 들이를 단명수와 복명수로 표현 할 수 있다.

[4수03-07] 실생활 문제 상황을 통하여 들이의 덧셈과 뺄셈을 이해한다.

④ 무게

[4수03-08] 무게를 나타내는 표준 단위의 필요성을 인식하여 1 g과 1 kg의 단위를 알고, 이를 이용하여 무게를 측정하고 어림할 수 있다.

[4수03-09] 1 kg과 1 g의 관계를 이해하고, 무게를 단명수와 복명수로 표현 할 수 있다.
[4수03-10] 실생활에서 무게를 나타내는 새로운 단위의 필요성을 인식하여 1 t의 단위를 안다.
[4수03-11] 실생활 문제 상황을 통하여 무게의 덧셈과 뺄셈을 이해한다.

5 각도
[4수03-12] 각의 크기의 단위인 1도(°)를 알고, 각도기를 이용하여 각의 크기를 측정하고 어림할 수 있다.
[4수03-13] 주어진 각도와 크기가 같은 각을 그릴 수 있다.
[4수03-14] 여러 가지 방법으로 삼각형과 사각형의 내각의 크기의 합을 추론하고, 자신의 추론 과정을 설명할 수 있다.

(가) 학습 요소
- 초, 도(°), mm, km, L, mL, g, kg, t

(나) 교수·학습 방법 및 유의 사항
- 시각과 시간의 의미는 구체적인 상황 속에서 구별하여 사용할 수 있는 정도로 이해하게 한다.
- 실제로 재거나 어림하는 측정 활동을 통하여 시간, 길이, 들이, 무게, 각도에 대한 양감을 기르게 한다.
- 시간, 길이, 들이, 무게의 단위를 지도할 때 단위 사이의 관계를 이해하는 데 중점을 두고, 지나친 단위 환산은 다루지 않는다.
- 길이, 들이, 무게, 각도를 측정할 때 측정도구의 눈금에 일치하지 않는 측정값을 '약'으로 표현하게 한다.
- 측정 영역의 문제 상황에 적합한 문제 해결 전략을 지도하고, 문제 해결 과정을 설명하게 하여 문제 해결 능력을 기르게 한다.

(다) 평가 방법 및 유의 사항
- 무게 단위 사이의 관계에 대해 평가 할 때 1 g과 1 t 사이의 단위 환산은 다루지 않는다.

[초등학교 5~6학년]

생활 주변에는 길이, 넓이, 부피 등 다양한 속성이 존재한다. 측정은 여러 가지 속성의 양을 비교하고, 단위를 이용하여 재거나 어림해봄으로써 양을 수치화하는 것이다. 측정 과정에서 경험하는 양의 비교, 측정, 어림은 수학 학습을 통해 길러야 할 중요한 기능이고, 이는 실생활이나 타 교과의 학습에서 유용하게 활용된다. 또한 측정을 통해 길러지는 양감은 수학적 소양을 기르는 데 도움이 된다.

1 어림하기

[6수03-01] 실생활 장면에서 이상, 이하, 초과, 미만의 의미와 쓰임을 알고, 이를 활용하여 수의 범위를 나타낼 수 있다.

[6수03-02] 어림값을 구하기 위한 방법으로 올림, 버림, 반올림의 의미와 필요성을 일고, 이를 실생활에 활용할 수 있다.

2 평면도형의 둘레와 넓이

[6수03-03] 평면도형의 둘레를 재어보는 활동을 통하여 둘레를 이해하고, 기본적인 평면도형의 둘레의 길이를 구할 수 있다.

[6수03-04] 넓이를 나타내는 표준 단위의 필요성을 인식하여 1 cm^2, 1m^2, 1 km^2의 단위를 알며, 그 관계를 이해한다.

[6수03-05] 직사각형의 넓이를 구하는 방법을 이해하고, 이를 통하여 직사각형과 정사각형의 넓이를 구할 수 있다.

[6수03-06] 평행사변형, 삼각형, 사다리꼴, 마름모의 넓이를 구하는 방법을 다양하게 추론하고, 이와 관련된 문제를 해결할 수 있다.

3 원주율과 원의 넓이

[6수03-07] 여러 가지 둥근 물체의 원주와 지름을 측정하는 활동을 통하여 원주율을 이해한다.

[6수03-08] 원주와 원의 넓이를 구하는 방법을 이해하고, 이를 구할 수 있다.

4 입체도형의 겉넓이와 부피

[6수03-09] 직육면체와 정육면체의 겉넓이를 구하는 방법을 이해하고, 이를 구할 수 있다.

[6수03-10] 부피를 이해하고, 1 cm^3, 1 m^3의 단위를 알며, 그 관계를 이해한다.

[6수03-11] 직육면체와 정육면체의 부피를 구하는 방법을 이해하고, 이를 구할 수 있다.

(가) 학습 요소

- 이상, 이하, 초과, 미만, 올림, 버림, 반올림, 가로, 세로, 밑변, 높이, 원주, 원주율, cm^2, m^2, km^2, cm^3, 1 m^3

(나) 교수·학습 방법 및 유의 사항

- 삼각형의 넓이는 높이가 삼각형의 외부에 있는 것도 다룬다.
- 원주율을 나타내는 3, 3.1, 3.14 등은 정확한 값이 아님을 알고 상황에 따라 적절하게 선택하여 사용할 수 있게 한다.
- 원주율, 원주, 원의 넓이, 입체도형의 겉넓이와 부피 등을 구할 때 복잡한 계산은 계산기를 사용하게 할 구 있다.
- 겉넓이와 부피를 구하는 방법에 대하여 다양한 추론을 하고, 자신의 추론 과정을 다른 사람에게 설명하게 한다.
- 측정 영역의 문제 상황에서 문제 해결 전략 비교하기, 주어진 문제에서 필요없는 정보나 부족한 정보 찾기, 조건을 바꾸어 새로운 문제 만들기, 문제 해결 과정의 타당성 검토하기 등을 통하여 문제 해결 능력을 기르게 한다.

(다) 평가 방법 및 유의 사항

- 원주율과 관련하여 계산이 지나치게 복잡한 문제는 다루지 않는다.
- 넓이 단위 사이의 관계에 대해 평가할 때 1 cm^2와 1 km^2 사이의 단위 환산은 다루지 않는다.

> **참고** 2015 개정 교육과정의 측정 영역에서는 원기둥의 겉넓이와 부피가 초등학교에서 중학교로 이동되었고, 수의 범위와 어림하기가 3~4학년군에서 5~6학년군으로 이동하였다. 그리고 5~6학년군에서 넓이의 큰 단위로 다루어졌던 a, ha의 삭제로 인해 넓이 단위인 km^2는 5~6학년군의 평면도형의 둘레와 넓이에서, 무게 단위인 t은 3~4학년군의 다른 무게 단위인 g, kg과 함께 다루게 되었다.

초등학교 수학교육과정에서 측정은 학생들의 일상생활에서 가장 직접적으로 사용되는 영역이다. 이와 같이 측정은 학생들이 일상생활에서 수학의 유용성을 이해하는 데 상당한 도움이 될 뿐만 아니라 교육과정의 다른 분야에서도 유용하게 활용할 수 있다.

측정이 수학과 교육과정의 없어서는 안 될 또 다른 이유는 다른 영역의 토픽으로는 하기 어려운 일부 학생들까지 포함하여 많은 유형의 학생들을 수업에 참여시킬 수 있기 때문이다. 대체적으로 측정 영역의 학습은 다양한 어림과 측정활동으로 이루어지는데 학생들이 의미 있는 활동을 통해 측정을 하는 경험을 가지고 양감을 발달시키는데 초점이 주어져야 한다.

측정 지도의 의의는 크게 세 가지, 곧 경제적 의의, 교육적 의의, 수학적 의의로 나누어 생각할 수 있다.

첫째, 측정의 경제적 의의는 우선 측정은 아래 그림 7.1에서 보는 바와 같이 일상생활에 직결되어 있다는 점이다. 밥을 하기 위해서는 쌀의 양을 재고, 물의 양을 재어야 한다. 다른 요리를 하는데도 측정이 요구된다. 옷을 만든다든지, 집을 짓는 등 의식주 생활에 측정이 필요하다. 학교까지 오는데 걸린 시간을 알아보기, 운동장에서 임의의 두 지점 사이의 거리 알아보기, 하루에 마시는 우유의 양 알아보기 등 우리는 생활 속에서 많은 측정 활동을 하며 살아간다. 또한 측정은 문명의 척도가 된다는 점에서 사회적 의의가 있다. 초기 문명 시대에는 자나 되 같은 간단한 측정 도구만 사용되었지만, 현대에는 예전에는 잴 수 없었던 소리의 크기, 물의 오염도 등을 재는 기구까지 만들어졌다. 측정은 또한 이웃 간, 더 나아가 국제간의 교류를 활발하게 해준다.

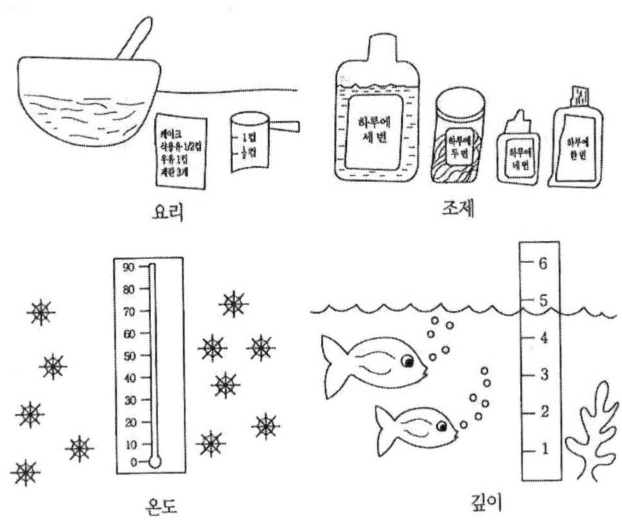

그림 7.1 측정을 이용하는 방법에는 어떤 것이 있을까?

둘째, 측정 지도의 교육적 의의로는 측정을 통해 수학이 일상생활에 유용한 것임을 알게 한다는 점과, 측정을 알면 다른 수학 내용이나 다른 교과를 학습하는데 도움이 된다는 점이다. 측정 도구에 나타난 수를 읽고, 부피를 구하기 위하여 곱하고, 분을 시간으로 나타내기 위하여 나누고, 삼각형의 둘레를 구하기 위하여 더하는 것 등 측정은 수학의 다른 영역을 학습하는데 사용된다. 뿐만 아니라 음악, 미술, 과학, 사회 등의 다른 교과에서도 측정과 관련된 내용들이 사용된다. 또한 측정 영역의 길이, 넓이, 각도, 부피 등을 활용하여 모든 수준의 학생들에게 문제 해결의 경험을 줄 수 있는 다양한 방법을 제공한다. 그뿐 아니라, 학생들로 하여금 능동적으로 학습에 참여케 해준다는 점에서도 교육적 의의를 생각할 수 있다.

셋째, 측정의 수학적 의의로는 측정을 통해 새로운 개념이나 원리, 법칙이 발견된다는 점이다. 사람 수나 물건의 개수를 세는 데는 자연수만으로 충분했지만, 길이나 넓이 등을 재는 데는 유리수가 필요했다. 이런 과정을 거쳐 수 개념이 확장된다고 볼 수 있다. 원의 넓이를 재는 데는 원주율이라는 개념이 필요하고 각의 측정을 통해서 삼각형 내각의 합이 일정함을 알게 되었다. 또한 측정하는 양의 종류가 많아지면서 그 양을 잴 계기가 필요했고, 그 계기를 개발하는 데는 수학을 이용해야 했다. 예를 들면, 시계나 온도계에는 비례 개념이 필요하고 면적계는 적분 개념을 사용하게 되었다.

측정 영역에서는 정적인 내용보다 동적인 내용이 많다. 따라서 측정 영역을 학습할 때는 교과서의 연습 문제 풀이보다는 실제적인 측정 활동으로 문제를 해결하는 경험을 자주 제공하여야 한다. 이번 개정 교육과정에서도 이런 관점에 따라 측정 활동을 바탕으로 측정의 기본 개념을 이해하게 할 뿐만 아니라 수학의 실용성을 인식하게 하고, 수학 학습에 흥미와 자신감을 가지도록 하고 있다.

7.1 양과 측정

1. 양의 개념과 분류

양(quantity)의 개념을 파악한다는 것은 측정의 의미를 이해하는 데 중요한 한 요인이라 할 수 있다. 양이란 통속적으로는 시각, 청각, 촉각 등의 감각에 의하여 사물의 크고 작음, 많고 적음, 무겁고 가벼움 등의 판단을 얻을 수 있는 대상이라고 생각할 수 있다. 따라서 수학적인 정의도 대개 사물의 속성(이를테면, 물건이 많다 혹은 적다, 길이가 길다 혹은 짧다, 무게가 가볍다 혹은 무겁다, 시간의 흐름이 빠르다 혹은 느리다 등)으로서 우리들에게 대소(大小)의 차이를 느끼게 하는 것으로 묘사하거나 혹은 적당한 단위의 설정으로 그 크기를 수 값으로 파악할 수 있는 것으로 정의하며 이러한 양에 대한 감각을 양감[1]이라고 한다.

이러한 관점에서 본다면 사람이나 어떤 개체들의 집합도 그 크기를 생각할 때는 양이 된다. 왜냐하면 사람이나 개체를 각기 동등한 것이라고 생각하고 그 중의 하나를 단위로 해서 그 크기를 수치화할 수 있기 때문이다.

1 양감을 교육현장에서 효과적으로 지도하기 위해서는 측정 영역에 필요한 준비물 및 교구들을 충분히 준비하여 '구체적 조작 활동 중심 수업'이 이루어질 수 있도록 노력해야 한다. 더불어 어림해 보는 활동을 통한 양감육성을 위해 어림 측정 후 토의 활동이나 문제 상황에 따른 다양한 어림 측정 전략 활동의 보완이 필요하다.

결국 양의 개념을 이해하기 위해서는 사물을 비교하고 조작하는 활동이 필요하고, 이러한 면에서 양의 학습은 측정의 방법을 탐구하는 것과 직결된다고 볼 수 있다. 초등수학에서는 사물을 분류·비교·측정하고 토론하는 협력학습을 통해서 자연스럽게 양을 도입하는 것이 바람직하다. 대개 양은 성질 면에서 분리량(이산량)과 연속량으로 대별된다. 즉,

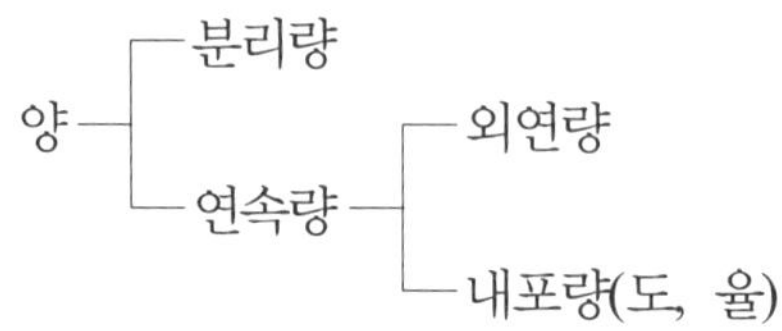

그림 7.2 양의 분류

분리량은 더 이상 분할할 수 없는 양으로서, 예를 들면 사람의 수, 사과의 개수, 종이의 수와 같이 독립된 개체의 수를 나타내는 양을 말한다. 분리량은 세는 과정을 통해서 수치화 할 수 있고, 양의 정수로 표현되며 단위는 자연발생적으로 존재한다. 이에 반하여 연속량은 길이, 넓이, 무게, 부피와 같이 얼마든지 분할이 가능한 양을 말한다. 연속량은 측정이라는 과정을 통해서 수치화 할 수 있고, 실수로 표현되며 단위는 약속에 의하여 정해진다. 이를테면, 1개의 사과가 있을 때 개수의 입장에서 보면 분리량이지만 부피나 무게의 입장에서 보면 연속량이 된다.

앞의 연속량은 다시 외연량과 내포량으로 나뉘는데 외연량은 가법적인 양으로서 길이, 넓이, 부피 등이 여기에 해당하며 내포량은 가법적인 양이 아니다. 이를테면, 온도, 속도, 밀도, 기울기 등이 여기에 속하며 대개 내포량은 아래와 같이 두 외연량의 몫으로 표현되는 경우가 많다. 즉,

(속도) = (거리) ÷ (시간), (기울기) = (수직거리) ÷ (수평거리)

내포량은 다시 도(度)와 율(率)로 분류되는데 도는 속도와 같이 분자와 분모에 오는 외연량이 다른 종류의 양이고, 율은 기울기와 같이 분모, 분자에 오는 외연량이 같은 종류의 양이다.

2. 양의 기본성질

수학은 추상적인 양을 생각하고 이를 무정의 용어로 하여 양이 가지는 공통인 기본 성질을 공리와 같이 사용하고 있다. 양은 구체물을 비교하는 과정에서 자연스럽게 형성되는 추상적

인 개념이므로 초등학교에서는 어떤 계기에 의한 양의 측정이 이루어지기 전에 사물을 비교해 보는 다양한 활동들이 먼저 이루어지는 것이 바람직하다.

양의 기본 성질에는 비교성, 연속성, 가법성이 있는데 이 세 가지 성질은 양을 규정하는 조건도 되며 공리의 성격을 지닌다.

(1) 양의 비교성

같은 종류의 양끼리는 대소 상등의 관계를 비교할 수 있다는 것이 양의 비교성이다. 같은 종류의 두 양에 대한 대소, 상등의 관계를 비교하기 위해서는 길이, 넓이, 각의 크기 등을 포개어 보아 합동관계에 있는지 없는지를 알아보는 것이 중요하다.

다음에는 비교하는 방법인데 이에는 두 가지가 있다. 하나는 그 양이 속해 있는 물체들끼리 직접 포개 보는 직접 비교 방법이고, 다른 하나는 매개물을 이용하는 간접 비교 방법이다.

양을 비교할 때에는 한 양을 이동하여 다른 양에 포개어 보는 작업이 이루어지는데 이와 같이 양을 이동하거나 분할하거나 변형하거나 할 때 양의 크기가 변하지 않는다는 사실이 전제되어야 하며 이와 같은 성질을 양의 보존성이라고 한다.

양의 보존성을 전제로 하여 두 양을 비교할 때 다음 성질을 갖는다.

① 같은 종류의 두 양 a, b에 대하여 아래 세 관계 중 어느 하나만 성립한다.

$$a > b,\ a = b,\ a < b \text{ (삼분율)}$$

② 같은 종류의 양 a, b, c에 대하여 a = b, b = c이면 a = c이고, a > b, b > c이면 a > c이다.

③ 같은 종류의 양에 대해서 a = a', b = b', a > b이면 a' > b'이다.

위의 삼분율 ①과 대소에 관한 추이율 ②에 의하여 같은 종류의 양은 대소로 순서를 결정할 수 있다. 한편 ③은 양의 독립성을 말하는 것으로, 이를테면 어떤 물체의 길이라도 그 물체의 속성에는 관계없이 길이라는 양 자체에 대한 대소를 생각할 수 있다는 것이다.

(2) 양의 연속성

분리량의 측정에서는 양의 정수에 측정치가 대응되나 길이, 넓이, 부피와 같은 연속량의 측정에서는 측정치가 양의 실수에 대응된다.

실수의 집합에서는 연속성이 있으므로 양의 성질에서도 연속성을 지니게 되는데 이와 같은 성질을 양의 연속성이라 하고 아래와 같은 성질을 갖는다.

① 동종의 두 양 a, b에 대해서 $a < b$일 때, $a < c < b$인 양 c가 존재한다(양의 조밀성).

② 양 a와 자연수 n에 대하여 $b\times n=a$가 되는 양 b가 존재한다(양의 등성). 이때 b를 a의 n 등분이라 한다.

③ 동종의 두 양 a, b에 대하여 $a>b$일 때 $a\leqq n\times b$가 되는 자연수 n이 존재한다(아르키메데스의 원리).

이는 같은 종류의 양에 대해서는 최대의 양도 최소의 양도 없고, 보다 작은 양에 의해서 측정이 가능하다는 것을 의미한다.

(3) 양의 가법성

양의 가법성은 단순히 같은 종류의 두 양을 측정하여 가법 또는 감법의 계산을 하는 것만을 뜻하는 것이 아니고, 그보다 앞서 같은 종류의 두 양을 합병하여 한 양으로 만들 수 있다는 뜻이다.

일반적으로 두 물체 A, B에 딸려 있는 어떤 양을 각각 $m(A)$,[2] $m(B)$라고 할 때 A, B를 합병한 $A\cup B$(단, $A\cap B=\varnothing$)의 양 $m(A\cup B)$ 사이에

$$m(A)+m(B)=m(A\cup B)$$

인 관계가 성립한다는 것으로, 두 물체를 합병하면 그 물체에 딸려 있는 양도 합으로 직결된다는 것이다. 이와 같은 양 $m(A)$, $m(B)$를 가법적인 양이라고 한다.

연속량 가운데도 농도, 밀도, 속력 등의 내포량에 대해서는 단순한 합을 생각할 수 없다. 초등수학에서 가법적인 양 즉, 외연량의 대표적인 예로는 길이, 넓이, 들이, 무게, 시간, 각도 등이 있다.

양의 가법에 관한 성질은 다음과 같다.

① 같은 종류의 양에 대해서, $a=a'$, $b=b'$이면 $a+b=a'+b'$

즉, 같은 종류의 양은 물체에 관계없이 합할 수 있다는 의미이다.

② 같은 종류의 세 양 a, b, c에 대하여

㉠ $a+b=b+a$ (commutative law)

㉡ $(a+b)+c=a+(b+c)$ (associative law)

즉, 물체를 합병해서 얻는 양의 크기는 물체를 합하는 순서에 무관하다는 것을 나타내고 있다. 이는 양의 크기에 대한 보존성에 기인한다.

③ 같은 종류의 양 a, b, c에 대하여

2 $m(A)$에서 m은 measure(측도)의 첫 글자를 나타낸 것이다.

㉠ $a+b>a$

㉡ $a>b$이면 $a=b+c$가 되는 양 c가 존재한다.

이것은 양의 대소 관계와 합과 차의 관계를 나타내는 것이다. 여기서 c를 $a-b$로 나타내고, a와 b의차라고 한다. 여기서 $a=b$이면 $a-b$는 양이 아니지만 이것을 양이라고 보고 0으로 나타낸다면 양의 합, 차는 수의 합, 차와 같은 성질을 가진다.

3. 측정과 단위

수는 양으로부터 추상된 개념이라는 측면에서 양의 측정이 수·연산에서 어떤 의미를 갖는지를 이해하는 것은 아동에게 매우 중요하다. 왜냐하면 그의 측정 활동이 수치화됨으로서 그의 적절한 수 감각과 양감이 증진되기 때문이다. 이러한 측면에서 측정은 구체물과 수학을 연결하는 촉매제로 역할하게 된다.

양의 측정이란 주어진 양의 크기가 기준이 되는 양의 '몇 배에 해당하는가'를 수치화하는 과정이다. 이 때 기준 되는 양의 크기를 단위(單位)라 하고, 주어진 양이 단위의 몇 배가 되는지를 나타내주는 수를 그 단위에 의한 측도(measure)라 한다. 측정값은 측도를 단위와 함께 나타낸 값이다. 실제로 아동은 자신의 측정 활동이 수학에서 어떻게 표현되는가를 이해함으로써 수학의 위력을 체득하고 신뢰할 수 있다.

일반적으로 측정의 지도는 다음 순서를 따르는 것이 보통이다

1) 양에 대한 인식

측정은 측정하려는 것이 무엇인가를 인식하는 것으로부터 시작된다. 측정되는 것을 감각으로 느끼고 지각함이 없이 아동에게 측정 도구의 눈금을 설명한다는 것은, 눈금 읽기를 훈련시키는 것에 불과하다. 이를테면 길이를 측정하기 위해서는 길이가 무엇인지를 먼저 알아야 한다. 아동이 길이를 비교하거나 측정을 하기 전에 '길다, 짧다', '높다, 낮다', '깊다, 얕다'와 같은 말이 어떤 상황에서 쓰이지는 아는 것이 필요하다. 다시 말하면 길이라는 양이 어떤 매체에 의해 어떤 장면에서 나타나는가를 알아야 하는 것이다. 아동의 주변 세계에 대한 지각 경험은 체계적인 방법으로 하게 되는 것이 아니므로, 교사는 아동들에게 측정되는 대상의 여러 성질들을 경험할 수 있게 해줘야 한다. 이런 활동이 측정을 학습하는 근본적인 출발점이 된다.

2) 양의 비교

(1) 직접 비교

어떤 양의 속성을 인식하게 되면 자연스럽게 그 양을 다른 양과 비교하게 된다. 직관적으

로 쉽게 비교할 수 있는 경우도 있지만 그렇지 않은 경우 직접 이동하여 서로 맞대어 보거나 겹쳐본다. 대상을 직접 이동하여 겹치거나 견주어 봄으로써 양의 대소를 비교하는 방법을 직접 비교라 한다. 직접 비교를 하는 과정을 통해서 아동은 양의 보존성을 체득하게 된다. 그러나 대상을 이동하는 과정에서 아동은 물체의 크기나 위치에 따라 시공간적 불편성에 직면한다. 이러한 직접 비교의 불편성의 경험은 그로 하여금 대상을 이동하는 대신 매개물을 이용하는 간접 비교의 방법을 모색토록 한다.

(2) 간접 비교

비교하는 양을 이동할 수 없을 경우에는 다른 구체물을 이용하여 비교하여야 한다. 이 때 사용하는 구체물을 임의 단위라 하는데, 아동이 사용하는 임의 단위로는 양에 따라 뼘, 보폭, 막대기, 책, 바둑돌, 구슬, 성냥개비 등이 있다. 아동은 대상을 이동하는 대신에 이들 임의 단위를 이용하여 비교하게 된다.

적절한 임의 단위를 사용하여 측정하는 과정에서 아동은 양의 독립성을 체득할 수 있다. 그러나 임의 단위로 측정하면 비교 대상을 이동하지 않고 견주어 볼 수는 있으나, 임의 단위의 크기가 일정하지 않으므로 시공간적으로 의사소통에 많은 문제가 발생한다. 이를테면 임의 단위의 매개물이 사라지면 측정 수치가 무의미해 진다. 이러한 임의 단위의 불편성은 표준 단위의 필요성을 의식토록 한다.

결국, 표준 단위의 도입에 앞서 임의 단위의 측정 경험은 표준 단위의 도입을 수월하게 할 수 있다. 이러한 면에서 측정 학습의 본질은 측정 기능의 훈련보다는 '왜, 어떻게' 측정해야 하는가의 인식이 매우 중요하게 된다.

3) 양의 측정

(1) 직접 측정

직접 측정이란 측정 도구나 계기를 이용하여 측정하는 방법이다. 직접 측정에는 단위로 분할하는 측정과 계기의 눈금을 이용하여 측정하는 방법이 있다.

① 단위로 분할하는 측정

양을 적절한 크기로 분할하여 분리량화해서 측정하는 방법으로, 어떤 거리를 뼘으로 재어서 '몇 뼘'으로 말하거나 곡식을 홉, 되, 말 등의 일정한 그릇에 담아 정량화해서 측정하는 방법이다.

단위로 분할하는 측정은 가장 기본적인 측정 방법이다. 이 방법은 자연수를 바탕으로 연속량의 측정 학습과 더불어 근삿값 개념도 이해할 수 있다. 또, 양을 일정한 단위로 분할하여 측정하면 측정값의 의미가 보다 분명해지고 나아가 표준 단위를 자연스럽게 도입할 수 있다.

② 눈금을 이용한 측정

눈금을 이용한 측정은 양을 계기판의 수치나 눈금에 대치시키는 측정 방법이다. 이를테면, 자, 매스실린더, 저울, 시계, 각도기 등은 양을 선분화하여 계기의 눈금에 대치하는 기구이다. 이 때 구체물의 양은 계기의 눈금에 의하여 시각화된다.

계기를 이용한 측정 지도에서는 계기 조작의 숙달에 앞서 계기의 구조와 기능에 대한 사전 지식이 필요하다. 아동은 계기의 모양과 특징, 용도, 기점인 0의 위치와 그 의미를 이해하여야 하고, 이를 바탕으로 눈금의 의미를 이해하고 계기를 유효하게 조작하게 된다. 따라서 계기의 성질은 아동이 직접 조작하지 않으면 적절한 양감은 형성될 수 없다.

양을 측정하기 위해서는 먼저 계기를 물체에 접근시켜야 하고, 또 눈금을 정확하게 읽어야 한다. 따라서 직접 측정의 경우에는 계기를 취급하는 손가락 조작과 시각적 관찰력도 중요하다. 그러나 계기의 조작과 시각적 관찰이 정확하더라도 기준 단위에 대한 양감이 적절하지 않으면 그 측정값은 무의미한 수치로 인식되기 쉽다.

(2) 간접 측정

계기만으로 측정할 수 없는 양이 우리의 주변에는 많이 있다. 전선의 길이나 배의 무게, 원의 넓이, 각기둥의 부피, 산의 높이 등은 계기만으로는 측정할 수 없다. 이 경우에 측정 가능한 일부의 양과 수학의 원리를 결합하여 계산하게 된다. 이와 같이 직접 측정의 결과 값과 수학을 이용하여 측정하는 것을 간접 측정이라 한다.

다음은 간접 측정의 예이다.

- 전선 일부의 무게를 재어 전선의 전체 길이를 구하는 일
- 부채꼴의 넓이를 반지름과 중심각을 측정하여 구하는 일
- 닮음비를 이용하여 나무의 높이를 구하는 일
- 전개도를 이용하여 원기둥의 겉넓이를 구하는 일

이와 같이 우리 주변에는 직접 측정이 불가능한 경우가 적지 않으므로 고학년의 측정 학습의 본질은 간접 측정 방법을 개발하는 것이 되어야 한다. 이러한 면에서 간접 측정의 효율성이 이해되는 적절한 장면을 구안 제공하는 것이 바람직하다. 또, 저학년에는 측정 결과보다 과정을 중시하고, 보다 편리한 방법을 찾아보려는 태도 양성에 초점을 맞추어야 한다.

4) 단위의 도입

양을 임의 단위로 측정하면 임의 단위에 따라 그 측정값은 서로 다르게 나타난다. 따라서 임의 단위에 의한 측정은 의사소통에 여러 문제점을 유발하여 사회적으로 일반화될 수 없다. 이에 따라 사회적으로 통용될 수 있는 표준 단위가 필요하게 된다. 이를테면, 일상생활에서 자주 사용되는 '5 m의 길이', '8 kg의 무게', '10 L짜리 병' 등의 표준 단위 표현은 사회적으

로 원활한 의사소통을 가능하게 한다.

그러나 표준 단위를 사용하더라도 아동이 단위에 대한 양감이 적절하게 형성되어 있지 않으면 유효한 측정을 전개할 수 없다. 따라서 계기에 의한 측정 지도에 앞서 표준 단위에 대한 양감을 적절하게 이해하여야 한다. 즉 표준 단위에 대한 적절한 양감은 계기를 효율적으로 사용하기 위한 필요한 조건이 된다.

표준 단위를 지도하기 위해서는 표준 단위에 대한 다음과 같은 관점이 필요하게 된다.

① 단위는 누구나 쉽게 이해하고 사용할 수 있도록 적절한 이론적 배경을 가져야 한다.
실제로 아무리 좋은 이론적 배경의 단위라도 사용하기에 불편하다면 단위로서의 가치는 적다. 따라서 모든 사람들이 사용하기 위해서는 단위의 명칭과 크기, 기호가 쉽게 이해되는 적절한 이론적 배경이 필요하게 된다.

우리의 전통 단위는 조상들이 사용해 온 역사성이 있기 때문에 현재의 우리 생활에 사용되는 경우도 있다. 그러나 이러한 전통 단위는 국제적 호소력이 적은 것이 결점이다. 따라서 개방화 시대에 비추어 단위는 국제단위계(SI)와 같이 이론적 바탕과 역사적 배경이 있는 것이 바람직하다.

② 독립된 단위계[3]는 가능한 한 적고, 기본 단위를 간단하게 연결하여 다른 양의 단위계로 확장될 수 있어야 한다.
연속량은 무수히 많다. 그러나 양마다 독립된 단위계를 설정한다면 이를 기억하고 사용하기에는 매우 불편할 것이다. 따라서 독립된 단위계를 줄이기 위하여 기본 단위와 관련시켜 다른 양의 단위계를 구성할 수 있는 것이 바람직하다.

이를테면, 길이 단위로서 선분을 사용하고 넓이는 정사각형을, 부피는 정육면체를 이용하면 넓이와 부피는 길이 단위로서 구성할 수 있다. 또, 속력의 단위를 따로 정하기보다는 거리와 시간의 단위를 결합하여 사용할 수 있다.

③ 단위량은 측정 대상보다 작아서 취급이 간편하여야 한다.
만약, 단위량이 측정 대상보다 너무 큰 경우에는 그 측정값은 0과 1사이의 소수로 나타나게 되어 계기 눈금을 읽거나 측정하기가 쉽지 않다. 또, 단위량이 대상보다 너무 작은 경우에는 그 측정값은 너무 큰 수로 나타나게 된다. 따라서 이러한 불편성을 예방하기 위하여 측정 대상의 종류에 따라 적절한 크기의 단위를 설정하는 것이 바람직하다. 실제로 이러한 난점을 극복하기 위하여 극단적인 양에 대해서는 보조 단위를 도입하여 사용한다.

3 기본 단위를 정하고 그것에서 몇 개의 유도 단위를 만듦으로써 생겨난 동족(同族)의 단위계열을 말한다. 예를 들면 미터법의 MKS단위계, CGS단위계, 야아드, 파운드법, 척관법(尺貫法) 등이다.

5) 측정값의 이해

계기를 사용하여 구체물을 측정하는 실질적인 활동을 통하여 아동은 양이 물체의 여러 속성들이 사상된 객관적인 개념으로 파악하게 된다. 이에 따라 아동은 양의 직접 비교에서 점진적으로 계기를 조작하고 또한 수와 연산의 조작으로 대치할 수 있게 된다.

그런데 연속량을 측정하면 측정값이 정수로 떨어지는 경우는 극히 드물고, 대부분 단위 미만의 나머지 부분이 나타나게 된다. 이와 같이 측정값이 정수로 떨어지지 않을 경우에는 측정값의 용도를 고려하여 적절히 끝수 처리를 하여야 한다. 끝수 처리의 방법에는 반올림, 올림, 버림의 3가지 경우가 있다.

실제로 어떤 사물의 길이를 뼘, 보폭, 막대, 연필 등의 구체물로 측정하면 대부분 '약간 길다(짧다)', '조금 더(덜) 된다', '약 4뼘' 등의 용어를 사용하게 된다. 이를테면, 어떤 양 A를 단위 E인 계기로 측정한 측도 A/E 가 12.5이면, 그 측도는 $12.45 \leq A/E < 12.55$의 범위의 수로서 인식되는 것이 보통이다. 따라서 아무리 정밀한 계기라도 일반적으로 계기에 의한 측정값은 대부분 근삿값이다.

실제로 자기의 체중을 정확히 아는 사람은 없고, 그가 아는 수치는 대부분 근삿값이며 참값이 아니다. 그런데 아동은 대부분 이러한 측정 과정을 망각하고, 계기의 수치만을 참값으로 믿기 쉽다. 따라서 계기에 의한 실제적인 측정을 통하여 자연스럽게 '약', '보다 크다', '보다 작다' 등을 사용하게 한다.

결국, 여러 가지 양을 비교하는 과제를 제시하고 자연스럽게 간접 비교를 유도하고, 이를 확인하기 위하여 표준 단위에 의한 측정활동을 전개함으로써 양의 개념 이해와 더불어 개측 기능까지 육성할 수 있게 된다.

국제단위계(SI : Le Systeme International d'Unites(佛) = The International System of Units)현재 세계 대부분의 국가에서 사용하고 있는 단위계이며, 이 단위계의 명칭 '국제단위계'와 국제적 약칭 'SI'는 1960년 11차 국제도량형총회(CGPM)에서 결정되었다. 우리나라에서는 1964년 1월 1일 계량법에 의거 이 단위계만 사용하도록 하였다.

국제단위계는 크게 기본 단위, 보조 단위, 유도 단위로 구분된다.

① 기본 단위

양을 측정하는 데 사용되는 기본 단위로는 길이(m), 질량(kg), 시간(s), 전류(A), 열역학적 온도(K), 물질량(mol), 광도(cd)의 7개가 있다. 다른 양들은 대부분 이들 기본 단위를 결합함으로써 표현될 수 있다. 측정 영역에서 지도하는 기본 단위로서 1미터(m), 1킬로그램(kg), 1초(s)에 대하여 그 이론적 배경을 알아본다.

㉠ 길이의 기본 단위는 1 m(meter)

1875년 국제미터조약회의에서 지구 자오선 길이의 4천만 분의 1의 길이를 기본 단위 1m

로 규정하였다. 그러나 과학 기술의 발전에 따라 보다 정밀한 단위 기준이 필요하게 되어 길이 단위 1 m를 진공 상태에서 1/299792458초 동안에 빛이 진행한 경로의 길이로 다시 수정하였다(1983년 17차 CGPM).

㉡ 질량(무게)의 기본 단위는 1 kg(kilogram)

1 kg의 무게는 1기압 하에서 최대 밀도(3.98 ℃)인 순수한 물 1 L의 질량으로 결정하고, 이에 해당하는 국제 킬로그램 원기(1 kg)를 만들어 질량의 기준으로 삼기로 하였다(1901년 3차 CGPM).

㉢ 시간의 기본 단위는 1초(second)

1초는 평균 태양일의 86400분의 1을 진자가 1회 흔들리는 데 요하는 시간으로 결정하였으나 다시 Cesium 133(^{133}Cs)원자가 바닥상태에 있는 두 초미세 준위간의 전이에 대응하는 복사선의 9 192 631 770 주기의 지속 시간으로 개정하였다(1967년 13차 CGPM).

② 보조 단위

기본 단위만으로는 너무 크거나 작은 양에 대해서는 효율적으로 사용할 수 없다. 왜냐하면, 이와 같은 극단적인 양에 대하여 기본 단위에 의한 측정값은 너무 작거나 크고, 따라서 눈금 읽기가 쉽지 않다. 이러한 특수한 양에 대비하여 보조 단위를 도입한다. 보조 단위는 보통 기본 단위에 접두사를 첨가하여 사용한다. 미터법에 따른 보조 단위의 구조는 표 7.1과 같다.

표 7.1 보조 단위

배율	접두사	기호	길이	무게		들이	넓이
10^{12}	tera	T					
10^{9}	giga	G					
10^{6}	mega	M	Mm	Mg	Mt	ML	Ma
10^{3}	kilo	k	km	kg	kt	kL	
10^{2}	hecto	h	hm	hg			ha
10	deca	da			t		
1			m	g		L	a
10^{-1}	deci	d	dm	dg		dL	
10^{-2}	centi	c	cm	cg			
10^{-3}	mili	m	mm	mg		mL	
10^{-6}	micro	μ	μ m	μ g		μ L	
10^{-9}	nano	n					
10^{-12}	pico	p					

> **참고** a(아르)라는 명칭은 표면이라는 뜻의 라틴어 area에서 유래하였고, ha(헥타르)의 명칭은 헥토(hecto)는 그리스어로 100배를 의미하며, 아르의 100배이다.
> km(킬로미터)의 명칭에서 킬로는 1000배를 의미하며 km^2는 넓이의 단위이나 길이단위에서 만들어졌으므로 제곱이 붙게 되었다.
>
> $$1\ km^2 = 1000\ m \times 1000\ m = 1\ km \times 1\ km$$
>
> 톤(ton)은 실제로 큰 술통이라는 의미를 가지고 있으며 영어 톤(ton)은 프랑스어로 토너(tonneau)와 같은 어원으로, 모두 켈트(셀틱)어에서 유래하였다.

③ 유도 단위

유도 단위란 기본 단위와 보조 단위를 결합하여 만든 단위로 넓이, 부피, 속력, 밀도, 농도 등은 모두 유도 단위를 사용하여 표현된다. 이를테면, 넓이는 (길이)×(길이)로 나타낼 수 있으므로 넓이 단위는 길이 단위에 따라 cm^2, m^2, km^2로 나타낼 수 있다.

보편 단위가 도입되기 전 우리 조상들은 여러 가지 단위를 만들어 생활에 사용하여 왔다. 이를테면 전통 단위로는, 길이 단위로서 '자(尺)와 리(里)', 넓이 단위로서 '평(坪), 마지기, 정보', 무게 단위로서 '돈, 근, 관', 부피 단위로서 '홉, 되, 말, 섬' 등이 있다. 실제로 미국에서는 '인치(inch), 피트(feet)' 외에도 '배럴(barrel), 갤런(gallon)' 등이 사용되고 국제 무역에서도 사용되고 있다. 전통 단위는 지역적인 민족 문화의 특수성을 반영하고 있어서 각국에서도 관습적으로 사용되고 있다. 공식적으로는 SI 단위를 사용하는 것이 원칙이지만 일상생활에서 거리, 무게, 들이, 넓이, 부피를 나타내는 전통 단위를 외면하기는 쉽지 않다. 따라서 전통 단위는 아동으로 하여금 조상 문화를 이해하고 일상생활의 문제 해결과 함께 부모와의 실질적인 대화를 가능하게 한다. 따라서 전통 단위 지도는 실제적인 측정 활동을 통하여 양감각을 형성하는 것에 의의를 두는 것이 바람직하다.

이러한 관점에서 사회에서 자주 사용되는 전통 단위를 개략적으로 소개한다.

- 길이 단위 : 1자 = 약 30.3 cm, 1인치(inch) = 약 2.54 cm, 1피트(feet) = 12인치,
  1마일(mile) = 1609.3 m
- 무게 단위 : 1돈 중 = 3.75 g, 1근 = 600 g, 1관 = 1000돈 = 3.75 kg
- 부피 단위 : 1말 = 10되, 1되 = 10홉, 1리터(L) = 5.54홉, 1홉 = 180 cm^3
- 넓이 단위 : 1평 = 6자×6자, 1정보 = 3000평, 1단보 = 300평

7.2 측정지도의 실제

초등학교 수학에서 취급되는 양은 주로 외연량으로서 길이, 시간, 넓이, 부피, 들이, 무게, 각도 등이 있다. 이에 관한 학습을 통하여 아동은 양의 일반적인 개념을 이해하고, 계기를 사용하여 측정함으로써 양에 대한 기본 지식과 측정 기능을 습득한다.

양의 도입은 아동들이 실생활에서 많이 접할 수 있고 모든 양의 기본이 되는 길이에서 출발한다.

1. 길이의 지도

길이는 모든 양 중에서 가장 기본이 되는 개념이다. 즉, 길다·짧다, 두껍다·얇다, 높다·낮다, 깊다·얕다, 멀다·가깝다 등은 모두 길이로서 측정된 표현이며, 다른 양들도 측정 계기에서 대부분 길이로 표현된다. 따라서 길이 개념은 양 지도 과정에서 가장 확실하게 이해되어야 할 개념이며, 길이의 지도는 앞으로의 양의 지도에 기초가 된다.

1) 길이의 비교

길이 개념을 이해하기 위하여 길이로 표현되는 여러 가지 물체를 비교하게 한다. 이를테면, 두 연필의 한쪽 끝을 맞추어 나란히 놓거나 세워서 그 길이를 비교한다. 이와 같이 길이로 나타나는 여러 가지 구체물을 직접 비교함으로써, 아동은 구체물을 '길다·짧다', '높다·낮다', '멀다·가깝다'로 표현하게 된다.

그림 7.3 길이의 직접 비교

길이의 직접 비교 활동을 충분히 실행한 뒤에는 직접 비교가 불가능한 예를 제시한다. 이를테면, 책상의 가로와 세로의 길이는 직접 비교할 수 없다. 이때는 적절한 매개물을 이용하여 길이를 비교하는데, 이 때 사용되는 매개물은 임의 단위로 사용된다. 아동이 매개물로 사용하는 구체물로는 연필, 지우개, 막대, 끈, 뼘 등이다.

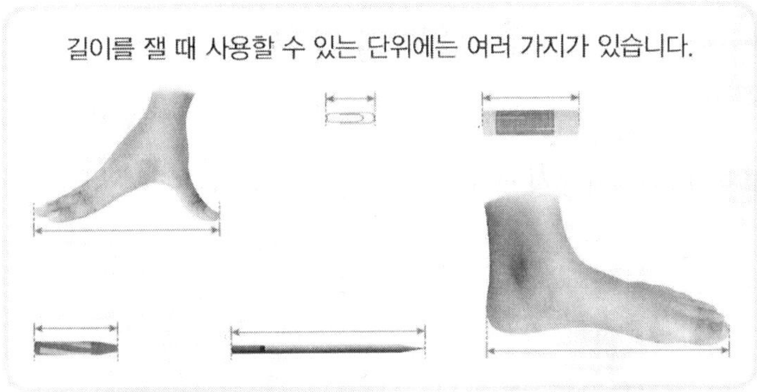

그림 7.4 길이를 잴 수 있는 여러 가지 임의단위

길이의 비교는 구체적 조작에 의하여

① 대상 그 자체가 길이로 생각되는 것들(막대, 철사, 노끈 등)의 비교
② 길이가 물건의 한 측면(책상의 가로·세로, 상자의 높이, 원통의 둘레 등)이라고 생각되는 것들의 비교
③ 길다·짧다로 표현되지 않는 것(두껍다, 얇다, 넓다, 좁다, 깊다, 얕다, 멀다, 가깝다 등)들의 비교

의 3가지 경우가 모두 경험되도록 지도한다. ①의 경우 물체를 직접 이동하여 직접 비교하고, 다음에는 ②의 경우로서 적절한 임의 단위를 사용하여 간접 비교하게 한다.

길이를 끈이나 막대로 대치하게 되면, 이를 이용하여 2배, 3배가 되는 길이를 만드는 조작을 통하여 길이의 보존성과 가법성을 이해하게 한다. 아울러 ③의 활동을 통하여 길이와 관련된 여러 가지 표현도 바르게 사용하게 한다.

길이는 선분이 전제되어야 하므로 임의 단위로는 실이나 막대기, 뼘과 같이 팽팽하게 당겨져 직선형으로 만들 수 있는 구체물을 사용하여야 한다. 나아가 실이나 끈을 통하여 곡선에도 길이가 존재함을 이해하고, 곡선의 길이도 비교할 수 있는 방법을 구안하게 한다.

2) 길이의 단위 지도

길이의 단위를 도입하기 위해서 '어느 쪽이 더 긴가'에서 '얼마나 더 긴가'로의 관점의 전환이 필요하다. 이를테면, 책상의 가로의 길이와 세로의 길이를 비교하려면 사실상 직접 비교가 불가능하므로 '뼘' 혹은 '필통의 길이'를 임의 단위로 하여 간접 비교 하게 된다. 여기서 책상의 길이는 '몇 뼘' 혹은 필통의 길이로 '몇 번'과 같이 임의 단위로 수치화가 가능하나 사람마다 이용한 단위길이가 다르면 의사소통이 어렵게 된다. 이와 같이 임의 단위의 불편함을 깨닫게 하여 길이의 표준 단위의 필요성을 인식하게 한다.

이 후 자를 이용하여 표준 단위 1 cm를 도입하고 자의 특징과 용도를 살펴보게 한다. 자는 단위길이를 직선으로 이어 붙여서, 그 개수로서 길이의 측도를 바로 읽을 수 있게 만든 기구이다.

길이의 단위를 기본 단위 1 m부터 시작하게 되면, 2 m, 3 m, 4 m, … 등을 취급하여야 하므로 아동의 조작 능력에 비추어 양감 형성이 어려울 것이다. 따라서 길이 단위는 자를 이용하여 보조 단위 1 cm부터 지도하는 것이 보통이다.

활동1 단위길이가 서로 다르면 어떤 일이 생기는지 알아보시오.

그림 7.5 임의 단위의 불편성

3) 길이의 측정

거리는 두 점을 잇는 선 가운데 가장 짧은 선의 길이를 의미한다. 그러나 일상생활에서 사용하는 거리는, 이를테면 집에서 학교까지 걸어온 거리는 걸어 온 여정을 의미하기 때문에 길이와는 다른 측면도 있다.

두 점 사이의 거리를 측정하기 위하여 자를 이용하여 두 점을 선으로 잇고, 선분의 길이를 측정한다. 또, 측정을 좀 더 정확하게 하기 위하여 5 cm와 6 cm 사이의 길이를 재게 하여 1 mm를 도입할 수 있다. 이를 통하여 아동은 보조 단위 'mm'의 필요성을 이해하고 작은 칸 수를 세는 과정에서 길이의 보존성과 가법성을 이해한다.

또, 교실의 가로, 세로의 길이를 30 cm인 자로 재어 보면 몇 번이고 재어야 하는 불편성을 경험한다. 이 때문에 보다 큰 단위가 필요하게 되고 자연스럽게 기본 단위 '1 m'를 도입하고, '1 m=100 cm'임을 이해한다.

또, 먼 거리를 잴 경우에도 길이의 보조 단위가 필요함을 이해하고 '1 km'를 도입한다. 1 km를 지도하는 경우, '1 km=1000 m'라는 관계뿐만 아니라 1 km의 거리를 어림해 봄으로써 적절한 양감을 형성할 수 있다. 이를 통하여 1 m, 1 cm, 1 mm, 1 km 사이의 관계를 이해하고 활용한다.

길이의 보조 단위를 이해하게 되면 복명수를 읽고 계산할 수 있게 한다. 이를테면, 235 cm를 2 m 35 cm로 표현하고, 여러 가지 길이 단위의 합과 차를 구해 본다.

2. 시각과 시간의 지도

시각은 시계의 침이 가리키는 때의 위치를 나타내는 말이고, 시간은 두 시각 사이의 양을 나타내는 말이므로 시각과 시간은 시각적인 양이 아니다. 따라서 시각과 시간의 개념을 도입하기 위하여 주변의 사상을 구체적인 활동을 통하여 비교하게 된다.

1) 시간의 비교

시간은 비교에 앞서서 시간을 어떻게 추출할 것인가를 생각하지 않으면 안 된다. 시간의 비교는 등속으로 흘러나오는 물의 축적량 등으로 대치해서 어느 쪽이 더 오랫동안 받은 물인가를 알아보는 일이 된다. 이와 같은 비교를 통해서 시간을 등속운동량(부피, 길이)으로 나타낼 수 있을 때의 경과 정도로 알게 하는 것이 필요하다.

2) 시간의 단위

시간의 단위는 일상생활에서의 시계에 의한 시각 읽기를 통해서 시각의 차이로부터, 시, 분 등의 단위와 이들 사이의 관계가 도입된다. 이 때 시각과 시간의 구별에 유의해야 한다. 즉, 일과표 등과 관련지어 시각은 시계의 침이 가리키는 때의 위치이고, 시간은 침의 회전량으로 나타내는 시각 사이의 차이 또는 때의 흐름의 양임을 명백히 해야 한다. 이 구별이 명확하지 않으면 아동들이 혼동하기 쉽다.

1초 단위의 시간은 스톱워치(stop watch)의 초읽기나 시계추의 진동 주기를 이용하여 단위량의 크기를 이해시키고, 초읽기와 1분의 단위사이의 관계 지도를 통해서 복명수 단위의 시각 읽기와 시간 알아보기 및 시간의 가법성 등을 이해하도록 해야 할 것이다.

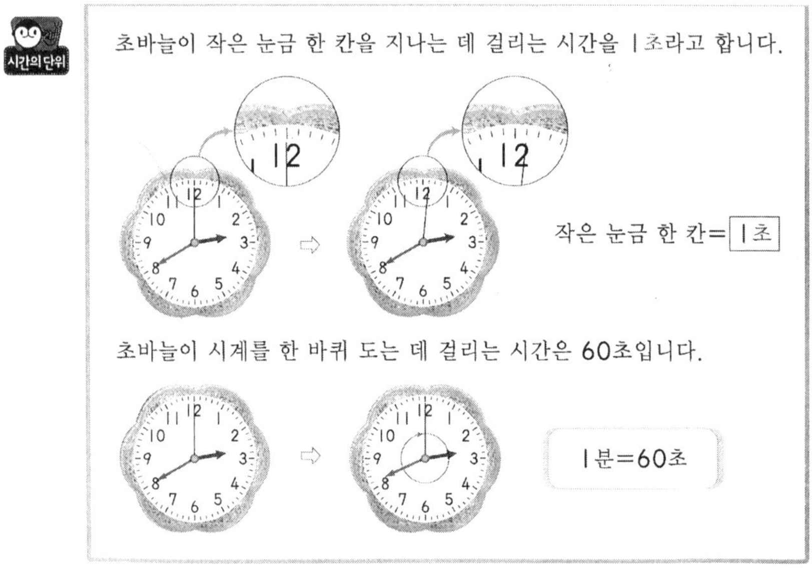

그림 7.6 시간의 단위

3) 시간의 계산

시간의 계산을 위하여 먼저 '1시간=60분'의 관계를 이해하여야 한다. 이를 위하여 적절한 문제 상황을 제시하고, 또 모형시계를 이용하여 60분이 넘는 시간, 이를테면 '80분=1시간 20분, '145분=2시간 25분'임을 이해한다.

시각과 시간 사이의 관계는 구체적인 문제 상황을 통하여 지도한다. 이를테면 '몇 시 몇 분'의 계산은 먼저 시 또는 분이 같은 경우에서 출발하여 점진적으로 시와 분이 모두 다른 경우로 진행한다.

일반적으로 시간은 양이고 시각은 위치를 나타내는 것으로서 그들 사이의 계산에서는

(시간) ± (시간) = (시간) ⋯ ①

(시각) ± (시간) = (시각) ⋯ ②

의 두 가지 유형이 있다.

시간의 계산은 언제나 양을 대상으로 하기 때문에 시각을 쓰지만 시각도 양, 곧 시간으로 보고 셈하고 있는 것임을 알아야 한다. 위치는 원래 양화되지 않으면 계산의 대상이 되지 않는다. 위치에 양을 더하거나 빼어주면 새로운 위치 ②의 형이 결정된다.

활동 2 달리기 대회 시간표가 물에 젖어 일부가 지워졌습니다. 경기 시각과 걸리는 시간을 알아보시오.

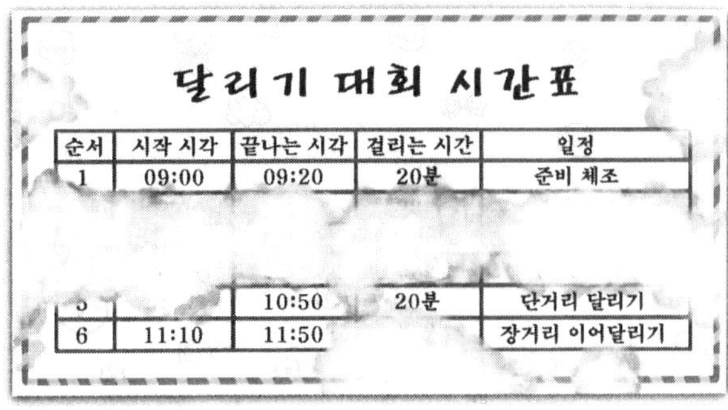

달리기 대회 시간표

순서	시작 시각	끝나는 시각	걸리는 시간	일정
1	09:00	09:20	20분	준비 체조
5		10:50	20분	단거리 달리기
6	11:10	11:50		장거리 이어달리기

- 단거리 달리기를 시작하는 시각을 어떤 방법으로 알 수 있습니까?
- 식을 쓰고 계산하시오.
- 장거리 이어달리기를 하는 데 걸리는 시간을 어떤 방법으로 알 수 있습니까?
- 식을 쓰고 계산하시오.

그림 7.7 시간의 계산

3. 들이의 지도

일반적으로 측정에서의 들이는 용기의 내부 공간에 담을 수 있는 양을 의미하므로 들이는 용기를 전제로 한 개념이다. 따라서 들이는 보통 용기에 들어가는 액량의 부피로서 측정된다. 들이의 본질적 개념은 부피가 된다.

들이의 개념을 지도하기 전에 '들이'의 용어에 대한 지도가 필요하다.

1) 들이의 비교

들이의 개념을 지도하기 위하여 용기를 사용한다. 이 때 사용하는 용기로는 컵, 깡통, 그릇, 주전자, 접시 등이 있다. 이들 용기를 제시하고 그 내부 공간의 크기를 비교하게 한다. 실제로 용기의 들이는 그의 내부 공간에 관련된 양이므로 외형만으로는 정확하게 비교할 수 없다. 직접 비교를 하기 위해서는 물과 같은 채우는 물질이 필요하다. 두 용기가 비어 있는 경우 한 용기에 물을 채우고, 어느 쪽이 더 들어 있는지를 알기 위해 그것을 다른 용기에 붓는다. 이런 과정을 거쳐 어느 용기에 더 많이 들어가는지를 알 수 있다.

두 용기를 직접 비교할 수 없을 때, 다음과 같은 방법으로 간접 비교하게 한다.

- 용기에 들어 있는 액량을 같은 모양의 용기에 붓고, 그 수면의 높이를 비교한다. 이때에는 수면의 높이가 높을수록 들이가 크다.
- 컵이나 비커 등을 이용하여 액량을 등분할 한다.

활동2 여러 가지 작은 컵을 사용하여 물통의 들이를 비교해 보시오.

단위	가 물통	나 물통	무엇이 얼마나 더 많이 들어 있습니까?
종이컵	□개	□개	□ 물통이 □ 물통보다 종이컵 □개만큼 더 많이 들어 있습니다.

그림 7.8 들이의 비교

액량을 등분할하거나 여러 용기의 액량을 큰 용기에 합치는 실험을 통하여 아동은 들이의 보존성을 이해한다. 실제로 컵이나 비커에 의한 액량의 등분할 조작은 임의 단위에 의한 측정이므로 한 컵, 두 컵, 세 컵, … 등으로 셀 수 있다. 그러나 임의 단위에 의한 들이 측정은 꼭 맞아떨어지는 경우가 거의 없고, 대부분 약간의 양이 남게 된다. 이때에는 어림값으로 '약간 더 된다.', '약간 덜 된다.'를 사용한다. 임의 단위를 이용할 경우 컵에 따라 측정 수치가 달라질 수 있으므로 의사소통에 불편이 따르게 된다. 따라서 자연스럽게 표준 단위의 필요성을 인식시킨다.

2) 들이의 표준 단위

들이의 표준 단위로서 1 L와 1 mL가 있다. 1 L는 용기의 내부 공간이 가로, 세로, 높이가 각각 10 cm인 정육면체의 부피에 해당하는 양이다. 즉, 1 L = 1000 mL , 1 mL(들이) = 1 cm^3 (부피), 1 L(들이) = 1000 cm^3(부피)이다.

하지만 들이와 부피 사이의 관계는 지도하지 않고 실제적인 들이의 측정 활동으로 1 L와

1 mL의 양감을 기르고, 1 L와 1 mL 사이의 관계만을 이해하게 한다.

용기의 들이를 1 L와 1 mL 단위를 이용하여 측정하는 경우 측정하고자 하는 물건의 들이가 1 L와 1 mL의 몇 배인가를 중심으로 들이를 측정하는 일을 한다. 이 때 측정하고자 하는 그릇의 들이를 미리 어림으로 예측해보고 1 L 또는 1 mL로 확인하는 과정을 거치면서 1 L와 1 mL에 대한 양감을 기르는 활동을 한다. 보다 적은 양을 측정하고자 할 때에는 계기의 표면에 외부에서 쉽게 관찰할 수 있도록 용량을 눈금을 나타내어 사용한다. 이를테면, 비커나 매스실린더(mass-cylinder)와 같은 용기의 표면에는 용액의 수면을 관찰할 수 있도록 눈금으로 표시되어 있어서 쉽게 그 액량을 측정할 수 있다.

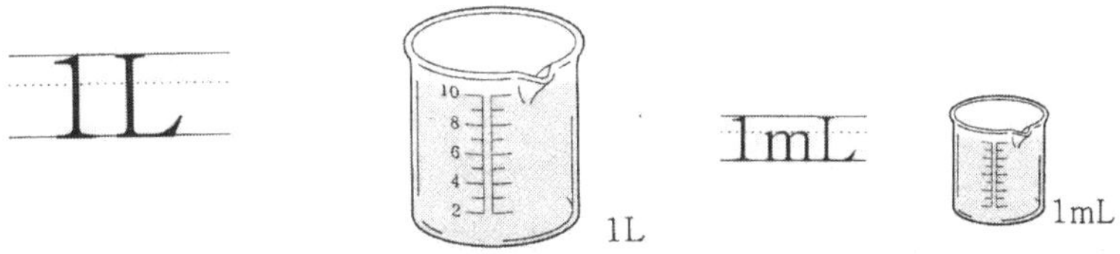

그림 7.9 들이의 측정단위

들이의 단위를 이해한 다음에는 들이의 양을 더하거나 빼는 계산을 한다. 이를 위하여 1L =1000 mL의 관계를 이용하여 단명수와 복명수의 관계를 이해한다. 이를테면, '1200 mL= 1L 200 mL'임을 실험을 통하여 확인한다.

또, "그릇에 3 L 500 mL의 물이 있는데 여기에 700 mL의 물을 더 부으면 물의 양은 모두 얼마가 될까요?" 등의 질문으로 계산 방법을 지도한다. 이러한 계산은 실제적인 조작과 더불어 시행하여야 효과적이다.

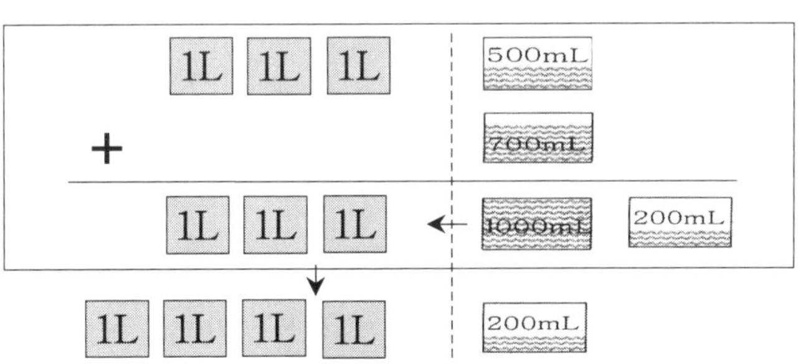

그림 7.10 들이의 계산

그림 7.10에서와 같이 3L 500 mL + 700 mL=4 L 200 mL임을 알 수 있다. 이것을 덧셈식으로 계산하면 아래와 같음을 발견하게 한다.

$$
\begin{array}{rr}
3\text{ L} & 500\text{ mL} \\
+ & 700\text{ mL} \\
\hline
3\text{ L} & 1200\text{ mL} \\
1\text{ L} \leftarrow & 1000\text{ mL} \\
\hline
4\text{ L} & 200\text{ mL}
\end{array}
$$

실제로 우리 주변에서 대부분 사용되고 있는 우유, 음료수, 주사량 등은 모두 mL로 표현되고 있다.

4. 무게의 지도

길이나 부피는 시각적으로 접근이 가능하지만 무게는 물체와 지구 사이의 인력작용이기 때문에 시각적으로 쉽게 판정할 수 없다. 따라서 외연량 중에서 아동들이 가장 어렵게 받아들이는 양 중의 하나이다. 왜냐하면, 무게는 부피가 같더라도 그 재질에 따라 다를 수 있기 때문이다.

1) 무게의 비교

무게의 개념을 도입하기 위하여 먼저 물체를 직접 들어보고 비교한다. 먼저 주변의 여러 가지 구체물, 즉 사과, 배, 책, 의자, 책상, 가방 등의 무게를 직접 비교하게 한다. 무게를 직접 비교하는 과정에서 '더 무겁다', '더 가볍다'로 표현하고, 직접 비교의 불편성을 체득한다. 실제로 무게를 직접 비교하기 위해서는 물체의 부피, 무게가 적당한 크기이어야 한다. 아동은 무게를 직접 비교하는 과정에서 다음의 성질을 발견한다.

- 모든 물체는 무게를 지닌다.
- 무게는 모양이나 부피로는 판단할 수 없다.
- 무게는 가법적인 양이다.
- 무게는 비교할 수 있다.

무게를 직접 비교하기 위해서는 신체 조작이 필요하다. 따라서 손으로 들 수 없을 정도로 무겁거나 또는 너무 가벼운 경우에는 직접 비교할 수 없다. 이러한 불편을 극복하려면 무게를 시각적으로 관찰할 수 있는 양으로 대치해야 한다.

무게의 대소를 시각적으로 판단하기 위하여 먼저 천칭(양팔저울)을 사용한다. 천칭을 이용하여 무게를 비교하는 과정에서 아동은 다음 성질을 이해한다.

- 물체의 무게가 다를 때 그 사이에 존재하는 무게가 있다.
- 무게는 순서가 있다.

활동2 바둑돌, 공깃돌 또는 추 등을 사용하여 물건의 무게를 비교해 보시오.

물건 / 단위	풀	지우개	무엇이 얼마나 더 무겁습니까?
바둑돌	☐개	☐개	☐이 ☐보다 바둑돌 ☐개만큼 더 무겁습니다.
공깃돌			
추			

- 사용하는 단위가 다르면 어떤 점이 불편합니까?

- 무게를 비교하는 방법을 이야기해 보시오.

그림 7.11 무게의 비교

그러나 천칭에 의한 무게 비교는 '어느 편이 더 무거운가?'는 알 수 있으나 '얼마나 더 무거운가?'는 알 수 없다. 이를 위하여 매개물을 이용한 간접 비교의 방법을 고안한다. 이를테면, 임의 단위로서 바둑돌, 구슬, 성냥개비, 건전지 등의 구체물을 이용하여 그들 무게의 몇 개분인가를 실험한다.

무게에 관한 실험은 아동으로 하여금 다양한 활동을 유도할 수 있다. 이를테면, 물체를 분할, 합성하거나 또는 가루로 만들어 분리하거나 혼합하여 측정하더라도 그 결과 값은 불변임을 발견한다.

2) 무게의 단위

무게는 길이, 넓이, 부피와 같은 시각적인 양이 아니기 때문에 이들 단위로부터 유도될 수 없다. 그러나 동일한 재질의 물체의 무게는 그의 부피에 비례하기 때문에 무게는 부피와 밀접한 관련이 있다.

천칭에 의한 무게를 비교하는 데에는 한계가 있다. 이를테면, 분필, 구슬, 바둑돌 등을 단위로 해서 천칭을 사용하면 매우 불편하고 무게를 표현하기도 어렵게 된다. 이에 따라 표준 단위를 도입하기 위하여 저울을 사용한다. 저울에는 접시저울, 용수철저울, 대저울, 천칭, 판지시 저울 등이 있다. 이러한 저울을 통하여 무게는 선분으로 시각화되고, 또 실수를 대응시킬 수 있게 된다.

저울을 이용하여 표준 단위로서 1 g과 1 kg을 도입한다. 이 때 1 kg의 무게는 대략 물 1 L의 무게와 같다는 것을 확인한다. 1 kg의 무게에 대한 양감을 기르기 위하여 비닐봉지에 담은 1 L의 물과 1 kg의 분동을 직접 들어본다. 또, 눈금이 g으로 매겨진 저울에 물건을 놓고 그 무게를 알아보고, g은 무게를 나타내는 단위라는 것을 이해시킨다. 또, 무게의 단위로는 kg, g 외에 큰 무게를 재기 위해 '톤(t)'을 도입하고, 1 t=1000 kg임을 이해한다.

이러한 활동은 양의 개념을 이해하기 위한 것이기 때문에 물건을 직접 들어보지 않고 모양만으로 무게를 추측해서는 효과가 적다. 또, 저울의 눈금을 읽기 전에 저울의 모양과 눈금의 구성 원리를 지도한다. 왜냐하면, 저울의 눈금 읽기는 모든 계기의 눈금 읽기의 기초가 되기 때문이다.

저울의 눈금에는 보통 큰 눈금과 작은 눈금이 있다. 눈금 0은 저울에 물건을 올려놓지 않았을 때의 무게이고, 모든 물체는 무게가 있음을 이해시킨다. 따라서 저울을 사용할 때는 물건이 놓이지 않은 상태에서 눈금이 0을 가리키는지를 확인한다.

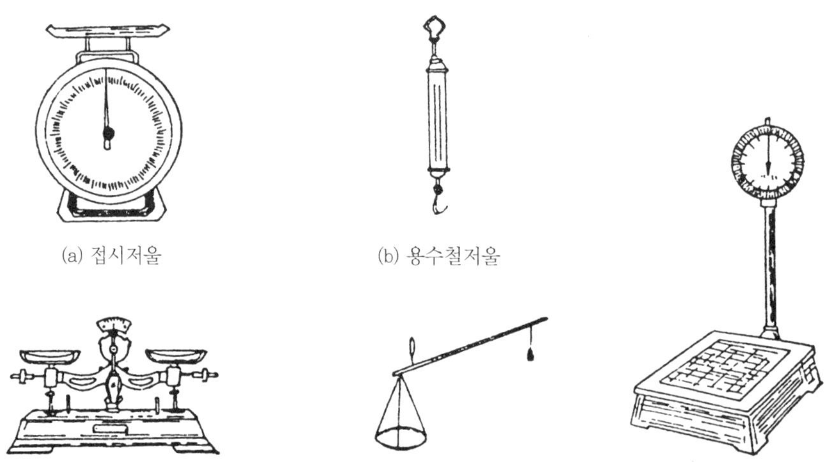

(a) 접시저울 (b) 용수철저울 (c) 천칭 (d) 대저울 (e) 판지시저울

그림 7.12 각종 저울

용수철저울은 용수철의 탄성률을 이용하여 탄성 한계 내에서 '물체의 무게는 용수철의 늘어난 길이에 비례한다.'는 성질을 이용한 것이다. 또, 대저울은 시소의 원리를 이용한 것으로 '대칭의 중심(손잡이가 달린 점)에서 물체가 있는 곳까지의 거리와 그 물체의 무게와의 곱은 서로 같다'는 원리를 이용한 것이다.

그런데 선분화하는 것은 눈금화하는 것으로 무게에 따라 저울의 무게중심이 이동한다. 따라서 저울의 지침은 무게중심의 이동으로 나타나고 이에 따라 양의 선분화가 가능하게 된다.

5. 각도의 지도

각도란 각의 두 변이 벌어진 정도를 나타내는 양이다. 따라서 각을 정적인 도형으로 보면 각의 크기는 180° 이상은 생각할 수 없다. 그러나 각을 동적인 측면에서 보면, 선분의 한 끝점을 고정하고 다른 끝점을 회전 이동하였을 때 회전한 양으로 볼 수 있다. 이 경우 각도는 360° 이상이 될 수 있다. 이와 같은 회전량으로 각도를 지도하는 것은 고등학교에서이다.

1) 각도의 비교

각도는 여러 가지 모형과 도형을 이용하여 각의 크기를 직접 비교함으로써 도입한다. 아동은 각의 꼭짓점에서 두 각의 크기를 비교하는 과정에서 자연스럽게 '더 뾰쪽하다', '무디다' 등으로 표현한다. 평면도형으로서 각도의 비교는 종이를 접어 보거나 또는 본을 떠서 겹쳐봄으로써 직접 비교할 수 있다. 또, 연필이나 빨대 등을 이용하여 비교하게 한다. 이 과정에서 아동은 각도가 각의 변의 길이와는 무관하며, 또 가법적인 양임을 이해한다.

활동3 각의 크기가 일정하도록 부챗살을 넣었습니다. 부채 갓대가 이루는 각의 크기를 비교해 보시오.

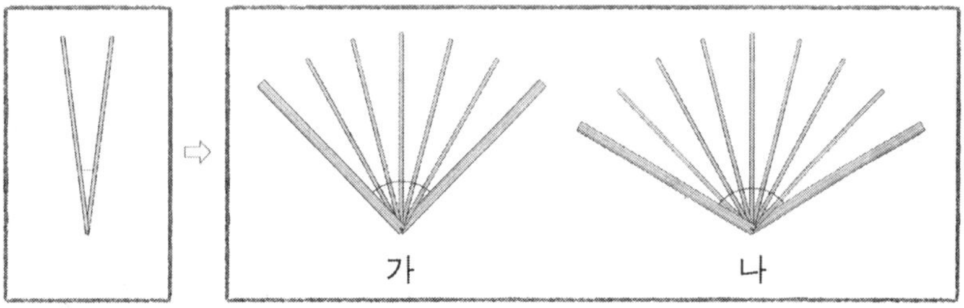

- 오른쪽 두 부채 갓대가 이루는 각의 크기를 어떻게 비교할 수 있는지 이야기해 보시오.

그림 7.13 각의크기 비교

2) 각도의 단위와 측정

빨대 등의 임의 단위를 사용하여 각도를 비교하는 과정에서 아동은 여러 가지 불편성에 직면한다. 이에 따라 표준 단위를 도입하기 위하여 각도기를 사용한다. 각도기의 눈금에 의하여 각의 크기는 수치화되고 그 수치로서 각도를 비교한다.

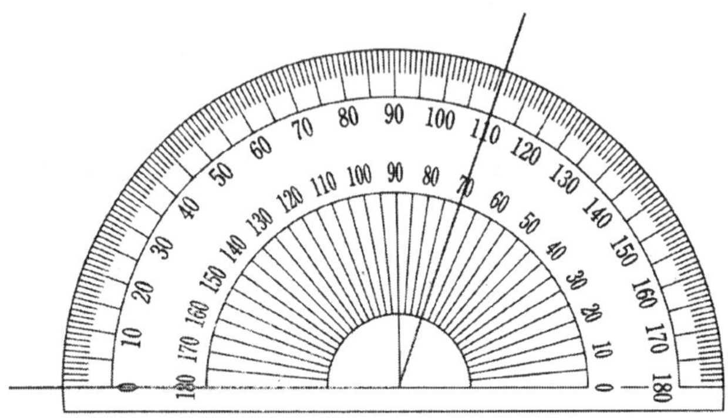

그림 7.14 각도의 측정

그런데 각도기를 효율적으로 사용하기 위해서는 각도기의 모양과 용도 및 구조를 이해하여야 한다. 각도기는 도형 위에 겹쳐보는 계기이므로 투명하고, 또 각의 위치에 따라 편리하게 사용하도록 좌우 대칭으로 수치가 기록되어 있다. 이를 통하여 1직각을 90등분한 한 각의 크기를 1°(1도)로 정의하고, 이것이 각의 크기를 재는 단위라는 것을 이해한다. 나아가 각의 두 변이 포개졌을 때 각의 크기가 0°이고, 일직선일 때 각의 크기가 180°임을 이해한다. 각도기를 사용할 때에는 다음 사항에 유의하도록 지도한다.

- 각의 변이 짧은 경우에는 변을 적절히 연장한다.
- 각도기의 중심을 각의 꼭짓점에 맞춘다.
- 각도기의 기선(0도의 선)을 각의 한 변에 맞춘다.

각도기를 이용하여 각을 측정할 때에는 다음과 같은 지도 방법을 생각할 수 있다.

- 먼저 90° 이하의 각을 재고 점진적으로 180°까지의 각을 재어본다.
- 삼각형, 사각형 등 여러 가지 도형의 내각을 측정한다.
- 만나는 두 직선이 이루는 각을 측정하여 맞꼭지각의 크기가 같음을 확인한다.
- 각도기를 이용하여 각을 이동한다.

각도의 보조 단위로서 1°의 $\frac{1}{60}$을 1′(1분)이라 하고 1′의 $\frac{1}{60}$을 1″(1초)라 한다. 그러나 이러한 각도의 보조 단위는 실용성이 적기 때문에 소개하는 정도로 그친다.

6. 원과 원주율의 지도

원둘레의 길이를 원주(圓周)라고 한다. 또, 원의 크기는 지름에 의하여 결정되므로, 원의 크기는 지름과 밀접하게 관련된다. 그런데 모든 원은 닮은꼴이므로 지름에 대한 원주의 비는 일정하다. 그러므로 원주의 지름에 대한 비의 값을 원주율로 정의한다.

초등학교 수학에서의 원주율은 원형의 구체물을 이용하여 원주율을 확인하는 정도로서 지도한다.

$$(\text{원주율}) = (\text{원주}) \div (\text{지름})$$

실제로 반지름이 10 cm인 원의 원주율이나 반지름이 5 cm인 원의 원주율이 다같이 3.14159…라는 것은 아동의 이해 수준에서 보면 경이적인 일이다.

원주율은 여러 가지 원형의 구체물, 즉 컵, 동전, 타이어, 깡통, 병, 접시 등을 이용하여 원주와 지름의 길이를 측정하여 구한다.

활동 2 여러 가지 둥근 물건들을 모아 보고, 원주는 지름의 몇 배인지 알아보시오.

준비물 계산기

- 원주는 지름의 몇 배쯤 될 것이라고 생각합니까?
- 그렇게 생각한 이유를 이야기해 보시오.
- 원주와 지름을 재어 보고 (원주)÷(지름)을 계산하시오.

물건의 이름	원주(cm)	지름(cm)	(원주)÷(지름)

- 원주와 지름 사이에는 어떤 관계가 있는지 이야기해 보시오.

그림 7.15 원주율 구하기

실제로 원주율을 구하기 위해서는 적절한 원형의 구체물을 선택하고 매개물을 이용하여 원주와 지름을 측정하여야 한다. 따라서 원주율의 개념은 협력 학습을 통해서 지도하는 것이 바람직하다. 이 때 소집단별로 계산한 수치는 구체물의 종류와 측정 방법에 따라 다양하게 나타난다. 따라서 각 결과 값을 평균하여 자연스럽게 원주율은 '약 3.14'임을 지도한다. 즉

$$(\text{원주}) \div (\text{지름}) = 3.14$$

이고, 또 이로부터 (원주)=(지름) × 3.14임을 이해한다.

7. 평면도형의 둘레와 넓이의 지도

1) 평면도형의 둘레

둘레(perimeter)란 물체나 도형의 가장자리를 따라 한 바퀴 돈 길이이다. 평면도형에서의 둘레는 다각형인 경우 변의 길이의 합을 의미하며 원의 경우는 원주(circumference)를 말한다.

아래에 주어진 직사각형과 정사각형에서의 둘레는 다음과 같이 구할 수 있다.

① 직사각형의 둘레

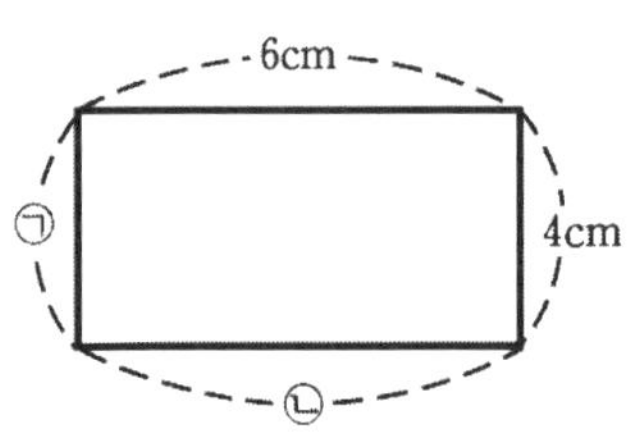

- 먼저 ㉠, ㉡의 길이 : 직사각형에서는 마주 보는 변의 길이가 서로 같기 때문에(㉠은 4 cm, ㉡은 6 cm)
- 직사각형의 둘레의 길이는 : 6+4+6+4 = 20(cm)

이것은 6 cm인 변이 2개, 4 cm인 변이 2개이므로 6×2 + 4×2 = 20(cm)
또, 6 cm인 변과 4 cm인 변의 길이 합의 2배이므로 (6 + 4)×2 = 20(cm)
따라서 (직사각형의 둘레) = {(가로) + (세로)} ×2와 같이 구할 수 있다.

② 정사각형의 둘레

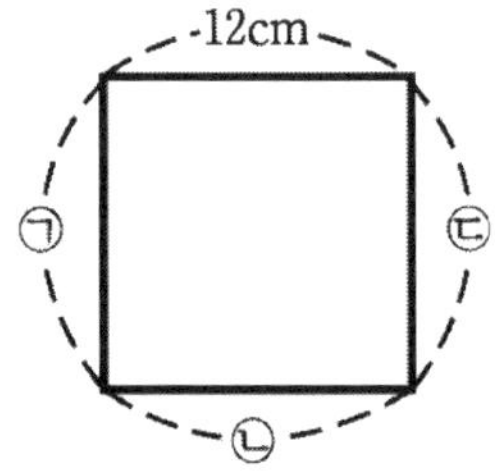

- 먼저 변 ㉠, ㉡, ㉢의 길이: 모두 12 cm(정사각형의 성질)
- 정사각형의 둘레는 12 + 12 + 12 + 12 = 48 (cm)
  이것은 12 cm의 4배이므로 12×4 = 48 (cm)
  따라서 (정사각형의 둘레) = (한 변의 길이)×4

2) 평면도형의 넓이

'길이'는 선분에 대한 1차원의 기본량인데 비해 '넓이'는 2차원 평면도형의 기본량이다. 따라서 2차원의 양은 대부분 넓이를 이용하여 처리될 수 있으므로 넓이 개념은 길이 다음으로 중요한 개념이다.

(1) 넓이의 비교

넓이 개념을 도입하기 위하여 구체적인 두 사물의 넓이를 직관적으로 비교하게 한다. 이를테면, 공책과 책, 교실과 화장실, 운동장과 화단, 차도와 인도의 넓이를 직관적으로 비교하게 한다. 또 종이를 오려 놓고 그 중에서 가장 넓은 종이를 고르고, 겹쳐보게 한다. 이 때 아동은 '더 넓다', '더 좁다'로 표현함으로서 자연스럽게 넓이 개념을 체득한다. 또, 넓이의 직접 비교가 불가능한 적절한 예를 제시하여 매개물을 사용하여 간접 비교하게 한다.

도형의 넓이를 비교하기 위하여 먼저 본을 떠서 겹쳐보게 한다. 이를테면, 가로의 길이가 같고, 세로의 길이가 다른 직사각형이나 반지름의 길이가 비슷한 두 원을 본떠 겹쳐보게 한다. 나아가 완전히 겹쳐지지 않는 두 개의 직사각형의 넓이를 비교하게 하면 본을 뜨더라도 비교가 불가능하게 된다. 이 때 일부 아동은 직사각형의 넓이 비교를 둘레의 길이로서 비교하는 경향이 있다.

이를테면, 그림 7.16과 같은 두 도형 A, B를 비교하게 하면 보통 둘레의 길이가 같음을 알고 그 넓이가 같다고 생각한다. 이 경우에는 그들 도형을 이동하여 겹쳐보더라도 완전히 포개어지지 않음을 알 수 있다.

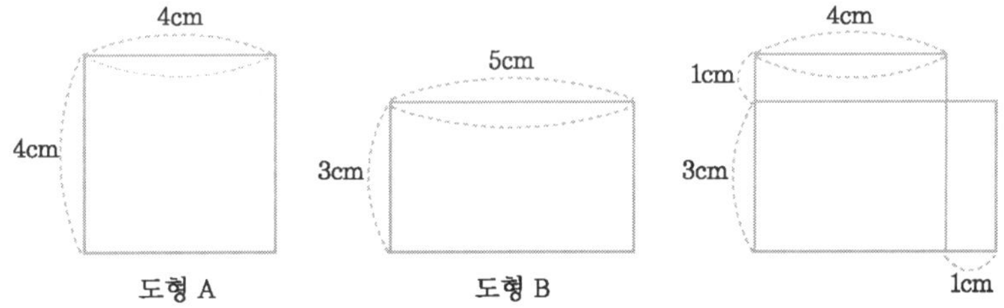

그림 7.16 넓이의 비교

이로부터 공통부분을 제외한 나머지 부분을 오려서 그것을 겹쳐보고 넓이를 비교한다. 이러한 조작은 넓이의 보존성이 이해되었을 때 가능한 것이다.

따라서 양의 보존성이 이해되지 않은 아동에게는 이와 같은 조작을 기대할 수 없다. 결국, 넓이의 개념을 이해하기 위해서는 도형을 분할하고 이동하여 합성하는 조작, 즉 등적변형을 이해하여야 한다. 등적변형이란 도형을 분할, 합성하여 넓이는 같고 모양이 다른 도형으로 구성하는 것이다. 이것은 '합동인 도형은 넓이가 같다'는 성질에 기초한다.

그림 7.17과 같이 정사각형을 대각선으로 잘라 2개의 직각이등변삼각형으로 분해하고, 이를 다시 적절히 합성하면 이등변삼각형과 평행사변형으로 나타난다. 따라서 이들 세 도형은 모양은 다르나 그 넓이는 모두 같으므로 등적변형된 도형이다.

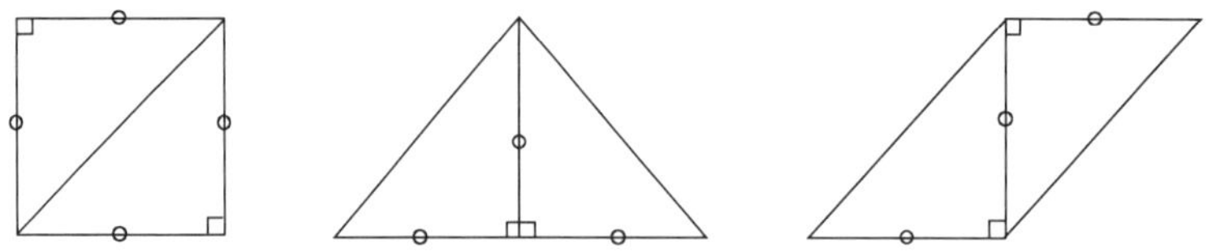

그림 7.17 등적변형

등적변형에는 카발리에리(Cavalieri)의 원리, 즉 "높이가 같은 두 평면도형을 밑변에 평행한 직선으로 자른 횡단선의 길이가 같으면 두 도형의 넓이는 같다"라는 변형 방법이 있으나 이것은 중학교 이후에 지도 가능하다.

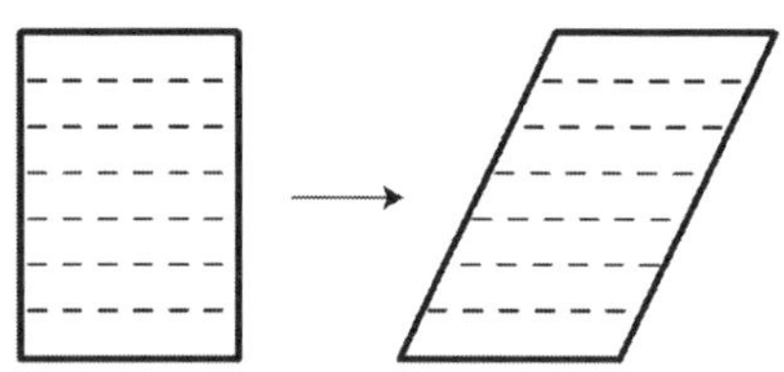

그림 7.18 카발리에리의 원리

(2) 넓이의 표준 단위

두 도형의 넓이를 객관적으로 비교하기 위하여 일정한 크기의 도형을 단위로 하여 측정대상이 단위 넓이의 몇 개분에 해당하는가를 파악하여야 한다. 이를 위하여 넓이 측정판이나 모눈종이를 이용하여 도형에 포함된 모눈의 수를 세어서 비교하게 한다. 이를테면, 그림 7.19에서 도형 A는 모눈의 수가 15개이고, 도형 B는 16개이므로 도형 B의 넓이가 도형 A보다 한 개 더 많음을 알 수 있다.

임의 단위에 의한 도형의 넓이는 단위 넓이의 몇 개분으로 표현되므로 자연스럽게 단위의 의미를 체득한다. 따라서 모눈 대신에 표준 단위로서 가로 1 cm, 세로 1 cm인 정사각형의 넓이를 간단히 1 cm^2(제곱센티미터)로 표기하고, 이것이 넓이 단위로 사용된다는 것을 적절히 이해시킨다.

실제로 넓이 지도의 초기에는 넓이가 1 cm^2인 정사각형을 단위로 하여 직사각형 안에 포함된 정사각형이 몇 개인가를 세게 한다. 이를 위하여 직사각형을 간격이 1 cm인 투명판으로

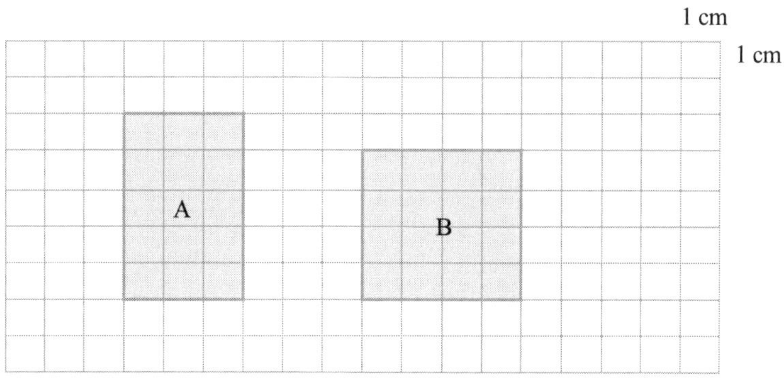

그림 7.19 넓이의 측정

만들어진 넓이 측정판으로 덮어서 모눈의 수를 세어 그 넓이를 측정한다.

이 때 삼각형과 같이 일반적인 도형은 모눈을 완전히 포함하지 않고 일부만 포함하는 경우도 있다. 이때는 도형에 완전히 포함된 모눈의 수 (a)와 도형에 일부만 포함된 모눈의 수 (b)를 세어 그 넓이는 '$a+\frac{b}{2}$'로 계산하게 한다. 이러한 측정 방법은 곡선도형에 대해서 도 적절히 적용한다.

한 변의 길이가 1 m, 1 km인 정사각형의 넓이를 단위 넓이로 사용하는데, 이 정사각형의 넓이가 각각 1m^2, km^2임을 지도한다. 또, 이들 사이의 단위를 환산할 수 있게 한다.

$$1\text{ m}^2 = 10000\text{ cm}^2, \quad 1\text{ km}^2 = 1000000\text{ m}^2$$

또, 논밭이나 산림 등 매우 큰 넓이를 나타낼 때에는 아르(a), 헥타르(ha) 등의 단위를 사용한다.

$$1\ a = 100\text{ m}^2, \quad 1\ ha = 100\ a$$

(3) 도형의 넓이

초등수학에서 평면도형의 넓이는 직선형의 넓이와 곡선형의 넓이 두 가지로 크게 대별된다. 직선형의 넓이는 대개 '직사각형 ➡ 정사각형 ➡ 평행사변형 ➡ 삼각형 ➡ 사다리꼴 ➡ 마름모'의 순으로 지도한다. 곡선형의 넓이의 대표적인 것은 원이며 직선형, 곡선형 어느 것이든 간에 그 넓이를 구하는 기본 모델은 직사각형이라 할 수 있다.

① 직사각형의 넓이

직사각형의 가로, 세로의 길이가 단위길이의 정수배인 경우, 직사각형의 넓이는 가로, 세로에 나열된 모눈의 수를 세어서 그 넓이를 계산한다. 이를테면 가로, 세로의 길이가 각각 4 cm, 5 cm인 직사각형에는 20개의 모눈이 있으므로 그 넓이는 $(4\times5)\text{ cm}^2$로 계산할 수 있다.

그러나 이러한 방법만으로는 일반적인 도형의 넓이를 구하기는 불편하다.

이를 위하여 넓이 측정판 위에 굽은 자(ㄱ자)를 상하 좌우로 이동하면서 모눈판 위의 직사각형의 넓이는 가로, 세로의 길이에 관계되는 양이라는 것을 이해시킨다.

그림 7.20과 표 7.2를 관찰하고 직사각형의 넓이와 가로, 세로의 길이 사이의 관계를 조사함으로써 다음 공식을 유도한다.

$$(\text{직사각형의 넓이}) = (\text{가로의 길이}) \times (\text{세로의 길이})$$

특히, 가로, 세로의 길이가 같으면 정사각형이므로

$$(\text{정사각형의 넓이}) = (\text{한 변의 길이}) \times (\text{한 변의 길이})$$

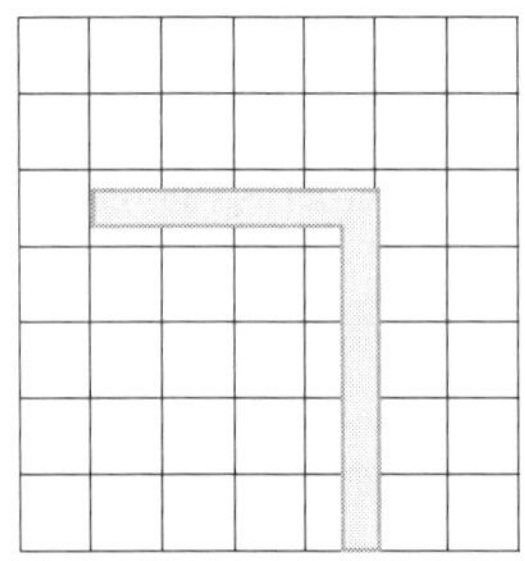

그림 7.20

표 7.2

가로의 길이	세로의 길이	넓이
2 cm	3 cm	6 cm^2
2 cm	4 cm	8 cm^2
3 cm	5 cm	15 cm^2
4 cm	2 cm	8 cm^2

이 때 직사각형의 넓이를 구하는 공식에서 가로, 세로의 길이는 모두 같은 단위로 측정된 것임에 유의한다.

② 평행사변형의 넓이

평행사변형의 넓이는 여러 가지 방법이 있으나 보통 직사각형으로 등적변형하여 지도한다. 그림 7.21과 같이 삼각형 BCE는 삼각형 ADF와 합동이므로, 평행사변형 ABCD의 넓이는 직사각형 ABEF의 넓이와 같다.

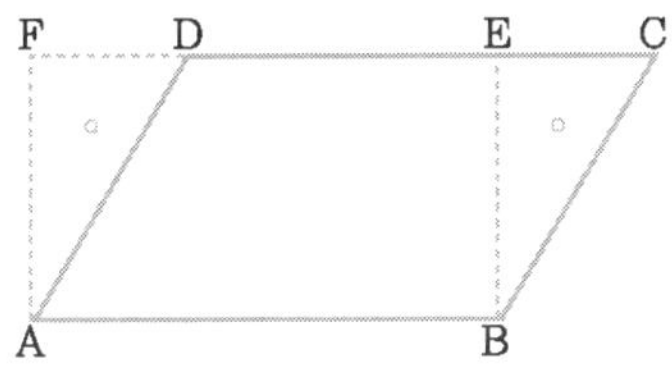

그림 7.21 평행사변형의 넓이

따라서 다음 공식이 얻어진다.

(평행사변형의 넓이) = (직사각형의 넓이) = (밑변의 길이)×(높이)

다음 그림과 같이 평행사변형을 등적변형할 수도 있다.

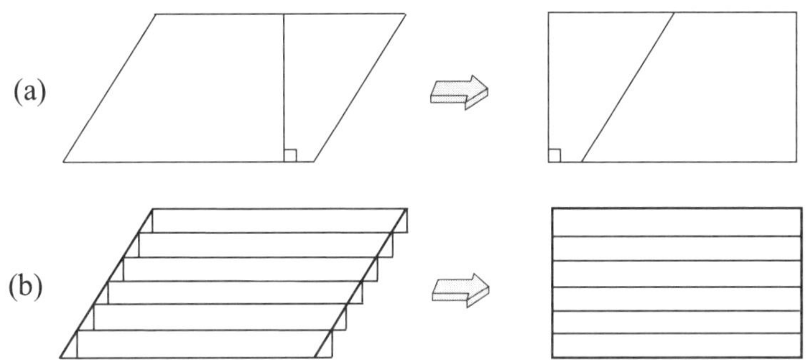

그림 7.22 평행사변형의 등적변형

③ 삼각형의 넓이

삼각형의 넓이는 평행사변형을 이용하여 도입한다. 아래 그림과 같이 합동인 두 개의 삼각형으로 평행사변형을 만들 수 있으므로

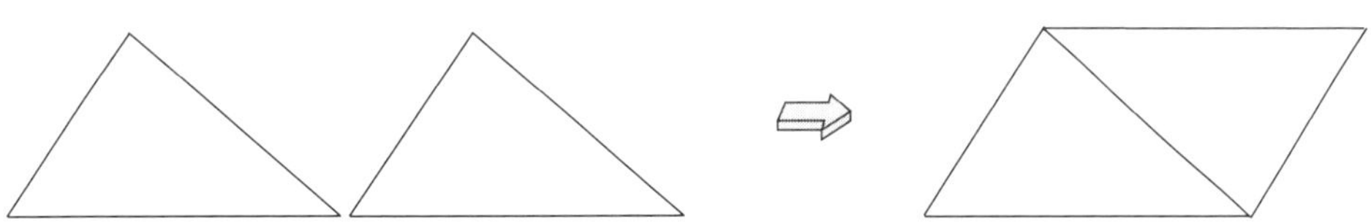

(삼각형의 넓이) = (평행사변형의 넓이) ÷ 2 = (밑변) × (높이) ÷ 2

삼각형의 높이는 꼭짓점에서 그 대변에 내린 수선의 길이이므로 꼭짓점을 잡는 데에 따라 3가지 경우가 있다. 따라서 삼각형의 높이는 점과 직선 사이의 거리를 예로 들어 산의 높이, 사람의 키, 나무의 높이, 다이빙대의 높이 등을 이용하여 꼭짓점에서 그 대변에 내린 수선의

길이로서 지도한다.

④ 사다리꼴의 넓이

사다리꼴은 평행사변형의 넓이를 이용하거나 대각선으로 분할하여 그 넓이 공식을 유도할 수 있다. 사다리꼴 ABCD와 합동인 사다리꼴 FEDC를 만들어 그림 7.23과 같이 평행사변형 ABFE가 되도록 합성할 수 있다.

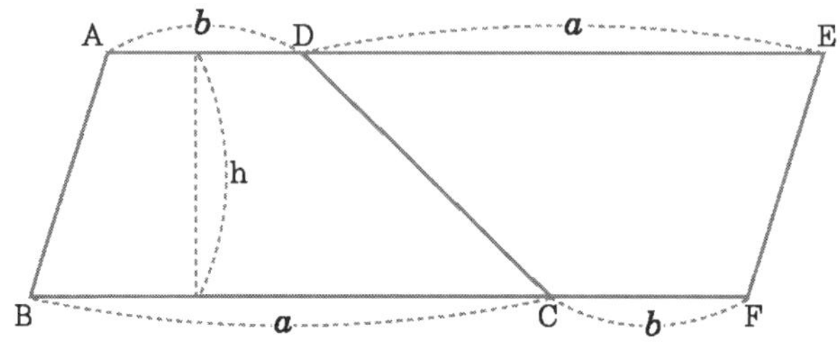

그림 7.23 사다리꼴의 넓이

그림 7.23에서 사다리꼴 ABCD의 넓이는 평행사변형 ABFE의 넓이의 반이므로 다음 공식이 성립한다.

$$
\begin{aligned}
(\text{사다리꼴 ABCD의 넓이}) &= (\text{평행사변형 ABFE의 넓이}) \div 2 \\
&= (\text{밑변 BF의 길이}) \times (\text{높이}) \div 2 \\
&= \{(\text{윗변}) + (\text{아랫변})\} \times (\text{높이}) \div 2
\end{aligned}
$$

일반적으로 다각형의 넓이는 삼각형과 사각형으로 분할하고 합성하여 등적변형하여 구할 수 있다. 따라서 등적변형은 단순히 도형의 넓이를 구하는 학습에 그치지 않고 그 근저에는 수학적 사고와 수학의 효율성을 체득하게 한다.

⑤ 마름모의 넓이

마름모의 넓이는 한 대각선을 그어 두 개의 합동인 삼각형으로 분할하여 생각하거나 마름모를 둘러싸고 있는 직사각형 넓이의 반으로 생각하여 공식을 유도할 수 있다. 어느 경우든

$$(\text{마름모의 넓이}) = (\text{한 대각선의 길이}) \times (\text{다른 대각선의 길이}) \div 2$$

이다.

⑥ 원의 넓이

원의 넓이는 먼저 근사적으로 계산하여 귀납하고, 연역적으로 확인하는 2단계의 지도 방법을 생각할 수 있다. 첫 단계는 다음 그림과 같이 넓이 측정판이나 모눈종이를 이용하여 원에

포함된 모눈의 수를 세어 원의 넓이를 근사적으로 계산하고, 그 넓이가 반지름을 한 변으로 하는 정사각형의 넓이의 몇 배인지를 조사하는 방법이다.

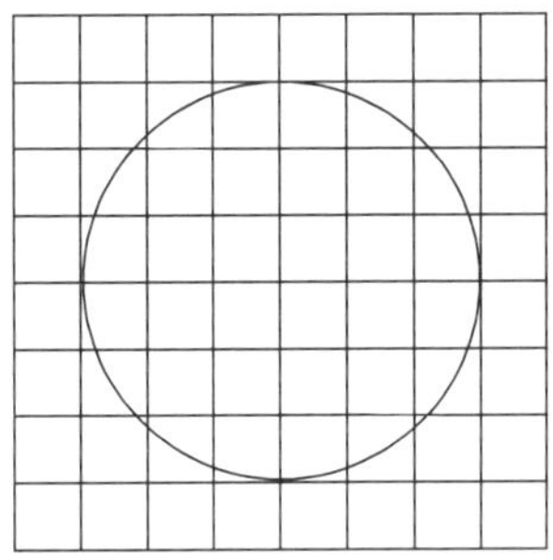

그림 7.24 원의 근사적 넓이 계산

다른 방법은 원을 4개의 지름으로 8등분하여 8개의 부채꼴을 아래, 위로 4개씩 늘어놓음으로써 평행사변형과 비슷한 모양으로 등적변형한다. 마찬가지로 원을 16등분, 32등분하여 앞에서와 같이 반씩 나누어 사각형 모양으로 배치한다.

이와 같이 원을 한없이 등분하여 사각형 모양으로 만들어 가면 점점 직사각형 모양에 가까워진다. 이 때 직사각형의 가로의 길이는 원주의 1/2과 같고, 세로의 길이는 반지름과 같게 된다. 따라서 주어진 원의 넓이는 직사각형의 넓이와 같게 된다. 즉

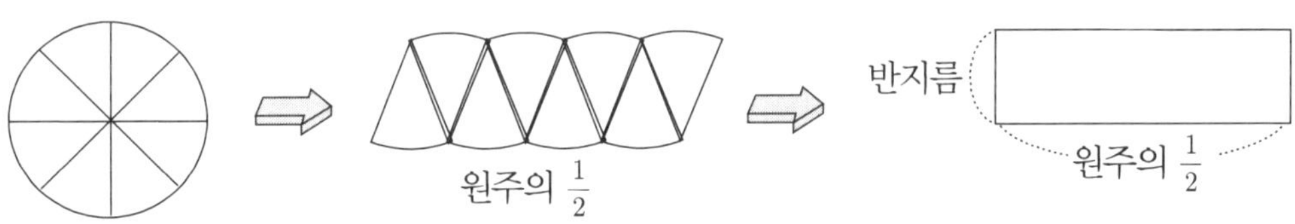

(원의 넓이) = (반지름의 길이) × (원주의 반)
= (반지름의 길이) × (지름의 길이) × (원주율) ÷ 2
= (반지름의 길이) × (반지름의 길이) × (원주율)

원의 넓이를 구하는 기타 방법으로 아래 그림 7.25와 같이 털실로 원을 감아 만든 후 반지름을 잘라 조각을 세로로 쌓아서 큰 삼각형 모양으로 만들어 원의 넓이를 구할 수도 있다.

그림 7.25 원의 넓이 구하는 공식의 유도

원의 넓이(삼각형의 넓이) = (밑변) × (높이) ÷ 2
= (원의 둘레) × (반지름) ÷ 2
= (반지름 × 2) × (원주율) × (반지름) ÷ 2
= (반지름) × (반지름) × (원주율)

8. 입체도형의 겉넓이와 부피의 지도

입체도형의 겉넓이는 도형의 외부 표면의 넓이를 합한 것이다. 밑면을 갖는 입체도형에 대하여 옆넓이는 겉넓이에서 밑면의 넓이를 뺀 넓이이다. 각뿔과 각기둥 같은 다면체에 대하여 겉넓이는 다면체 표면의 넓이를 합한 것이다.

물체의 부피는 그 물체가 차지하고 있는 공간의 크기이므로 부피의 차가 큰 경우에는 시각적으로 직접 비교가 가능하다. 그러나 모양이 매우 다르거나 액체와 고체와 같은 이질적인 물체의 부피는 직접 비교하기 어렵다.

또 주먹 크기의 돌 1개와 바둑돌 30개의 부피와 같이 모양이 매우 다른 경우에는 시각적으로 부피의 대소를 비교할 수 없다. 이러한 경우에는 용기의 액량을 이용하여 수면의 변화를 관찰함으로써 비교할 수 있다(아르키메데스의 원리). 또, 액체나 분말의 부피는 용기를 이용하여 측정한다. 따라서 부피와 들이는 밀접한 관련이 있다.

1) 직육면체의 겉넓이

직육면체의 겉면에 모두 색종이를 붙이려면 얼마의 색종이가 필요한지를 아는 데는 전개도를 그려서 붙여 보면 된다(그림 7.26).

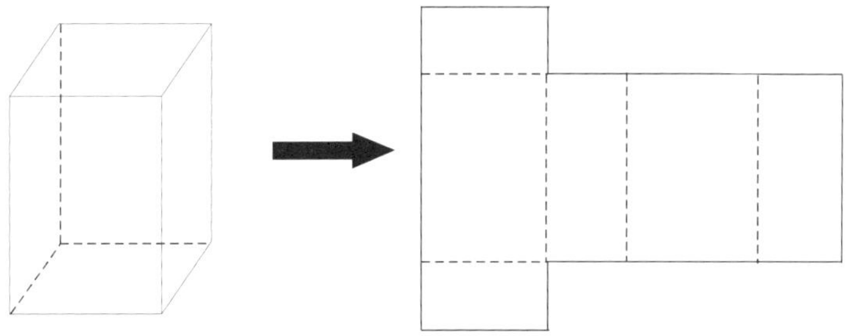

그림 7.26 직육면체의 전개도

직육면체는 2개의 밑면과 4개의 옆면으로 이루어져 있다. 한 밑면의 넓이를 '밑넓이'라 하고, 4개의 옆면의 넓이를 '옆넓이'라고 하며, 두 밑넓이와 옆넓이를 합한 것이 '직육면체의 겉넓이'가 된다.

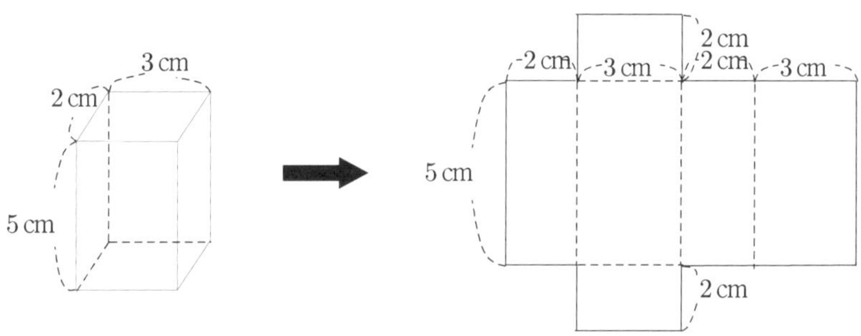

밑넓이…$3 \times 2 = 6(cm^2)$

옆넓이…$(2 \times 5 + 3 \times 5) \times 2 = 25 \times 2 = 50(cm^2)$

겉넓이…$6 \times 2 + 50 = 62(cm^2)$

(직육면체의 겉넓이) = (밑넓이) × 2 + (옆넓이)

정육면체와 원기둥, 원뿔 등의 겉넓이도 같은 방법으로 구할 수 있다.

2) 직육면체의 부피

부피는 입체에 관련된 양이므로 기본 단위로서 정육면체를 사용하는 것이 편리하다. 즉, 가로, 세로, 높이가 각각 1 cm인 정육면체의 매스큐브(mass cube)를 사용한다. 이 때 이 정육면체의 부피를 1 cm^3(일세제곱 센티미터)라고 한다.

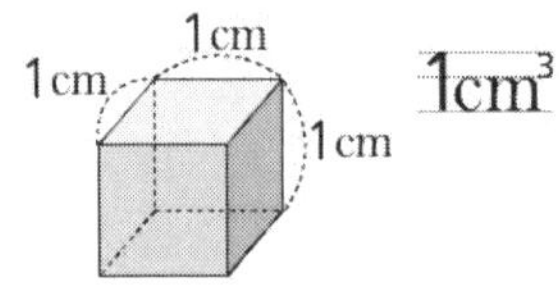

그림 7.27 한 변이 1 cm인 정육면체의 부피

직육면체의 부피 공식을 유도하기 위하여 그림 7.28과 같은 부피가 1 cm³인 쌓기나무를 직육면체 모양으로 쌓아본 다음 쌓은 쌓기나무의 수와 부피를 구해본다. 이것을 바탕으로 아래 표 7.3을 완성해 본다.

(a) (b)

그림 7.28 직육면체의 부피

표 7.3 직육면체의 부피

	가로(cm)	세로(cm)	높이(cm)	부피(cm³)
(a)				
(b)				

이로부터 각 직육면체 모양의 상자의 부피는 쌓기나무의 수와 관련됨을 알고, (밑넓이)×(높이)임을 유도한다. 또, 밑면은 직사각형이므로 직사각형의 넓이 공식에서 다음 공식을 유도할 수 있다.

(직육면체의 부피)=(밑넓이)×(높이)=(밑면의 가로의 길이)×(밑면의 세로의 길이)×(높이)

정육면체의 부피 공식은 다음과 같다.

(정육면체의 부피)=(밑넓이)×(높이)=(한 변의 길이)×(한 변의 길이)×(한 변의 길이)

또, 큰 부피를 재기 위하여 표준 단위 1m³를 도입한다. 이를테면, 수영장이나 우물의 물의 부피를 구하려고 할 때 1 cm³의 쌓기나무를 단위로 해서는 너무 많으므로, 한 모서리의 길이가 1 m인 정육면체를 단위로 하면 좋겠다는 것을 이해한다. 또, 한 변의 길이가 1 m인 정육면체의 부피를 1m³(일세제곱미터)라고 한다.

$$1\ \mathrm{m}^3 = (100 \times 100 \times 100)\ \mathrm{cm}^3 = 1000000\ \mathrm{cm}^3$$

3) 원기둥의 부피

초등학교 수학에서의 원기둥은 직원기둥을 대상으로 하므로 원기둥의 높이는 모선이 된다. 원은 다각형으로도 접근할 수 있으므로 원기둥의 부피는 직육면체의 부피 공식을 귀납적으로 적용하여 유도할 수도 있다.

원기둥의 부피를 다음과 같이 유도한다.

원기둥을 8등분하여 삼각기둥과 비슷한 모양으로 분할하고 다음 그림과 같이 등적변형한다. 이 때 밑면은 평행사변형과 비슷한 모양이 된다.

다시 16등분, 32등분, … 하여 앞에서와 같은 절차를 되풀이하면 밑면은 점차 직사각형 모양에 가까워져서 입체는 직육면체에 가까워진다.

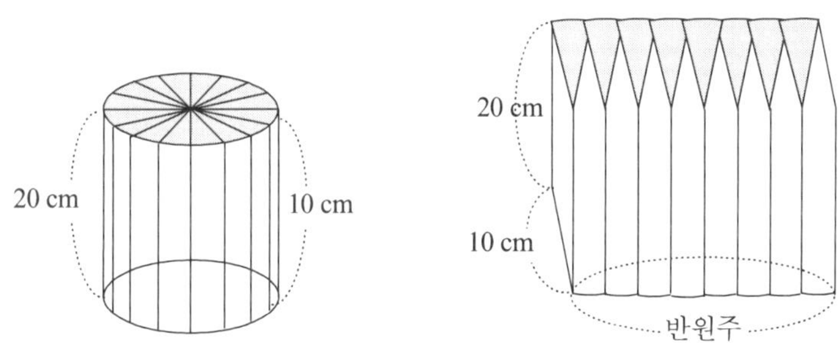

그림 7.29 원기둥의 부피

따라서 원기둥은 직육면체로 등적변형되므로 원기둥의 부피는 다음과 같이 구할 수 있다.

$$\begin{aligned}(\text{원기둥의 부피}) &= (\text{반원주}) \times (\text{반지름}) \times (\text{높이}) \\ &= (\text{반지름} \times 3.14) \times (\text{반지름}) \times (\text{높이}) \\ &= (\text{원기둥의 밑넓이}) \times (\text{높이})\end{aligned}$$

8. 수의 범위와 어림하기

우리는 일상생활에서 자주 어림수를 사용한다. 따라서 어림수의 지도는 독립된 단원으로 지도하기보다는 모든 영역에서, 이를테면 개념의 접근 과정이나 문제 해결 과정에서 적용하는 것이 효율적이다. 실제로 문제의 성질상 정확한 수치가 필요 없거나 또는 참값을 구할 수 없을 때에는 대부분 어림수를 사용한다.

어느 도시의 인구가 177,586명일 때, 우리는 보통 '약 18만 명' 또는 '약 17만 8천명'으로 표현하기도 한다. 또, 개인의 키와 몸무게 등을 측정하여 얻은 값은 모두 어림값으로 근삿값이다. 실제로 연속량은 얼마든지 세분할 수 있으므로 아무리 정밀한 계기를 사용하여 측정하더라도 그 참값을 알 수 없다. 따라서 각 개인이 알고 있는 신장과 체중은 모두 어림해서 얻어진 측정값이다. 단지, 정밀한 계기를 사용하면 참값에 가까운 측정값을 구할 수 있을 뿐이다. 결국 연속량의 측정에서는 오차가 발생하기 쉽다.

참값 A 대신에 그것에 가까운 값 a를 택하면, a는 A의 근삿값이 된다. 따라서 어림수의 지도에 있어서는 '어림수를 취하는 경우에 어느 자리까지 정확하게 취하느냐'와 '어림수를 취할 때에 남은 부분을 어떻게 처리하느냐'의 두 가지 문제가 발생할 수 있다.

초등학교 수학에서 어림수를 취하는 유형은 대체로 아래와 같은 것이 있다.

1) 버림, 올림, 반올림

먼저 어림수가 쓰여 지는 경우를 살펴보면 대체로 다음과 같다.

- 참값은 있으나 그다지 자세한 수 값을 필요로 하지 않는 경우: 대한민국의 넓이는 22만 km^2이다.
- 양의 크기가 조금씩 변하는 경우: 우리나라 남한의 인구는 약 4000만이다.
- 어떤 양을 고정된 단위에 맞추려는 경우나, 측정 용구의 정밀성 때문에 정확한 측정치를 얻기가 어려운 경우: 이 연필의 길이는 약 18 cm이다.
- 나눗셈에서 몫이 나누어떨어지지 않을 때: $8.7 \div 2.1 = 4.142\cdots$ 따라서 몫 4.1

다음에는 어떻게 어림수를 구하는지 그 방법에 대하여 알아보도록 하자.

어림수를 구하는 방법에는 버림, 올림, 반올림이 있는데 이들 측정값을 목적에 따라 구하는 방법은 아래와 같다.

- 25 m의 끈을 한 도막이 120 cm인 도막으로 잘라서 사용하려고 한다. 모두 몇 도막을 만들 수 있을까요?

  $2500 \div 120 = 20.8333\cdots$이므로 20도막을 만들 수 있고 나머지는 99.996, 즉 약 100 cm이다. 따라서 100 cm의 도막은 쓸모가 없으므로 버리게 된다. 이것은 소수 첫째자리 이하를 버림해서 얻을 수 있다.
- 초등학교 어린이 523명이 45인용 버스를 타고 수학여행을 가려고 한다. 수학여행을 가는데 필요한 버스는 모두 몇 대입니까?

  $523 \div 45 = 11.6222\cdots$ 소수 첫째자리 이하를 올림하게 되면, 모두 12대가 있어야 한다.
- 반올림은 정확한 측정값을 얻으려고 노력할 때 일어난다. 근삿값을 취하는 경우에 가장

많이 쓰이는 방법으로서, 측정할 때의 계기의 가장 가까운 눈금을 읽는 일에 해당한다. 참값에 가까운 쪽을 취하되 반은 올려서 큰 쪽을 잡는다는 근삿값의 처리 방법을 반올림이라고 한다. 따라서 반올림에 의한 근삿값이 7.3이면 그 참값 A의 범위는

$$7.25 \leq A < 7.35$$

이 된다. 이 때 오차의 한계는 0.05가 된다. 일반적으로 반올림에 의한 근삿값의 오차의 한계는 그 끝자리의 반(半)이 된다.

2) 이상, 이하, 미만, 초과

측정값을 말할 때 구간을 정하여 말하는 경우가 있다. 우리가 자주 쓰는 이상(以上), 이하(以下), 미만(未滿), 초과(超過) 등의 뜻은 무엇이며 이들은 어떻게 표현되는지를 알아 두는 일은 대상을 분명히 한다는 의미에서나 부등식 표시의 의미 이해에 중요하다. 이들의 표시 방법과 그 의미는, 이를테면 어떤 수 A를 다음과 같이 나타낼 수 있다. 이들 표시 방법은 근삿값에서의 참값의 존재 범위의 표현이나 부등식 또는 그 해의 의미 지도 등에 유용하다.

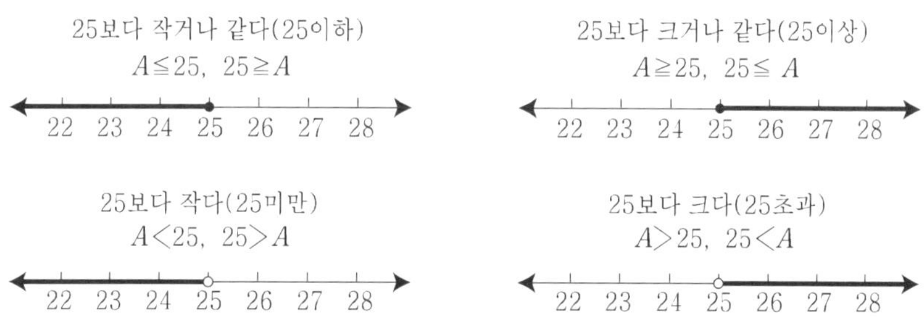

그림 7.30 이상, 이하, 미만, 초과

3) 어림셈의 활용

어림셈은 수를 계산을 할 때 어림수를 써서 근사적인 값을 구하는 것이다. 따라서 어림셈은 문제 해결의 방향을 제공하고 결과에 대한 반성의 과정에 활용될 수도 있다. 어림셈을 하는 경우에는 대강 얼마라는 값을 구하는 경우와 상당히 세밀한 값을 구하는 경우가 있다.

전자의 경우에는 문제 해결하기 이전에 직관적으로 대강의 값을 어림함으로써 문제 해결의 방향이나 전략을 수립하고, 또 결과 검정에 활용할 수 있다. 그러나 후자의 경우에는 계산기와 컴퓨터가 보급됨에 따라 복잡한 계산을 간편하게 처리할 수 있게 되어 아동은 문제 상황에 적절한 끝수 처리를 취하여 필요한 값을 구할 수 있다.

초등수학의 어림셈 지도는 형식적 처리 방법보다는 어림셈이 필요한 상황을 제시하여 지

도하는 것이 바람직하다. 문제 상황에 비추어 계산의 결과값을 어느 자리까지 구해야 하는가를 이해하는 것은 해결에 들어가기 전에 필수적인 과정이다. 따라서 이러한 판단에 따라 각 수를 어느 자리까지 어림수로 나타낼 것인가를 결정하게 된다.

예를 들면 “33명이 소풍을 가는데 소풍비용을 1인당 1800원씩 걷으려고 한다. 걷을 돈은 약 몇 만원이 되겠는가?”라는 문제에서 ① 7만원보다 많은가, 적은가?(35명×2000원) 또는 ② 45000원보다 많은가, 적은가?(30명×1500원=45000원), 또 2000원×33명=66000원으로 하거나 필산으로 1800원×33명=59400원으로 확인하는 것이 바람직하다.

어림셈에서 오차가 너무 크게 되는 경우에는 한 자리 내려서 어림수를 잡아 계산하여 요구하는 것에 알맞게 처리한다. 초등학교에서는 이 정도의 수준에서 그치고, 너무 깊이 들어가지 않는 것이 좋다.

연습문제

1. 측정 영역에서 2015 개정 교육과정과 2009 개정 교육과정을 비교하여 무엇이 변화되었는지를 말해 보시오.

2. 초등수학의 측정 영역에서 다루는 내용은 어떤 것이 있는지 말해 보시오.

3. 양의 기본 성질에 대하여 알아보시오.

4. 측도의 일반적 지도과정을 써보시오.

5. 다음 물건에서 측정해야 할 항목과 어떻게 그것을 측정할 수 있는가를 설명하시오.

① 학생들의 책상 ② 게시판

③ 휴지통 ④ 칠판

6. 단위 넓이로 삼각형의 넓이를 이용하여 다음 도형의 넓이를 알아보시오.

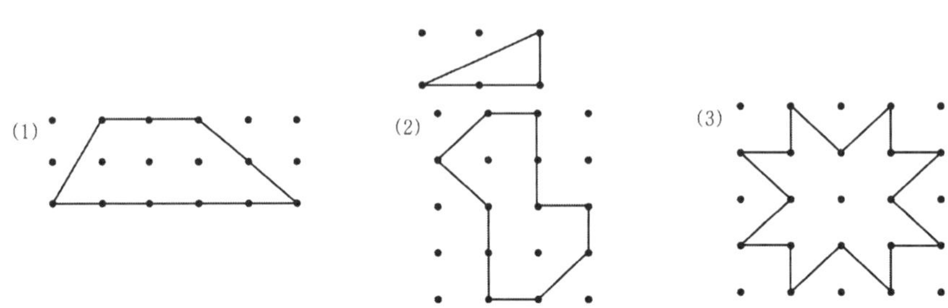

7. 휴지통이나 깡통의 높이와 둘레의 길이를 비교할 수 있는 방법을 제시해 보시오.

8. 길이의 표준 단위 1 cm를 도입하기 위해 그 이전에 어떤 활동을 해야 하는지 차례대로 기술해 보시오.

9. 1 cm와 1 m의 어느 쪽을 먼저 도입하는 것이 좋은지, 그 장단점을 분석하시오.

10. 끝수 처리 과정에서 올림, 반올림, 버림을 각각 자연스럽게 지도할 수 있는 지도방안을 고안해 보시오.

11. 넓이의 전통단위인 1평은 약 $3.3m^2$라고 한다. 33평 아파트의 경우 그 넓이는 약 몇 m^2인가?

12. 빠르기의 개념을 도입하는 지도안을 작성해 보시오.

13. 3492058을 다음에 지시한 대로의 어림수로 고쳐보시오.

① 천의 자리에서 반올림
② 만의 자리 이하 버림
③ 십만의 자리 미만 반올림
④ 천의 자리 미만 올림

14. 다음 문제들의 근삿값을 계산하시오.

① 345478+24085를 천의 자리까지
② 1693210−968732를 만의 자리까지
③ 54723×3538을 두 자리의 어림수로
④ 1925276÷2896을 두 자리의 어림수로

15. 주어진 둘레로 그릴 수 있는 직사각형의 개수를 찾아보시오.

둘레(cm)	가능한 직사각형
8	3
10	
12	
14	
16	

8장 규칙성

규칙성은 수학의 기초이기 때문에 규칙성과 관계에 초점을 둔 활동은 어렸을 때부터 시작되어야 하고, 모든 학년에서 계속되어야 한다. 학교 수학에서 규칙성을 강조하는 것은 규칙성이 우리의 삶과 무관하지 않기 때문이며, 수학에서 규칙성 탐구가 중요한 주제이기 때문이다.

NCTM(미국수학교사협의회)에서도 유치원에서 4학년까지의 학생들은 수학적 상황을 분석하기 위하여 규칙성과 관계를 이용할 수 있도록 추론을 강조하도록 권고하고 있고, 5학년에서 8학년까지도 규칙성을 포함하도록 권고하고 있다.

이 장에서는 초등수학 교과서의 규칙성[1] 영역의 학습 지도에 있어서 그 실제적인방법에 대해 고찰해 보고자 한다. 이를 위해 먼저 2015 개정 초등수학 교육과정의 규칙성 영역의 각 학년군별 내용체계와 성취기준을 살펴보면 아래와 같다.

가. 내용체계

영역	핵심 개념	일반화된 지식	학년(군)별 내용 요소			기능
			1~2학년	3~4학년	5~6학년	
규칙성	규칙성과 대응	규칙성은 생활 주변의 여러 현상을 탐구하는 데 중요하며 함수 개념의 기초가 된다.	• 규칙 찾기	• 규칙을 수나 식으로 나타내기	• 규칙과 대응 • 비와 비율 • 비례식과 비례배분	배열하기 표현하기 추측하기 규칙찾기 규칙정하기 설명하기 이해하기 확인하기 문제 해결하기

나. 성취기준

[초등학교 1~2학년]

규칙성은 생활 주변에 존재하는 다양한 현상을 탐구하는 데 중요하며 함수 개념의 기초가 된다. 생활 주변이나 여러 현상에서 찾을 수 있는 규칙은 실생활의 복잡한 문제를 해결하는 데 유용하고, 규칙 찾기를 통해 추론 능력을 기를 수 있다.

> 1 규칙 찾기
> [2수04-01] 물체, 무늬, 수 등의 배열에서 규칙을 찾아 여러 가지 방법으로 나타낼 수 있다.
> [2수04-02] 자신이 정한 규칙에 따라 물체, 무늬, 수 등을 배열할 수 있다.

1 초등학교 학생들에게 패턴이라는 용어가 익숙하지 않기 때문에 교육과정이나 교과서에서 규칙 또는 규칙성이라는 용어를 사용한다.

(가) 교수·학습 방법 및 유의 사항

- 물체나 무늬의 배열에서는 크기, 색깔, 위치, 방향 등에 대한 단순한 규칙을 다루고, 그 규칙을 말, 수, 그림, 기호, 구체물, 행동 등의 다양한 방법으로 표현하게 한다.
- 물체나 무늬의 배열에서 다음에 올 것이나 중간에 빠진 것을 추측하여 말하게 한다.
- 수의 배열뿐만 아니라 수 배열 표, 덧셈표, 곱셈표를 활용하여 수의 규칙을 찾고, 자신이 정한 규칙에 따라 색칠하거나 ○, / 등으로 나타내게 한다.
- 자신의 규칙을 창의적으로 만들어보고, 다름 사람의 배열에서 규칙을 찾아보거나 규칙에 대해 서로 말하게 한다.
- 규칙성 영역의 문제 상황에 적합한 문제 해결 전략을 지도하여 문제 해결 능력을 기르게 한다.

(나) 평가 방법 및 유의 사항

- 규칙 찾기를 평가할 때 학생이 자신의 규칙이나 다른 학생의 규칙에 대해 의사소통하는 과정을 평가한다.

[초등학교 3~4학년]

규칙성은 생활 주변에 존재하는 다양한 현상을 탐구하는 데 중요하며 함수 개념의 기초가 된다. 생활 주변이나 여러 현상에서 찾을 수 있는 규칙은 실생활의 복잡한 문제를 해결하는 데 유용하고, 규칙 찾기를 통해 추론 능력을 기를 수 있다.

① 규칙 찾기
[4수04-01] 다양한 변화 규칙을 찾아 설명하고, 그 규칙을 수나 식으로 나타낼 수 있다.
[4수04-02] 규칙적인 계산식의 배열에서 계산 결과의 규칙을 찾고, 계산 결과를 추측할 수 있다.

(가) 교수·학습 방법 및 유의 사항

- 규칙적인 계산식의 배열에서 계산 결과의 규칙을 찾는 활동을 할 때 계산기를 사용하게 할 수 있다.
- 규칙성 영역에 적합한 문제 해결 전략을 지도하고, 문제 해결 과정을 설명하게 하여 문제 해결 능력을 기르게 한다.

(나) 평가 방법 및 유의 사항

- 규칙을 식으로 나타낼 때 혼합 계산식, 일반항을 나타낸 식 등을 이용해야 하는 복잡한

문제는 다루지 않는다.

- 규칙적인 계산식의 배열에 대한 평가에서는 계산 결과의 규칙을 추측하고 확인하는 데 중점을 둔다.

[초등학교 5~6학년]

규칙성은 생활 주변에 존재하는 다양한 현상을 탐구하는 데 중요하며 함수 개념의 기초가 된다. 생활 주변이나 여러 현상에서 찾을 수 있는 규칙이나 두 양 사이의 대응 관계는 실생활의 복잡한 문제를 해결하는 데 유용하고, 규칙 찾기를 통해 추론 능력을 기를 수 있다. 또한 비와 비율 개념은 비례적 사고를 개발하는데 도움이 된다.

① 규칙과 대응

[6수04-01] 한 양이 변할 때 다른 양이 그에 종속하여 변하는 대응 관계를 나타낸 표에서 규칙을 찾아 설명하고, □, △ 등을 사용하여 식으로 나타낼 수 있다.

② 비와 비율

[6수04-02] 두 양의 크기를 비교하는 상황을 통해 비의 개념을 이해하고, 그 관계를 비로 나타낼 수 있다.

[6수04-03] 비율을 이해하고, 비율을 분수, 소수, 백분율로 나타낼 수 있다.

③ 비례식과 비례배분

[6수04-04] 비례식을 알고, 그 성질을 이해하며, 이를 활용하여 간단한 비례식을 풀 수 있다.

[6수04-05] 비례배분을 알고, 주어진 양을 비례배분 할 수 있다.

(가) 학습 요소

- 비, 기준량, 비교하는 양, 비율, 백분율, 비례식, 비례배분, : , %

(나) 교수·학습 방법 및 유의 사항

- 두 양의 대응 관계는 덧셈식, 뺄셈식, 곱셈식, 나눗셈식 중 하나로 표현되는 간단한 경우만 다룬다.
- 두 양을 비교할 때 한 양을 기준으로 다른 양이 몇 배가 되는지를 나타낼 필요성을 인식하게 하면서 비의 개념을 도입한다.
- 비율의 의미를 다룰 때 타 교과 및 실생활에서 비율이 적용되는 간단한 사례를 사용할 수 있다.
- 규칙성 영역의 문제 상황에서 문제 해결 전략 비교하기, 주어진 문제에서 필요 없는 정

보나 부족한 정보 찾기, 조건을 바꾸어 새로운 문제 만들기, 문제 해결 과정의 타당성 검토하기 등을 통하여 문제 해결 능력을 기르게 한다.

(다) 평가 방법 및 유의 사항

- 비율을 평가할 때 속력, 인구밀도, 축적, 농도 등을 구하는 문제는 다루지 않는다.

> 참고 2015 개정 교육과정의 규칙성 영역에서는 정비례와 반비례를 초등학교에서 중학교로 이동하였고 규칙과 대응을 3~4학년군에서 5~6학년군으로 상향 이동하였다.

8.1 규칙성

수학은 규칙성의 과학(science of pattern)이라는 특징을 가진다고 할 수 있다. 규칙성을 찾는 일은 생활 주변에 존재하는 다양한 현상을 탐구하는 데 중요하며, 실생활의 복잡한 문제를 해결하는 유용한 전략이 된다. 이를테면 다양한 규칙 찾기 활동을 통해 추론 능력을 기를 수 있으며, 수에 관한 규칙성을 인지하고 서술하는 것은 함수 개념의 기초가 된다. 규칙성은 모든 수준의 학년에서 모든 수학을 행하는 과정의 일부가 되어야 한다. 규칙성에 대한 연구는 아이가 수학에 참여하도록 동기를 부여하고, 수학에 참여하는 타당성을 제공한다. 수학이 발전된 과정만 보더라도 인류가 자연 속에 있는 규칙을 발견하고, 그것을 설명하고, 그 규칙 속에 숨어 있는 질서와 규칙을 밝혀내려는 노력이 있었음을 엿볼 수 있다.

우리 일상생활에서도 규칙성이라는 용어는 다양하게 사용되고 있음을 알 수 있다. 이를테면, 우리가 입고 있는 옷의 규칙성은 어떤 형판을 본뜬 것이며, 사무실이나 거실에서 쓰는 카펫의 규칙은 대칭의 규칙을 가지고 있다. 또한 비가 그친 후 하늘에 나타나는 무지개가 일정한 규칙을 가지고 있음을 우리는 보아왔는데 이러한 현상을 과학에서는 빛의 굴절로 설명하고 있다. 인간은 이와 같이 많은 규칙성을 인식하고, 분류하고, 이용하는 정형화된 사고체계를 만들었으며 이 과정에 수학을 이용함으로써 많은 자연의 신비를 밝힐 수 있었다.

1. 규칙성의 의미

영국의 수학자 하디(G. H. Hardy, 1877 ~ 1947)는 수학자를 아이디어의 규칙을 만드는 자로 설명하고 있다. 또한 수학자 데카르트(René Descartes, 1596 ~ 1650)는 자기가 해결했던 모든 문제는 다른 문제를 해결하기 위하여 제공되는 규칙이 된다고 하였다. 이를 광의의 뜻으로 달리 생각하면 수학의 목적은 무질서의 상태를 질서 있게 창조하는 것이라 할 수 있다(배종수, 1999).

규칙성은 곱셈구구, 도형의 변환, 그리고 대수와 같은 수학적 토픽뿐만 아니라 일정한 규칙으로 배열된 무늬, 현상, 행동 등 우리 일상생활의 도처에서 발견할 수 있다. 더욱 나아가 규칙성은 자연(nature), 음악, 미술에서 수학을 사용하는 것과도 관련된다. 앞서 언급한 바와 같이 수학을 규칙의 과학이라고 할 수 있을 만큼 변화하는 어떤 현상에서 일정한 규칙을 찾는 것은 수학에서 매우 중요한 능력이며, 유용한 문제 해결 전략이다.

2. 규칙성

1) 규칙성이 교과 영역으로 강조된 이유

1990년대 이후 그 이전까지 비교적 소홀하게 취급되어 왔던 토픽 중에서 가장 흥미롭고 중요한 것이 규칙성, 관계 및 함수라 할 수 있다. 그 중에서도 특히 규칙성이 수학교육의 중요한 영역으로 강조된 이유는 대략 아래와 같이 두 가지 측면으로 요약될 수 있다.

(1) 수학 교과적인 측면

뉴턴과 라이프니츠가 미적분학을 발견한 17세기 중엽에는 수, 형태, 운동, 변화, 공간에 대한 연구가 활발하였다. 미적분학이 인류에게 끼친 거대한 영향력을 이해하려고 시도함에 따라 수학의 응용뿐만 아니라 수학 자체에 대한 관심이 증가하게 되었다. 19세기 말에는 수, 형태, 운동, 변화, 공간 등과 이런 연구에 사용되는 수학적인 도구에 대한 연구에 관심을 갖게 되었다.

앞서 언급한 바와 같이 수학을 흔히 규칙의 과학이라고 정의하게 된 것은 약 20년 전의 일이며 이때부터 수학자는 수치적인 규칙, 형태의 규칙, 운동의 규칙, 행동의 규칙 등을 연구하게 되었다. 우리가 수학에서 사용하고 있는 대수적인 표현, 복잡하게 보이는 공식, 기하학적인 도식과 같은 추상적인 개념은 수학자들이 연구하고 있는 규칙들의 추상적인 본질을 반영하고 있다.

현실적으로 우리가 살아가는 물리적인 세계에 존재하는 여러 가지 규칙성의 탐구가 수학의 한 영역임은 이제 부인할 수 없다. 이를테면, 계절의 변화, 낮과 밤의 변화, 또는 하루의 생활에도 규칙이 있고, 그런 규칙성의 탐구가 수학의 중요한 영역으로 자리 잡게 되었다.

(2) 수학교육적인 측면

수학과 교육과정에는 수학의 목표를 '수학의 기본적인 지식과 기능을 습득하고, 수학적으로 사고하는 능력을 길러, 실생활의 여러 가지 문제를 합리적으로 해결할 수 있는 능력과 태도를 기른다.'라고 되어 있다. 또한 대부분의 사람들은 수학은 어렵고 재미없는 딱딱한 과목이라는 인식을 갖고 있는 것이 우리의 현실이다. 따라서 수학교육의 목적은 여러 가지로 생각할 수 있겠지만 우선 아동들이 수학을 좋아하게 만드는 일이라고 생각된다. 그렇게 하기 위해서는 아동들이 학교 수학에 대한 부정적인 인식을 떨쳐버릴 수 있는 학습 기회를 갖게 하는 것이 무엇보다 중요하다. 그러므로 실생활에서의 경험과 학교에서 학습하는 수학이 서로 별개가 아닌 상호 유기적인 관계를 갖도록 해야 할 것이다. 이러한 측면에서 우리의 일상생활에서 언제나 접할 수 있는 규칙을 인식하게 하고, 수학에서 발견한 규칙을 생활에 응용, 적용하여 학생들로 하여금 생활의 수학화, 수학의 생활화를 가능하게 할 수 있다. 더욱이 최근 수학교육의 흐름을 볼 때 규칙성이 문제를 해결하는 강력한 전략으로도 쓰이고 있다. 아울러 아동들이 규칙성을 설명하고, 발견한 규칙에 대한 아이디어를 나누게 하는 과정은 일상의 언어와 수학의 언어를 의미 있게 연결해 줌으로서 의사소통으로서의 수학도 강화할 수 있다.

결국 자연 현상을 다양한 규칙으로 분석함으로서 수학적인 관계 및 규칙성을 알게 됨으로써, 수학의 다양한 면을 경험할 수 있다. 규칙성을 탐구하는 경험을 통해 수학의 즐거움과 아름다움을 느끼게 하고, 수학에 대한 자신을 갖게 되며, 더 나아가서는 수학 교과에 대한 인식을 새롭게 하게 될 것이다.

3. 수학적 규칙성의 유형

수학에서 다루는 규칙성의 종류는 다양하며 규칙을 분류하는 준거에 따라 달리 분류할 수 있다. 규칙의 속성, 규칙의 생성 방식, 재료에 따라 분류하기도 하고 때로는 수학의 행동특성에 따라 분류하기도 한다. 여기서는 수학 교과서에 제시된 규칙을 규칙의 속성과 규칙의 생성방식에 따른 분류로 고찰하여 제시된 규칙의 종류들을 알아본다.

1) 규칙의 속성에 따른 유형

제시된 규칙이 어떤 속성이 있는지에 따라 관계적 속성, 기하적 속성, 물리적 속성으로 분류한다.

(1) 관계적 속성에 따른 규칙

관계적 속성, 즉 수열이나 함수를 기초로 하는 규칙

보기 2, 4, 6, 8, 10, 12, 14, 16, ⋯

(2) 기하적 속성에 따른 규칙

기하적 속성, 즉 도형의 성질이나 모양을 기초로 하는 규칙

보기 △ ○ □ △ ○ □ △ ○ □ △ ○ □ △ ○ …

(3) 물리적 속성에 따른 규칙

물리적인 속성, 즉 색, 크기, 방향 등을 기초로 하는 규칙

보기 □ ■ ■ □ ■ ■ □ ■ ■ □ ■ ■ □ ■ ■ □ ■ ■ …

2) 규칙의 생성방식에 따른 유형

규칙을 어떤 방식으로 할 것인가, 즉 규칙의 생성을 어떤 방식으로 할 것인가에 따라 아래와 같은 다섯 가지 유형으로 분류할 수 있다.

(1) 반복하는 규칙

기본 단위가 반복적으로 그대로 유지되면서 계속되는 규칙

보기 ① 1, 4, 7, 1, 4, 7, 1, 4, 7, …

② □ □ ■ □ □ ■ □ □ ■ □ □ ■ …

(2) 증가하는 규칙

기본 단위나 기본 규칙이 증가 또는 변형되면서 만들어지는 규칙이다.

보기 ① 1, 2, 1, 2, 3, 1, 2, 3, 4, 1, 2, 3, 4, 1, 2, 3, 4, 5, …

② 

(3) 대칭에 의한 규칙

기본 단위가 대칭되면서 만들어지는 규칙이다.

보기 ≤ ≥ ≤ ≥ ≤ ≥ ≤ ≥ ≤ ≥ …

(4) 회전에 의한 규칙

기본 단위가 회전되어 만들어지는 규칙이다.

보기 ⇦ ⇧ ⇨ ⇩ ⇦ ⇧ ⇨ ⇩ …

(5) 카오스 현상에 의한 규칙

자연에서 흔히 볼 수 있는 비정규적인 규칙으로 유체의 난류현상, 해안선의 구조, 구름의 규칙, 고사리 잎의 규칙, 허파의 가지 구조, 우주의 은하계의 분포, 번개의 구조, 주가의 등락

등을 들 수 있다. 이러한 카오스(chaos)현상이 드러내는 기하학적인 규칙을 차원분열 도형 또는 프랙탈(fractal)이라고 하며, 칸토어 집합이나 시어핀스키(Sierpinski) 삼각형, 코흐의 눈송이와 같은 것들은 수학에서 잘 알려진 프랙탈의 예이다.

보기

칸토어 집합

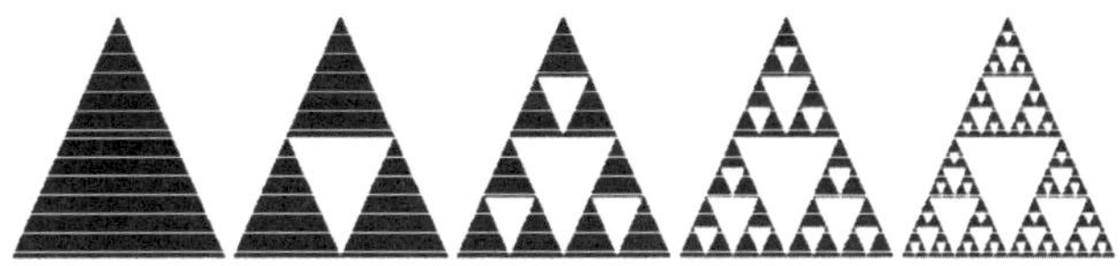

시어핀스키 삼각형

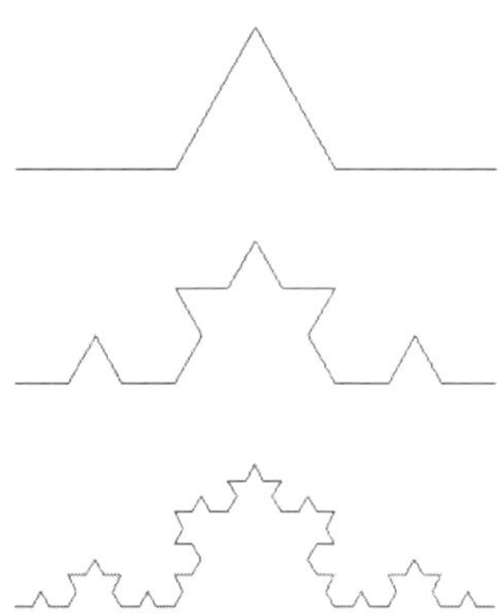

코흐의 눈송이

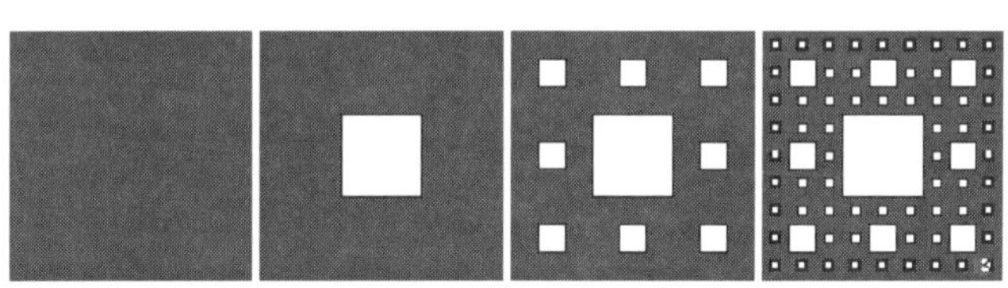

자기닮음과 축소에 대한 불변

3) 규칙성 학습 활동자료

규칙성 학습을 위한 자료는 매우 다양하게 제작하여 활용할 수 있다. 여기에서는 실제 수업에서 활용할 수 있는 활동 중심의 재미있는 몇 가지 규칙성의 예를 제시해본다.

(1) 100까지의 수 배열 표에서 규칙 찾기

1	2	3	4	5	6	7	8	9	10
11	12	13	14	15	16	17	18	19	20
21	22	23	24	25	26	27	28	29	30
31	32	33	34	35	36	37	38	39	40
41	42	43	44	45	46	47	48	49	50
51	52	53	54	55	56	57	58	59	60
61	62	63	64	65	66	67	68	69	70
71	72	73	74	75	76	77	78	79	80
81	82	83	84	85	86	87	88	89	90
91	92	93	94	95	96	97	98	99	100

① 각 행이나 열을 지정해 주고 어떤 규칙이 있는지 살펴보게 한다.

② 2씩 뛰어 센 수와 3씩 뛰어 센 수에 색칠을 해보게 한다. 두 번 색칠된 수들은 어떤 규칙이 있는가?

③ 각 대각선(좌상 우하)을 따라 놓여있는 수들은 어떤 규칙이 있는지 살펴보게 한다.

④ 대각선(우상 좌하)을 따라 놓여있는 수의 각 자리 수를 더해보고 어떤 규칙이 있는지 찾아보게 한다.

⑤ 9씩 뛰어 센 수와 11씩 뛰어 센 수에 색칠을 해보고 규칙을 찾아보게 한다.

⑥ 4씩 뛰어 센 수에 색칠을 하기 전에 어떤 규칙이 만들어질지 예상해 보고 색칠을 하게 해본다.

(2) 곱셈표에서 여러 가지 규칙 찾기

1	2	3	4	5	6	7	8	9	10
2	4	6	8	10	12	14	16	18	20
3	6	9	12	15	18	21	24	27	30
4	8	12	16	20	24	28	32	36	40
5	10	15	20	25	30	35	40	45	50
6	12	18	24	30	36	42	48	54	60
7	14	21	28	35	42	49	56	64	72
8	16	24	32	40	48	56	64	72	80
9	18	27	36	45	54	63	72	81	90
10	20	30	40	50	60	70	80	90	100

① 각 행이나 열을 색칠한 뒤에 어떤 규칙이 있는지 살펴보게 한다.

② 좌상 우하의 대각선을 따라 있는 수들은 어떤 규칙을 가지고 있는가?

(1, 4, 9, 16, 25, ⋯)

③ 좌상 우하의 대각선을 중심으로 대칭의 위치에 있는 수들을 살펴보고, 규칙을 찾아보자.

④ 4개의 숫자를 동시에 살펴보면(이차원적인 형태로), 이를테면

3	6
4	8

$(3+8)-(4+6)=1$이라는 규칙을 찾을 수 있다. 이차원의 형태를 달리해서 어떤 규칙이 있는지 찾아보게 한다.

(3) 달력에서 규칙 찾기

아래와 같이 우리가 일상생활에서 활용하고 있는 달력에서 여러 가지 규칙을 찾을 수 있다.

2018년 7월

일	월	화	수	목	금	토
1	2	3	4	5	6	7
8	9	10	11	12	13	14
15	16	17	18	19	20	21
22	23	24	25	26	27	28
29	30	31				

위의 달력의 각 행(row)에서 요일들을 따라 왼쪽 혹은 오른쪽으로 이동해 보면 수에 관해 어떤 규칙을 찾을 수 있는가?

① 각 열(column)의 한 요일을 지정하여 위로 또는 아래로 이동해 보면 수에 관해 어떤 규칙을 찾을 수 있는가?

② 어떤 한 날짜를 지정하여 그 날짜에서 다른 날짜로 대각선을 따라 움직여 보면 어떤 규칙을 찾을 수 있는가?

③ 월, 화, 수 3개의 요일의 첫 4개 숫자들의 합을 비교해 보았다. 어떤 규칙을 찾을 수 있는가?

④ ③의 결과로부터 목요일과 금요일의 첫 4개의 숫자들의 합은 어떻게 될 것으로 예측할 수 있는가? 여러분들이 예측한 결과와 실제의 합을 구하여 비교해 보시오.

⑤ 예측을 하기 위해 여러분이 사용한 규칙을 설명해 보시오.

(4) 테셀레이션(tessellation)[2] 규칙 활용

일상생활에서 흔히 볼 수 있는 타일이나 인도 블록 깔기와 같이 합동인 도형 여러 개를 조

합하여 도형의 각 변이 맞닿아 가면서 서로 겹치지 않고 하나의 규칙을 만드는 무늬 꾸미기 활동을 아동들에게 제공하면 아동들의 공간 지각력을 기를 수 있을 뿐만 아니라 창의성 계발에도 상당한 도움을 줄 수 있다.

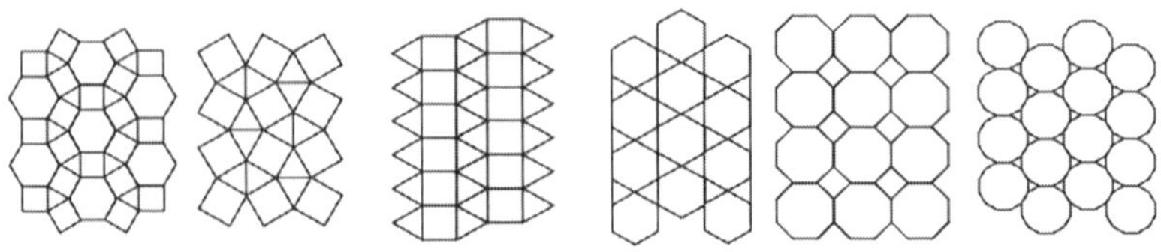

그림 8.1 여러 가지 도형을 사용한 테셀레이션

(5) 퀼트의 규칙 활용

퀼트의 규칙은 천을 짜깁기할 때 나타나는 규칙으로 반복적으로 여러 가지 조각 천을 끼우면서 아름다운 규칙을 만들 수 있다.

(6) 파스칼의 삼각형 활용

다음의 수는 어떤 규칙을 가지고 있는 파스칼 삼각형이다. 규칙에 따라 빠진 수를 써 넣으시오.

1
1 1
1 2 2
1 3 3 1
1 4 6 4 1
1 ? ? ? ? 1
1 ? ? ? ? ? 1

(7) 숨겨진 수 찾기

아래의 각 도형은 정해진 값을 가지고 있다. 도형들의 합은 각 행과 열의 끝에 있다. 물음표에 알맞은 수를 넣으시오.

■	▲	◇	▲	23
◇	●	■	●	37
■	■	◇	●	28
▲	◇	■	▲	23
21	?	26	34	

2 테셀레이션은 라틴어 ‘tessella’에서 유래되었는데, 고대 로마 때 모자이크에 사용되었던 작은 정사각형 모양의 돌이나 타일을 의미한다. 우리나라에서는 교재에 따라 쪽매맞춤, 쪽매붙임, 무늬 꾸미기, 바닥 메우기, 모자이크식 포장 등 여러 가지 용어로 번역되어 소개되고 있다.

(8) 베다 수학 활용

지식이라는 의미를 가지고 있는 베다(Vedas)는 힌두교에 관한 내용을 담고 있는 가장 오래된 신성한 책들이다. 이들 책들은 대략 기원전 약 500년 전에 쓰인 것으로 추정되고 있다. 베다는 인도의 문화적인 언어인 산스크리트어로 쓰였고 지식, 문법을 포함한 건축, 윤리, 천문학, 그리고 수학 등 거의 모든 측면을 언급하고 있다. 베다수학(Vedic Mathematics)은 베다에 그 근본을 두고 있으며 1911년에서 1918년 사이에 Bharati Krsna Tirthaji에 의해 옛 산스크리트 교재로부터 재발견되었다. Tirthaji가 Vedic 체계를 상술하고 있는 16권의 책을 저술했는데 그 이름이 베다 수학이며, 그의 사후 1981년에 출간되었다.

아래의 베다식 행렬(Vedic matrix: 두 수의 곱이 9보다 더 크면 9와 같거나 9보다 더 작을 때까지 그들의 자리수를 더해준다)을 보고 여러분이 발견할 수 있는 여러 가지 규칙을 찾아 보시오.

×	1	2	3	4	5	6	7	8	9
1	1	2	3	4	5	6	7	8	9
2	2	4	6	8	1	3	5	7	9
3	3	6	9	3	6	9	3	6	9
4	4	8	3	7	2	6	1	5	9
5	5	1	6	2	7	3	8	4	9
6	6	3	9	6	3	9	6	3	9
7	7	5	3	1	8	6	4	2	9
8	8	7	6	5	4	3	2	1	9
9	9	9	9	9	9	9	9	9	9

① 발견할 수 있는 규칙

- 모든 행은 9로 끝난다.
- 6번째 행은 639, 639 패턴이고 3번째 행은 369, 369이며 8번째 행은 87654321이다.
- 1번째 행은 123456789이다.
- 각 행의 마지막과 각 열의 마지막 숫자는 모두 9이다.
- 3번째 행은 3, 6, 9 숫자의 반복 규칙이다.
- 5번째 열은 감소할 때는 4, 증가할 때는 5씩 증가한다.
- 3번째 열은 369 규칙의 반복이다.
- 3번째 행은 3+6=9이고 6번째 행은 6+3=9
- 마지막 행과 열을 제외하면 모든 행과 열은 첫 번째 숫자와 마지막 숫자의 합이 9이다.
  이를테면, 2번째 행에서 2+7=9, 4+5=9, 6+3=9, 그리고 8+1=9 등이다.
  이것을 순서쌍으로 나타내면 (1, 8), (2, 7), (3, 6)과 (4, 5)와 같고 이 순서쌍이 위의 곱셈 테이블과 가지고 있는 관계를 조사해 보면 아래와 같다.

$(1,\ 8)\ 1+8=9\quad 18=9\times2$ 그리고 $81=9\times9$

$(2,\ 7)\ 2+7=9\quad 27=9\times3$ 그리고 $72=9\times8$

$(3,\ 6)\ 3+6=9\quad 36=9\times4$ 그리고 $63=9\times7$

$(4,\ 5)\ 4+5=9\quad 45=9\times5$ 그리고 $54=9\times6$

- 각 행과 열의 숫자들의 합은 45가 되며 이 숫자의 자리수를 더하면 $4+5=9$가 된다.
- 9로 되어 있는 마지막 열을 제외하면 1번째 행과 8번째 행, 2번째와 7번째, 3번째와 6번째 행 등등은 서로서로 역순으로 되어 있다.
- 위의 그림을 왼쪽 위에서 오른쪽 아래로 대각선을 축으로 보면 22, 343, 4664, 58985, 613316, 7367637, 그리고 85922958과 같이 어느 쪽에서 읽어도 같은 수(회문수, palindromic number)를 발견할 수 있으며 이는 곧 베다식 행렬은 수의 배열 측면에서 보면 파스칼의 삼각형과 동일시할 수 있다.
- 3, 6, 9를 제외하면 이 행렬에서는 1이 6개, 8이 6개, 2가 6개, 7이 6개, 4가 6개 그리고 5도 6개 있다. 한편 3은 12개, 6도 12개, 9는 21개가 있다. 아래와 같이 계산해보면 수들의 각 쌍들의 합은 9가 됨을 알 수 있다.

$6\times1=6$ 그리고 $6\times8=48$; $4+8=12$ 그리고 $1+2=3$; $6+3=9$

$6\times2=12$ 그리고 $1+2=3$; 그리고 $6\times7=42$ 그리고 $4+2=6$; $3+6=9$

$12\times3=36$ 그리고 $3+6=9$; $12\times6=72$ 그리고 $7+2=9$; $9+9=18$ 그리고 $1+8=9$

$21\times9=189$ 그리고 $1+8+9=18$; $1+8=9$ 등등.

- 9번째 행에서 각각의 곱의 자릿수들의 합은 9라는 사실이 왜 9번째 행과 열이 모두 9로 되어 있는가를 설명해준다.

② 위의 베다식 행렬(vedic matrix)에 투명용지를 대고 나타난 수(1, 2, 3, 4, 5, 6, 7, 8)들을 2명씩 짝을 지어 한 사람은 1, 2, 3, 4(1은 모두 1끼리, 2는 모두 2끼리 등)를 나머지 한 사람은 5, 6, 7, 8을 연결했을 때 어떤 사실을 알 수 있는가?

- 각각은 대칭적인 모양(symmetrical shapes)을 가진다.
- 이와 같은 사실은 각 행의 숫자들의 집합과 동일한 숫자들의 집합이 반드시 열에 있게 되며 서로 역순으로 배열되어 있다는 것을 말해 준다.
- (1, 8), (2, 7), (4, 5)의 각각의 모양은 서로 거울에 비친 상(reflection)의 모양이다.

③ 12×12 행렬에서 위와 같은 베다식 행렬을 완성하여 수의 규칙, 수를 연결했을 때의 모양을 조사해 보시오.

8.2 함수

1. 함수의 의미

함수의 본질은 따라서 변하는 두 양 사이의 대응관계에 있다. 이러한 생각을 처음으로 시도하고 또 강조한 사람은 데카르트이므로 데카르트를 함수의 창시자로 보는 사람이 많다. 그 이후 여러 수학자들에 의하여 함수의 개념은 눈부신 발전을 이루어 왔다.

그런데 '따라서 변한다.'라는 생각은 직관적으로는 알기 쉬우나 논리적으로 고찰하려고 할 때는 함수라는 개념이 명확하지 못하다. 따라서 최근에 들어서 함수를 '집합 사이의 대응'이란 관점에서 대개 다음과 같이 정의한다.

두 집합 A, B가 있을 때 A의 임의의 원소에 대하여 B의 유일한 원소가 일대일 대응(또는 일의적 대응)관계에 있을 때, 이 대응의 법칙을 함수(function) 또는 사상(mapping)이라고 한다. 이때 A를 정의역(domain)이라 하고, B를 공변역(codomain)이라 한다.

2. 함수의 여러 가지 경우

(1) 함수가 되는 경우

$A=\{0, 1, 2, 3, 4\}$, $B=\{0, 1\}$이라 하고, $f: A \to B$를 다음 그림과 같이 정의하면 함수가 됨을 알 수 있다. 이때 $f(0)=0$, $f(1)=1$, $f(2)=0$, $f(3)=1$, $f(4)=0$이다.

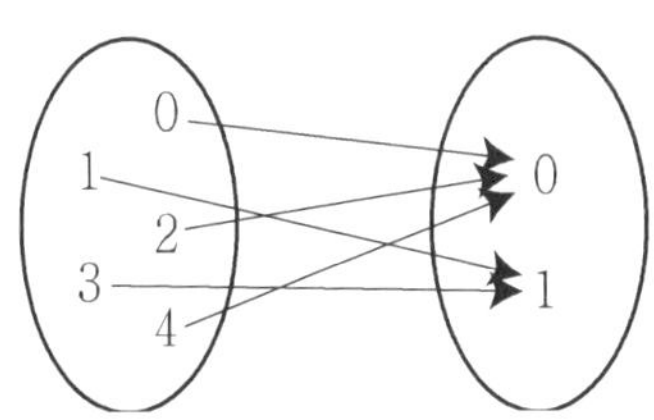

그림 8.2 함수가 되는 경우

(2) 함수가 되지 않는 경우

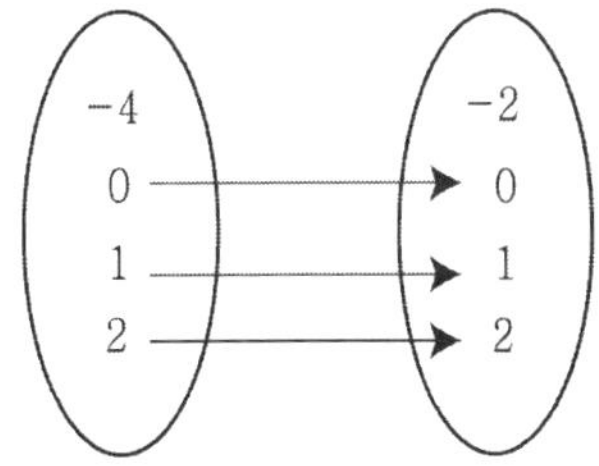

그림 8.3 함수가 되지 않는 경우

위의 그림에서 $A=\{-4, 0, 1, 2\}$, $B=\{-2, 0, 1, 2\}$일 때, $f: A \to B$, $f(x)=x$라고 하면 f는 A에서 B로의 함수가 아니다. 왜냐하면 $-4 \in A$인 정의역의 원소에 대하여 $(-4, y) \in f$인 $y \in B$ 즉, $y=f(-4)$가 존재하지 않기 때문이다.

(3) 함수이지만 식으로 표현할 수 없는 경우

아래 그림과 같이 두 집합 A, B가 있다. A는 남편들의 집합이고 B는 아내들의 집합이다. 남편 a의 아내는 p, b의 아내는 q, c의 아내는 r이라고 하면 두 집합 A, B 사이에는 1대 1 대응 관계가 이루어지므로 함수가 된다. 그러나 이때의 대응규칙은 식으로 나타내기 어려우나(일반적으로 $B=f(A)$), "한 남편은 하나의 아내를 가지고 있다."는 법칙이 성립된다.

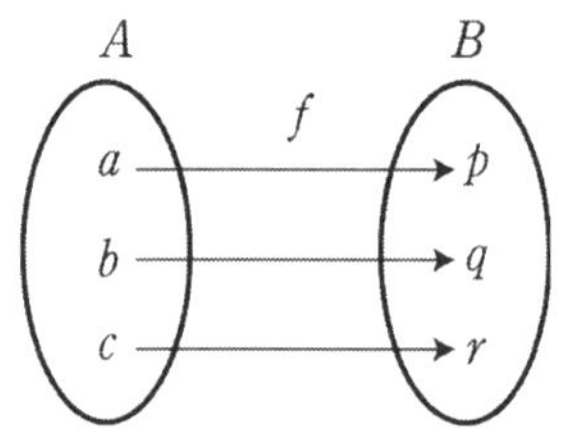

그림 8.4 함수이지만 식으로 표현할 수 없는 경우

3. 함수적 고찰의 지도

초등수학에서는 함수라는 용어 자체를 사용하지 않을 뿐 아니라 함수의 지도는 함수 그 자체를 지도하는 것이 주된 목표가 아니고 함수적인 사고를 길러 앞으로 중등학교에서 함수를 공부하는데 기본적 바탕이 되는 함수적인 사고를 기르는 것이 주된 목표이다. 이러한 목표를 달성하기 위하여 함수적인 생각을 수학 교재 전반을 통해서 지도하는데 그 지도 과정에서 주가 되는 것은 다음과 같다.

① 따라서 변하는 변량에 대한 인식을 가질 수 있게 한다. 그러기 위해서는 '한 양(수)이 변하면 다른 한 양(수)이 변하고, 전자가 정해지면 후자도 정해진다.'라는 것을 이해할 수 있게 하여야 한다.

② 2개의 집합 A, B에 대해서 서로 대응하는 원소를 발견할 수 있도록 한다. 즉, 집합 A의 요소 x에 대응하는 집합 B의 원소 y를 찾을 수 있게 한다.

③ 변하는 것에 대한 인식을 가질 수 있게 한다. 두 변량(수) x, y가 있어서 독립변수 x는 정의역에 속하는 여러 가지 값의 대표로 볼 때 그것에 대응하는 함수 값 y는 치역에 속하는 여러 가지 값의 대표로 볼 수 있게 한다.

④ 대응의 규칙성을 발견할 수 있게 한다. 즉, 집합 A의 원소와 그것에 대한 집합 B의

원소 사이에 일반적으로 어떤 관계가 존재하는가를 발견할 수 있게 한다.

⑤ 대응관계를 식, 표, 그래프로 나타낼 수 있게 한다. 대응관계를 합 일정, 차 일정, 비 일정, 곱 일정 등의 식으로 나타내 보게 한다.

⑥ 함수적인 관찰에 의해서 문제를 풀 수 있게 한다. 즉, 문장제로부터 함수표를 만들고 일정한 함수관계를 발견하여 문장제를 해결할 수 있게 한다.

위에서도 언급한 것처럼 초등학교 수학과에서는 함수 그 자체를 정의하기보다는 함수적인 사고를 기르는 것이 주된 목표이다. 수학교육의 현대화를 내면적으로 보면 기능면은 주로 기계에 맡기는 시대에 와 있으므로, 기능면보다는 오히려 수학적인 관찰과 사고를 중시하게 된다. 함수적인 관찰과 사고의 지도는 이와 같이 수학교육의 현대화의 방향으로 보아서 중시되어 왔다.

일반적으로 따라서 변하는 두 양이 있을 때, 한편이 정해지면 이에 따라서 다른 쪽이 어떻게 정해지는가 그 법칙을 발견하는 일, 지식의 기초를 이루고 있는 일반적이고 보편적인 법칙을 발견하고 이용하는 일이 함수지도의 목표이다. 저학년의 학생일수록 함수 경험이 중요한데 특히 초등학생의 경우는 일반적인 주변 현상을 다루게 한다. 문자와 기호의 사용은 학생들이 후에 변수를 사용할 수 있게 해준다.

다양한 현상에 관한 공부를 함수 관계를 탐구하는 수준으로 높여 나가야 한다. 현상을 여러 가지 방법으로, 이를테면 표로 만들고, 그림으로 표현하고, 방정식으로 나타내고 또는 단순한 관계를 말로 나타내고 할 때 그들은 다르게 상황을 해석할 수 있음을 깨닫는다. 비형식적인 방법으로 학생들은 함수가 변수 사이의 관계이며 역동적인 관계를 갖고 있다는 발전적인 이해를 하도록 지도한다. 따라서 함수적 개념(표현)도 어느 특정한 학년에서만 나타나는 것이 아니라 초등학교 수학교재 전반을 통해서 나타나고 있다.

저학년 교재에서는 주로 두 수 사이의 대응규칙, 이를테면 두 수를 어떤 규칙으로 짝지었는지 알아보시오, 관계있는 것끼리 선으로 이어라 혹은 함수기(black box)를 이용한 지도를 하고 있으며 고학년에서는 따라서 변하는 두 수 사이의 대응관계를 x, y를 사용한 식으로 나타내고 역으로 식에 알맞은 문장 만들기, 관계식을 보고 대응 표 만들기, 대응 표를 보고 그래프 그리기, 그래프를 보고 대응 표 만들기 등으로 함수적 표현을 하고 있다.

4. 지도상의 유의점

① 어떤 대상 사이의 관계가 식이나 그래프로 나타낼 수 있으면 함수 관계이다라고 생각하거나, 함수 관계이면 식으로 나타낼 수 있다는 생각은 잘못이다.

이를테면 전자의 경우는 'x, y가 다 같이 5 이하인 정수일 때 $x+y \geq 5$이다'와 집합

$\{2, 4, 5, 6\}$의 원소에 그 약수를 대응시킨다는 규칙은 정의역의 한 원소에 대응되는 치역의 원소가 1개보다 더 많이 대응되므로 함수가 아니다.

후자의 경우 위의 2. 함수의 여러 가지 경우 (3)에서 알 수 있는 것처럼 함수관계이지만 식으로 나타낼 수는 없는 것이다. 그리고 함수의 대상, 곧 정의역이나 치역의 원소가 반드시 수 값일 필요는 없다. 도형이거나 어떤 사물 자체라도 무방하다. 이렇게 함으로써 함수 개념의 적용 범위가 넓어지는 것이다.

함수가 식 표시를 떠나서 대응으로 정의됨에 따라 함수는 한 쌍의 대응을 결정하는 작용으로 파악된다. 그 결과 형체가 없는 작용을 하나의 실체로서 파악하여 무엇인가의 방법에 의해서 표현할 필요가 생기게 되어 문자 f로 나타낸다. 위에서도 언급했듯이 컴퓨터의 발달로 함수의 기계화가 급진되어 그 도식화로서 함수기에 의한 표현이 널리 쓰인다.

함수기는 함수의 작용을 하는 기계의 구조를 생략해서 그 외부를 약도로 나타내고, 필요한 최소의 기계를 나타내는 입력(in put)과 출력(out put)의 입구만을 표시했다.

여기서 대다수의 학생들은 무엇을 함수로 보는가 하는 의문을 가지게 마련이다. 입출력 기계의 작용을 f라고 표시했을 때 f라는 입출력 기계의 작용 자체를 함수로 보아야 하며 정의역, 공역, 치역을 알아보기가 어려운 것이 단점으로 남는다.

② 정의역과 치역을 명확히 하여야 한다.

③ 두 수량의 관계로서 사물을 파악하려는 생각을 갖게 하고, 대응하는 두 수량의 순서쌍을 찾아서 그들을 부분적이나마 순서를 붙여서 배열하여 보도록 한다. 한쪽의 수량을 변화시킬 때 거기에 따라서 변하는 것과 변하지 않는 것을 찾고, 변하는 것은 앞의 것에 의해서 한 가지로 결정되는가를 알아서 대응의 짝을 찾는다.

④ 두 수량 사이의 관계(합이나 차의 일정, 곱이나 몫의 일정 등)를 식으로 나타내게 하여 그들의 구조에 착안하게 한다.

⑤ 함수적인 관찰과 사고가 문제 해결에 활발하게 응용되게 한다. 이를테면, 문장제로부터 함수표를 만들고 일정한 함수 관계를 발견하여 문장제를 해결할 수 있게 한다.

함수적 사고는 '관계에 관한 사고'이다. 인간 사고의 기본인 함수 개념은 '순서를 가진 2개의 변수류 사이의 대응'이라고 할 수 있다. 따라서 함수 개념은 유(class), 순서(order), 변수(variable), 대응(correspondence)의 네 가지 구성 요소를 갖는다.

8.3 비와 비율의 지도

1. 비와 비율

1) 비

어떤 양(또는 수) a가 다른 양(또는 수) b의 몇 배인가를 알아보는 관계를 b에 대한 a의 비 또는 a의 b에 대한 비(ratio)[3]라고 하고 $a:b$로 쓰고, $a:b$라고 읽는다. 이때 a를 전항, b를 후항이라 한다.

우리 생활에서 비는 주로 사물을 비교할 때 사용하는 개념으로, 비교에 대한 아동의 경험은 비를 포함하는 경우가 종종 있다. 이를테면, 한 아동이 4장의 스티커를 100원짜리 동전 하나에 샀다고 했을 때, 비율은 100원짜리 동전 하나에 스티커 4장이 된다.

이 경우의 비는 "하나에 대한 4개"로 읽고 1에 4 혹은 $4:1$ 혹은 $\frac{4}{1}$로 써야 한다. 이 가운데 어떤 것을 써도 관계없다.

이때 스티커와 100원짜리 동전 하나의 비는 $4:1$로, 스티커와 50원짜리 동전의 비는 $4:2$로, 스티커와 10원짜리 동전의 비는 $4:10$으로 표현할 수 있다.

이 비는 또한 4장의 스티커에 대한 10개의 10원짜리 동전으로 표현할 수 있으며, $10:4$ 혹은 $10 \div 4$의 몫으로 표현할 수 있다.

보기 우리 생활 속의 여러 가지 비

- 야구 점수 비교하는 비　　롯데 $6:$ 삼성 8
- 요리할 때 비　　고춧가루의 양 : 간장의 양 $= 1:3$
- 직사각형의 가로와 세로의 비

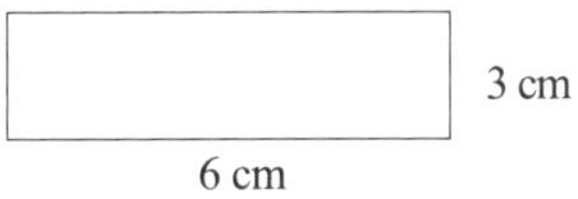

가로 : 세로$=6:3$

- 황금비 1:1.618

2) 비율

a를 b로 나눈 몫 $\frac{a}{b}$를 $a:b$의 비율(proportion)이라고 한다. 비율은 b를 기준량으로 하고 a를 비교하는 양으로 할 때 a가 b의 몇 배인가를 나타내는 것이다.

3 비는 기준량을 무엇으로 할지에 따라 비를 나타낼 때의 순서가 중요하다.

즉, $a:b=\frac{a}{b}=k\ (b\neq 0)$의 비율은 k이다.

이를테면, 4 : 5의 비율은 $4:5=\frac{4}{5}=0.8$, 즉 0.8이다. 또 $\frac{4}{5}$를 5에 대한 4의 비율이라고도 한다.

보기 학생들이 교과서에서 접하게 되는 대표적인 비율은 원주율(원의 둘레 : 원의 지름)이다.

> **참고** 우리 일상생활에서 비와 비율을 사용하는 이유는 두 양의 상대적인 크기를 비교할 때 편리하기 때문이다. 이를테면,
>
> 남학생의 수 : 여학생의 수 = 20 : 40
> ⇓
> 남학생의 수 : 여학생의 수 = 1 : 2
>
> 앞서 언급한 것처럼 비는 두 양의 상대적인 관계에 중점을 두기 때문에 20 : 40보다는 상대적인 값이 같은 1 : 2가 비교하기에 훨씬 더 편리하다. 이렇게 편리한 방법이 있는데 굳이 복잡하게 두 양의 관계를 나타낼 필요가 없다. 큰 수를 같은 값으로 나타낼 수 있으면서 더 작고 간단한 수로 나타내면 한 번에 직관적으로 두 양의 관계를 쉽게 파악할 수 있기 때문이다. 이와 같이 큰 수를 작고 간단한 수로 바꾸어도 상대적인 값이 변하지 않으므로 비와 비율을 사용하는 것이다.

3) 비의 성질

2개의 비에서 그의 비율이 같을 때 2개의 비는 같다고 한다. 이를테면, $6:3=2:1$로 쓴다. 또 15 : 24와 5 : 8의 2개의 비는 그들의 비율을 알아보면

$$15:24=\frac{15}{24}=\frac{5}{8},\quad 5:8=\frac{5}{8}$$

이므로 2개의 비는 같다. 즉 $15:24=5:8$

위와 같이 비율이 변하지 않도록 하고 비를 가능한 한 작은 수량의 비로 고치는 것을 비를 간단히 한다고 한다.

소수의 비는 비의 양쪽의 소수를 10배, 100배, …하여 정수의 비로 고친 다음 간단히 한다. 이를테면 1.5 : 2.7의 비의 값은 $\frac{1.5}{2.7}=\frac{15}{27}=\frac{5}{9}$이므로 $1.5:2.7=5:9$로 간단하게 나타낸다.

또, 분수의 비는 비의 양쪽의 분수를 통분하여 동분모 분수로 고친 다음 간단히 한다. 일반적으로 비에는 다음과 같은 성질이 있다.

비의 전항과 후항에 같은 수를 곱하거나 0이 아닌 같은 수로 나누어도 비율은 변하지 않는다.

4) 비의 값

앞서 어떤 양을 기준으로 하고 그에 대하여 비교하는 양이 그의 몇 배가 되는가를 나타내는 수를 비율이라고 하였다.

비의 값은 기준량을 1로 하였을 때 비교하는 양의 크기를 나타내는 수이다. 따라서 비의 값은 기준량이 1일 때의 비율이다.

$$(\text{비율}) = (\text{비교하는 양}) \div (\text{기준량})$$

즉, (기준량) = (비교하는 양) → (비의 값) = 1이 되며 (기준량) > (비교하는 양)이면 (비의 값) < 1이고 (기준량) < (비교하는 양)이면 (비의 값) > 1이 됨을 알 수 있다.

이를테면 우리 일상생활에서 빵 7개와 학생 5명이 있을 때 학생 수를 기준으로 하여 1명에 빵이 몇 개 해당되는지를 알아보는 현실 장면을 생각해 보자.

빵 7개가 학생 5명과 비교되므로 학생 1명에 빵이 1.4개꼴로 비교됨을 알 수 있다. 그러므로 비의 값 1.4는 기준량을 1로 보았을 때, 비교하는 양이 1.4임을 나타낸 것이다. 이와 같이 기준량을 1로 보았을 때, 비교하는 양을 나타내는 비율을 비의 값이라고 한다.

① 백분율

백분율(퍼센트)은 기준량을 100으로 보았을 때 비교하는 양의 크기를 알아보는 것이기 때문에 100을 기준으로 하여 비교하는 현실 상황을 생각해야 한다.

즉 앞서 언급한 비의 값이 기준량을 1로 보았을 때의 비교하는 양이면, 백분율은 기준량을 100으로 보았을 때의 비교하는 양이므로 그 비의 값에 100을 곱하면 백분율이 된다. 이와 같이 기준량을 100으로 보았을 때 비교하는 양을 나타내는 비의 값을 백분율 또는 퍼센트라 하고 %로 나타낸다.

이를테면 어느 학급의 어린이의 수는 모두 40명이다. 그 중 여자가 22명이면 학급 전체의 인원에 대한 여자의 인원의 비율은 얼마인가?

앞의 비의 값을 구하는 식 (비의 값) = (비교하는 양) ÷ (기준량)에 대입하여 보면 $22 \div 40 = 0.55$가 되고 $0.55 \times 100 = 55(\%)$이다. 즉 비의 값 0.55는 백분율로 나타내면 55%가 됨을 알 수 있다.

일반적으로 비교하는 양이 기준량보다 큰 경우의 백분율은 100% 보다 크게 나타난다.

참고 백분율 문제는 기본적으로 아래와 같은 세 가지 유형이 있다.

① 부분을 모르는 경우: 4의 7%는 얼마인가? $4 \times 7\% = \square$

② 백분율을 모르는 경우: 0.31은 4의 몇 퍼센트인가? $4 \times \square\% = 0.31$

③ 전체를 모르는 경우: 0.31은 얼마의 7%인가? $\square \times 7\% = 0.31$

② 할·푼·리

할·푼·리[4]는 비율을 소수로 나타내었을 때 이를테면 비율의 0.1을 1할, 0.01을 1푼, 0.001을 1리와 같이 소수의 자리로 알아보는 것이기 때문에, 비율을 소수로 나타내는 현실 상황을 생각해 보아야 한다. 소수의 자리에서 보는 것처럼 할·푼·리에서 할은 기준량을 10으로 보았을 때 비교하는 양을 나타내는 비율이다. 또 푼은 기준량을 100으로, 리는 기준량을 1000으로 보았을 때 비교하는 양을 나타내는 비율이다.

우리 일상생활에서는 야구에서 타율을 할·푼·리로 많이 표현하는데 이를테면 어떤 야구선수의 타수가 80회일 때 안타수가 22회이면 이 선수의 타수에 대한 안타수의 비율은 $22 \div 80 = 0.275$가 된다. 이 비율 0.275는 0.1이 2개, 0.01이 7개, 0.001이 5개이므로 이 비율을 할·푼·리로 나타내면 2할 7푼 5리가 된다. 타수에 대한 안타수의 비율을 타율이라고 말한다. 즉 이 선수의 타율이 2할 7푼 5리인 셈이다.

2. 비례식

a의 b에 대한 비와 c의 d에 대한 비를 등식으로 나타낸 식, $a:b=c:d$를 비례식이라 한다. a와 d를 외항, b와 c를 내항이라 한다.

$a:b=c:d$는 $a:b$의 비의 값과 $c:d$의 비의 값이 같다는 것이므로 다음과 같이 생각한다.

$$\frac{a}{b}=\frac{c}{d}, \quad \frac{a\times d}{b\times d}=\frac{c\times b}{d\times b}$$

따라서

$$a\times d=c\times b$$

이것으로부터 비례식의 성질을 얻을 수 있고 방정식과 맺어진다. 즉

$$a:b=c:d \leftrightarrow a\times d=b\times c$$

따라서 비례식에서 외항끼리의 곱과 내항끼리의 곱은 같다는 사실을 알 수 있다. 이를테면,

$$\frac{2}{5}=\frac{4}{10}, \quad \frac{2\times 10}{5\times 10}=\frac{4\times 5}{10\times 5}$$

$$\therefore 2\times 10=4\times 5$$

4 학습량 감축 및 필요성 재고 차원에서 2009 개정 교육과정 이후부터 초등수학에서 삭제되었다.

즉

$$2:5=4:10 \leftrightarrow 2\times10=4\times5$$

를 의미한다.

비례식 $3:8=6:x$를 생각해보자.

$$3\times x=8\times6,\quad 3x=48,\quad x=48\div3=16$$

그러므로 $x=16$이 된다.

3. 연비와 비례배분

1) 연비[5]

같은 종류의 몇 개의 양 a, b, c가 있을 때 세 양 사이의 관계를 $a:b:c$로 나타내었을 때 $a:b:c$를 연비라고 한다. 연비는 비의 값, 즉 비율처럼 기준량과 비교되는 양이 있는 것이 아니고 단순히 3개 이상의 양을 비(比) 형식을 빌려 나타낸 것이다.

연비는 다음과 같은 성질을 가진다.

① $a:b=a':b'$, $b:c=b':c'$, $\cdots$ 이면 $a:b:c\ \cdots=a':b':c'\cdots$이다.

② 두 연비 $a:b:c=a':b':c'$가 되는 것은 $\dfrac{a}{a'}=\dfrac{b}{b'}=\dfrac{c}{c'}\ (=k)$일 때이다.

이를테면 다음과 같은 현실 장면을 생각해 보자.

진영이가 4 m를 달리는 동안에 원영이는 3 m를, 원영이가 2 m를 달리는 동안에 재헌이는 1 m를 달렸을 때, 진영이와 원영이, 재헌이의 빠르기를 연비로 나타내 보자.

진영이와 원영이의 빠르기의 비

$$4:3=8:6=12:9=\ \cdots$$

원영이와 재헌이의 빠르기의 비

$$2:1=4:2=6:3=8:4=\ \cdots$$

따라서 진영이, 원영이, 재헌이의 빠르기의 비는 다음과 같음을 알 수 있다.

$$(\text{진영}):(\text{원영}):(\text{재헌})=8:6:3$$

일반적으로 다음과 같이 계산하면 편리하다.

5 학습량 감축 및 중요도 재고 차원에서 2009 개정 교육과정부터 초등수학에서 삭제되었다.

(진영) : (원영) : (재헌)

4 : 3

↖ ⇅ ↘

2 : 1

$(4\times2):(3\times2):(1\times3)=8:6:3$

2) 비례배분

어떤 양 또는 수를 2개 이상의 부분으로 나누어서 그 각 부분의 비를 주어진 비와 같게 나누는 것을 비례배분이라 한다. 비례배분을 할 때의 핵심은 주어진 비의 전항과 후항의 합을 분모로 하는 분수의 비로 고치는 것이다.

이를테면 3200원을 형과 동생에게 5 : 3의 비로 나누어 주려고 한다면 다음과 같이 배분한다. 즉

$$(\text{형})\ 3200\times\frac{5}{5+3}=2000(\text{원})$$

$$(\text{동생})\ 3200\times\frac{3}{5+3}=1200(\text{원})$$

일반적으로 어떤 양 A를 세 부분으로 나누는데 각 부분의 비를 $a:b:c$의 비로 비례배분하려면 다음과 같이 한다. 즉 제1의 부분은 전체의 $\frac{a}{a+b+c}$이므로 그 양은 $A\times\frac{a}{a+b+c}$이다. 또 제2, 제3의 부분의 양도 마찬가지 방법으로 구하면 다음과 같다.

$$\text{제2의 부분: } A\times\frac{b}{a+b+c}$$

$$\text{제3의 부분: } A\times\frac{c}{a+b+c}$$

이처럼 비교하는 양을 구하는 용법을 써서 비례배분을 해도 되고 또 다른 방법은 세 부분을 각각 ax, bx, cx로 해서 1차방정식 $ax+bx+cx=A$를 풀어서 x를 구한 다음 각 부분의 양을 구하여도 된다. 즉

$$x=\frac{A}{a+b+c}$$

이다.

이를테면 돈 84000원을 세 사람이 10 : 8 : 6의 비로 나누어 갖는다고 하면

$$
\begin{aligned}
10x + 8x + 6x &= 84000 \\
24x &= 84000 \\
x &= 3500
\end{aligned}
$$

따라서 $10 \times 3500 = 35000$원, $8 \times 3500 = 28000$원, $6 \times 3500 = 21000$원으로 배분하면 된다.

8.4 정비례와 반비례[6]

비는 한 수를 다른 수로 나눈 몫을 말한다. 이 몫이 일정하면 비례 또는 정비례 관계라고 한다. 이와는 달리 두 수의 '곱'이 항상 일정할 때도 있는데, 이를 반비례 관계라고 한다. 초등수학에서의 정비례와 반비례의 지도 방법은 아래와 같다.

1) 정비례

활동 1 우주 식품 중 봉지 밥 1개의 열량은 100 kcal입니다. 봉지 밥의 수와 열량 사이의 관계를 알아보시오.

- 봉지 밥의 수가 2, 3, 4……로 변할 때 열량은 어떻게 변한다고 생각합니까?
- 봉지 밥의 수를 x, 열량을 y (kcal)라 할 때 표를 완성하고 □ 안에 알맞은 수를 써넣으시오.

2배 3배 4배

봉지 밥의 수 x	1	2	3	4	5	6	7	……
열량 y(kcal)								……

□배 □배 □배

- 위의 표에서 x가 2배, 3배, 4배……로 변함에 따라 y는 어떻게 변합니까?
- x와 y 사이의 대응 관계를 식으로 나타내어 보시오.

---

6 2015 개정 교육과정에서는 중학교로 이동되었다.

활동2 김치 통조림 1개의 무게는 70 g입니다. 김치 통조림의 수와 무게 사이의 관계를 알아보시오.

- 김치 통조림의 수를 x, 무게를 y (g)라 하고 표를 완성하시오.

김치 통조림의 수 x	1	2	3	4	5	……
무게 y(g)						……

- 위의 표에서 x가 2배, 3배, 4배……로 변함에 따라 y는 어떻게 변합니까?

- x와 y 사이의 대응 관계를 식으로 나타내어 보시오.

쓰고 읽기 두 양 x, y에서 x가 2배, 3배, 4배……로 변함에 따라 y도 2배, 3배, 4배……로 변하는 관계가 있으면 x와 y는 정비례한다고 합니다.
x와 y가 정비례할 때, $y=2\times x$, $y=3\times x$, $y=4\times x$……와 같이 나타낼 수 있습니다. 이때 일정한 값 2, 3, 4……를 비례상수라고 합니다.

보기 ① 1분에 30 km를 가는 비행기는 2분에 60 km를 갈 것이다.
② 1시간에 72 km를 가는 자동차는 2시간에는 144 km, 3시간에는 216 km를 갈 것이다.
③ 1분에 1200 m를 달리는 말은 2분에 2400 m를 달릴 수 있을 것이다.
④ 1초에 30 m를 달리는 표범은 1분 동안 1800 m를 달릴 수 있을 것이다.

여기에 제시한 보기에서 각각의 속력, 즉 (거리)÷(시간)은 항상 똑같다. 이것을 정비례라고 한다.

2) 반비례

활동 1 24 km 떨어진 곳에 있는 탐사선으로 구조선을 보내려고 합니다. 구조선이 한 시간에 가는 거리와 탐사선까지 가는 데 걸리는 시간 사이의 관계를 알아보시오.

- 구조선이 한 시간에 1 km씩 간다면 탐사선까지 가는 데 몇 시간이 걸립니까?

- 구조선이 한 시간에 2 km씩 간다면 탐사선까지 가는 데 몇 시간이 걸립니까?

- 구조선이 한 시간에 3 km씩 간다면 탐사선까지 가는 데 몇 시간이 걸립니까?

- 구조선이 한 시간에 가는 거리가 변함에 따라 탐사선까지 가는 데 걸리는 시간은 어떻게 변합니까?

활동 2 구조선의 속력과 탐사선까지 가는 데 걸리는 시간 사이의 관계를 알아보시오.

- 구조선이 한 시간에 가는 거리를 x (km), 탐사선까지 가는 데 걸리는 시간을 y(시간)라 할 때 표를 완성하고 □ 안에 알맞은 수를 써넣으시오.

2배 3배 4배

한 시간에 가는 거리 x(km)	1	2	3	4	6	12	24
걸리는 시간 y(시간)							

□배 □배 □배

- 위의 표에서 x가 2배, 3배, 4배……로 변함에 따라 y는 어떻게 변합니까?

- x와 y 사이의 대응 관계를 식으로 나타내어 보시오.

쓰고 읽기

두 양 x, y에서 x가 2배, 3배, 4배……로 변함에 따라 y는 $\frac{1}{2}$배, $\frac{1}{3}$배, $\frac{1}{4}$배……로 변하는 관계가 있으면 x와 y는 반비례한다고 합니다.
x와 y가 반비례할 때, $x \times y=2$, $x \times y=3$, $x \times y=4$……와 같이 나타낼 수 있습니다. 이때 일정한 값 2, 3, 4……를 비례상수라고 합니다.

보기 두 마리의 말이 2시간 동안 쉬지 않고 톱니를 돌려서 8.5L의 물을 끓일 수 있다고 하자. 만약 같은 양의 물을 말 1마리가 끓인다면 시간은 얼마나 걸릴까?
말이 한 마리밖에 없다면 일의 양은 변함이 없는데 일손은 반으로 줄어든 셈이다. 따라서 말 한 마리는 4시간 동안 일을 해야 한다. 즉, 두 마리가 2시간 동안 한 일의 양과 한 마리가 4시간 동안 한 일의 양은 같다.

$$2마리 \times 2시간 = 1마리 \times 4시간$$

이와 같이 '사람(일손)의 수×시간'이 언제나 똑같은 경우를 반비례라고 한다.

8.5 대수의 개념

학교 수학에서 대수를 무엇 때문에 배워야 하는지를 이해하지 못하는 학생들이 의외로 많다. 지금은 상황이 많이 달라졌지만 학교현장에서는 수학을 행함에 있어서 때에 따라서는 기계적인 절차를 암기하도록 하는 것을 강조해 왔기 때문에 좋은 대수적 감각을 갖지 못하는 학생들이 상당수가 있다.

대수(algebra)는 초보적인 뜻으로는, 숫자에 의해서 하나하나의 수를 나타내는 대신 문자에 의해서 일반적인 수를 대표시켜, 수의 관계, 수의 성질, 수 계산의 법칙 등을 연구하는 수학을 일컫는 것으로 본래는 방정식을 해결하기 위한 일반적인 방법을 연구하는데 그 역사적인 근원을 가지고 있다고 할 수 있다. 혹자는 간혹 일반화된 계산 또는 계산을 일반화하기 위한 언어라고 말하기도 한다. 하지만 단순히 기호를 조작하기 위한 일련의 규칙 이상으로 일종의 사고하는 방법이라고 할 수 있다(최창우, 2001).

대수를 일반화의 언어로 볼 수 있다는 말은 만약 우리가 어떤 일을 단 한 번만 행한다면 아마도 대수가 필요 없을지 모르지만 계속 반복하여 하나의 과정을 행하는 경우라면 이때 대수는 우리가 행하는 것을 묘사해주기 위한 매우 간단한 언어를 제공해 줄 수 있다는 의미로 볼 수 있다.

대수는 덧셈과 곱셈을 다루는 기술로부터 출발한다고 볼 수 있으며 이와 같은 조작에 대한 규칙은 모든 수에 대해 성립하기 때문에 따라서 수를 나타내는 문자에 대해서도 그대로 적용되어 질 수 있다. 그러므로 학교에서 다루는 대수는 자연적으로 이와 같은 문자 및 그들의 연산에 대한 이해와 관련이 되는데 여기서 말하는 이 문자가 우리가 통상 이야기하는 변수(variables)라고 생각할 수 있으며, 이는 반드시 그런 것은 아니지만 대체적으로 어떤 범위에 있는 수치 전체를 대신하는 것이라고도 볼 수 있다. 다시 말해 문자는 그 대신에 어떤 범위에 있는 임의의 수로 바꾸어 놓을 수 있음을 의미하며 학생들이 맨 처음 이와 같은 변수와 직면하게 될 때 대수를 학습하기 시작하는 것으로 볼 수 있다.

대수를 언어(language)적인 측면으로 생각했을 때 유시스킨(Zalman Usiskin, 1997)은 이와 같은 언어가 가지고 있는 몇 가지 주요한 관점들을 언급하였다. 이 단락에서는 유시스킨이 언급한 이러한 관점들을 초등수학 교과서에서 그 의미를 살펴보았다.

1) 미지수를 구하는 대수적 표현

① 초등학교 1학년에서 다루는 합이 10이 되게 ●를 더 그려 넣고, □ 안에 알맞은 수를 써넣으시오.

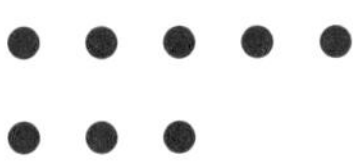

8+□=10

3+□=10

② 8에 어떤 수를 더하면 10이 될까요?

③ $8+x=10$

이와 같은 세 가지 표현에서 지금까지의 전통적인 교육을 받은 대다수의 사람들은 마지막의 ③번째 표현만이 마치 대수적인 표현인 것처럼 생각될 수 있으나 나머지 두 가지 방법 역시 16세기 초에 데카르트가 미지수를 표현하기 위해 문자 x를 사용하기 전까지 많은 사람들이 사실상 대수를 행하였던 방법이라고 볼 수 있다.

2) 공식의 형태를 띤 대수적 표현

초등수학에서 (직사각형의 넓이) = (가로의 길이) × (세로의 길이) 즉, $A=L\times W$로 주어진다. 이와 같은 공식에서 “가로의 길이가 5 cm, 세로의 길이가 3 cm일 때 이 직사각형의 넓이는 얼마일까요?”라고 어린이들에게 물었을 때 이것은 대수를 행하는 하나의 행위로 볼 수 있다.

3) 일반화된 패턴의 형태를 띤 대수적 표현

‘한 상자에 사과가 21개씩 들어 있습니다. 40상자에는 사과가 몇 개 들어 있습니까?’의 대수적인 표현은 간단하게 21×40으로 표현할 수 있고 일반적인 n상자의 사과의 개수는 $21n=(20+1)n=20n+n$으로 묘사될 수 있다.

또한 초등수학의 진분수의 곱셈 계산에서 2개의 진분수 $\frac{3}{4}$, $\frac{5}{7}$의 곱셈은 결국 $\frac{a}{b} \cdot \frac{c}{d} = \frac{ac}{bd}$와 같이 분자는 분자끼리 분모는 분모끼리 곱하는 형태의 대수적인 언어로 일반화될 수 있다. 이와 같이 산술적인 계산에 있어서 일반적인 성질을 표현하기 위한 가장 적절한 언어가 곧 대수임을 알 수 있다. 더욱이 초등수학에서 취급되고 있는 모든 수 (자연수, 정수, 유리수)의 집합은 덧셈과 곱셈에 관해 교환법칙이 성립한다는 사실을 우리는 잘 알고 있으나 이와 같은 의미를 어린이들에게 전달할 때 물론 말로서 전달할 수도 있지만 문자를 사용한 대수적인 표현으로 간단하게 표현할 수도 있다.

이를테면, 초등학교 1학년에서 배우는 덧셈의 0+2=□, 2+2=□의 표현에서 결과적으로 볼 때 어떤 수에 0을 더해도 결과에는 변화를 주지 않으며 어떤 수에다 자기 자신의 수를 더하면 결과는 본래의 수의 2배와 같다 에 대한 대수적인 표현은 $0+n=n$, $a+a=2a$와 같이 일반화될 수 있다.

4) 관계를 사용한 대수적 표현

'원석이와 현미는 게임팩을 12개 가지고 있습니다. 현미는 원석이보다 2개 더 많습니다. 원석이와 현미가 가지고 있는 게임팩은 각각 몇 개인지 알아보시오.'라는 문제를 생각해보자. 현미와 원석이가 가지고 있는 게임팩의 개수를 각각 A, B라고 했을 때 두 양 A, B 사이에는 $A+B=12$, $A-B=2$와 같은 관계를 가지고 있는 것으로 표현되며 처음에 주어진 장황한 문장으로 표현하는 것보다 훨씬 더 간결해 보이는 대수적 표현이라고 할 수 있다.

일반적으로 등호는 대수에서 두 가지 서로 다른 의미로 사용되는데 하나는 항등(identity)의 의미이고 다른 하나는 같다(equality)의 의미로 사용되고 있는데 이를테면 $2\times(A+B) = 2\times A+2\times B$와 같이 A, B에 어떤 값을 대입하더라도 항상 성립하는 경우가 전자인 항등의 의미이고 원석이와 현미의 게임팩 문제처럼 $A+B=12$, $A-B=2$는 모든 A, B의 값에 대해 성립하지는 않는다. 따라서 $A+B=12$, $A-B=2$는 항등의 문제가 아니라 같음의 문제로 보아야 할 것이다.

항등은 변수의 모든 값에 대해 성립하는 사실을 진술한 것이고 같음은 제기된 문장을 참이 되게 하는 변수 값을 구하는 문제를 제기한다(Z. P. Dienes, *Building up Mathematics*).

궁극적으로 대수에 대한 여러 가지의 개념은 여러 가지 변수의 사용과 관련된다고 볼 수 있으며 대수를 학습하는데 있어서 핵심적인 요소는 대체로 아래와 같이 세 가지로 요약해 볼 수 있다.

① 대수와 관련한 특수한 언어의 이해

② 변수의 개념에 대한 이해

③ 관계 및 함수의 개념에 대한 이해

따라서 대수는 대부분의 수학을 의사소통하는 데 사용되는 언어적인 측면으로 생각할 수 있으며 또한 추상적인 단계에서 개념을 조작하고 적용하는 수단과, 원 상황을 넘어서는 일반화와 통찰을 가능하게 하는 방법을 제공해 주는 것으로 생각할 수 있을 것이다.

8.6 수식

수식은 기호를 사용하여 수학적인 규칙에 맞추어 어떤 상태를 나타낸 것이다. 이를테면, "비둘기가 3마리 있습니다. 5마리가 더 날아왔습니다. 비둘기는 모두 몇 마리일까요?"의 상태를 생각할 수 있다. 이것은 수식으로 $3+5=8$이라고 나타낸다. 수식은 수학적인 규칙에 맞추어 어떤 상태를 나타낸 것이기 때문에 수학적 문장이라고 하기도 한다.

1) 닫힌 문장

닫힌 문장은 $4+5=9$(참), $2+3=7$(거짓)과 같이 참 또는 거짓이 정해져 있는 문장을 말한다.

2) 열린 문장

열린 문장은 $2+3=5$에서 피가수, 가수, 합의 관계 중 임의의 두 가지 요인을 열린(open)상태로 놓으면 $2+\square=\bigcirc$, $\triangle+3=\bigcirc$, $\square+\bigcirc=5$와 같이 열린 문장을 얻게 된다.

8.7 문자식의 지도

중학교 수학 학습에서 학생들이 곤란을 겪는 주요한 이유의 하나는 초등수학에서의 학습 내용이 수에 관한 비교적 구체적인 내용으로부터 문자를 다루는 추상적인 내용으로 전환된다는 점에 있다. 초등학교 수학에서 '따라서 변하는 두 수' 사이의 대응 관계를 문자 x, y를 사용한 식으로 나타내고 그 그래프를 그릴 수 있도록 하며, x를 미지항으로 하는 방정식을 풀 수 있도록 지도하고 있으나, 문자식을 간단히 하거나 문자식에 대한 계산을 하는 등의 문자식에 대한 본격적인 학습은 중학교에 들어가서 시작된다. 그러나 학생들은 초등학교를 거치는 동안 수에 대한 조작이 몸에 배게 되어 중학교 수학에서 문자식의 도입 시에 이를 조절하기 어려운 상황이 초래됨으로써 학습 지도에 어려움이 야기되기 쉽다(교육학대백과사전, 서울대학교교육연구소 편, p. 1023).

이를테면, 대수에서 $a \times b = ab$와 같지만 산술적인 계산에서는 $2 \times 6 \neq 26$과 같지 않으며 $ab = ba$이지만 $26 \neq 62$이다. 또한 산술적인 계산에서 $3 + 1/2 = 3\ 1/2$이고 $3 + 0.25 = 3.25$이지만 일반적으로 대수에서 $2a + b \neq 2ab$이다. 이와 같이 학생들이 문자식에서 오류를 범하는 주된 원인은 대부분 초등학교에서 다루고 있는 산술적인 계산이 답은 언제나 수이며 답에는 계산기호가 없었다는 자신들의 경험에 의한 것으로 보인다.

아울러 초등학교에서는 문자로 표현된 식이 주어져 있고 주어진 식에 들어갈 수 있는 적절한 수를 찾는 문제를 주로 취급해 왔기 때문에 대부분의 아동들이 상급 학년에 진학한 초기에는 기호의 사용에 대한 의미가 달라짐으로써 또한 어려움을 가지는 것으로 보인다. 이를테면 초등학교에서 학습한 +와 =의 기호를 생각해보면 초등수학에서는 +와 =는 연산 수행(즉 연산을 한다는)의 행위로 생각하며, +는 실제적으로 연산을 수행하는 것을 뜻하고, =는 연산 수행의 결과로 나타나는 답을 쓰라는 것으로 생각하고 있다. 그러나 대수에서는 +는 연산 행위 자체뿐만 아니라, 연산의 결과도 나타내며, =는 답을 쓰는 것뿐만 아니라 동치관계(서로 같다)를 나타내기도 한다. 이를테면, $2 + 5 = 7$에서 +는 더하기라는 연산을 수행하라는 의미이고 =는 그 연산의 결과를 쓰라는 것을 의미한다고 볼 수 있다. 그러나 $2a + 5b$는 더 이상 연산을 실행할 수 없으며 $2a + 5b$는 그 자체이다. 여기서 + 기호의 의미는 연산 수행을 의미하는 것이 아니라 식들의 연산을 수행한 후, 그 연산 수행의 결과를 의미하는 데에 쓰이고 =는 연산의 결과를 쓰라는 의미가 포함되어 있지 않다. 이러한 연산 기호의 의미에서의 혼란으로 인하여 종종 오류를 범하는데 이를테면 학생들은 흔히 $2a + 5b = 7ab$라고 답하는 경우가 종종 있다. 즉 $2a + 5b$는 더 이상 연산을 실행할 수 없으며 그 자체라는 것을 학생들은 받아들이기가 무척 어려운 것으로 보인다. 변수와의 계산을 하기 위해서는 그 연산의 개념을 이해하여 답이 반드시 숫자여야 한다는 산술적인 요구를 수정하도록 아이들의 생각을 바꾸도록 해야 한다. 그리고 학생들은 $3\frac{1}{2}$과 3m의 의미를 간혹 혼동한다. 왜냐하면 $3\frac{1}{2} = 3 + \frac{1}{2}$이므로 $3\text{m} = 3 + \text{m}$이라고 생각하기가 쉽다. 그러므로 학생들에게 $3\text{m} = 3 \times \text{m}$이라는 의미가 명확해질 때까지 3m이라고 제시하는 것을 보류해 두고 $3 \times \text{m}$으로 제시해야 한다. 따라서 문자식과 관련한 기호를 도입할 때는 이러한 기호에 대한 의미를 명확히 학생들에게 제시하고 학생들이 혼돈에 빠지지 않도록 많은 예를 통해서 제시해야 할 것이다. 이와 같은 생각을 바탕으로 대체적으로 초등학교에서는 다음과 같은 형태로 문자식을 지도하면 어떨까 제안해 본다.

① 문자가 들어있는 식을 문자라고 생각하지 말고 숫자라고 생각한다.

초등학생들은 문자에 어떤 커다란 의미가 있는 것처럼 생각하여 문자가 들어 있는 식을 어려워하는 것처럼 보인다. 따라서 문자가 무엇이든 간에 그것은 단순히 수를 대신하는 것뿐 별다른 의미가 없다는 것을 아이들이 인식할 수 있도록 해야 할 것이다.

② 주어진 문장에서 '어떤' 혹은 '몇'이라는 문장이 나오면 그것을 문자식으로 나타낼 수 있도록 한다.

③ 구체물을 사용하여 설명한다.

④ 문제를 도식화(수직선, 막대그래프 등 이용)시킨다.

⑤ 역할 놀이를 해본다.

⑥ 여러 가지 종합적인 문제를 풀게 함으로써, 문장제를 식으로 나타낼 수 있는 능력을 길러 준다.

연습문제

1. 다음 수열에서 규칙을 발견하고 다음에 올 세 항을 더 말하시오.

① 1, 3, 5, 7, 9　　② 0, 50, 100, 150, 200

③ 3, 6, 12, 24, 48　　④ 10, 100, 1000, 10000, 100000

⑤ 5^2, 5^2, 5^4, 5^5, 5^6　　⑥ 2^1, 2^3, 2^5, 2^7, 2^9

⑦ 1, 8, 27, 64, 125

2. 다음 도형의 배열에서 규칙을 발견하고 다음에 올 도형을 말하시오.

① 

② □, △△, □□□, △△△△, □□□□□

③ 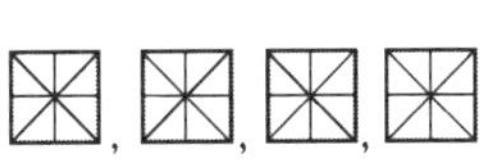

3. 규칙성 또는 규칙성의 학습이 초등학교 수학교육에서 왜 중요한지를 말해보시오.

4. 다음에서 규칙적인 수의 배열을 찾아 [　　] 안에 알맞은 수나 식을 쓰시오. (단 계산기를 사용하여도 무방함)

$$0 \times 9 + 1 = 1$$
$$1 \times 9 + 2 = 11$$
$$12 \times 9 + 3 = [\qquad]$$
$$123 \times 9 + 4 = [\qquad]$$
$$1234 \times 9 + 5 = 11111$$
$$[\qquad\qquad] = 111111$$
$$[\qquad\qquad] = 1111111$$
$$1234567 \times 9 + 8 = [\qquad]$$
$$12345678 \times 9 + 9 = [\qquad]$$
$$[\qquad\qquad\qquad]$$

5. 다음의 각 도형은 정해진 값을 가지고 있습니다. 도형들의 합은 각 행과 열의 끝에 있습니다. 물음표에 알맞은 수를 넣으시오.

■	▲	★	▲	23
★	●	■	●	37
■	■	★	●	28
▲	★	■	▲	23
21	?	26	34	

▲	★	●	▲	
■	●	★	▲	
★	▲	●	▲	
●	■	★	■	85
?		50	45	

6. 다음 곱셈표에서의 규칙을 찾아보시오.

1	2	3	4	5	6	7	8	9	10
2	4	6	8	10	12	14	16	18	20
3	6	9	12	15	18	21	24	27	30
4	8	12	16	20	24	28	32	36	40
5	10	15	20	25	30	35	40	45	50
6	12	18	24	30	36	42	48	54	60
7	14	21	28	35	42	49	56	64	72
8	16	24	32	40	48	56	64	72	80
9	18	27	36	45	54	63	72	81	90
10	20	30	40	50	60	70	80	90	100

① 각 행이나 열을 색칠한 뒤에 어떤 규칙이 있는지 살펴보게 한다.

② 좌상 우하(1, 4, 9, 16, 25, …)의 대각선을 따라 있는 수들은 어떤 규칙을 가지고 있는가?

③ 좌상 우하의 대각선을 중심으로 대칭의 위치에 있는 수들을 살펴보고, 규칙을 찾아보자.

④ 4개의 숫자를 동시에 살펴보면(이차원적인 형태로), 이를테면

4	6
6	9

⑤ $(4+9)-(6+6)=1$이라는 규칙을 찾을 수 있다. 이차원 형태를 달리해서 어떤 규칙이 있는지를 알아보시오.

7. 함수적 사고를 육성하기 위한 방안을 설명해 보시오.

8. 비, 비의 값, 비율, 백분율을 각각 설명해 보시오.

9. 일상생활에서 여러 가지 비(비율)를 조사하고 그와 관련된 문제를 만들어 보시오.

10. 다음의 각 문자는 서로 다른 자리 값을 나타내고 있다. 각 자리 값을 나타내고 있는 수를 구하시오.

$$\begin{array}{r} \mathrm{L\ I\ S\ T} \\ -\ \mathrm{S\ I\ L\ T} \\ \hline \mathrm{S\ L\ I\ T} \end{array}$$

11. □ 안에 알맞은 수를 하나씩 써 넣어서 곱셈식이 되도록 하시오. 모든 경우를 말하시오.

$$\begin{array}{r} \square\square\square \\ -\quad\ \ \square \\ \hline 1\ 0\ 9\ 0 \end{array}$$

12. EEL은 어떤 세 자리의 수로서 EEL+EEL=LEAP일 때, PLEA를 구하시오.

13. 규칙성 영역에서 2015 개정 교육과정이 2009 개정 교육과정과 달라진 점을 말해 보시오.

14. 그림과 같이 공이 놓여있는 것을 보고 (□×□) − ○ 형태로 수를 표현해 보시오. 그리고 이러한 형태로 다섯 번째에 놓을 공의 개수를 나타내보시오.

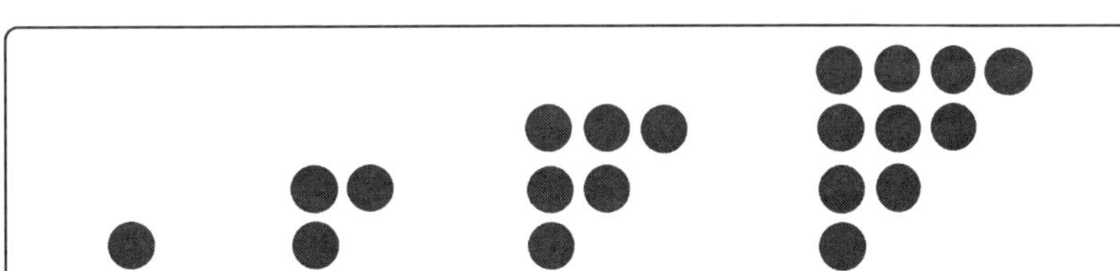

9장 자료와 가능성

2015 개정 교육과정에 따른 초등학교 수학과 영역의 가장 큰 변화는 2009 개정 수학과 교육과정에서 '확률과 통계' 영역으로 명명되었던 영역이 '자료와 가능성'으로 바뀌었다는 점이다. 이것은 초등학교에서 확률 개념을 교과서에서 다루지 않는다는 점에 근거하여 확률이 가능성으로 바뀌었고 '통계'라는 용어 자체보다 통계의 과정에서 다루어지는 자료의 수집, 자료의 분류, 자료의 정리 및 해석에 있어서 '자료'를 중심으로 하고 있기에 '자료와 가능성' 영역에서 이러한 부분을 강조하기 위한 변화이다.

'자료와 가능성' 영역에서는 실생활에서 통계가 활용되는 상황을 알아보고, 어떤 사실에 대하여 목적에 따라 자료를 수집하고, 수집된 자료를 분류하고 정리하여 표로 만들고, 그 자료의 특성을 잘 나타내는 그래프로 표현하고 해석하는 일련의 과정을 경험하게 하는 것이 중요하다. 또 비율이나 평균 등에 의하여 집단의 특성을 수로 나타내고, 이것을 해석하며 이용할 수 있는 지식과 능력을 기른다. 가능성과 관련 하여는 이전의 확률의 수치적 표현보다는 학생들에게 친숙한 실생활 상황에 대하여 공정 한가 아니한가와 같은 직관적인 개념을 형성하는데 중점을 두어 지도하도록 한다.

'자료와 가능성' 영역은 그 자체로 학생들에게 흥미 있는 내용이며, 실세계의 문제와 사회, 과학 등 다른 과목의 문제를 해결하는 데 사용될 수 있을 뿐 아니라, 아동들이 활동을 하면서 논의하고 기술할 때 의사소통을 잘 할 수 있게 한다. 정보화 사회에 정보를 잘 갖춘 시민을 양성하기 위해 가능성과 통계는 중요한 내용이다(김성준 외, 2013, 동명사).

이 장에서는 초등수학 교과서의 자료와 가능성 영역의 학습 지도에 있어서 그 실제적인 방법에 대해 고찰해 보고자 한다. 이를 위해 먼저 2015 개정 초등수학 교육과정의 자료와 기능성 영역의 각 학년군별 내용체계와 성취기준을 살펴보면 아래와 같다.

가. 내용체계

영역	핵심 개념	일반화된 지식	학년(군)별 내용 요소			기능
			1~2학년	3~4학년	5~6학년	
자료와 가능성	자료 처리	자료의 수집, 분류, 정리, 해석은 통계의 주요 과정이다.	• 분류하기 • 표 • ○, ×, /를 이용한 그래프	• 간단한 그림그래프 • 막대그래프 • 꺾은선 그래프	• 평균 • 그림그래프 • 띠그래프, 원그래프	분류하기 (개수)세기 표만들기 그래프 그리기 표현하기 수집하기 정리하기 해석하기 설명하기 이해하기 활용하기 비교하기 문제 해결하기
	가능성	가능성을 수치화하는 경험은 확률의 기초가 된다.			• 가능성	

나. 성취기준

[초등학교 1~2학년]

자료의 분류와 정리는 중요한 통계활동이다. 다양한 자료를 분류하고 정리함으로써 미래를 예측하고 합리적인 의사 결정을 하는 민주 시민으로서의 기본 소양을 기를 수 있다.

1 분류하기

[2수05-01] 교실 및 생활 주변에 있는 사물들을 정해진 기준 또는 자신이 정한 기준으로 분류하여 개수를 세어보고, 기준에 따른 결과를 말할 수 있다.

2 표 만들기

[2수05-02] 분류한 자료를 표로 나타내고, 표로 나타내면 편리한 점을 말할 수 있다.

3 그래프 그리기

[2수05-03] 분류한 자료를 ○, ×, / 등을 이용하여 그래프로 나타내고, 그래프로 나타내면 편리한 점을 말할 수 있다.

(가) 학습 요소

- 표, 그래프

(나) 교수·학습 방법 및 유의 사항

- 분류하기에서는 학생들이 실생활에서 친근하게 느낄 수 있는 소재를 활용한다.
- 기준을 정하여 분류할 때 학생들이 정한 다양한 기준을 존중하되, 분명하지 않은 기준일 경우에는 분류하는 것이 어려움을 인식하게 한다.
- 표를 만들 때 자료가 중복되거나 빠지지 않도록 세어보는 방법을 함께 지도한다.
- 표와 그래프로 나타내기는 생활 주변에 있는 자료들을 활용하되, 그 기준이 분명하고 간단한 것을 다룬다.
- 자료와 가능성 영역의 문제 상황에 적합한 문제 해결 전략을 지도하여 문제 해결 능력을 기르게 한다.

(다) 평가 방법 및 유의 사항

- 분류하기를 평가할 때 학생들의 수준에 비해 어려운 분류 대상이나 분류 기준을 사용하지 않는다.

[초등학교 3~4학년]

자료의 수집, 분류, 정리, 해석은 통계의 주요 과정이다. 다양한 자료를 수집, 분류, 정리, 해석함으로써 미래를 예측하고 합리적인 의사 결정을 하는 민주 시민으로서의 기본 소양을 기를 수 있다.

① 자료의 정리
[4수05-01] 실생활 자료를 수집하여 간단한 그림그래프나 막대그래프로 나타낼 수 있다.
[4수05-02] 연속적인 변량에 대한 자료를 수집하여 꺾은선그래프로 나타낼 수 있다.
[4수05-03] 여러 가지 자료를 수집, 분류, 정리하여 자료의 특성에 맞는 그래프로 나타내고, 그래프를 해석할 수 있다.

(가) 학습 요소

- 그림그래프, 막대그래프, 꺾은선 그래프

(나) 교수·학습 방법 및 유의 사항

- 그래프로 나타내면 자료의 특성을 알아보는 데 편리함을 설명하게 한다.
- 꺾은선그래프를 그릴 때 변화의 경향이 잘 드러날 수 있도록 눈금의 크기를 적절히 선택하게 한다.
- 간단한 그림그래프, 막대그래프, 꺾은선그래프의 특성을 비교하여 자료의 특성에 맞는 그래프로 나타내게 한다.
- 자료와 가능성 영역의 문제 상황에 적합한 문제 해결 전략을 지도하고, 문제 해결 과정을 설명하게 하여 문제 해결 능력을 기르게 한다.

(다) 평가 방법 및 유의 사항

- 꺾은선그래프에서는 변화의 경향을 파악하는지에 중점을 두어 평가한다.

[초등학교 5~6학년]

자료의 수집, 분류, 정리, 해석은 통계의 주요 과정이고, 사건이 일어날 가능성을 수치화하는 경험은 확률의 기초가 된다. 다양한 자료를 수집, 분류, 정리, 해석하고, 생활 속의 가능성을 이해함으로써 미래를 예측하고 합리적인 의사 결정을 하는 민주 시민으로서의 기본 소양을 기를 수 있다.

1 평균

[6수05-01] 평균의 의미를 알고, 주어진 자료의 평균을 구할 수 있으며, 이를 활용할 수 있다.

2 자료의 정리

[6수05-02] 실생활 자료를 그림그래프로 나타내고, 이를 활용할 수 있다.

[6수05-03] 주어진 자료를 띠그래프와 원그래프로 나타낼 수 있다.

[6수05-04] 자료를 수집, 분류, 정리하여 목적에 맞는 그래프로 나타내고, 그래프를 해석할 수 있다.

3 가능성

[6수05-05] 실생활에서 가능성과 관련된 상황을 '불가능하다', '~아닐 것 같다', '반반이다', '~일 것 같다', '확실하다' 등으로 나타낼 수 있다.

[6수05-06] 가능성을 수나 말로 나타낸 예를 찾아보고, 가능성을 비교할 수 있다.

[6수05-07] 사건이 일어날 가능성을 수로 표현할 수 있다.

(가) 학습 요소

- 평균, 띠그래프, 원그래프, 가능성

(나) 교수·학습 방법 및 유의 사항

- 평균을 구하는 방법뿐만 아니라 그 의미를 직관적으로 파악하게 한다.
- 띠그래프와 원그래프를 지도할 때 신문, 인터넷 등에 있는 표나 그래프를 소재로 활용할 수 있게 한다.
- 원그래프를 그릴 때에는 눈금이 표시된 원을 사용하게 한다.
- 복잡한 자료의 평균이나 백분율을 구할 때 계산기를 사용하게 할 수 있다.
- 막대그래프, 꺾은선그래프, 그림그래프, 띠그래프, 원그래프의 특성을 비교 하여 목적에 맞는 그래프로 나타내게 한다.
- 가능성을 수로 표현할 때 0, $\frac{1}{2}$, 1 등 직관적으로 파악되는 경우를 다룬다.
- 자료와 가능성 영역의 문제 상황에서 문제 해결 전략 비교하기, 주어진 문제에서 필요 없는 정보나 부족한 정보 찾기, 조건을 바꾸어 새로운 문제 만들기, 문제 해결 과정의 타당성 검토하기 등을 통하여 문제 해결 능력을 기르게 한다.

(다) 평가 방법 및 유의 사항

- 평균을 구하는 것뿐만 아니라 평균이 사용된 상왕에서 그 의미를 파악하는지 평가한다.

9.1 사건이 일어날 가능성

2009 개정 교육과정 및 2015 개정 교육과정에서는 중등으로 이동된 확률 개념을 지도하기에 앞서 '어떤 사건이 일어날 가능성'을 수치로 나타내는 활동을 지도하도록 하고 있다. 이를 위하여 수학 교과서에서는 먼저 우리 일상생활에서 이러한 사건이 일어날 가능성을 수치로 나타내는 활동을 알아보게 하고 있다.

가능성을 학습함으로써 학생들이 얻을 수 있는 효과는 아래와 같이 요약해 볼 수 있다(김남준, 2014).

첫째, 가능성은 학생들에게 불확실한 상황을 논리적으로 사고하고 합리적으로 유추하여 객관적인 상황으로 판단할 수 있도록 도와준다.

둘째, 가능성은 일상생활은 물론 다른 학문 분야에서도 적용될 수 있다. 과학, 경제학, 인문사회학 등 거의 대부분의 학문에서 가능성을 실제적으로 도입하여 응용하고 있다.

학생들이 저학년에서 가능성에 대한 탐구 활동을 해봄으로써 그 이후에 학습하게 되는 표와 그래프를 포함한 확률과 통계의 기초는 물론 자신들이 학습한 가능성을 바탕으로 어떤 의사결정을 하여야 할 때 많은 도움이 될 수 있다. 다음은 저학년에서 가능성을 탐구할 수 있는 활동의 예이다(김남준, 2014).

단 계	1 ~ 2학년	주 제	가능성에 대한 탐구

※ 학생들이 어떠한 사건이 가능한 사건인지 불가능한 사건인지, 또 확실한 사건인지를 생각해보며 비형식적인 학생들의 가능성 감각을 형식적인 교육에 도입해 보는 활동으로서 이 활동은 미국의 MiC(Mathematics in Context)에 소개된 활동들을 재구성한 것이다.
준비물 : 활동지, 수업진행

1. 학생들에게 다음의 사건들이 가능한 사건인지, 불가능한 사건인지를 생각하여 활동지에 ∨ 표로 기록해 보도록 한다.

생활 속 상황		전혀 아니다	반반이다	확실하다
1. 	내일 학교에 갈 것이다.			
2. 	일주일 안에 비가 올 것이다			
3. 	여기 모인 사람 중에서 축구를 좋아하는 사람과 피구를 좋아하는 사람의 수는 같을 것이다.			
4. 	주사위를 던졌을 때 8의 수가 나올 것이다.			
5. 	400명이 영화관에 있다고 할 때, 이들 중 어떤 두 명은 생일이 같을 것이다.			

2. 생활 속에서 가능성에 관한 문제를 살펴보고 가능성이 얼마나 되는지 문장으로 써보도록 한다.

오늘날 우리가 살아가는 일상생활에서 날씨, 물가지수, 증시 등은 많은 사람들의 주요한 관심사일 뿐 아니라 우리 사회의 다방면에서 가능성과 통계가 다루고 있는 단적인 예이다. 수학을 학습하는 학생들에게 가능성과 통계를 활용하여 우리 일상생활의 문제를 수학적으로 해결해 보는 것은 의미 있는 일일 것이다.

9.2 자료와 가능성, 통계지도의 의의

2015 개정 교육과정의 '자료와 가능성' 영역을 살펴보면 초등수학의 '자료와 가능성' 영역에서는 실생활 자료를 그림그래프(띠그래프와 원그래프 등)로 나타내고, 이를 활용하는 방법과 자료를 수집, 분류, 정리하여 목적에 맞는 그래프로 나타내고, 그래프를 해석할 수 있는 능력을 기르도록 하고 있다.

아울러 실생활에서 가능성과 관련된 상황을 '불가능하다', '~아닐 것 같다', '반반이다', '~일 것 같다', '확실하다' 등으로 나타낼 수 있게 하며 가능성을 수나 말로 나타낸 예를 찾아보고, 사건이 일어날 가능성을 수로 표현할 수 있게 하며, 자료의 정리와 해석 등을 다룬다. 또한 어떤 집단의 성질을 표나 그래프로 나타내며, 비율이나 평균 등에 의하여 집단의 특성을 수로 나타내고, 이것을 해석하며 이용할 수 있는 지식과 능력, 그리고 차후의 중등에서 다루게 될 확률의 기초적인 생각을 기르는 것이다.

활동 1 일기 예보를 보고 비가 올 가능성을 알아보시오.

날짜	오늘		내일		모레	
	오전	오후	오전	오후	오전	오후
날씨			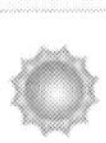			

- , , ,  표시는 각각 무엇을 나타냅니까?

- 내일 날씨는 어떨지 이야기해 보시오.

- 모레 날씨는 어떨지 이야기해 보시오.

활동 2 사건이 일어날 가능성에 대한 자신의 생각에 ○표 하시오.

사건	그렇지 않다	조금 그렇다	그렇다
내일 학교에 올 것입니다.			
일주일 안에 비가 올 것입니다.			
주사위를 던졌을 때 7의 눈이 나올 것입니다.			

그림 9.1 가능성 알아보기

활동 2 주머니 속에 검은색 바둑돌 2개가 있습니다. 주머니에서 바둑돌 1개를 꺼낼 때 다음을 알아보시오.

- 꺼낸 바둑돌이 흰색일 가능성을 0, $\frac{1}{4}$, $\frac{1}{2}$, $\frac{3}{4}$, 1 중에서 어떤 수로 나타낼 수 있습니까?
- 꺼낸 바둑돌이 검은색일 가능성을 어떤 수로 나타낼 수 있습니까?

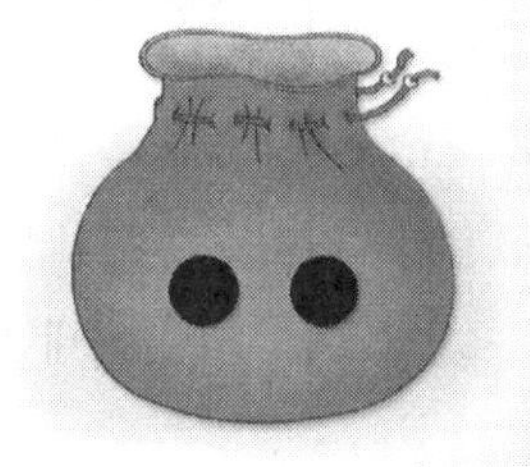

그림 9.2 가능성을 수로 나타내기

'자료와 가능성'을 포함한 통계를 지도하는 이유는 여러 가지 측면으로 생각할 수 있겠지만 크게 다음과 같은 두 가지 측면으로 생각할 수 있다.

1. 생활하는데 이용

① 도수분포표를 만들면 자료의 결과를 좀 더 쉽게 이해할 수 있다.
② 막대그래프는 각 변량에 따른 도수의 대소 비교를 쉽게 판단할 수 있다.
③ 히스토그램은 연속적 변량에 따른 도수의 대소 정도를 쉽게 판단할 수 있다.
④ 꺾은선 그래프는 시간에 따른 자료의 변화 상태와 변화의 방향을 쉽게 파악할 수 있다.
⑤ 그림그래프는 자료의 분포된 상태를 직관적으로 판단할 수 있다.
⑥ 비율 그래프는 전체를 100으로 하여 전체에 대한 부분의 크기 또는 비율을 알아보는데 편리하다.

2. 학문하는데 이용

① 평균은 분산과 표준편차를 구하는데 기초가 된다.

② 평균과 표준편차는 추측통계에서 반드시 필요한 기초이다.

③ 도수분포표는 그래프를 그리는 기초가 된다.

또한 '자료와 가능성'을 가르치는데 기초가 되는 것으로는 다음과 같은 것들을 들 수 있다.

① 자료를 조사할 수 있어야 한다.

② 도수분포표 작성에서 구간의 크기와 구간의 개수를 정할 수 있어야 한다.

③ 변량을 연속적인 변량과 이산적인 변량으로 구별할 수 있어야 한다.

9.3 자료와 가능성, 통계지도의 목표

초등수학에서 아동들이 길러야 할 자료와 가능성, 통계지도의 목표는 다음과 같다.

① 간단한 사실에 대하여 목적에 따라 자료를 수집하고, 이를 분류하고 정리할 수 있는 지식과 기능을 기른다. 이 목표는 만약 통계하는 목표가 분명치 못하다면 자료 제작, 이를테면 문제지나 질문지 등의 방향이나 방법이 분명치 못하고, 아울러 수집된 자료의 분류와 정리 면에서도 혼란을 줄 우려가 있기 때문이다.

② 간단한 사실에 대하여 표나 그래프로 나타낼 수 있고 집단의 특성을 개관하며, 또 비율이나 평균값 등에 의하여 집단의 특성을 수로 나타내고, 이것을 해석하며 이용할 수 있는 지식과 능력을 기른다.

이 목표는 수집된 자료를 가지고 표나 그래프로 나타낼 수 있고 이것에 의하여 통계집단의 특성을 개관할 수 있으며 비율이나 평균값 등을 산출하고 산출된 통곗값에 의하여 통계집단의 특성을 개관할 수 있는 지식, 기능 등을 갖도록 하며 이를 생활현장에서 이용하는데 그 근본 목적이 있다.

③ 모집단과 표본 집단의 기초적인 관계를 이해한다.

이것은 모집단에서 통곗값을 얻기에는 시간적, 경제적, 방법적인 면에서 매우 어렵기 때문에 모집단에서 몇 개의 표본을 추출하여 여기에서 통곗값을 얻고, 이 통곗값에 의하여 모집단의 경향을 파악하는 기초적인 관계를 이해하는 것이다.

④ 가능성의 기초적인 생각을 가진다.

이것은 우연히 일어나는 사상(事象)에서 어떤 규칙이나 경향성을 발견하려는 것으로, 일어날 수 있는 모든 경우의 수와 일어난 경우의 수의 비율로 표시된다.

9.4 가능성의 지도 방법

주제가 어렵고 풀이도 반직관적임에도 불구하고, 초등학교 수준에 있는 모든 학생들의 가능성에 대한 이해는 교육을 통해 향상시킬 수 있다. 초등학교에서의 가능성 교육은 가능성 감각 기회에 대한 비형식적 개념에 중점을 두어야 하며, 학생들은 문제를 비형식적으로 분석하고 해결할 수 있어야 한다. 다음과 같은 과정을 통하여 학생들의 비형식적 지식을 형식적 지식으로 발전시켜야 한다(김남준, 2014).

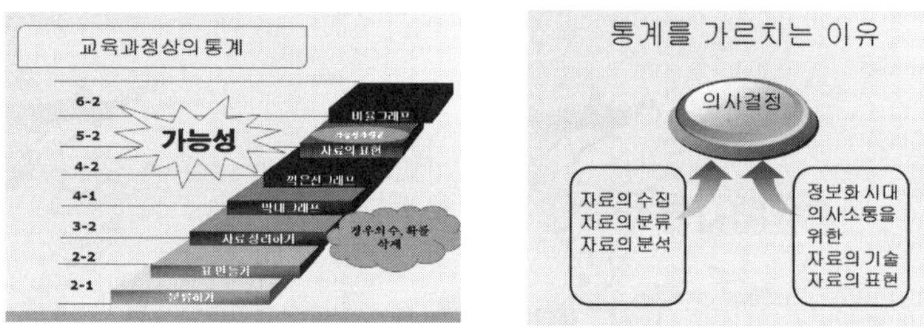

그림 9.3 교육과정상의 통계와 통계를 가르치는 이유

표 9.1 가능성의 지도단계

단 계	지도 방법
저학년 수준 (가능성 감각의 개발)	① 어떠한 사건이 일어날 가능성이 같은가? 다른가? ② 기본 세기를 통하여 개념적 기초 마련하기. ③ 학생에게 직관적 예측을 하고 가능성적 언어 사용을 권장하기. ④ 가능성 게임을 통한 가능성 감각 기르기. ⑤ 가능성적인 감각을 발달시키기 위하여 전 학년을 통한 가능성적 상황과 가능성적인 문제 다루기.
중학년 수준 (가능성 문제의 분석과 비형식적 해결)	① 학생이 사건의 가능성을 설명할 수 있도록 기회를 제공하기. ② 가능성 설명시 형식적 용어와 기호로 연결시키기. ③ 가능한 경우를 나열하고 각 사건에 대한 가능성을 구체화하기. ④ 가능성 문제 해결 시 형식적 절차보다는 학생이 가지고 있는 가능성적 감각과 비형식적 방법 이용하기.
고학년 수준	① 비형식적 절차를 위한 지름길로서 형식적 절차를 고안하도록 권장하기. ② 학생이 올바른 연산을 선택할 수 있도록 하기 위한 가능성 감각을 이용하도록 권장하기.

배우는 학생의 입장에서 보면 우리가 살아가는 일상생활에서 가능성의 필요성을 그다지 느끼지 못한다. 그 이유는 일상생활속의 상황을 수학적인 상황으로 끌어오는 문제인식이 부족하기 때문이다. 따라서 학생들에게 가능성이 길러지도록 하기 위해서는 우리 일상생활 속에서 필요한 정보를 찾아 수학적으로 해석할 수 있는 경험을 가지게 하는 것이 중요하다.

통계는 일상생활의 다양한 정보를 조사목적에 맞게 수집하여 필요한 정보를 해석하는 활동이다. 이러한 활동을 통해 학생들은 가능성을 탐구하는 능력이 길러질 수 있다(김남준, 2014).

9.5 통계의 과정

통계 처리를 바르게 하기 위해서는 통계의 과정을 미리 알고, 그 과정에 따라 하나씩 처리해 가는 것이 바람직하다. 초등수학에서 지도되는 통계의 과정은 대체로 아래와 같은 순서에 따라 진행된다.

목적(계획 입안) ⇒ 자료 수집 ⇒ 분류·정리 ⇒ 해석·판단 ⇒ 활용

위와 같은 통계과정의 각 단계에서 유의해야 할 사항을 알아보자.

1. 목적(계획 입안)

통계를 실시함에 있어서 그 목적이 명확해야 한다. 즉 "무엇 때문에 이와 같은 통계를 실시하는가?"가 명확해야 한다. 만일 이것이 명확하지 않으면 그 다음 단계인 자료 수집과 분류·정리 등을 제대로 할 수 없게 된다. 그러므로 우선 구체적인 목표를 명확히 설정하고 거기에 따른 계획을 세우는 것이 통계에 있어 무엇보다 중요한 하나의 일이 된다.

2. 자료 수집

자료수집의 단계에서 중요한 요인 중에 하나는 "만들어진 자료는 이전 단계인 목적에 부합되는 알맞은 자료인가?"와 같은 타당성의 문제와 "조사방법은 정확하게 실행되었는가?"와 같은 신뢰성의 문제를 언제나 염두에 두어야 한다. 왜냐하면 자료의 타당성과 신뢰성이 결여되어 있을 경우 산출된 통계치는 믿을 수 없을 뿐 아니라 해석하고 판단할 가치가 없어지기 때문이다.

대개 자료수집의 경우는 "① 누가 ② 언제 ③ 어디서 ④ 무엇을 ⑤ 어떻게 ⑥ 왜"와 같이 육하원칙(六何原則)에 따라 자료를 수집하는 것이 바람직하다.

3. 분류·정리

어떤 집단에 대하여 조사한 결과 그 자체로는 전체의 구성이나 특징을 파악하기 어렵다. 그러므로 어느 집단의 성격을 장소, 시간, 상황, 질, 양, 형(型) 등의 관점에 의하여 유사점과 차이점으로 나누어볼 필요가 있다. 이와 같은 일련의 작업을 분류(classification)라 하고 분류된 자료를 표나 그래프로 나타내 보거나 평균 등을 산출하여 보다 알기 쉽게 자료를 만드는 것을 정리라 한다. 그러나 분류와 정리는 통계처리과정에서 엄격하게 구별하지 않는데 그 이유는 분류를 하다보면 정리가 되고, 또 정리를 하다보면 분류가 되기 때문이다. 따라서 위에서처럼 하나의 용어인 분류·정리로 표현하고 있다.

4. 해석·판단

표나 그래프, 산술평균과 같은 대푯값을 얻었다면 이러한 자료들에 관한 객관적이고도 정확한 해석과 판단이 이루어져야 한다. 이를 위해서는 자료를 분석, 종합하여 보는 일이 반드시 필요하게 된다.

오늘날 일선 현장에서는 아동들에게 표와 그래프를 작성하거나 평균을 구하는 것과 같이 대표 값을 구하는 데는 나름대로의 지도가 이루어지고 있지만 이들을 해석하고 판단하는 일에는 상대적으로 소홀히 취급되고 있는 것이 현실이다.

통계의 궁극적인 목적은 어떤 결과를 얻는 데만 있는 것이 아니라 얻어진 결과를 객관적으로 해석, 판단하여 통계집단의 성질을 밝히는데 있다.

5. 활용

통계에서 얻은 결과는 그 목적에 따라 다양하게 활용될 수 있다. 이를테면, 우리나라 대통령 선거의 출구조사에서 얻은 통계치는 어느 후보가 당선이 유력시되는가를 예측하는데 활용될 것이고, 어느 한 대학교의 교육대학원에 재학 중인 현장교사가 현장과 관련한 자신의 석사논문을 위해서 산출된 통계치는 자신의 논문에서 제시한 연구문제의 옳고 그름을 판단하는데 이용될 수 있다.

이처럼 통계결과로 얻은 자료는 그 목표에 따라 여러 가지로 활용될 수 있다.

9.6 표와 그래프

주어진 기준에 따라 구체물을 분류하고 각각의 개수를 세어 보는 활동을 한 다음에는 생활 속에서 접하게 되는 여러 가지 통계자료를 실제로 조사하여 알맞게 정리할 필요가 있음을 알게 하고, 조사된 통계자료를 표로 나타내고 아울러 간단한 그림을 이용하여 그래프로 나타내는 것을 학습하게 된다. 이렇게 하여 표나 그래프로 나타내는 것이 알아보기 쉽고, 비교하는 데 편리함을 알게 하고 아울러 생활에서 활용되는 여러 가지 표나 그래프를 수집하여 살펴봄으로써 표나 그래프에 관심을 가지게 한다.

1. 표

자료를 분류, 정리한 결과로서 자료의 속성이나 양적인 구조 또는 계열을 취급하기 쉽게 기호나 숫자 등을 사용하여 보기 쉽게 정리하여 기술한 것이 표이다.

2015 개정 수학과 교육과정에서는 2학년 2학기 5단원 '표와 그래프'에서 실생활과 관련한 소재를 이용하여 구체적인 자료의 크기를 조사하여 표로 나타내는 방법과 자료의 다양한 표현 방법을 다룬다. 초등수학에서 표를 지도하는 궁극적인 목적은 표를 이용하면 조사목적에 맞는 자료를 모을 수 있을 뿐 아니라 모은 자료를 알맞게 분류 정리하여 나타낼 수 있고, 만든 표를 보고 알 수 있는 사실을 말할 수 있기 때문이다.

표를 작성하는 지도에 있어서는 조사 목적에 부합하는 표의 모양을 정하고, 분류하는 계급을 정해서 거기에 대응하는 수 값을 간단명료하게 나타나도록 한다. 그리고 표에는 반드시 제목, 조사 연월일, 조사장소 등을 분명히 밝혀야 한다.

또한 표 읽기에 있어서는, 무엇에 관한 표인지? 어떤 항목으로 나누어져 있으며 거기에 어떤 수 값이 대응되어 있는지? 그러한 자료를 바탕으로 작성된 표로부터 어떤 내용을 알 수 있는지? 등이 지도되어야 한다.

2. 그래프

자료의 특징이나 수량 사이의 관계를 정확하게 알아보는 데는 표가 편리하지만, 직관적으로 알아보기 쉽게 하기 위해서 표를 그림으로 나타낸 것이 그래프이다.

2015 개정 수학과 교육과정에서는 2학년 2학기 5단원 '표와 그래프'에서 처음으로 그래프라는 용어가 등장하는데 이때 실생활과 관련된 다양한 그래프의 모습을 통해 그래프를 이해하도록 한다. 초등학교 수학에서 그래프를 도입하는 방법은 구체물로 나타내는 방법에서 시

작하여 기호화하는 방식으로 발전한다.

초등학교에서 처음 그래프를 도입할 때는 그림이나 붙임 딱지로 도수를 나타내기도 하고, 그림 대신 ○ 또는 ×를 이용하여 도수를 나타내기도 한다.

그래프에는 여러 가지 종류가 있지만 각각 나름대로의 장단점이 있기 때문에 조사의 목적에 따라 적절히 선택적으로 사용될 필요가 있다. 초등수학에서 현재 다루고 있는 그래프는 아래와 같은 것들이 있다.

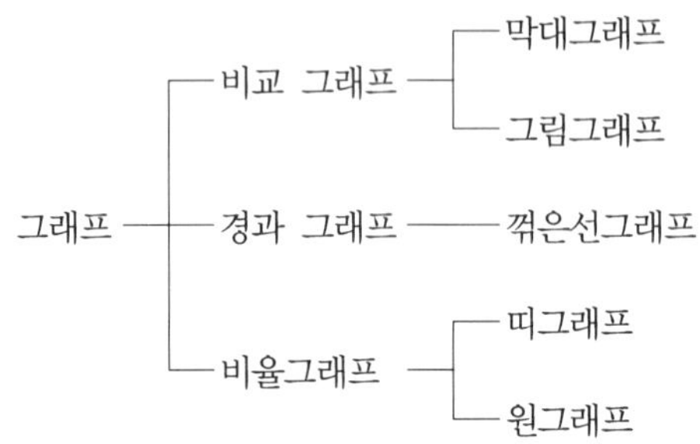

그림 9.4 그래프의 분류

(1) 비교 그래프

막대그래프는 수량의 크기를 막대의 높이로 자료의 크기를 나타내는 그래프로서, 각 항목의 양의 대소 관계를 비교하기 위한 것으로 주로 이산량을 그래프로 나타낼 때 사용한다. 만들기가 비교적 쉽다는 점과 여러 항목의 수량을 전체적으로 한눈에 쉽게 비교할 수 있다는 장점 때문에 그래프 중 가장 많이 이용되고 있는 것 중의 하나이다. 막대그래프를 그리는 순서는 다음과 같다.

- 가로와 세로 중에서 어느 쪽에 조사한 수량을 나타낼 것인지를 결정한다.
- 눈금 한 칸의 크기를 결정한다.
- 조사한 수량 중에서 가장 큰 수를 나타낼 수 있도록 눈금의 수를 정한다.

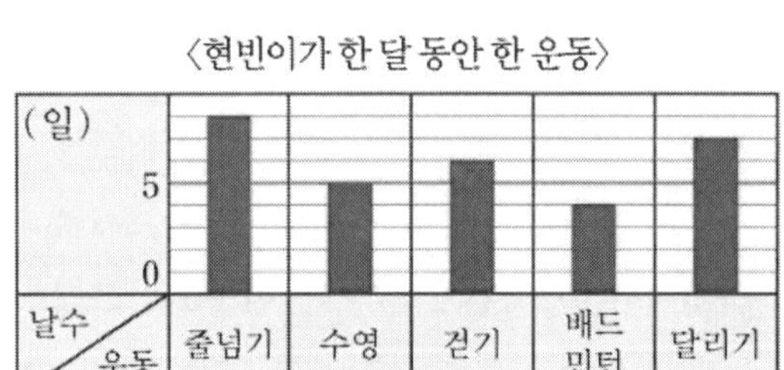

그림 9.5 막대그래프

- 수량에 맞도록 막대를 그린다. 막대그래프에서 양의 크기는 막대의 폭이 아니라 그 길이로 나타난다는 것을 이해시킨다.
- 막대그래프에 제목을 붙인다.

그림그래프는 보는 사람의 흥미와 식별의 편이를 위해 그림이나 도안 등으로 수량을 나타낸 그래프이다. 그림그래프는 동기 유발의 차원에서 학생들이 그래프에 친근하게 접근하는 역할을 수행할 수 있는 효과적인 자료이다. 그림그래프에서는 그림의 길이, 넓이, 개수 등이 수량에 비례하도록 나타낼 수 있지만, 초등학교에서는 그리기 쉬운 도안만을 이용하도록 한다. 그림그래프를 도입할 때에 유의해야 할 사항은 다음과 같다.

첫째, 조사한 자료 수가 너무 많지 않도록 하여 계산에 대한 부담을 줄이도록 한다.

둘째, 주어진 자료의 특징에 알맞은 그림을 선택하여 자료를 직관적으로 이해할 수 있도록 한다.

셋째, 그림 하나가 얼마를 나타내는지를 분명히 하도록 하고, 정해진 단위에 따라 그림으로 나타내도록 한다(김성준 외, 2013).

그림 9.6 그림그래프

> **참고** 그림그래프 그리는 방법
>
> ① 그림을 몇 가지로 나타낼 것인지 정한다.
>
> ② 어떤 그림으로 나타낼 것인지 정한다.
>
> ③ 조사한 수에 맞도록 그린다.

(2) 경과 그래프(꺾은선 그래프)

꺾은선 그래프는 하루 중 시간에 따른 기온의 변화, 물을 가열하고 식히면서 시간에 따른 물의 온도 변화 등과 같이 연속적으로 변화하는 자료의 변화 모습을 잘 알 수 있게 그림으로 나타낼 때 사용하는 그래프이다. 그러므로 꺾은선그래프의 가로 눈금에는 경과하는 시간, 월별, 연도별 등 이산적 자료가 아니라 연속적 자료이다. 꺾은선그래프를 보고 알아낼 수 있는 사실은 다음과 같다.

- 가로의 눈금, 세로의 눈금이 나타내는 것
- 최댓값과 최솟값
- 증가와 감소
- 변화가 심한 것과 변화가 없는 것
- 연속량의 한 구간의 중간점의 수량을 짐작해보기

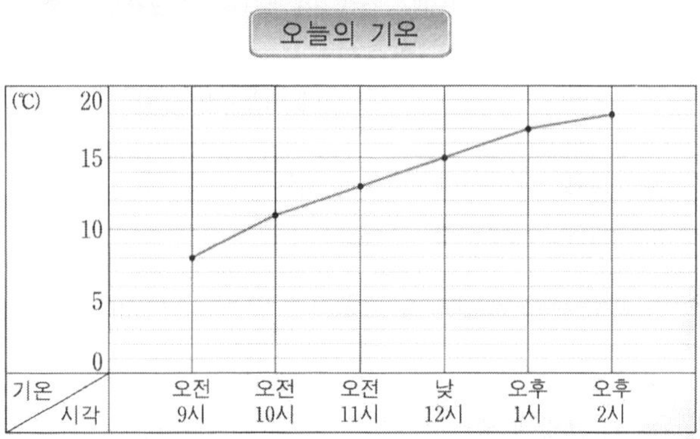

그림 9.7 꺾은선그래프

한편 막대그래프는 막대의 길이를 조사하는데 비해서, 꺾은선그래프는 선분의 기울기를 조사하므로 그래프를 그릴 때 각 항목의 폭을 반드시 등 간격으로 잡아야 함을 유의하여야 한다. 일반적으로 꺾은선그래프를 그리는 방법은 다음과 같다.

꺾은선 그래프 그리는 방법

1. 가로 눈금과 세로 눈금을 무엇으로 할지 정한다.
2. 세로 눈금 한 칸의 크기를 정한다.
3. 가로 눈금과 세로 눈금이 만나는 자리에 점을 찍는다.
4. 점들을 선분으로 연결한다.
5. 꺾은선 그래프의 제목을 쓴다.

이때 주의할 점은 점을 이을 때 차례대로 순서에 맞게 이어야 한다. 또한 선분을 연결할 때 빠진 점은 없는지, 잘못 연결한 점은 없는지를 반드시 검토하게 한다. 아래 그림은 꺾은선그래프를 틀리게 그린 경우의 대표적인 사례이다.

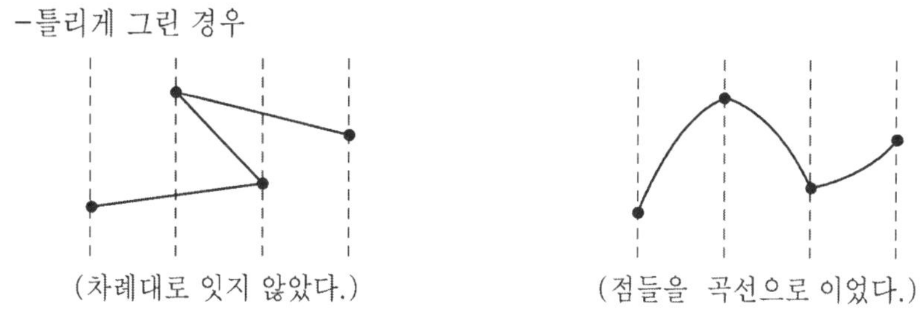

그림 9.8 옳지 않은 꺾은선그래프

(3) 비율그래프

앞에서 지금까지 공부했던 막대그래프나 꺾은선그래프 또는 그림그래프로는 비교하기 곤란한 전체와 부분 사이의 관계를 비율로써 알아보는 방법 중에 초등수학에서 다루는 띠그래프와 원그래프가 있다. 이들은 전체를 100으로 하여 전체에 대한 부분의 크기 또는 비율을 알아보는 데에 편리하다.

띠그래프는 전체에 대한 각 부분의 비율을 큰 항목부터 차례로 구분하여 띠(직사각형) 모양으로 나타낸 그래프이다. 띠그래프는 작성과 읽기가 쉽고, 같은 종류의 구성 비율 비교에 편리하다. 또한 가로에 구성 비율을 나타내고 있어 부분과 전체, 부분과 부분의 비율을 알아보기 쉬우며, 그래프를 그리거나 읽는 데에 비교적 쉽다. 그러나 부분의 차를 알아보는 데에 쉽지 않으며 비율이 작은 부분들은 명확하게 표현하기 어렵다는 단점이 있다.

띠그래프를 그릴 때는 먼저 조사표에 나타난 각 수량의 백분율을 구한 다음 아래와 같은 절차에 따라 그래프를 그린다.

- 띠 전체의 길이를 얼마로 하면 좋을 것인가를 결정한다.
- 수량의 크기에 따라 각 항목의 비율이 차지하는 길이를 구해 그래프에 나타내도록 한다.
- 조사표에서 각 항목별 배열순서가 의미 있는 경우에는 그 순서에 따라 그래프를 그리고, 의미가 없는 경우에는 비율이 큰 순서대로 왼쪽에서 오른쪽으로 배열하며 여타 나머지 항목들은 맨 나중에 나타낸다.
- 띠그래프를 그릴 때는 일반적으로 분할된 띠의 각 옆 부분과 잘 구분되는 색을 칠하거나 빗금을 쳐서 각 부분의 한계가 분명히 드러나도록 한다.
- 분할한 띠 위에 각 항목들의 명칭을 쓴 뒤에 백분율의 크기를 쓴다. 이때 백분율은 괄호(　　) 속에 쓰는 것이 바람직하다.

〈우리 반 친구들이 좋아하는 음식〉

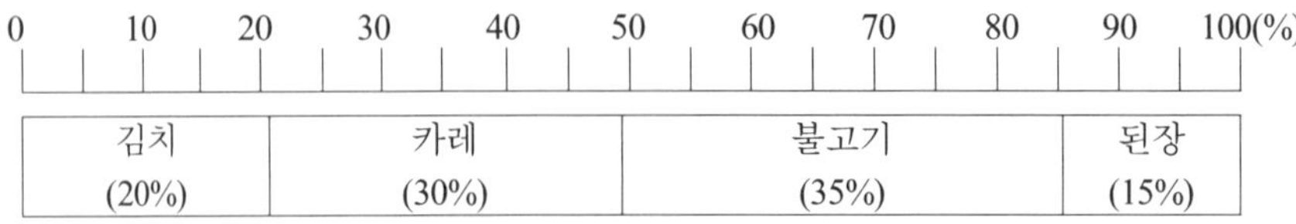

그림 9.9 띠그래프

원그래프는 전체에 대한 각 부분의 비율을 이용하여 부채꼴 모양으로 나타낸 그래프로서 부분과 전체, 부분과 부분 사이의 비율을 한눈에 알 수 있고, 작은 비율도 비교적 쉽게 나타낼 수 있으며, 전반적인 관계를 알기 쉬워 각종 통계수치가 언론을 통해 발표될 때 가장 많이 활용되는 그래프이기도 하다. 하지만 그리기가 약간 어렵다는 점과 실제 양의 크기나 변화의 상황을 나타내는 데에는 적합하지 못한 단점이 있다. 원그래프는 다음과 같은 절차에 따라 그린다.

- 적절한 크기의 반지름을 정하여 원을 그린다.
- 원의 중심으로부터 기준선을 잡아 그린다. 일반적으로 기준선은 중심에서 곧바로 위쪽으로 그린다.
- 각도기로 각을 재어 기준선으로부터 해당하는 중심각을 그리도록 한다. 이때 차례로 하나씩 시계방향으로 그려나가되 비율이 큰 것을 우선적으로 나타내고 기타의 것은 나중에 나타내는 것이 일반적이다.
- 부분을 나타내는 부채꼴 안에 각 항목을 써넣어 표시한다.

〈종류별 쓰레기 발생량〉

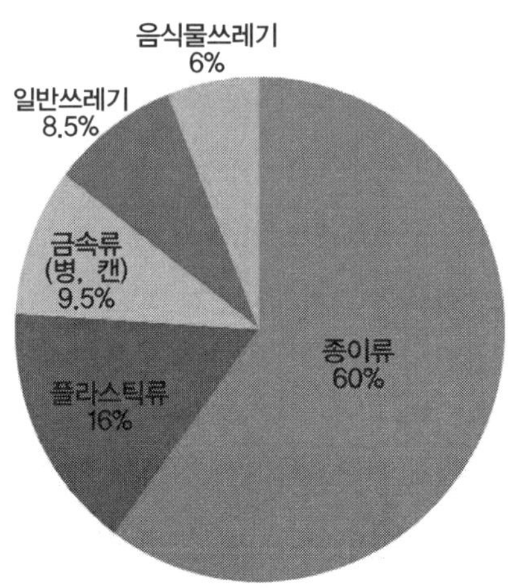

그림 9.10 원그래프

(4) 각 그래프의 특징

초등수학에서 다루는 각 그래프는 저마다 나름대로의 장단점을 가지고 있다. 따라서 사용자의 입장에서 어떤 점을 나타내고자 하느냐에 따라 적절히 달리 취사선택할 수 있다. 이를테면 꺾은선그래프는 전체의 경향이나 변화의 상황을 알아보기에 편리하지만 두 개의 양을 비교하거나 그 비율을 알아보기에는 적당하지 않다. 따라서 자료를 정리하고 해석하는 과정에서 그래프의 장단점을 정확하게 알고 그래프를 이용할 수 있어야 한다. 앞서 언급한 각 그래프들의 특징을 요약해보면 아래와 같다.

① 막대그래프

- 각 부분의 상대적인 크기를 비교할 수 있다.
- 수치의 크기를 정확히 나타낼 수 있다.
- 전체를 파악하기에 용이하다.
- 연속적인 변화를 파악하기에는 불편하다.
- 전체와 각 부분과의 비율을 파악하기 어렵다.

② 그림그래프

- 수의 크기를 실물 모양의 그림 크기로 나타내므로 의미가 쉽게 파악된다.
- 시각적인 게시 효과가 크다.
- 구체적인 형태 위에 수량을 나타낼 수 있으므로 위치나 지역 파악 등 생동감 있는 자료로 활용될 수 있다.

③ 꺾은선 그래프

- 시간에 따른 연속적인 변화를 한눈에 쉽게 파악할 수 있다.
- 이 그래프로 표현되는 자료는 이산적인 것이 아니라 연속적인 것이다.
- 꺾은선의 올라감과 내려감의 정도에 따라 증감의 상황을 용이하게 파악할 수 있다.
- 부분적으로 상호간에 비교가 가능하다.

④ 띠그래프

- 전체와 부분, 부분과 부분의 비율을 알기 쉽다.
- 띠의 길이가 곧 비율을 나타내므로 보기에 편리하다.
- 직사각형의 띠 모양이므로 그리기와 읽기가 용이하다.
- 수치가 적은 항목은 나타내기가 어렵다.
- 부분의 차를 보는 데는 쉽지 않다.

⑤ 원그래프

• 원 모양이므로 전체적인 관계를 알아보기에 용이하다.
• 전체와 부분, 부분과 부분 상호간의 비율을 한눈에 알 수 있다.
• 띠그래프보다는 비교적 많은 항목을 넣을 수 있고, 띠그래프와는 달리 작은 비율도 쉽게 그려 넣을 수 있다.
• 원 모양이므로 정확히 그리기가 어렵고 실제량의 크기나 변화의 상황을 나타내는 데 적당하지 않다.

9.7 평균

통계집단의 변량 전체를 대표하여 그 자료 전체의 특징을 하나의 수로 나타낸 값을 그 통계집단의 대푯값이라고 한다. 대푯값에는 평균(mean), 중앙값(median), 최빈값(mode) 등이 있다. 중심적 경향을 나타내 주는 대푯값 중에 가장 중요하고 보편적으로 사용되고 있는 것이 산술평균 또는 간단히 평균이라고 한다.

평균은 그 변량 전체를 대표하는 값으로서의 의미를 가진다. 일반적으로 자료는 그 중심에 집중되는 경향을 가지므로 평균이 그 지시적인 통곗값이고, 또 극단적인 변량이 없는 경우 평균은 변량 전체의 중심적인 위치를 나타낸다고 볼 수 있다.

평균은 변량의 값의 총합을 자료의 개수로 나눈 값, 즉 n개의 변량 $x_1, x_2, \cdots, x_n$의 평균 M은

$$M = \frac{x_1 + x_2 + \cdots + x_n}{n} = \frac{1}{n} \Sigma x_k$$

이다.

활동 1 소현이네 모둠이 고리 던지기를 한 결과입니다. 소현이네 모둠이 기둥에 건 고리의 평균을 구하시오.

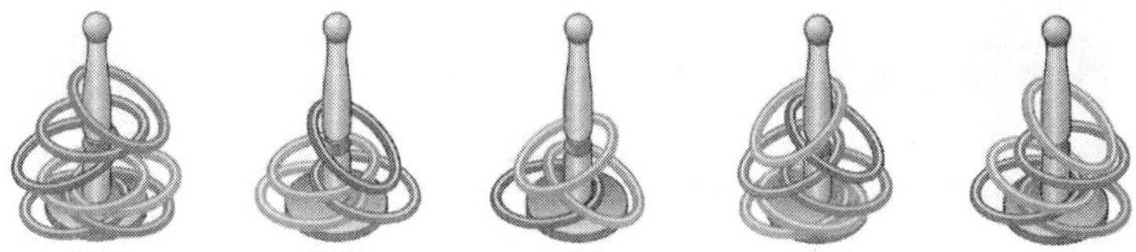

- 소현이네 모둠이 기둥에 건 고리는 모두 몇 개입니까?
- 소현이네 모둠은 모두 몇 명입니까?
- 소현이네 모둠이 기둥에 건 고리의 평균은 몇 개입니까?

활동 2 소현이네 모둠이 투호에서 넣은 화살을 나타낸 표입니다. 넣은 화살의 평균을 구하시오.

소현이네 모둠 투호

회	1회	2회	3회
넣은 화살	23개	19개	33개

- 소현이네 모둠이 넣은 화살은 모두 몇 개입니까?
- 넣은 화살의 합을 3으로 나누면 몇 개입니까?
- 소현이네 모둠이 넣은 화살의 평균은 몇 개입니까?

그림 9.11 평균 구하기

평균에는 다음과 같은 성질이 있다.

- 평균은 극단적인 값 사이에 존재한다. 이를테면, 어떤 반 아동들의 평균키는 키가 가장 큰 아동과 키가 가장 작은 아동 사이에 존재한다.
- 평균을 기준으로 한 각 변량과의 편차의 총합은 0이다.
- 평균은 평균 이외의 다른 값에 의해서 영향을 받는다. 이를테면 0, 8, 13의 평균 7은 자료 11이 더해질 경우 평균이 8로 바뀐다.
- 평균이 주어진 자료 중의 어느 하나와 반드시 일치하지는 않는다. 이를테면 2와 5의 평균은 3.5이다.
- 평균에 대한 편차의 제곱의 총합은 다른 임의의 수치에 대한 편차의 제곱의 총합보다

작다.

- 전체 변량에 의존하여 계산하므로 대표성이 높아 극단적인 변량이 개재하면 영향을 받아 대표성이 적어진다.
- 평균은 변량 전체를 대표하는 값이므로 변량 전체의 각 수치로부터 가장 가까이 있는 값이다.

평균은 도수분포에서 대푯값으로서 중요하지만 그 자료들이 흩어져 있는 정도를 나타내는 값으로서의 범위가 중요하다. 범위는

$$(\text{범위}) = (\text{최댓값}) - (\text{최솟값})$$

으로 정의되며 수 값으로 구하는 경우는 적지만 그래프 읽기나 두 집단의 비교 등에서 자료의 분포 상태를 관찰하거나 표현할 때의 관점이 된다. 초등수학에서는 이와 같은 어떤 수 값을 구하는데 초점을 두기보다는 평균, 중앙값, 최빈값 등의 의미나 그 특징과 산포도[1]로서의 범위, 표준편차, 평균편차, 사분편차 등의 의미에 더 강조점을 두는 것이 바람직하다. 실제로 초등수학에서는 산포도를 다루지 않는다.

연습문제

1. 2015 개정 교육과정에서 확률과 통계 영역이 자료와 가능성으로 변경된 이유를 말해 보시오.

2. 통계학의 발전에 관하여 조사해 보시오.

3. 통계조사의 방법에 대하여 설명하시오.

4. 다음은 100점을 기준으로 하는 평가에서 30명의 성적이다.

63, 76, 82, 85, 65, 95, 98, 92, 76,
80, 72, 76, 80, 78, 72, 69, 92, 72,
74, 85, 58, 86, 76, 74, 67, 78, 88,
93, 80, 70

1 변량들이 흩어져 있는 정도를 나타낸 수를 산포도라고 한다.

① 점수를 오름차순으로 정리하시오.
② 가장 낮은 점수와 가장 높은 점수를 말하시오.
③ 가장 많이 나타나는 점수를 말하시오.
④ 줄기와 잎 그래프를 그리시오.
⑤ 구간의 크기를 10으로 하여 도수분포표를 그리시오.
⑥ 도수분포표를 보고 히스토그램을 그리시오.
⑦ 가장 도수가 많은 구간을 말하시오.

5. 다음은 어느 초등학교에서 10년 단위로 사용한 책의 수를 나타낸 것이다.

년도	책 수	년도	책 수
1900	15,503	1910	17,813
1920	21,578	1930	25,678
1940	25,433	1950	25,111
1960	36,086	1970	45,909
1980	40,984		

① 그림그래프를 그리기에 가장 알맞은 그림을 나타내시오.
② 10년 단위를 사용한 책의 수는 계속 증가했다고 생각합니까?
③ 이 자료들을 나타내는데 그림그래프 이외에 좋은 그래프는 무엇입니까?

6. 반 학생들을 대상으로 하여 좋아하는 운동을 조사한 후 이를 정리한 표를 만들어 보시오.

7. 동전 4개를 던지는 시행에서 다음을 답하시오.
① 표본공간
② 첫 동전이 앞면일 사건
③ 앞면이 셋일 사건
④ 둘째 동전이 앞면이고 셋째 동전이 뒷면일 사건
⑤ 넷째 동전이 앞면 또는 뒷면일 사건

8. 다음 시행을 수형도를 그려서 표본 공간을 나타내시오.
① 동전을 두 번 던지기
② 어린이 세 명인 가정

9. 초등학교에서 지도되는 그래프를 지도 순서대로 말하고, 각 그래프의 특징을 말해보시오.

10. 꺾은선그래프를 작성할 때 주의해야 할 점을 알아보시오.

11. 우리가 일상생활에서 가장 많이 사용하고 있는 평균의 성질을 말해보시오.

12. 일상생활에서 가능성이 사용되는 경우를 조사해 보시오.

13. 다음 자료의 중앙값, 최빈값, 평균을 각각 구하시오.

① 1, 2, 3, 4, 6, 9 ② 0, 1, 2, 3, 4, 4, 5, 5

14. 다음 표는 어떤 식물의 성장을 일주일 동안 조사하여 나타낸 것이다. 이 표를 이용하여 식물의 성장을 뚜렷하게 알아볼 수 있는 그래프를 그려 보시오.

요일	월	화	수	목	금	토	일
키(cm)	19.1	19.4	19.6	19.7	19.9	20.2	20.6

참고 문헌

강미선(2006). 행복한 수학 초등학교 1-수의 세계, 휴먼어린이.

강미선(2006). 행복한 수학 초등학교 2-연산의 세계, 휴먼어린이.

강시중(1981). 수학교육론, 교육출판사.

강 완 외(1999). 초등수학 학습 지도의 이해, 양서원.

강홍재 · 권성룡 · 김성준 · 김수환 · 신준식 · 이대현 · 이종영 · 최창우(2018). 초등수학 교수법, 동명사.

고동욱(1996). 수와 논리, 한국방송통신대학교출판부.

교육부(2002). 수학 5-가, 초등학교 교사용 지도서.

교육부(2010). 수학 3-2, 초등학교 교사용 지도서.

교육부(2017). 수학 1-1, 초등학교 교사용 지도서.

교육부(2013). 수학 1-1, ㈜천재교육.

교육부(2013). 수학 1-2, ㈜천재교육.

교육부(2013). 수학 2-2, ㈜천재교육.

교육부(2014). 수학 3-1, ㈜천재교육.

교육부(2014). 수학 4-2, ㈜천재교육.

교육부(2015). 수학 5-1, ㈜천재교육.

교육부(2015). 수학 5-2, ㈜천재교육.

교육부(2015). 수학 6-1, ㈜천재교육.

교육부(2015). 수학 6-2, ㈜천재교육.

교육부(2011). 수학과 교육과정. 교육부고시 제 2011-361호[별책 8].

교육부(2015). 수학과 교육과정, 교육부 고시 제2015-74호 [별책 8]

권점례 외(2016). 2015 개정 교육과정에 따른 초 · 중학교 수학과 평가기준 개발 연구. 한국교육과정평가원 연구보고서 CRC 2016-2-6.

김남준(2014). 가능성 탐구, 2014 초등 수학수업 역량강화 직무연수. 서울특별시교육청.

김성준 외(2013). 초등학교 수학과 교재연구와 지도법, 동명사.

김수미(2000). 수학 교육에서의 조작교구에 관한 연구. 학교 수학, 2(2), 462.

김수환 외(2010). 초등학교 수학과 교재연구, 동명사.

김옥경(1996). 초등학교 6학년 학생들의 분수 개념 이해와 분수 수업 방안에 대한 연구, 대한수학교육학회논문집 제6권 제2호, p. 211-228.

김옥경(1997). 초등학교 6학년 학생들의 분수개념 이해 및 분수 수업 방안에 관한 연구. 한국교원대학교 대학원 석사학위 논문.

김응태 외(1989). 증보 수학교육학개론. 서울: 서울대학교출판부.

김응태·박한식·우정호(2007). 수학교육학개론. 서울: 서울대학교 출판부.

권성룡 외 역(2005). (Arthur J. Baroody, Ronald T. Coslick 저) 수학의 힘을 길러주자 : 왜? 어떻게?. 경문사.

박경미 외(2015). 2015 개정 수학과 교육과정 시안 개발 연구 Ⅱ. 한국과학창의재단 연구보고서 BD15120005.

박성택 외(1994). 수학교육, 동명사.

배종수(1999). 초등수학교육 내용 지도법, 제7차 교육과정을 중심으로, 경문사.

서울대학교 교육연구소(1999). 교육학 대백과사전, 하우동설.

손숙현(2002). 수학 교구를 활용한 클럽활동이 학생들의 수학적 성향 및 도형 학습력에 미치는 영향. 대구교육대학교 교육대학원.

신경순(2001). 초등학교 수학수업에서 지오보드의 활용방안 연구, 인천교육대학교 석사학위 논문.

신준식(1996). 실제적 접근방법에 의한 분수 교수-학습에 대한 연구. 한국교원 대학교 대학원 박사학위 논문.

이경희(2016). 수학레시피-초등

우정호(2000). 수학 학습-지도 원리와 방법. 서울: 서울대학교 출판부.

유병림(1983). 산수과교수법과 교재연구, 동명사.

유현주(1991). 수학 학습-지도 원리의 고찰(1): 활동적 원리. 제7회 수학교육학세미나. 45-54.

유현주(1995). 유리수 개념의 교수현상학적 분석과 학습-지도 방향에 관한 연구. 서울대학교 대학원 박사학위 논문. 이런 수업 어때요(2005). 서울초등수학교육연구회.

이용률 외(1997). 초등수학교육론, 경문사.

이의원 외(1999). 초등수학교육, 동명사.

이인환(2010). 좋은 수학수업을 위하여 교사에게 거는 기대와 역할, 초등수학과 교육세미나, 한국초등수학교육연구회.

정동권(2000). 초등학교 수학수업에서 점판(geoboard)의 활용. 조노돔시스템, 뿌리와 열매 창의력 신장을 위한 여름 수학 캠프(1999). 학교 수학교육학회.

정부용(2003). 공간 시각화 과정에서의 교구의 역할. 한국교원대학교 대학원 석사학위 논문.

최창우 · 남형채(1997). 초 · 중등학교에서의 함수의 개념에 관한 비교고찰, 대구교육대학교 과학 · 수학교육연구, Vol. 20, p. 27-47.

최창우(2001). 대수적인 관점에서의 수와 연산. 한국수학교육학회지 시리즈E, 제11집, 71-83.

최창우(2004).한국과 뉴질랜드의 초등학교 저학년 교육과정 및 수학 학습프로그램의 비교와 분석, 대한수학교육학회지<학교 수학> 제6권 제1호, 1-19.

최창우 외 2인(2004). 대학수학의 이해, 경문사

최창우 · Story Brian(2008).뉴질랜드 초등학교의 포트폴리오 평가에 관한 사례연구, 대한수학교육학회지 <수학교육학연구> 제 18권 제1호, 63-80.

최창우(2012). 뉴질랜드 초등학교의 포트폴리오 탐색, 한국수학교육학회지 시리즈 C 〈초등수학교육〉 제15권 제3호, 235-247.

한국초등수학교육연구회(1999). 제23회 초등수학 교육 세미나.

한국초등수학교육연구회(2001). 제25회 초등수학과 교육 세미나.

한태식(1995). van Hiele 이론에 근거한 대표적 연구의 비교, 대한수학교육학회 논문집 제5권 제1호, p. 29-37.

현종익(1991). 산수과 교수법 및 교재연구. 서울: 경문사.

Centre for Mathematics Education(2003). *Getting to know the NZ Mathematics Curriculum.* Centre for Mathematics Education, Auckland College of Education.

Charles, Randall I.(February 1985). “The Role of Problem Solving.” Arithmetic Teacher 32: 48-50.

Hiebert, J., Carpenter, T. P., Fennema, E., Fuson, K. C., Wearne, D., Murray, H., Olivier, A., & Human, P. (1997). Making sense: Teaching and learning mathematics with understanding. Portsmouth, NH: Heinemann.

Kouba, Vicky L., Catherine A. Brown, Thomas P. Carpenter, Mary M. Lindquist Edward a. Silver, and Jane O. Swafford.(April 1988). “Results of the Fourth NAEP Assessment of Mathematics: Number, Opreations, and Word Problems.” Arithmetic Teacher 35: 14-19.

NCTM(1980). *An Agenda for Action: Recommendation for School Mathematics of the 1980's*. Reston, VA: The National Council of Teachers of Mathematics.

NCTM(1989). Curriculum and Evaluation Standards for School Mathematics.

Reston, VA:Author.

Polya, G(1954). Mathematics and Plausible Reasoning. Vol. I. II. Princeton Univ Press.

Reys, Robert E(1971). Considerations for Teachers Using Manipulative Materials. December 1971. Teacher-made Aids for Elementary School Mathematics. 1974. NCTM. 5-12.

Romberg, Thomas, and Thomas Carpenter. "Research on Teaching and Learning Mathematics: Two Disciplines of Scientific Inquiry." In Handbook of Research on Teaching, 3d ed edited by M. Wittrock, pp. 850-73. New York: Macmillan Publishing Co., 1986.

Zalman Usiskin. Teaching Children Mathematics, February 1997.

찾아 보기

ㄱ

ㄴ

ㄷ

ㄹ

ㅁ

ㅂ

ㅇ

〈ㅈ〉

ㅊ

ㅋ

ㅌ

기타

2015 개정 교육과정에 따른

초등수학 내용지도법

지은이 최창우
펴낸이 조경희
펴낸곳 경문사
펴낸날 2019년 3월 5일 1판 1쇄
2020년 3월 2일 1판 2쇄
등 록 1979년 11월 9일 제 1979-000023호
주 소 04057, 서울특별시 마포구 와우산로 174
전 화 (02)332-2004 팩스 (02)336-5193
이메일 kyungmoon@kyungmoon.com
facebook facebook.com/kyungmoonsa

값 25,000원

ISBN 979-11-6073-200-9

★ 경문사 홈페이지에 오시면 즐거운 일이 생깁니다.
http://www.kyungmoon.com

한국과학기술출판협회 회원사